मध्यकालीन भारत का इतिहास
(मुगल काल)

मध्यकालीन भारत का इतिहास
(मुगल काल)

डॉ. राजीव कुमार गोहित

रजत प्रकाशन
नई दिल्ली-110002

रजत प्रकाशन

4675/21, गणपति भवन, अंसारी रोड, दरियागंज
नई दिल्ली-110 002 (भारत)
फोन नं.-23267924, 22507277
ई. मेल—rajat_publication@yahoo.com

मध्यकालीन भारत का इतिहास (मुगल काल)

संस्करण : 2025

ISBN 978-93-80534-03-9

भारत में मुद्रित

रजत प्रकाशन, नई दिल्ली के लिए पुल्कित वासन द्वारा प्रकाशित तथा एशियन ऑफसेट, दिल्ली द्वारा मुद्रित।

प्रस्तावना

भारत में विभिन्न शासकों ने अपना साम्राज्य स्थापित किया। वैसे देखा जाए तो अब तक तीन प्रमुख काल का वर्णन किया गया है—प्राचीन काल, मध्यकाल, आधुनिक काल। यहां पर हम मध्यकाल के विषय में चर्चा करेंगे। मध्यकाल को मुगल काल के नाम से भी जाना जाता है। मध्यकाल में सर्वप्रथम भारत पर तर्कों का आक्रमण हुआ। वैसे तुर्कों का शासन काल नवीं शताब्दी माना जाता है। उसके बाद भारत में गुलामवंश और तुर्की साम्राज्य की स्थापना हुई। तुर्क किसी जाति का नाम नहीं था। तुर्की एक भाषा थी और इस भाषा के बोलने वाले लोग तुर्क कहलाते थे। इनका आदि स्थान साइबेरिया के दक्षिण में गोबी रेगिस्तान के निकट था। तुर्कों के पश्चात गुलाम वंश ने भारत पर (1210-90) ई. तक 80 वर्ष शासन किया। इस सम्पूर्ण युग को गुलाम वंश का शासन काल कहा जाता है। 1290 से 1320 ई. तक खिलजी वंश ने शासन किया। सोलहवीं शताब्दी के प्रारम्भ में भारत की राजनीतिक व्यवस्था अत्यन्त शोचनीय थी। देश अनेक छोटे-छोटे भागों में विभाजित था, जहां छोटे-छोटे राज्य स्थापित हो गये थे। इन राज्यों में परस्पर संघर्ष चल रहे थे। 1526 ई. में भारत पर बाबर ने आक्रमण किया। मुगल शासकों में अकबर ही प्रथम शासक था, जिसने सम्पूर्ण उत्तरी भारत में मुगल सत्ता स्थापित करने का प्रयत्न किया। राज्य की प्रगति एवं सुरक्षा के लिए यह आवश्यक भी था।

भारत पर विभिन्न लोगों ने शासन किया बाबर (1483-1530 ई.), हुमायूं (1530-1556 ई.), अकबर, शेरशाह सूरी, जहाँगीर (1605-1627 ई.), शाहजहाँ (1627-1658), औरंगजेब (1658-1707 ई.) तक शासन किया। यह काल भारत के इतिहास में बहुत ही दर्दनात्मक है। इस समय अत्याचार तथा मारकाट बहुत ज्यादा हुए। मुगल काल के बाद ब्रिटिश शासन प्रणाली भारत में आयी जिसे आधुनिक काल कहा जाता है। मध्य काल की प्रसिद्ध धरोहर, ताजमहल, लालकिला, कुतुबमीनार है।

प्रस्तुत पुस्तक मध्यकालीन भारत के इतिहास में विभिन्न शासकों के शासन काल का उल्लेख किया गया है। प्रत्यक्ष व अप्रत्यक्ष रूप से सहयोग करने वाले उन सभी लोगों का आभारी हूं जिनके सहयोग से पुस्तक की रचना की गयी है। पुस्तक की भाषा सरल व सुबोध रखी गयी है। आशा है कि पुस्तक अध्येताओं का मार्गदर्शन करेगी।

—लेखक

अनुक्रम

1

बाबर (1483-1530 ई.)

जहीरुद्दीन मुहम्मद बाबर का जन्म 14 जनवरी सन् 1483 ई. में मध्य एशिया के एक छोटे से राज्य फरगना में हुआ था। वह तैमूर और चंगेज का वंशज था। जब बाबर 11 वर्ष 4 माह का था तभी उसके पिता उमर शेख मिर्जा का देहान्त (8 जून, 1494 ई.) हो गया तथा बाबर वहां का राजा बना।

बाबर ने अपने पिता के देहान्त के पहले के समय का सदुपयोग किया। बाद में विद्योपार्जन के लिए वह अधिक समय नहीं दे सका, वह अपनी मातृभाषा तुर्की एवं फारसी भाषा पर छोटी अवस्था में ही पूर्ण अधिकार प्राप्त कर लिया था। वह एक होनहार बालक था और उसकी मानसिक शक्तियों का ऐसा सुंदर विकास हुआ था, कि वह राजनीतिक घटनाओं के महत्त्व को आसानी से समझ लेता था और मानव-चरित्र को सरलता से परख लेता था। उसकी सैन्य कुशलता को देखते हुए हुए भी कहा जा सकता है कि उसने सैन्य-शिक्षा भी प्राप्त की होगी और साथ ही शासन-व्यवस्था और कूटनीति का अनुभव भी प्राप्त किया होगा।

फरगना के शासक के रूप में (1494–1502 ई.)

अपने पिता की आकस्मिक देहान्त के कारण जब बाबर 11 वर्ष 4 माह की अल्प आयु में गद्दी पर बैठा तो उस समय दो शत्रु उसके देश पर दो विभिन्न दिशाओं से

आक्रमण कर रहे थे। अपनी बुद्धिमान और अनुभवशील दादी ऐसान दौलत बेगम की सहायता से उसने शीघ्र ही अपना राज्याभिषेक कराया और अपने घर की ठीक तौर से व्यवस्था की। इसके उपरांत उसने आक्रमणकारियों से अपने प्रदेश की रक्षा करने का कार्य हाथ में लिया। सर्वप्रथम उसने अपने चाचा अहमद मिर्ज़ा को इस आशय का एक संदेश भेजा कि फरगना को जीतने के उपरांत आप उसे किसी न किसी के अधीन करेंगे ही, फिर क्यों न इस कार्य को मेरे सुपुर्द कर दें और फिर मैं तो आपका भतीजा ही हूँ और मैं आपके अधीन ही रहने हेतु राजी हूँ। बाबर के द्वारा भेजा गया यह सन्देश उसके चाचा को भाया और अन्त में युद्ध शुरू हो गया किंतु उसकी स्थिति स्वयं अस्वस्थ होने के कारण और एक छोटी-सी नदी पार करते समय अपनी फौजों और साथ ही यह देखकर कि बाबर और उसके अनेक स्वामिभक्त अनुयायी डटकर मोर्चा लेने के लिए तैयार हैं, अहमद मिर्ज़ा ने समरकंद के लिए प्रत्याक्रमण करना ही उचित समझा। बाबर का मामा महमूद खाँ भी घेरे में पड़ी हुई सेनाओं के दृढ़ प्रतिरोध के कारण निरुत्साहित हो गया और अपने देश को वापस चला गया। इस प्रकार फरगना आक्रमणकारियों से बच गया। बाबर ने अब अपनी स्थिति सुदृढ़ करने के प्रयत्न आरंभ कर दिये। बाबर अपनी सुव्यवस्थिति व प्रभावशाली शासन व्यवस्था तथा सुन्दर व्यक्तित्व के कारण अपने राज्य की जनता के दिलों-दिमाग पर छा गया था।

समरकंद पर दो बार अधिकार और उसका छिन जाना (1497-1502 ई.)

समरकंद तैमूर की राजधानी थी जिस पर फरगना का कुशल एवं महत्त्वाकांक्षी युवा शासक बाबर अत्यधिक मोहित था। समरकंद मस्जिदों, विद्यालयों, स्नानगृहों, मकानों एवं मोहक उद्यानों से भरपूर एक बड़ा शहर था। यह पहले तैमूर की राजधानी थी। बाबर के लिए तैमूर एक आदर्श व्यक्ति था। उसके दिल में अपने इस महान पूर्वज के राजसिंहासन पर बैठने की बड़ी कामना थी। सौभाग्यवश उसका चाचा अहमद मिर्ज़ा जुलाई, 1494 ई. में मर गया और उसके बेटों के बीच गृह-युद्ध आरंभ हो गया। 1496 ई. में उसने तैमूर की राजधानी समरकंद को अपने अधीन करने के लिए आक्रमण कर दिया परन्तु वह सफल नहीं हुआ। दूसरे वर्ष उसने पुनः आक्रमण किया और इस बार उसे सफलता प्राप्त हुई। वह तैमूर के राजसिंहासन पर विराजमान हुआ, इस प्रकार उसके जीवन की एक महान साध पूरी हुई, किंतु लगभग 100 दिन बाद ही उसे समरकंद त्यागना पड़ा। यहाँ वह बीमार पड़ गया था और जब यह समाचार फरगना पहुँचा तो वहाँ एक विद्रोह खड़ा हो गया। स्वस्थ होने पर बाबर ने

विद्रोह शांत करने के लिए फरगना की ओर प्रस्थान किया, किंतु वहाँ पहुँचने के पहले ही अंदिजान विद्रोहियों के हाथ में जा चुका था। यहाँ से जब बाबर समरकंद लौटा तो उसे मालूम हुआ कि अब यह शहर भी उसके हाथ से निकल चुका है।

खोजंद नाम का एक छोटा सा पहाड़ी प्रदेश के अलावा बाबर के अधीन अब कोई दूसरा राज्य नहीं था। वह काफी असहाय हो चुका था। इसकी निर्बलता को भाँपते हुए इसके सहयोगियों ने धीरे-धीरे इससे दूर हटते गये, यहाँ तक कि उसके पास केवल दो सौ समर्थक ही रह गए। अब वह और गृहविहीन खानाबदोश बन गया। उसने अपनी डायरी में लिखा है, "मुझ पर बड़ी विपत्ति का समय आ गया था और मैं बिना रोये रह नहीं सका।" उसने समरकंद को पुनः जीतने का प्रयत्न किया, किंतु असफल रहा। अंदिजान को पुनः प्राप्त करने का प्रयत्न भी व्यर्थ गया। दो वर्षों तक अनेक परिवर्तनों के पश्चात 1498 ई. में उसने फरगना पुनः हस्तगत कर लिया। संकट के दिनों में उसने आशा और उत्साह का त्याग नहीं किया था। परमात्मा के प्रति उसकी अविचल निष्ठा बनी रही और अपने भाग्य के प्रति उसका विश्वास कभी नहीं डिगा, किंतु 1500 ई. में फरगना उसके हाथ से निकल गया और उसे पुनः गृह-विहीन होकर दुर्गम पहाड़ियों में शरण लेनी पड़ी।

1500-01 ई. में उसने समरकंद की विजय के लिए उत्कट प्रयत्न किया। समरकंद इस समय उजबेग सरदार शैबानी खाँ के आधिपत्य में था। बाबर ने शैबानी खाँ को पराजित कर दिया और समरकंद पर पुनः अधिकार कर लिया, किंतु इस बार भी वह इसे अधिक समय तक अपने अधिकार में न रख सका, क्योंकि शैबानी खाँ को अपनी हार काँटों की तरह चुभ रही थी और वह समरकंद को फिर से अपने अधीन करने के लिए मंशा बना लिया था। उसने 1502 ई. में बाबर को सराय पुल नामक स्थान पर हरा दिया और मात्र आठ महीने में ही समरकंद बाबर के हाथ से पुनः निकल गया। अपनी स्वतंत्रता कायम रखने के ख्याल से उसने शैबानी खाँ के साथ अपनी बहन का विवाह कर दिया और तीसरी बार फिर बे-घरबार होकर घूमने-फिरने लगा। इसके बाद तीन वर्ष में केवल मुट्ठी भर अनुयाई ही उसके साथ थे। कभी-कभी तो अपनी रोटी भी उसे गाँवों के लोगों से माँगकर खानी पड़ती थी। ठंडे मौसम में नंगे पैरों उसे दुर्गम पहाड़ी मार्गों में होकर गुजरना पड़ता था जिससे उसे तथा उसके अनुयायियों को घोर कष्ट भोगने पड़ते थे, किंतु जैसा कि उसने अपने आत्मकथा 'बाबरनामा' में लिखा है, उसने बड़ी से बड़ी विपत्तियों में भी उत्साह हीनता और निराशा को स्थान नहीं दिया। ऐसे समय में भी उसके क्रीड़ा-कौतुक नियमित रूप से चलते रहे।

काबुल का बादशाह (1504-1526 ई.)

1502 ई. में बाबर को सरायपुत्र नामक स्थान पर हराने के बाद शैबानी खाँ ने धीरे-धीरे समस्त ट्रांस-ऑक्सियाना पर अपना शासन स्थापित कर लिया। उसने कुंदुज के गवर्नर खुसरोशाह को हराया और उसकी सेना तहस-नहस कर दी। खुसरोशाह की सेना के बहुत-से दस्ते बाबर से आ मिले और अब वह चार हजार आदमियों का मुखिया हो गया। अब बाबर अपने आपको काबुल की ओर बढ़ने और उसे अपने अधिकार में करने के लिए काफी समर्थ पाया। काबुल पर इस समय मुकीम अरगों का अधिकार था जिसने बाबर के चाचा उलुग वेग मिर्ज़ा के बेटे अब्दुर्रजाक को वहाँ से निकाल बाहर किया था। काबुल विजय का सुयोग 1504 ई. में मिला। बाबर ने लिखा है, "दूसरी रबी (अक्टूबर 1504 ई.) के अंतिम 10 दिन में बिना किसी लड़ाई के, बिना किसी प्रयत्न के और सर्वशक्तिमान परमात्मा की असीम अनुकम्पा से मैंने काबुल और गजनी तथा इनके अंतर्गत अन्य जिलों पर अधिकार कर लिया।" अगले वर्षों में उसने अपनी सेना बढ़ाई और इस नए राज्य में अपनी स्थिति दृढ़ करने का प्रयत्न किया। 1507 ई. में उसने अपने पूर्वजों द्वारा प्रयुक्त 'मिर्ज़ा' की उपाधि त्याग कर 'बादशाह' अर्थात् सम्राट की उपाधि धारण की। इसी वर्ष उसने कंधार पर आक्रमण कर दिया और उसे अपने अधीन कर लिया, परन्तु वह एक महीने के भीतर ही यह उसके हाथ से छिन गया। यह मार्च, 1508 ई. में उसकी तीसरी पत्नी माहिम के गर्भ से उसके सबसे बड़े पुत्र हुमायूँ का जन्म हुआ और बाबर को पिता बनने का सौभाग्य मिला।

समरकंद पर अधिकार और तीसरी बार उसका हाथ से निकल जाना (1511 ई.)

हालांकि अफगानिस्तान के नवीन राज्यों में बाबर का अधिकार जम चुका था, लेकिन उसके मन में समरकंद पर पुनः अधिकार स्थापित करने की लालसा जगी हुई थी। अपने प्रबल शत्रु शैबानी खाँ को, जिसने तैमूर राजघराने को ट्रांस-ऑक्सियाना से निकाल बाहर किया था, पराजित करने के लिए वह बहुत उत्सुक था। 1507 ई. में वह अपने चचेरे भाइयों से हिरात में, जो सुल्तान हुसैन मिर्ज़ा बैकरा की राजधानी थी, इस उद्देश्य से मिलने गया कि शैबानी खाँ को पराजित करने में इन लोगों की सहायता प्राप्त हो जाए किंतु उसे वहाँ से निराश होकर लौटना पड़ा। 1510 ई. के अंतिम दिनों में उसे शैबानी खाँ का ईरान के शाह इस्माइल सफवी से मर्व की लड़ाई

में हारने तथा मारे जाने का समाचार प्राप्त हुआ। इस समाचार से बाबर के हृदय में अपने पूर्वजों के प्रदेश को हस्तगत करने की उत्कट लालसा पुनः जाग गई और इसी उद्देश्य से वह कुंदुज की ओर चल पड़ा शाह इस्माइल से उसने संधि की और उसकी सहायता से समरकंद पर विजय प्राप्त की और 1511 ई. में बुखारा और खुरासान अधिकार में कर लिए। उजबेग लोग यहाँ से तुर्किस्तान की ओर चले गए। अब बाबर के राज्य में ताशकंद, कुंदुज, हिसार, समरकंद, बुखारा, फरगना, काबुल और गजनी के प्रदेश सम्मिलित थे किंतु यह ऐश्वर्य अभी स्थाई नहीं बन सका। ईरान के शाह के चले जाने के पश्चात उजबेग सरदार ट्रांस-ऑक्सियाना को पुनः प्राप्त करने के लिए लौट आए। मई 1512 ई. में इनके नेता उबेदुल्ला खाँ और युवा सम्राट बाबर के मध्य कुल-ए-मालिक नामक एक स्थान पर भिड़न्त हो गयी जिसमें बाबर को सफलता मिली उसे समरकंद से हटना पड़ा और अंत में समूचा ट्रांस-ऑक्सियाना ही उसे त्यागना पड़ा। 1513 ई. में वह काबुल लौट आया। समरकंद से पराजित होकर हटने का मुख्य कारण ईरान के शाह की प्रेरणा से स्वरूप उसका शिया मत अपनाना था।

भारत में पदार्पण की तैयारी

बाबर को अपने 11 वर्ष 4 माह की अल्प अवस्था से ही युद्धों में अस्त-व्यस्त रहना पड़ा। उसे अपने विरोधियों से अनेक बार मोर्चा लेना पड़ा। ये विरोधी तुर्क, मंगोल, उजबेग, ईरानी और अफ़ग़ान थे। इनसे युद्ध करने में उसने उनके अनूठे युद्ध-कौशल और सैनिक चालों को चतुराई के साथ अपनाया। उजबेगों से उसने 'तुलुगमा' का प्रयोग सीखा। तुलुगमा सेना का वह भाग था, जो सेना के दाहिने और बाएँ भाग के किनारे पर खड़ा रहता था और चक्कर काटकर शत्रु पर पीछे से ध्वंसात्मक हमला करता था। मंगोल और अफ़ग़ानों से उसने एक ओर तो सेना को छिपाकर रखने की चाल और दूसरी ओर प्रलोभन द्वारा शत्रु को पूर्व-योजनानुसार सेना सामग्री से संपन्न भीषण व्यूह की ओर अग्रसर कर उस पर विभिन्न दशाओं से आकस्मिक आक्रमण करने की नीतियाँ सीखीं। ईरानियों से उसने बंदूकों का प्रयोग सीखा। अपने सजातीय तुर्कों से उसने गतिशील अश्वारोहिणी का सफल संचालन सीखा। इस प्रकार अनेक जातियों से संपर्क एवं सहयोग होने के परिणामस्वरूप बाबर ने अपने युद्ध-कला को अति विकसित रूप प्रदान किया, जो वास्तव में अनेक युद्ध-प्रणालियों का वैज्ञानिक समन्वय था और साथ ही मध्य एशिया के निवासियों के लिए एक नई चीज थी। यह युद्ध-प्रणाली सुनियंत्रित, दक्ष और गतिशील

अश्वारोहिणी सेना, वैज्ञानिक तोपचियों की सेना, चमत्कारपूर्ण चालों का प्रयोग जैसे तुलुगमा तथा सेना के अग्रभाग की रक्षा के लिए जंजीर से बँधी हुई गाड़ियों की कतार से संपन्न एक सफल समन्वय का स्वरूप प्रस्तुत करती थी।

इसके अलावा बाबर के जीवन काल में आयी विभिन्न समस्याओं ने उसे पहले से ही सहिष्णुता, धीरता, संयम, साहस और मृत्यु से निडरता के महान गुणों का अभ्यास करा दिया था। इन विशेषताओं ने उसे मनुष्य जाति का ऐसा अनुभवी नेता बना दिया जो किसी भी विषम परिस्थिति में आशा और विश्वास का त्याग नहीं करता है। 1514 और 1519 ई. के बीच उसे उस्ताद अली नामक एक तुर्क तोपची की सेवाएँ उपलबध हुईं जिसको उसने अपने तोपखाने का अध्यक्ष बनाया। इस व्यक्ति ने बाबर को तोपखाने के निर्माण और बंदूकधारियों की सेना खड़ी करने में सहयोग दिया। विस्फोटक शस्त्रास्त्रों का प्रयोग ईरानियों ने कौंस्टेंटिनोपल के तुर्कों से सीखा था और बाबर ने इस कला को ईरानियों से ग्रहण किया। कुछ वर्षों बाद उसे मुस्तफा नामक एक अन्य तुर्क तोप-विशेषज्ञ की सेवाएँ प्राप्त हो गईं। इन दोनों तोपविशेषज्ञों की अध्यक्षता में उसने अपने सैन्य बल के प्रयोग हेतु काफी खतरनाक तोपें और बंदूके बनवायी। इस प्रकार बाबर एक समृद्धशाली सैन्य शक्ति और तोपखाने का मालिक बन गया। भारत में सफलता प्राप्त करने का यही एक मुख्य कारण बना।

प्रारंभिक अभियान—पानीपत के प्रथम युद्ध की परिस्थितियाँ

प्रथम आक्रमण

एक बार 1503 ई. में बाबर दिखकाट नामक एक छोटे से गाँव के मुखिया का अतिथि या मेजमान था। उसने 111 वर्षीय मुखिया की माता से तैमूर द्वारा किये गये भारत पर आक्रमण का पूरी कथा सुनी। यह कथा सुनकर उसकी कल्पना प्रज्ज्वलित हो उठी और अपने पूर्वज के भारत आक्रमण को किसी दिन दुहराने का उसने संकल्प कर लिया लेकिन दक्षिण में अपने भाग्योदय की खोज के लिए उसने तभी निश्चय किया जब पश्चिमोत्तर प्रदेशों में उसकी आकांक्षा लता अंतिम रूप से मुरझा गई। जब वह काबुल का राजा था उसने भारत-भूमि पर चार आक्रमण। ये अभियान शुत्र की स्थिति और शक्ति को समझने के उद्देश्य से ही किए गए थे। 1519 ई. के प्रारंभ में उसने भारत में प्रथम आक्रमण किया। यह यूसुफजई जाति के विरुद्ध किया गया था, जो बड़ी झगड़ालू थी और केवल तलवार के बल पर राजस्व देने को विवश की जा सकती थी। उन्हें उचित दंड देने के पश्चात बाबर बाजौर की

ओर बढ़ा और उस पर भयंकर आक्रमण किया। इस विकट संघर्ष में उसके नए तोपखाने की सहायता बड़ी महत्त्वपूर्ण सिद्ध हुई। बाबर ने यहाँ कत्लेआम की भी आज्ञा दे दी ताकि आसपास की आबादी में एकदम भय छा जाए। बाजौर के दुर्ग पर अधिकार कर लिया गया।

बाजौर दुर्ग पर अपना अधिकार जमाने के पश्चात वह झेलम के तटवर्ती भेरा नामक स्थान की ओर बढ़ा और उसे भी अपने अधिकार में कर लिया। वहाँ की जनता ने भी बिना किसी प्रतिरोध के पराजय स्वीकार कर ली। खुशाब पर भी अधिकार हो गया। बाबर ने अपने सैनिकों को आज्ञा दी कि यहाँ के निवासियों को किसी प्रकार की हानि न पहुँचाई जाए। उसने पंजाब को अपना ही प्रदेश समझा क्योंकि 1398 ई. में तैमूर ने इसे अधिकृत किया था। बाबर ने लिखा है, 'क्योंकि हिंदुस्तान पर अधिकार करने की भावना मेरे हृदय में सदा से थी और ये कुछ देश किसी समय तुर्कों के आधिपत्य में रह चुके थे, मैंनें इन्हे अपना ही माना और अपने अधिकार में करने का ही संकल्प किया, यह चाहे शान्ति से हो या शक्ति के प्रयोग से।'' इन्हीं कारणों से पहाड़ी लोगों के साथ सद्व्यवहार करना अनिवार्य था और उसने आज्ञा दी कि ''इनके पशु-पक्षियों को भी हानि न पहुँचाओ; उनकी किसी वस्तु को नष्ट मत करो।'' फिर उसने अपना राजदूत यह माँग प्रस्तुत करने के लिए दिल्ली भेजा कि ''जो प्रदेश-प्राचीन समय में तुर्कों द्वारा अधिकृत थे, वे अब मुझे सौंप दिए जाएँ।'' किंतु दौलत खाँ लोदी ने उसके राजदूत को लाहौर से आने नहीं दिया क्योंकि उसे बन्दी बना लिया गया था। राजदूत के बन्दी बना लिए जाने से बाबर को अपने संदेश का उत्तर प्राप्त न हुआ। भेरा को हिंदूबेग के उत्तरदायित्व में छोड़कर वह काबुल चला गया। वह अभियान स्थाई महत्त्व का सिद्ध न हो पाया, क्योंकि बाबर के वापस जाते ही जनता ने तुरंत ही हिंदूबेग के पैर उखाड़ दिए।

दूसरा आक्रमण

बाबर ने भारत पर दूसरा आक्रमण करने की सितम्बर 1519 में पुनः तैयारी की। वह खैबर दर्रा से आगे बढ़ा, जिससे कि वह यूसुफजाई अफग़ानों को अपने अधीन कर सके। फिर उसने पेशावर को किलेबंदी और रसद-संग्रह से संपन्न बनाते हुए हमारे देश के विरुद्ध आगामी सैनिक कार्यवाहियों का केंद्र बनाने का प्रयत्न किया। किंतु इस लक्ष्य की पूर्ति किए बिना ही उसे काबुल लौटना पड़ा, क्योंकि बदख्शां से उपद्रवों की सूचनाएँ प्राप्त हो रही थी।

तीसरा आक्रमण

बाबर ने 1520 में भारत पर तीसरा आक्रमण किया। बाजौर तथा भेरा नगर को पुनः अधिकृत कर लिया, जहाँ से 1519 ई. में उसके प्रतिनिधियों को उखाड़ दिया गया था। वह सियालकोट की ओर बढ़ा और उस नगर ने भी बिना प्रतिरोध के बाबर की अधीनता स्वीकार कर ली, लेकिन सैयदपुर की जनता ने स्वेच्छा से अधीनता स्वीकार नहीं की अतएव, उन्हें बलपूर्वक पराधीन बनाया गया।

इसी दौरान बाबर को कंधार में उपद्रव होने की सूचना मिली। यह उपद्रव शाहबेग अरगों संघर्ष तथा अशांति फैला रहा था। बाबर कंधार की ओर चल पड़ा, जिससे कि उस नगर को अपने अधिकार में लाकर वह उसकी ओर से निश्चिंत हो जाए। अगामी दो वर्षों तक वह शाहबेग के विरुद्ध कार्यवाही करने में व्यस्त रहा और 1522 ई. में कंधार के सूबेदार मौलाना अब्दुल बकी के छलपूर्ण सहयोग से उस दुर्ग को जीत लिया। शाहबेग अरगों, जिसने कंधार को त्याग दिया था, सिंध का शासक बन बैठा।

चौथा आक्रमण

अब बाबर घर की तमाम समस्याओं व परेशानियों से बिलकुल स्वतंत्र हो चुका था और भारत पर आक्रमण करने में उसने अपने को पीछे की ओर से सुरक्षित अनुभव किया, क्योंकि कंधार का अभेद्य दुर्ग अब उसके अधिकार में था। इसी समय उसे पंजाब के गवर्नर दौलत खाँ लोदी का निमंत्रण प्राप्त हुआ। दिल्ली के सुल्तान इब्राहीम लोदी और दौलत खाँ में तनातनी हो गई थी। अतः पंजाब का स्वतंत्र शासक बनने की आशा से उसने बाबर को अपना सम्राट मानने का वायदा किया था। 1524 ई. में बाबर ने यह निमंत्रण स्वीकार कर लिया और लाहौर की तरफ अत्यधिक सैन्य-बलों को लेकर प्रस्थान कर दिया। लगभग इसी समय इब्राहीम लोदी ने दौलत खाँ लोदी को दबाने के लिए एक सेना भेजी जिसमें उसने आशातीत सफलता प्राप्त की। दौलत खाँ लोदी पराजित हुआ और उसे निर्वासित होना पड़ा। जब बाबर लाहौर के निकट पहुँच गया, तो दिल्ली की सेना ने आक्रमणकारी का मार्ग अवरुद्ध करने का यत्न किया। इस पर बाबर ने आक्रमण करके सेनाओं को छिन्न-भिन्न कर दिया।

इसके बाद उसने लाहौर को अधिकृत किया और बहुत-से कस्बों को लूटा और जला दिया। तदुपरांत वह दीपालपुर की ओर बढ़ा और उसका ध्वंस करते हुए तथा दुर्गरक्षकों को मौत के घाट उतारते हुए दीपालपुर पर अधिकार कर लिया। इस प्रकार पंजाब के अधिकांश क्षेत्रों पर बाबर का शासन हो गया। दीपालपुर में दौलत खाँ ने उसका साथ दिया। वह अपने अज्ञातवास से यह आशा लेकर वापस आ गया था कि

संपूर्ण पंजाब प्रांत उसे पुनः प्राप्त हो जाएगा। किंतु बाबर ने पंजाब को अपने अधिकार में ही रखा और दौलत खाँ को जालंधर तथा सुल्तानपुर के दो जिले सौंप दिए। दौलत खाँ को इससे निराशा हुई और उसने सैन्य-विभाजन के लिए बाबर को छलपूर्वक सलाह दी। उसके महत्त्वाकांक्षी पुत्र दिलावर खाँ ने अपने पिता की स्वार्थपूर्ण विद्रोहात्मक योजना को बाबर को बता दिया और इसका नतीजा यह हुआ कि बाबर ने दौलतखां से सुल्तानपुर छीन लिया और उसके पुत्र दिलावर खाँ के अधीन कर दिया और जालंधर दौलत खाँ के हाथों में बना रहने दिया। आलम खाँ इब्राहीम लोदी का एक चाचा था जो दिल्ली राजसिंहासन का उम्मीदवार था। वह अपने भतीजे सुल्तान इब्राहीम के विरुद्ध आयोजित युद्ध में बाबर की सहायता प्राप्त करना चाहता था। इन व्यवस्थाओं से निश्चिंत होकर बाबर दीपालपुर, लाहौर और सुल्तानपुर में अपने दुर्गरक्षक छोड़कर काबुल चला गया। उसने अनुभव किया कि जिस हिंदुस्तान पर उसका मन मुग्ध हो गया है, उसे अपने अधिकार में करने के लिए अत्यधिक सैन्य बालों की जरूरत पड़ेगी।

दौलत खाँ के हाथ से सुल्तानपुर निकल जाने से उसके मन में अपने पुत्र के प्रति काफी नफरत जाग उठी और इस पर आक्रमण कर दिया और सुल्तानपुर हड़प लिया। बाद में वह दीपालपुर की ओर अग्रसर हुआ और आलम खाँ को मार भगाया। उसने पूरे पंजाब को पुनः अधिकृत करने का भी प्रयत्न किया, लेकिन सियालकोट में बाबर के दुर्ग रक्षकों ने उसे हरा दिया। इब्राहीम लोदी इस समय तक निष्क्रिय नहीं बैठा था। उसने विद्रोह के दमन और आक्रमणकारियों को पंजाब से मार भगाने के लिए एक सेना भेजी। दौलत खाँ ने इस सेना को बिना किसी कठिनाई के हरा दिया और उसे छिन्न-भिन्न कर दिया। दौलत खाँ से पराजित होकर आलम खाँ काबुल भाग गया और वहाँ उसने बाबर से संधि की। बाबर ने दिल्ली के राजसिंहासन के लिए आलम खाँ का अधिकार स्वीकार कर लिया और शर्त यह रख दी कि आलम खाँ संपूर्ण पंजाब को बाबर की सर्वोच्च सत्ता के अधीन छोड़ देगा। यह शर्तनामा मुग़ल सम्राट के लाभ की ही वस्तु थी "क्योंकि उसके अनुसार जो कुछ भी उसने बलपूर्वक जीता था, उस पर उसका वैधानिक अधिकार रहेगा।"

इस निश्चय के पश्चात बाबर ने आलम खाँ को लाहौर के लिए रवाना कर दिया और साथ ही अपने दुर्गरक्षकों को उसकी सहायता करने के लिए आदेश भी भेज दिया। बाबर स्वयं तुरंत नहीं चल सकता था, क्योंकि बल्ख में उजबेग-विद्रोह उठ खड़ा हुआ था और सुरक्षा के लिए उसका दमन करना अनिवार्य था। लाहौर आने पर आलम खाँ को फुसलाकर दौलत खाँ ने बाबर से की हुई संधि भंग करा दी और

अपने लिए पंजाब का आत्मसमर्पण चाहा। इसके पश्चात् वे इब्राहीम लोदी से निबटने के लिए दिल्ली की ओर बढ़ चला। सुल्तान इब्राहीम इन्हें करारी हार देने में सफल हुआ। बाबर को जब इस पराजय की सूचना मिली उसने भारत को अपने अधीन करने का दृढ़ निश्चय किया।

पानीपत का प्रथम युद्ध (21 अप्रैल, 1526 ई.)

नवम्बर 1525 ई. को बाबर ने काफी सैनिक बलों के साथ भारत की ओर कूच कर दिया। बदख्शां से अपनी सेना लेकर मार्ग में हुमायूँ भी उससे आ मिला। सियालकोट में उसने आलम खाँ के संधि-विच्छेद और दिल्ली आक्रमण में असफलता का समाचार सुना। दौलत खाँ और गाजी खाँ भय से काँप उठे और मिलवात के दुर्ग में छिपकर बैठ गए। यह खबर बाबर को तत्काल मिल गयी और इस दुर्ग को चारों तरफ से घेर लिया तथा दौलत खाँ को आत्मसमर्पण के लिए बाध्य किया। उसने दौलत खाँ को अपने सम्मुख उपस्थित किए जाने की आज्ञा दी। बाबर ने हुक्म दिया कि ''जिन दो तलवारों को कमर में बाँधकर दौलत खाँ मुझसे लड़ने के लिए तैयार हुआ था उन तलवारों को गर्दन में लटकाए हुए वह मेरे सामने उपस्थित हो!'' जैसे ही दौलत खाँ ने बाबर के सम्मुख झुकने में विलंब किया, बाबर ने आज्ञा दी कि उसकी टाँगे खींच ली जाएँ जिससे वह झुक जाए और अपने विद्रोही व्यवहार के लिए लज्जित हो। इसके पश्चात उसे भेरा नगर में बंदी बनाकर भेज दिया जाय, परन्तु दौलत खाँ की उस नगर में प्रवेश करने के पहले ही देहान्त हो गया। लगभग इसी समय आलम खाँ बड़ी दयनीय दशा में बाबर की शरण में आया। बाबर ने एक बार फिर पंजाब को सुगमता से अधिकृत कर लिया।

अब दूसरा अभियान इब्राहीम लोदी से संघर्ष करने का रह गया था। पंजाब की विजय की अपेक्षा यह कार्य अधिक कठिन था, अतः बाबर ने इसके निमित्त आवश्यक तैयारियाँ प्रारंभ कर दीं और आलम खाँ के प्रति पूरा ध्यान दिया, क्योंकि उसकी उपस्थिति निश्चय ही बड़े राजनीतिक महत्त्व की थी। जैसे ही वह दिल्ली की ओर अग्रसर हुआ, उसे दिल्ली राजदरबार के अनेक सरदारों की ओर से सैन्य-सहायता के आश्वासन मिले। संभवतः इसी समय चित्तौड़ के राणा सांगा ने इब्राहीम पर सम्मिलित आक्रमण करने का प्रस्ताव भेजा। जब आक्रमणकारी की इच्छा स्पष्ट प्रतीत हो गई, तो इब्राहीम ने एक विशाल सेना लेकर पंजाब की तरफ आक्रमण करने हेतु प्रस्थान कर दिया। साथ ही दो प्रमुख दस्ते उसने हिसार की ओर भेज दिए। इनमें से एक को हुमायूँ ने मार भगाया। इसी प्रकार दूसरे दस्ते को भी मुग़लों ने पराजित

कर दिया। आगे बढ़ते हुए बाबर पानीपत पहुँच गया और वहाँ उसने अपना शिविर डाल दिया। बाबर ने अपने आत्मकथा 'बाबरनामा' में गर्व के साथ लिखा है कि उसने इब्राहीम लोदी को केवल 12 हजार सैनिकों की सहायता से पराजित किया। उसके प्रशंसक रशब्रुक विलियम्स ने एक क़दम और आगे बढ़कर लिखा कि पानीपत के युद्धक्षेत्र पर उसकी सेना में आठ सहस्त्र सैनिकों से अधिक नहीं हो सकते, शायद उससे कम ही रहे हों। किंतु दौलत ख़ाँ पर विजय प्राप्त करने के बाद उसकी सेना में भारी अभिवृद्धि हो चली थी क्योंकि भारत के सहस्त्रों धनलोलुप योद्धा उसका साथ देने को पूर्ववत तैयार थे और अनेक प्रतिष्ठित सामंतों ने पहले से ही उसके साथ सम्मान-लक्ष्य नियत कर लिया था, तो ऐसी स्थिति में उसकी पानीपत की सैन्य-शक्ति 25,000 से कम किसी भी दशा में न रही होगी। बाबर ने सात सौ गतिशील गाड़ियों (अराबा) की पंक्तियों को गीली खाल के रस्सों से आपस में बाँधकर अपनी सेना की रक्षार्थ फौज के आगे खड़ा कर दिया था। गाड़ियों के बीच उसने काफी रास्ता छोड़ रखा था, जिसमें होकर उसके सैनिक आक्रमण कर सकें। उसने तोपों के प्रत्येक जोड़े के मध्य छह-सात गतिशील बचाव-स्थान (टूरा) खड़े कर रखे थे, जिससे तोपचियों को शरण प्राप्त हो सके। इस रक्षात्मक श्रेणी के पीछे ही तोपखाना व्यवस्थित था। तोपखाने के अध्यक्ष उस्ताद अली और मुस्तफा क्रमशः दाहिनी और वायीं तरफ थे। तोपखाने के पीछे उसके अग्रगामी रक्षकों (Advance Guard) का जमाव था, जिसकी कमान खुसरू कोकुल्ताश और मुहम्मद अली जंग के हाथों में थी। इसके पीछे सेना का केंद्र-स्थल (गुल) था जहाँ बाबर स्वयं संचालक के रूप में उपस्थित था। यह केंद्र दाहिना केंद्र और बायाँ केंद्र के नाम से दो खंडों में विभाजित था। बाबर की सेना का दाहिना अंग कटे हुए पेड़ों तथा मिट्टी की दीवार और खाइयों से सुरक्षित किया गया था। सेना के दाहिने अंग की कुछ दूरी पर तुलुगमा नियुक्त किया गया था और सेना के बाएँ भाग की बाईं तरफ कुछ दूर दूसरे तुलुगमा को स्थान दिया गया था। इस पंक्ति की दाहिनी ओर ठीक सिरे पर किलेबंदी करने वाला दाहिना दल (दाहिना तुलुगमा) अवस्थित था। इनके पीछे अब्दुल अजीज की अध्यक्षता में अनुभवी घुड़सवारों की कोतल सेना थी। दाहिना सिरा हुमायूँ और ख्वाजा की कमान में था और बायाँ सिरा मुहम्मद सुल्तान मिर्ज़ा और मेहदी ख्वाजा के कमान में।

बाबर के अनुसार इब्राहीम लोदी की सेना में एक लाख सैनिक और एक हजार हाथी थे। किंतु यह बात ध्यान में रखने योग्य है कि उस समय में प्रत्येक योद्धा के साथ कई शिविर-रक्षक और नौकर-चाकर चला करते थे। ऐसी दशा में इब्राहीम की युद्ध-शक्ति चालीस हजार आदमियों से अधिक न रही होगी। इस सेना में ऐसे भी दस्ते थे जिनका संगठन समय की आवश्यकता के विचार से शीघ्रता में कर लिया

गया था। ये दस्ते प्रचलित चार खंडों में विभाजित किए गए थे—अग्रगामी रक्षक-दल, केंद्रीय दल, दाहिना दल और बायाँ दल। 12 अप्रैल, 1526 ई. को दोनों विरोधियों की सेनाएं एक दूसरे के आमने-सामने डट गई। परन्तु इन दोनों सेनाओं के मध्य लगभग एक सप्ताह तक कोई प्रतिक्रिया नहीं हुई। 20 अप्रैल की रात्रि में बाबर ने अपने 4-5 हजार सैनिकों को आक्रमण करने के लिए अफ़ग़ान शिविर की ओर भेजा, किंतु उसे सफलता नहीं मिली ओर इस घटना ने इब्राहीम को प्रातःकाल ही पलटन बढ़ाने के लिए प्रेरित किया। 21 अप्रैल को दोनों पक्षों में युद्ध छिड़ गया। इब्राहीम ने अपनी सेना को तीव्र गति से आगे बढ़ने की आज्ञा दे दी, किंतु उसे बाबर की सेना के सामने अकस्मात ठहर जाना पड़ा। इससे अफ़ग़ानों की सेना में हलचल मच गई। इस अवसर को अपने हित में देखकर बाबर ने किलेबंदी वाली तुलुगमा सेनाओं को तुरंत घूमकर पीछे से आक्रमण करने की आज्ञा दी।

उधर इब्राहीम ने अपनी फौजों को बाबर की सेनाओं के बाएँ खंड पर आक्रमण की आज्ञा दी, जिससे वह घिर गई। बाबर ने तुरंत अपने केंद्र से कोतल (reserve) सेना भेजी, जो अफ़ग़ान सेना के दाहिने खंड को खदेड़ने में सफल रही। इस समय तक दोनों सेनाओं के मध्य युद्ध चल रहा था। इसी समय बाबर ने अपने तोपचियों को आग बरसाने की आज्ञा दी। इस प्रकार लोदी सेना घेर ली गई और उसका उफान नष्ट कर दिया गया। उसके सामने तोपखाने के गोलों की वर्षा हो रही थी, पीछे तथा दाएँ-बाएँ तीरों की बौछार। शस्त्रास्त्रों की विशेषता और युद्ध-योजना की कुशलता से संपन्न न होते हुए हुए भी इब्राहीम की तरफ से भारत की सेना की जमकर मुकाबला कर रही थी सुबह से लेकर दोपहर तक युद्ध जारी रहा और बाबर की उत्कृष्ट युद्ध-व्यवस्था तथा सैन्य-संचालन शक्ति ने शत्रु पर विजय पाई। इब्राहीम लोदी अंत समय तक बहादुरी से लड़ता हुआ वीरगति को प्राप्त हुआ। उसके 15 हजार सैनिक युद्ध में धराशायी हुए। इन हताहतों में ग्वालियर नरेश विक्रमाजीत भी थे, जो सच्चे राजपूत की भाँति इब्राहीम की ओर से लड़ते रहे, यद्यपि इब्राहीम 'उनका शत्रु रह चुका था'। बाबर ने लिखा है, "जब आक्रमण प्रारंभ हुआ तो सूर्य ऊपर चढ़ चुका था युद्ध दोपहर तक ठना रहा, मेरे सैनिक विजयी हुए और शत्रु को चकनाचूर कर दिया गया। सर्वशक्तिमान अल्लाह की अपार अनुकम्पा से यह कठिन कार्य मेरे लिए सुगम बन गया और वह विशाल सेना आधे दिन में ही मिट्टी में मिल गई।"

परिणाम

इब्राहीम लोदी के पास एक विशाल सैन्य-बल था फिर भी वह पानीपत के युद्ध

में पराजित हो गया। यह युद्ध एक निर्णायक युद्ध साबित हुआ। इस युद्ध में सम्पूर्ण सैन्य विनष्ट हो गया और युद्ध क्षेत्र में इब्राहिम लोदी अन्तिम समय तक लड़ता हुआ वीरगति को प्राप्त हुआ। गणना के अनुसार कम से कम उनके 20 सहस्र सैनिक हताहत हुए। हिंदुस्तान की सर्वोच्च सत्ता कुछ काल के लिए अफ़ग़ान जाति के हाथों में से निकलकर मुगलों के हाथों में चली गई, जिन्होंने 15 वर्ष के मध्यांतर से दो शताब्दियों तक उसे हथिया कर रखा। हिंदुस्तान में तुर्क-अफ़ग़ानी शासक-वर्ग पतित हो चुका था और इस कारण उसकी सत्ता खतरे में थी। पानीपत में बाबर की विजय के फलस्वरूप तुर्क-अफ़ग़ान शासक-वर्ग में नया रक्त और उत्साह संचरित हुआ। इस प्रकार मुग़ल साम्राज्य की स्थापना हुई तथा देश में मिली-जुली संस्कृति का विकास शुरू हुआ।

जहाँ तक बाबर का इस युद्ध से संबंध है, यह कहा जा सकता है कि उत्तरी भारत को विजय करने के निमित्त उसकी विजय योजनाओं की दूसरी मंजिल पानीपत के युद्ध के साथ तय हो गई। आगरा और दिल्ली पर बाबर का शासन कायम हो गया परन्तु अभी एक-दो ही नहीं सैकड़ों विकट विरोधियों और शक्तिशाली शत्रुओं से मोर्चा लेना बाकी था, तब कहीं हिंदुस्तान का सम्राट होने की बात सोची जा सकती थी। लेकिन जैसा कि इतिहासकार रशब्रुक विलियम्स ने लिखा है, यह ठीक है कि बाबर के इधर-उधर भटकने के दिन बीत गए थे और उसे अब अपने प्राणों की रक्षा के लिए अथवा सिंहासन को सुरक्षित रखने के लिए चिंतित होने की जरूरत नहीं रही थी, उसे तो अब राज्य वितार के लिए युद्ध-योजनाओं में शक्ति लगानी थी। पानीपत की विजय ने बाबर के दावे को वैधानिकता का जामा पहना दिया। अतः उसकी भविष्य की योजनाएँ तथा प्रयत्न उसी के दावे को कार्यरूप में परिणत करने के प्रयास-मात्र थे।

सफलता के प्रमुख कारण

बाबर द्वारा इब्राहिम की पराजय और उसकी सफलता के एक नहीं बल्कि विभिन्न कारण उत्तरदायी थे। प्रथम तो इब्राहीम की ढुलमिल नीति और अफ़ग़ान सरदारों के प्रति उसकी संदेह दृष्टि ने उसकी शक्ति को इतना निर्बल बना दिया था कि वह बाबर से कम शक्तिशाली शत्रु के विरुद्ध भी शायद ही सफलता प्राप्त कर पाता। अफ़ग़ान सरदारों और जनता के सहयोग से वंचित रहकर वह अकेला ही लड़ा।

दूसरा कारण यह रहा कि उसकी सेना में अनुभवहीन एवं उजड्ड सैनिक थे, जिनको जल्दी में भरती किया गया था। सेना में राष्ट्रीय अथवा धार्मिक उत्साह की भावना

नहीं थी। उसका संगठन फिरको के आधार पर हुआ था और सैनिकगण स्वयं अपने अफसर बने हुए थे, सर्वाधिकारी का नियंत्रण उन्हें मान्य नहीं था। इसमें संदेह नहीं कि सैनिक बहादुर थे, किंतु सैन्य-शिक्षा-संपन्न युद्ध-कुशल सैनिकों की विशेषताएँ उनमें नहीं थीं। बाबर ने अपने आत्मकथा में ठीक ही लिखा है कि हिंदुस्तान के सैनिक मरना जानते हैं, लड़ना नहीं। उधर बाबर की सेना भी यद्यपि लोदी सेना की भाँति विभिन्न खामियों से भरी थी किंतु बाबर ने उसे सुव्यवस्थित रूप से संगठित कर रखा था। वह सुशिक्षित और अनुशासित सेना थी और धनधान्य से पूर्ण भारत पर विजय करने के लिए अपने नेता की आकांक्षा और उत्साह में योग देती थी।

तीसरा कारण हालांकि पानीपत युद्ध के दौरान भारत बन्दूकें और तोपखाने जैसे शस्त्रों से अनभिज्ञ नहीं था परन्तु इब्राहीम के अधिकार में तोपखाने का एक भी दल नहीं था और उसके सैनिक इसके प्रयोग से बिलकुल अनभिज्ञ थे। उधर बाबर तोपखाने के एक शक्तिशाली दल का स्वामी था, जिसमें बड़ी-बड़ी तोपें और छोटी बंदूकें सम्मिलित थीं और जिसका सारा उत्तरदायित्व दो तोपचियों—मुस्तफा और उस्ताद अली के ऊपर था। यदि हिंदुस्तान मे बाबर की अभूतपूर्व सफलता के कारणों पर ध्यान दिया जाय तो इस दिशा में निश्चित रूप से उसके तोपखानों को ही प्रमुख श्रेय देना पड़ेगा।

बाबर की सफलता और इब्राहिम लोदी की पराजय का चौथा कारण यह था कि बाबर उस उत्कृष्ट युद्ध-कला का आचार्य था, जो मध्य एशिया की अनेक युद्ध-कलाओं के वैज्ञानिक सम्मिश्रण का सुपरिणाम थी लेकिन इब्राहीम उन दिनों देश में प्रचलित एक पुरानी और दकियानूसी युद्ध-प्रणाली के साथ लड़ा। अंत में यह कहा जा सकता है कि जहाँ बाबर अपने समय के सर्वश्रेष्ठ सैन्य-संचालकों में से था, वहाँ इब्राहीम एक अनुभवहीन बहादुर युवक था। अपने महान प्रतिद्वन्द्वी से सामना करने की उसमें क्षमता नहीं थी।

बाबर ने इब्राहीम के बारे में लिखा है, "...वह अनुभवहीन युवक अपनी गतिविधियों में लापरवाह था। बिना किसी नियम-कायदे के वह आगे बढ़ आता था, बिना किसी ढंग के रुक जाता अथवा लौट पड़ता था और कभी-कभी अदूरदर्शिता के साथ बिना विचारे भिड़ पड़ता था।" सुयोग्य और अनुभवशील व्यक्तियों को अपनी फौज में आकर्षित करने के लिए उसने अपने खजाने खोलने की चिंता नहीं की। यदि राणा सांगा के माध्यम से राजपूतों की सहायता प्राप्त करने में वह सफल रहा होता और अपने समान शत्रु के विरुद्ध संयुक्त प्रयत्न किया होता तो संभवतः बाबर को यह सफलता हाथ नहीं लगती और भारत से बाबर को भगा दिया गया होता।

पानीपत के बाद

बाबर पानीपत को अपने अधीन करने के तत्पश्चात अपने पुत्र हुमायूँ और ख्वाजा किलाँ के साथ अपनी सेना की एक टुकड़ी को आगरा को विजिता करने के लिए भेज दिया। उसी दौरान उसने एक टुकड़ी दिल्ली पर अधिकार करने तथा वहाँ के खजानों की सुरक्षा के लिए भेज दिया। फिर वह स्वयं दिल्ली की ओर अग्रसर हुआ और राजधानी में प्रवेश करने से पूर्व मुसलमान वीरों ओर संतों के मकबरों को देखने गया। वहाँ से वह आगरा गया और 10 मई को इब्राहीम के राजमहल में निवास किया। हुमायूँ ने अपने पिता का स्वागत किया और अन्य खजानों के साथ अपने पिता को प्रसिद्ध कोहिनूर हीरा भेंट किया, जिसका मूल्य सारे संसार के दैनिक व्यय का आधा समझा जाता था। किंतु बाबर ने अपनी स्वाभाविक उदारता के अनुसार वह हीरा हुमायूँ को वापस कर दिया। साथ ही उसकी सेवाओं के उपहार में 70 लाख दाम भी प्रदान किए।

बाबर इब्राहिम लोदी की माता को आगरा के बाहर एक मकान में रहने की आज्ञा दे दी और उसके खर्च के लिए एक परगने की मालगुजारी उसके नाम कर दी। उसके अफसरों को छोटी-छोटी जागीरें दे दी गईं। बाबर ने अपने आदमियों को बड़ी उदारतापूर्वक पुरस्कृत किया। उसने प्रत्येक प्रमुख बेग को 6 लाख से 10 लाख दाम प्रदान किया। प्रत्येक सैनिक और शिविर-रक्षक से लेकर निकृष्ट व्यक्ति तक को लूट का भाग प्राप्त हुआ। फरगना, खुरासान, काशगर और ईरान में अपने मित्र-आगन्तुकों को बाबर ने सोने और चाँदी के उपहार तथा अन्य मूल्यवान वस्तुएँ भेजीं, जिनमें दास भी सम्मिलित थे। मक्का, मदीना, समरकंद और हिरात जैसे तीर्थस्थानों को अमूल्य भेंटें भेजी गईं। काबुल के प्रत्येक निवास स्त्री-पुरुष, बाल-बच्चे को एक-एक चाँदी का सिक्का प्रदान किया गया। बाबर ने दिल्ली, आगरा और ग्वालियर की युगों से एकत्र अपार धनराशि को हस्तगत कर ऐसी उदारता से बांट दिया और स्वयं के लिए इतना कम धन लिया कि मजाक के तौर उसे कलंदर की उपमा दिया जाने लगा।

देश पर अधिकार

भारत में बाबर की वास्तविक गतिविधि पानीपत की जीत के बाद शुरू हुई। इब्राहिम लोदी की मृत्यु के पश्चात जो अव्यवस्था उत्पन्न हुई, उससे लाभ उठाकर बहुत-से अफ़ग़ान सरदारों ने अपनी स्वतंत्र राजसत्ता स्थापित कर ली और अपने

खाँ बया•ः का शाह बना, हसन खाँ मेवात का, मुहम्मद जैतून धौलपुर का तातार खाँ ग्वालियर का, हुसैन खाँ लोहानी रापरी का, कुतुब खाँ इटावा का और आलम खाँ कालपी का शासक बन गया। नासिर खाँ लोहानी, मारूफ फरमूली और कुछ अन्य अमीरों ने कन्नौज और गंगा पार में निकटवर्ती अन्य राज्यों पर अधिकार कर लिया। दरिया खाँ लोहानी का पुत्र बिहार खाँ सुल्तान मुहम्मद के नाम से बिहार का शासक बन बैठा और गुलाम मरगूब महाबन का। जिस दौरान बाबर आगरा की तरफ अपने सैनिक बलों के साथ आगे बढ़ा उस समय ग्रामीण जनता भयभीत होकर गाँव छोड़कर भाग खड़ी हुई जिसके कारण बाबर अपने आदमियों के लिए भोजन-सामग्री तथा पशुओं के लिए चारा बड़ी कठिनाई से प्राप्त कर सका। लोगों ने षड्यंत्र रचने आरंभ कर दिए और सड़कें अरक्षित हो गईं। इस समय ग्रीष्मकाल भी समीप आ पहुँचा था। बाबर के आदमियों ने उससे अनुरोध किया कि उन्हें काबुल वापस जाने की छुट्टी मिलनी चाहिए। इन कठिनाइयों के सामने उसने अपने चरित्र-बल का प्रदर्शन किया। निराश होने के बजाय उसने स्थिति का साहस और दृढ़ता के साथ सामना किया और अपने आदमियों को डटे रहने के लिए प्रोत्साहित किया तथा साहस के अभाव में शानदार अवसर को हाथ से न निकल जाने देने के लिए चेतावनी दी। उसने अपने सैनिक बलों व सहयोगियों के सामने खड़े होकर बड़ी चतुरता व प्रभावशाली ढंग से अपना विचार व्यक्त किया। इस सम्बन्ध में बाबर ने लिखा भी है कि— "मैंने उन्हें बताया कि साम्राज्य और विजय बिना युद्ध-सामग्री और युद्ध-साधनों के टिक नहीं सकते। बिना प्रजा और अधीन प्रांतों के शहशाही और नवाबी कोई महत्त्व नहीं रखती। कई वर्षों के परिश्रम के बाद भारी कठिनाइयों से गुजरकर, अनेक कठिन यात्राओं को तय करते हुए, अनेक सैन्य-दल खड़े करते हुए, भयानक खतरे की परिस्थितियों से उलझकर अल्लाह की कृपा से मैंने अपने भयंकर शत्रु को परास्त कर दिया है और अनेक प्रांतों तथा राज्यों पर विजय प्राप्त कर ली है जो इस समय हमारे हाथ में हैं और अब कौन-सी शक्ति और किस कठिनाई से बाध्य होकर बिना स्पष्ट कारण के हम अपनी विजयश्री को त्यागकर भाग चलें....? प्रत्येक व्यक्ति जो अपने को मेरा मित्र समझता है, अब से कभी मेरे सामने ऐसा प्रस्ताव न रखें। यदि तुम लोगों में कोई भी ऐसा है जो यहाँ ठहर ही न सके या अपने लौटने का इरादा न बदल सके तो उसे चला जाने दो।"

बाबर द्वारा दिया गया यह भाषण अधिकारियों एवं सैनिकों को अत्यधिक प्रभावित किया और उन सभी लोगों ने बाबर का साथ देने के लिए ठहरने का निश्चय कर लिया। केवल दो-एक आदमी सहमत नहीं हुए और वे काबुल चले गए।

वास्तविक रूप से जब यह स्पष्ट हो गया कि बाबर अब अपने देश न जाकर भारत में रहने की मंशा वना लिया है तो अनेक अफग़ान तथा अन्य सरदार जो अपनी सीमाओं की रक्षा के लिए बैठे थे, बाबर की शरण में आ गए। कोल (अलीगढ़) का शेख घूरन, शेख बायजीद, फीरोज़ खाँ लोहानी और कुछ अन्य प्रमुख सरदारों ने आक्रमणकारी के सम्मुख समर्पण कर दिया। वे अपनी सेना सहित बाबर से मिल गए और उन्हें उनके राज्य-क्षेत्रों में राज्य करते रहने की मंजूरी प्राप्त हो गई। जो लोग अभी अलग थे, उनके विरुद्ध बाबर ने तुरंत कार्यवाही की और उनको बलपूर्वक अपने अधीन कर लिया। उसने अविजित नगरों, दुर्गों और जिलों को अपने प्रमुख पदाधिकारियों में वितरित करने की बुद्धिमत्तापूर्ण योजना का अनुगमन किया और उनको उनकी सेना के साथ उन स्थानों पर अधिकार प्राप्त करने के लिए भेज दिया। यह नीति एकदम सफल हुई। हुमायूँ ने संभल पर विजय पा ली। मुहम्मदअली जंग ने रापरी को जीत लिया, मेहदी ख्वाजा ने इटावा जीता, सुल्तान मुहम्मद के कन्नौज पर अधिकार कर लिया और जुन्नैद बरलास ने धौलपुर पर झंडा गाढ़ दिया। ग्वालियर को तो हुमायूँ ने पहले ही जीत लिया था। अब केवल दो भयानक विरोधियों से सामना करना शेष था। ये थे अवध और बिहार के अफग़ान सरदार और राजस्थान का राणा सांगा। बाबर के साथियों की सामान्य धारणा यह थी कि अफग़ान लोग अधिक भयानक हैं और उनसे तुरंत ही निबट लेना चाहिए। राणा सांगा अधिक दूरी पर है और आगरा पर चढ़ाई करके आने के लिए संभवतः उसकी शक्ति कम हो। अतएव, हुमायूँ को नासिर खाँ लोहानी और मारूफ फरमूली से लड़ने भेजा गया। इन लोगों ने कन्नौज पर अधिकार करके दिल्ली के निकट अपनी जड़ें जमानी शुरू कर दी थीं। हुमायूँ कानपुर के निकट जाजमऊ से 20 मील की दूरी पर पहुँचा। दोनों अफग़ान सरदार बगैर युद्ध किये भाग खड़े हुए और इस तरह कन्नौज भी मुगलों के अधीन चला गया।

खानवा का युद्ध (1527)

कुछ इतिहासकारों का कहना है कि बाबर और राणा सांगा दोनों के मध्य यह समझौता हुआ कि वह इब्राहीम पर आगरा की ओर से आक्रमण करे और बाबर उत्तर की ओर से। जब आक्रमणकारी ने दिल्ली और आगरा को अधिकृत कर लिया, तो उसने राणा पर अविश्वास का अभियोग लगाया। उधर सांगा ने बाबर पर अभियोग लगाया कि उसने कालपी, धौलपुर और बयाना पर अधिकार कर लिया जबकि समझौते की शर्तों के अनुसार ये स्थान उसको (सांगा को) ही मिलने चाहिए थे। किंतु

इन दोनों में फूट पड़ने का वही मुख्य कारण नहीं कहा जा सकता। राणा सांगा ने सोचा था कि बाबर अपने पूर्वज तैमूर तथा अन्य आक्रमणकारियों की तरह यहाँ के लूट-पाट कर के अपने मुल्क को वापस लौट ज़ायेगा परन्तु उसके मंशा पर पानी फिर गया क्योंकि बाबर इसी देश में रहने का मन बना लिया था। जब उसने देखा कि इस मुग़ल शासक ने देश में ठहरकर राज्य करना निश्चित कर लिया है, तो इस खतरे से वह सचेत हो गया। हमारे मध्यकालीन इतिहास में उत्तरी भारत को अफग़ानों के हाथ से मुक्त करने के निश्चित उद्देश्य को लेकर राजस्थान के अधिक से अधिक राजाओं को संगठित करने में प्रथम बार राणा सांगा को ही सफलता प्राप्त हुई थी। किंतु यह देखकर वह चकित रह गया कि बाबर के रूप में एक नए तुर्क आक्रमणकारी ने उसे दिल्ली पर स्वदेशी शासन की पुनःस्थापना की आकांक्षा से हीन कर दिया।

राणा सांगा एक प्रतिभाशाली एवं प्रसिद्ध योद्धा था तथा उसकी कुशलता के बारे में सम्पूर्ण देश जानता नहीं था। उसकी योग्यता और शक्ति, आकांक्षा और देशभक्ति ने आक्रमणकारी को स्वदेश से निकाल बाहर करने के प्रयत्न करने के लिए विवश कर दिया, ताकि देश की गर्दन नई विदेशी शासन-सत्ता के जुए में न फँस जाए। एक शक्तिशाली सेना एकत्र कर, जिसमें कहा जाता है कि 7 राजपूत राजा और 104 सरदार सम्मिलित थे, वह बयाना पर चढ़ाई किया। और वहाँ के गवर्नर मेहदी ख्वाजा को हरा दिया और दुर्ग की विशाल चहारदीवारी में बंद रहने के लिए विवश कर दिया। अब राणा के साथ बहुत-से शक्तिशाली सरदार हो लिए, जिनमें रायसीन का सिलहदी, हसन खाँ मेवाती और स्व. सुल्तान इब्राहीम का भाई मुहम्मद लोदी भी सम्मिलित था। महमूद लोदी को राणा सांगा ने दिल्ली सौंप दी और वह वहां का राजा बन गया। प्रसिद्ध अंग्रेज इतिहासकार रशब्रुक विलियम्स ने राणा और हसन मेवाती की संधि को अपवित्र संधि बताया है। कारण कि वे दोनों भिन्न-मतावलंबी थे और उनका एकमात्र उद्देश्य बाबर को देश से निकालना था। उक्त विद्वान का यह कथन भ्रमपूर्ण है।

विदेशी आक्रमणकारी के विरुद्ध संगठित होना तो एक स्वाभाविक-सी बात थी। राजनीतिक संधियाँ सर्वत्र स्वार्थ के आधार पर ही होती हैं। बाबर ने, जो कुछ काल पूर्व इब्राहीम लोदी की माँ द्वारा विष दिए जाने से बाल-बाल बचा था, सुल्तान मिर्ज़ा को कुछ तेज अश्वारोहियों सहित बयाना की सहायता के लिए भेजा और स्वयं राजपूतों से अंतिम युद्ध करने की तैयाररियों में लग गया। बयाना के दुर्गरक्षकों से मुठभेड़ करने में यह सेना असमर्थ रही और भयभीत होकर भाग खड़ी हुई। वापस

लौटकर इन सैनिकों ने राजपूतों के अपार शौर्य, साहस और वीरता के किस्से बाबर को सुनाए।

बाबर इस दौरान सीकरी के लिए प्रस्थान कर चुका था उसने 1500 सैनिकों की एक टुकड़ी वहाँ पर भेजी जो बहुत बुरी तरह से पराजित होकर वापस लौट आई। अब युद्ध अनिवार्य हो गया था। राणा पहले से ही खानवा के निकट एक पहाड़ी तक बढ़ आया था जो वर्तमान भरतपुर राज्य का एक ग्राम और आगरा के पश्चिम में 37 मील की दूरी पर तथा सीकरी से 10 मील की दूरी पर स्थित है। अब बाबर एक अत्यंत विषम स्थिति में पड़ गया था। उसकी सेना राजपूतों के पराक्रम तथा उनकी बहादुरी से भयभीत होने लगी। काबुल के एक ज्योतिषी ने इस बार बाबर की पराजय की भविष्यवाणी की। इससे मुग़ल सेना और अधिक भयभीत हुई। अब बाबर के लिए यह आवश्यक हो गया था कि वह किसी तरह अपने साथियों का साहस बढ़ाए और इसलिए नाटकीय ढंग से उसने मदिरा का परित्याग करते हुए अपने अधिकारियों तथा सैन्य-समूह के समक्ष बहुमूल्य मदिरा-पात्र धरती पर उँडेल दिए और उन्हें तोड़-फोड़ डाला। उसने मुसलमानों पर से तमगा नामक कर हटा दिया। इतने पर भी उसके साथियों की हिम्मत इतनी न बढ़ी जितनी वह चाहता था। यह सब करने के बाद बाबर ने अपने सैनिकों और अधिकारियों के बीच एक बैढ़क की। इस बैठक में उसने कहा कि—

"मेरे साथी सरदारों! क्या तुम जानते हो कि हमारे और हमारी जन्मभूमि हमारी सुपरिचित नगरी के मध्य कुछ महीनों की यात्रा है? यदि हमारा पक्ष पराजित होता है (परमात्मा उस कुघड़ी से हमारी रक्षा करे) तो हमारी क्या दशा होगी? कहाँ हमारी जन्मभूमि होगी? कहाँ हमारा नगर होगा? हमें अपरिचितों और विदेशियों से जूझना है। लेकिन हरेक आदमी याद रखे कि जो कोई भी इस संसार में आता है वह अवश्य मरता है। खुदा ही अविनाशी और अविचल है। जिसने जीवन के सुख और ऐश्वर्य का पान किया है उसे मृत्यु को एक न एक दिन गले लगाना ही है कलंकित रहने की अपेखा अपनी जान शान से दे देना अच्छा है। अगर मैं शान के साथ मरता हूँ, तो यह बड़ा अच्छा है। मुझे प्रतिष्ठा छोड़ जाने दो, क्योंकि मेरा शरीर वास्तव में मौत से बचकर नहीं जा सकता। सर्वशक्तिमान परमेश्वर ने हमारे निमित्त उस भाग्य की स्थापना की और और हमारे सम्मुख यह विकल्प रख दिया है कि यदि हमारी हार होती है तो हम शहीदों की तरह मरेंगे और यदि हम विजयी होते हैं तो समझ लो हमने उस परमात्मा के पवित्र उद्देश्य पर विजय प्राप्त कर ली। इसलिए उस सर्वशक्तिमान के नाम पर हमें मृत्य ग्रहण करनी चाहिए कि हम ऐसी शानदार मृत्यु

से मुख नहीं मोड़ेंगे और जब तक हमारी आत्माएँ हमारे शरीर से पृथक नहीं हैं, हमारे शरीर संघर्ष के इन खतरों से कभी पृथक नहीं होंगे।"

बाबर ने अपने सभी सहयोगियों से वादा किया कि विजय घोषित होने के बाद जो कोई अपने घर जाना चाहेगा, उसको जाने की अनुमति दे दी जाएगी। उसने राणा के विरुद्ध 'जेहाद' तो पहले ही घोषित कर दिया था। उसने अपने साथियों को पुनः स्मरण कराया कि वह अपने धर्म की मान-प्रतिष्ठा के लिए यह युद्ध लड़ रहा है। इसका उत्तर तुरंत उत्साह के साथ दिया गया। प्रत्येक ने कुरान पर हाथ रखकर अपनी पत्नी के परित्याग की शपथ लेते हुए कहा कि वे अंत तक लड़ेंगे और बाबर का साथ देंगे। इस प्रकार उसकी सेना में साहस का पुनः संचार हो गया। बाबर के कुछ सैनिकों ने आगे बढ़कर राणा की सेना के कुछ इक्का-दुक्का लोगों पर जो अपनी सेना से दूर चल गए थे, आक्रमण कर दिया और उनके शीश उतारकर ले आए। इससे मुग़लों की हिम्मत बढ़ने में और अधिक सहायता मिली।

बाबर अपने सम्पूर्ण सहयोगियों के साथ खानवा पर आक्रमण करने के लिए पहुँच चुका था। राणा सांगा के सैनिक वहां पहले से उपस्थित थे। इन दोनों की सेनाएं एक दूसरे के आमने-सामने खड़ी हो गयी। बाबर के अनुसार राजपूत सेना में दो लाख सैनिक थे, लेकिन असली योद्धा की संख्या 80,000 से अधिक न रही होगी। रशब्रुक विलियम्स ने बाबर की सेना के प्रबल योद्धाओं की संख्या 8-10 हजार कही है, जो निस्संदेह बहुत की कम अनुमानित है। हम 'बाबरनामा' के अनुसार अधिकृत रूप से कहा सकते हैं कि पानीपत के युद्ध के पश्चात अफ़ग़ानों की कई सहस्र सेना तथा अन्य सेनाएँ भी बाबर से आ मिली थीं और इस प्रकार मुग़ल फौज की संख्या में काफी वृद्धि हो गई थी। यह संख्या 40,000 से कम नहीं रही होगी। रशब्रुक विलियम्स ने काल्पनिक आधार पर ही यह निष्कर्ष निकाला है कि "इस निर्णय की अवहेलना करना असंभव प्रतीत होता है कि राजपूतों की पराक्रमी सैनिक-संख्या अपने शत्रु की सैनिक-संख्या से 7 अथवा 8 : 1 के अनुपात से बढ़ी-चढ़ी थी। वास्तविक बात तो यह थी कि अनुपात 2 : 1 का था।"

बाबर ने जिस प्रकार से पानीपत की युद्ध में सेना की व्यूह-रचना बनायी थी ठीक उसी प्रकार की तैयारी यहाँ पर भी की थी। सामने के मोर्चे पर बिना बैल की बैलगाड़ियाँ थीं, जो आपस में लोहे की जंजीरों से बँधी हुई थीं। पानीपत की तरह इस बार चमड़े के रस्सों से उन्हें नहीं बाँधा गया था। उसने अपना स्थान मध्य में स्थित किया था। चिंतैमूर और खूसरू कोकुल्ताश ने उसकी दाहिनी ओर अपने स्थान ग्रहण किए थे। हुमायूँ ने दिलावर खाँ और कुछ अन्य हिंदुस्तानी नवाबों को लेकर दाहिने

पक्ष को सँभाला था। मेहदी ख्वाजा ने बाएँ पक्ष का काम अपने हाथों में लिया। दाहिने और बाएँ सिरों पर घेरा डालने वाले दल थे। गाड़ियों की कतार के पीछे तोपखाने को एक पंक्ति में खड़ा कर दिया गया था और इसकी कमान निजामुद्दीनअली खलीफा के हाथ में थी। बचाव की दीवारों के बजाए बाबर ने लकड़ी की पहिएदार तिपाइयाँ निर्मित कराई थीं जिन्हें तोपों का आधार बनाया गया था तथा उनसे तोपचियों के बचाव-स्थल का काम लिया गया था। राणा की सेनाएँ चार प्रचलित खंडों में विभाजित की गई थीं—अग्रगामी रक्षक, मध्य पक्ष, दाहिना पक्ष और बायाँ पक्ष। 16 मार्च, 1527 ई. को प्रातः 9 बजे के लगभग युद्ध आरंभ हुआ। मुग़लों के दल को दाहिनी ओर से खदेड़ने के लिए राणा सांगा ने अपने बाएँ पक्ष को आक्रमण करने की आज्ञा दी। इस प्रकार युद्ध प्रारंभ हुआ। दाहिने तुलुगमा पर प्रहार का ऐसा आधात हुआ कि वह तितर-बितर होने लगा किंतु बाबर ने चिंतैमूर को उसकी सहायता के लिए भेजा। उसने राजपूतों के बाएँ पक्ष पर आक्रमण किया और मुग़ल सैनिक उनकी टुकड़ियों में खलबली पैदा करते हुए भीतर घुस गए। इसी समय मुस्तफा को खुले मैदान में सिपाहियों को बढ़ाने तथा आग के गोले बरसाने का हुक्म मिला। तोपचियों ने अपना काम ऐसे संतोषजनक ढंग से किया कि मुग़लों का साहस सजीव हो उठा। अब मुग़लों के दाहिने पक्ष में युद्ध की सक्रियता बढ़ गयी। और उसको निर्माण-केंद्र से सहायता भेजनी पड़ी।

राजपूत सैनिकों में कुशलता एवं बहादुरी होते हुए भी मुग़लों के दाहिने पक्ष ने अंत में राणा के बाएँ पक्ष को पीछे खदेड़ दिया। इसी समय वामपक्षीय तुलुगमा को घूमकर राजपूत सेना के पिछले भाग पर आक्रमण करने का हुक्म मिला। इससे भी वीर राणा को शत्रु के बाएँ पक्ष पर भयानक दबाव कायम रखने से न रोका जा सका। बाबर को अब आघात पर आघात सहते हुए बाएँ पक्ष की रक्षार्थ अपने अश्वारोहियों की चुनी हुई टुकड़ी भेजनी पड़ी। इस समय तक युद्ध सामान्य दशा में आ चुका था। दोनों ओर के सभी सैन्य-खंड भयंकर युद्ध में संलग्न थे। मुग़ल तोपखाने द्वारा भयंकर आग बरसाने पर भी वीर राजपूतों ने "अपने निरंतर आक्रमणों से बाबर के सैनिकों को नाकों चना चबवा दिये थे। विजयश्री एक तुला में लटकी हुई प्रतीत होती थी, और यदि किसी ओर इसका झुकाव दिखाई देता था, तो राजपूतों की ओर ही; किंतु निराश हुए बिना बाबर ने एक जनरल की सूझबूझ के साथ अपने चुने हुए निजी अश्वारोहियों के दल को मध्य से लेकर शत्रु के दलों पर प्रहार करने के लिए छोड़ दिया। उस्तादअली को इसी अवसर पर जी-तोड़कर प्रयत्न करने की आज्ञा मिली। युद्ध की यह नीति कामयाब हो गयी राजपूतों के दाहिने ओर बाएँ पक्षों

में बाबर की तोपों की अग्नि-वर्षा और उसी समय एक साथ ही छूटी हुई उसकी निजी अश्वारोहिणी सेना के प्रहार से खलबली मच गई। भयंकर गोलाबारी की, जिससे उसके आदमियों का भारी विनाश हो रहा था, ध्यान न करते हुए राणा ने अपने निर्भीक सैनिकों को बाबर के दाहिने और बाएँ पक्षों पर उलट दिया जो उन्हें घेरे में बंद करने का प्रयत्न कर रहे थे। वास्तव में यह अंतिम प्रहार ऐसा भयंकर था कि मुग़ल-पक्ष अपने घेरे डालने की स्थिति से हटकर अपने केंद्रीय भाग की पंक्ति में आ पहुँचे, वे लगभग उस स्थान पर आ पहुँचे जहाँ बाबर स्वयं खड़ा था। बाईं ओर जिधर सबसे अधिक दबाव पड़ रहा था, राजपूत बढ़ते हुए चले आ रहे थे।" किंतु मृत्यु से भी भय न खाने वाले राजपूतों के लिए मुग़लों का तोपखाना भयंकर सिद्ध हुआ। राजपूत इन तोपों के सामने ज्यादा समय तक टिक न सके और उनका मनोबल धीरे-धीरे कम होने लगा। इस परिस्थिति में बाबर ने अपने दोनों पक्षों को दूसरा प्रहार करने का हुक्म दिया। राजपूत अब बिखर गए। बाबर, जो विजय की ओर से निराश हो चुका था, युद्ध में विजयी हुआ और इस प्रकार युद्ध समाप्त हुआ।

युद्ध के परिणाम

भारतीय इतिहास में शायद ही कोई दूसरा ऐसा घमासान युद्ध हुआ हो जिसका निर्णय अंत समय तक तुला में लटका रहा। फिर भी सैनिक दृष्टिकोण से यह युद्ध निर्णायक सिद्ध हुआ। राणा के पक्ष की भारी हानि हुई। संग्रामसिंह स्वयं घायल हुआ और उसके स्वामिभक्त अनुगामी उसे सुरक्षित स्थान पर ले गए, जहाँ वह अपना भग्नहृदय लेकर जनवरी 1528 ई. में सदा के लिए सो गया। हसन मेवाती तथा अन्य प्रमुख सरदार वीरगति को प्राप्त हुए। पराजित सेना को बुरी तरह मार-काट डाला गया, किंतु महमूद लोदी साफ बचकर निकल गया। राजपूतों की सैन्य शक्ति कुचल तो दी गयी परन्तु पूर्ण रूप से विनष्ट नहीं हुई थी। कुछ वर्षों में ही वे पुनः उठ खड़े हुए और गुजरात के बहादुरशाह तथा दिल्ली के शेरशाह को उनसे मुकाबला करना पड़ा। शेरशाह (1540-45 ई.) उनकी वीरता से इतना प्रभावित था कि उसे स्वीकार करना पड़ा कि एक मुट्ठी बाजरे के पीछे उसने हिंदुस्तान के साम्राज्य को संकटों में डाल दिया था। यह ध्यान देने की बात है कि राणा पर विजय प्राप्त कर लेने पर भी बाबर की राजस्थान पर आक्रमण करने तथा बहादुर राजपूतों को नाराज करने की हिम्मत नहीं हुई। चंदेरी दुर्ग पर विजय प्राप्त करने के पश्चात राजपूतों से मोर्चा लेने का विचार उसने छोड़ दिया। इस युद्ध के राजनीतिक परिणाम भी महत्त्वपूर्ण रहे। विदेशी राज्य को मिटाने की राजपूतों की आकांक्षा पूर्णतः समाप्त हो गई।

इसके पश्चात् राजस्थान के शासकों ने उत्तरी भारत में हिंदू राज्य पुनः स्थापित करने का सम्मिलित प्रयत्न कभी नहीं किया। जहाँ तक बाबर का संबंध था, उसका देश-विदेश मारे-मारे फिरने का जीवन अब समाप्त हो चुका था। अब भारत में स्थापित उसे अपने नए राज्य और अपनी व्यक्तिगत सुरक्षा के लिए आगे नहीं लड़ना था। अब उसे केवल दो कारणों से ही युद्ध करना था—अपने राज्य की सीमा बढ़ाने के लिए अथवा अपने राज्य के विरोधियों का दमन करने के लिए। रशब्रुक विलियम्स के अनुसार, "अभी तक हिंदुस्तान पर अधिकार बाबर के शौर्य-कृत्यों का केवल एक अध्याय ही था, किंतु इसके बाद यह उसके शेष जीवन की सरगर्मियों का एक प्रमुख राग बन गया.......और इस युद्ध के पश्चात उसके जीवन की नई स्थिति में एक महत्त्व की बात यह रही कि उसे युद्धों के कारण अपने जीवन और राजसिंहासन को संकट में नहीं डालना पड़ा। बाबर द्वारा ग्रहण किए गए परमावश्यक तत्त्वों में यह भी एक महत्त्व की बात रही कि इस विजय के उपरांत उसकी शक्ति का आकर्षण-केंद्र काबुल से हटकर हिंदुस्तान में हो गया।"

चन्देरी का युद्ध (1528)

बाबर ने खानवा को अपने अधीन करने के बाद मेवात पर युद्ध छेड़ दिया और 7 अप्रैल, 1526 ई. को उसकी राजधानी अलवर में प्रविष्ट हुआ। जिन सरदारों और अधीनस्थ राजाओं ने खानवा के युद्ध से पूर्व उसके प्रति स्वामिभक्त रहने से इनकार कर दिया था; उनको अपने अधीन करने के लिए बाबर ने विविध दिशाओं में अपने सैनिक-दल भेजने का कदम उठाया। चंदवार और रापरी पर फिर अधिकार कर लिया गया। इटावा को भी पुनः अधिकृत कर लिया गया। भोपाल के निकट तथा मालवा और बुंदेलखंड की सीमा पर स्थित चंदेरी के विरुद्ध बाबर ने स्वयं अभियान किया। चंदेरी इस समय प्रसिद्ध राजपूत सरदार मेदिनीराय के अधिकार में था जिसने मालवा के राजाओं के निर्माता के रूप में अपनी प्रतिष्ठा बना रखी थी। मुग़लों ने उसका घेरा डाल दिगा। दुर्गरक्षकों ने अधिक समय तक सामना न कर सकने की स्थिति का अनुभव करके अपनी स्त्रियों को मौत के घाट उतार दिया और नंगी तलवारें लेकर शत्रुओं पर टूट पड़े और उनमें से प्रत्येक अंतिम दम तक शत्रु से लड़ता रहा। बाबर ने 29 जनवरी 1528 ई. में चन्देरी पर अपना आधिपत्य जमा लिया अब उसने अपने को सुरक्षित समझा और अपने उन अधिकारियों को काबुल लौट जाने की छुट्टी दे दी जिनका स्वास्थ्य बुरी तरह से बिगड़ गया था। हुमायूँ का बदख्शां का भार सँभालने के लिए भेज दिया गया।

अब बाबर बिब्बन के विरुद्ध बढ़ चला, जिसने मुग़लों को अवध ने निकाल कर लखनऊ पर अधिकार कर लिया था। गंगा पार करने के पश्चात उसने बिब्बन को पराजित किया और उसे बंगाल तक खदेड़ दिया। इससे कुछ काल पूर्व राणा सांगा की पराजय के पश्चात महमूद लोदी, जो खानवा से भाग खड़ा हुआ था, बिहार में जाकर शरणागत हो गया उसने बिहार में एक विशाल सेना का गठन कर लिया इस विशाल सेना में लगभग एक लाख सैनिक थे। इस सैन्य-शक्ति का प्रमुख संचालक बनकर वह बनारस की ओर बढ़ा और उससे भी आगे बढ़ता हुआ चुनार तक आ पहुँचा। उसने चुनार के दुर्ग पर घेरा डाल दिया, किंतु ज्योंही बाबर उसके विरुद्ध बढ़ा, अफग़ान लोग भयभीत हो उठे। उन्होंने घेरा उठा लिया और पीछे हट गए। बाबर ने उनका पीछा किया और बंगाल तक उन्हें खदेड़ दिया।

घाघरा का युद्ध (1529)

अफग़ानों के विद्रोह को सदा के लिए समाप्त करने की उत्सुकता से बाबर ने उनसे युद्ध ठानने का निश्चय किया, किंतु बंगाल के सम्राट नसरतशाह से उसकी सुलह थी जिसकी शरण में अफग़ान सरदार महमूद लोदी के नेतृत्व में पड़े हुए थे। उसने नसरतशाह से बातचीत की परन्तु इसका कोई सन्तोषजनक हल नहीं निकला। अतएव अपने अंतिम चेतावनी-पत्र में उसने एक मार्ग देने की माँग की और इसके लिए इनकार करने पर परिणामों का उत्तरदायित्व उसी पर ठहराया। उसने 6 मई, 1529 ई. को घाघरा के तट पर अफग़ानों से युद्ध किया। इस घमासान संघर्ष में दोनों ओर से तोपखानों और नावों का प्रयोग किया गया। अफग़ान लोग पराजित हुए। बाबर और नसरतशाह में एक संधि संपन्न हुई जिसके अनुसार दोनों दलों ने एक-दूसरे की सर्वोच्च सत्ता का आदर किया और नसरतशाह ने बाबर के शत्रुओं को शरण न देना भी स्वीकार कर लिया। बाबर का यह अंतिम युद्ध था। इस संघर्ष के परिणामस्वरूप वह बिहार का सर्वोच्च अधिकारी हो गया। अफग़ान सरदार अपने सैनिक-दलों सहित उससे मिल गए। अब बाबर के अधिकार में इस देश का सिंधु नदी से बिहार तक और हिमालय से ग्वालियर और चंदेरी तक का भाग था। मुग़लों ने मुल्तान पर अधिकार जमा लिया था और इसलिए पश्चिमोत्तर कोण में केवल सिंध ही बाबर के अधिकार से बाहर था।

सर्वोच्च सत्ता के विषय में बाबर का दृष्टिकोण

बाबर एक कुशल एवं प्रभावशाली मुगल शासक था जिसके सामने अब कोई सैनिक सम्बन्धित समस्या नहीं थी न ही किसी प्रकार की कोई कमी ही थी, क्योंकि

उत्तरी भारत की विजय पूर्ण हो चुकी थी, किंतु बाबर को एक राजकीय सिद्धांत स्थापित करना था। अफ़ग़ान, राजसत्ता के सिद्धांतानुसार राजा के सरदारों का सरदार माना जाता था। यह सिद्धांत उपयुक्त नहीं था इससे संकट उत्पन्न होने का डर था, जैसे लोदी-काल में देश को सहना पड़ा। इब्राहिम अपना अधिकार जमाने में असफल रहा था, क्योंकि उसकी सरकार 'प्रजा की रिआयत' पर स्थिर थी, दैवी राजसत्ता के आधार पर नहीं। बाबर ने 'सुल्तान' की उपाधि को त्याग कर' 'बादशाह अथवा सम्राट की उपाधि धारण की, जिससे लोगों को ज्ञात हो जाए कि वह पूर्वकालीन सुल्तान-काल के शासकों की तरह नहीं है, बल्कि उसकी सत्ता उनसे कहीं अधिक बढ़कर है। उसका विश्वास था कि राजा को ईश्वर से ही शक्ति और सत्ता प्राप्त हुई है। थोड़े में हम कह सकते हैं कि बाबर राजसत्ता के दैवी अधिकार का समर्थक था जो उस समय के लिए अनुकूल था। बाबर का यह विचार-विश्वास राजा और राजसत्ता संबंधी हिंदू विचारधारा से मिलता-जुलता था, जिसके द्वारा राजा की मान्यता एक सामान्य मानव से कहीं अधिक ऊपर है।

बाबर पानीपत पर अपना अधिकार जमाने के बाद जब भारत में रहने का निश्चय कर लिया तब वह आगरा में अपने रहने के लिए एक महल बनवाने में लग गया। दूसरे अन्य स्थानों में भी उसने इमारतें बनवानी शुरू कर दीं; विशेषरूप से उसने गुसलखानों का निर्माण कराना और सुंदर-सुंदर बाग लगवाना आरंभ कर दिया। वह कहा करता था कि हिंदुस्तान को तीन अभिशापों—गर्मी, धूल और लू—से इन्हीं के द्वारा रक्षा हो सकती है। इब्राहीम लोदी के शासन के अंतिम वर्षों में जो अव्यवस्था फैल गई थी, उसे दूर करने के लिए भी उसने समय दिया। उसकी यह नीति थी कि प्रान्तों में शक्तिशाली फौजी गवर्नर नियुक्त कर दिए जाएँ और वे अपने-अपने क्षेत्रों में शांति और सुव्यवस्था का प्रबंध करें। वह जनता को अधिक से अधिक संतुष्ट रखना चाहता था। 1529 ई. के अंतिम छह महीनों में वह इसी कार्य में व्यस्त रहा।

बाबर की बीमारी और मृत्यु

बाबर ने खानवा को अपने अधीन करने के बाद अपने बेटे हुमायूं को बदख्शां की गद्दी पर बैठा दिया था वह बिना पिता को सूचित किये सम्पूर्ण कार्यभार छोड़कर आगरा आ पहुँचा। यहाँ से उसे उसकी जागीर संभल में जाने की आज्ञा प्राप्त हुई किंतु वहाँ पहुँचकर वह बीमार पड़ गया। फलतः उसे नाव में बिठाकर आगरा लाया गया। चिकित्सा के सभी संभव उपाय काम में लाए जाने पर भी उसकी हालत में कोई सुधार नहीं दीखता था। बाबर ने नामी फकीर अबूबका से सलाह ली तो उसने कहा कि

हुमायूँ बस भगवान से ही दुआ की भीख माँगे और अपनी सर्वाधिक मूल्यवान वस्तु का दान करे। बाबर ने बीच में ही कहा, "हुमायूँ के निकट सबसे मूल्यवान वस्तु मैं ही हूँ......और उसके लिए मैं अपना बलिदान करूँगा। हे परम पिता, स्वीकार करो!" यह कहकर उसने हुमायूँ की चारपाई की तीन परिक्रमाएँ कीं और कहा कि मैंने उसकी बीमारी अपने ऊपर ले ली है। इतिहासकारों ने लिखा है कि इस घटना के थोड़ी देर बाद ही बाबर बीमार पड़ गया और हुमायूँ की हालत सुधरने लगी। अपनी मृत्यु-शैय्या पर ही उसने हुमायूँ को अपना उत्तराधिकारी नामजद कर दिया और अपने अन्य पुत्रों तथा परिवार के अन्य व्यक्तियों को भी उसके संरक्षण में सौंप दिया। 26 दिसंबर, 1530 ई. को बाबर का देहान्त हो गया।

2

हुमायूँ (1530-1556 ई.)

हुमायूँ का पूरा नाम नासिरुद्दीन मुहम्मद हुमायूँ था जिनका जन्म काबुल में 6 मार्च 1508 ई. में हुआ था। इनके पिता का नाम जहीरुद्दीन मुहम्मद बाबर और माता का नाम महिमा बेगम था। इनकी माता शिया मत में विश्वास रखती थी। हुमायूँ अपने चार भाइयों में सबसे बड़ा था। हुमायूँ ने तुर्की फारसी तथा अरबी का अच्छा ज्ञान प्राप्त किया, किंतु हुमायूँ हिज्जे तथा शैली में असावधान था। अतः विचारों और साहित्यिक लेखन-शैली में उसे विद्वत्तापूर्ण यथोद्यता प्राप्त नहीं हुई। सम्भवतः उत्तरी भारत पर बाबर की विजय के पश्चात उसने कुछ हिंदी भी सीख ली थी। साहित्य और काव्य के अतिरिक्त उसे गणित, दर्शनशास्त्र, ज्योतिष तथा फलित में भी रुचि थी। सैन्य-शास्त्र भी उसकी शिक्षा का अंग था।

जब हुमायूँ की उम्र कम थी तभी उसने अपने पिता से शासन-व्यवस्था सँभालने का अनुभव प्राप्त किया था। पानीपत की लड़ाई से पूर्व हामिद खाँ द्वारा संचालित अफग़ानों के एक लड़ाकू दल का सामना करने के लिए उसे भेजा गया था। हिसार फीरोज़ा के निकट हुमायूँ ने हामिद खाँ को हरा दिया। वह उस समय 18 वर्ष का था और युद्ध का यह उसका पहला अनुभव था। आगे चलकर वह पानीपत और खानवा के युद्धों में लड़ा 1526 ई. में हिसार फीरोज़ा का जिला उसके नाम कर दिया गया और बाद में उसे जागीर के रूप में सम्भल दे दिया गया।

राज्यारोहण (30 दिसंबर, 1530 ई.)

बाबर का देहान्त (26 दिसम्बर 1530) और हुमायूँ के राज्यभिषेक (30 दिसम्बर 1530) के मध्य मात्र चार दिन का अन्तराल में ही उसको गद्दी से हटाने और मेहदी ख्वाजा को राजगद्दी पर बैठाने का षड्‌यंत्र रचा गया था। प्रधानमंत्री निजामुद्दीन अली मुहम्मद खलीफा ने, जिसने हुमायूँ के विपक्ष में अपनी धारणा बना ली थी, सोचा कि राज्य प्राप्ति इसी बात से सम्भव है कि हुमायूँ के उत्तराधिकार की अवहेलना की जाए और मेहदी ख्वाजा के राज्यारोहण की पुष्टि उच्चाधिकारियों से करा ली जाए। मेहदी ख्वाजा बाबर का बहनोई था और उसकी बहन खानजादा बेगम, का पति था। वह अनुभवी और योग्य शासक था। इधर हुमायूँ ने कोई विशेष योग्यता का प्रदर्शन भी नहीं किया था। उसने अपने पिता की आज्ञा के बिना दिल्ली में खजाने के संदूक खोले थे और उनका धन दबा बैठा था। उसने बदख्शां में अपना पद त्याग दिया था जिसके कारण वह अपने कर्त्तव्यों का उपेक्षक बन गया। इसके साथ ही मानव-स्वभाव के अनुभवी पारखी खलीफा ने यह भी अनुभव किया कि राजकुमार में अध्यवसाय और सूझबूझ की कमी है। कामरान, असकरी और हिंदाल की छोटी अवस्था और उनके अनुभवहीन होने के कारण उन्हें राजसिंहासन के लिए अस्वीकृत कर दिया गया था। बाबर के जीवन काल में ही यह षड्‌यंत्र अपनी चरम सीमा पर पहुँच गया था; किंतु इसके कार्यान्वित होने से पूर्व ही खलीफा ने अपना दृष्टिकोण बदल दिया। 'तबकाते अकबरी' के लेखक निजामुद्दीन अहमद के पिता मुहम्मद मुकीम उस घटना के साक्षी थे, जिसमें खलीफा ने मेहदी ख्वाजा के हाथों में राजगद्दी सौंपने की योजना को त्याग दिया था। वह कहता है कि एक दिन जब मीर खलीफा मेहदी ख्वाजा के स्थान से चलने लगे तो ख्वाजा ने ऊँची आवाज में कहा, "यदि परमात्मा ने चाहा तो बादशाह के रूप में मेरा प्रथम कृत्य तुम्हारी और तुम जैसे अन्य विश्वासघातियों की खालें खींचना होगा।" मुकीम ने इन शब्दों को सुन लिया और प्रधान मंत्री से शिकायत कर दी। योजना छोड़ दी और षड्‌यंत्र समाप्त हो गया और 30 दिसम्बर सन् 1530 को हुमायूँ का राज्याभिषेक हुआ।

हुमायूँ की प्रारम्भिक समस्याएँ

अफग़ान लोग

हुमायूँ के राज्याभिषेक के बाद उसे दिल्ली का राजसिंहासन मिला जो कांटों की सेज की भांति था। मुग़ल-साम्राज्य, जिसमें मध्य एशिया के बल्ख़, कुंदुज़ और

बदख्शां प्रांत सम्मिलित थे और भारत में पंजाब, मुल्तान, आधुनिक अवध और उत्तर प्रदेश, बिहार, ग्वालियर, धौलपुर, बयाना और चंदेरी सम्मिलित थे, एक असंगठित साम्राज्य के रूप में था। साम्राज्य के अंतर्गत अनेक शक्तिशाली सरदार, विशेषकर अफ़ग़ान सरदार, अभी तक सिर उठाए हुए थे। स्वर्गवासी सुल्तान इब्राहीम के भाई महमूद लोदी ने मुग़लों के हाथों से अपने पूर्वजों की राजगद्दी को पुनः प्राप्त करने की आशा और आकांक्षा का अभी त्याग नहीं किया था। शेर खाँ सूर अफग़ानों को एक शक्तिशाली संप्रदाय के रूप में ढालने का अवसर ताक रहा था, ताकि उनकी सहायता से वह एक स्वतंत्र राज्य का निर्माण कर सके। इसके अतिरिक्त बिब्बन और बायजीद, जिनको उनके राज्यों से निकाल दिया गया था, वे पुनः खोये हुए राज्य को अपने अधीन करने के लिए मौके ढूँढ़ रहे थे। बंगाल का नुसरतशाह सक्रिय रूप से अफग़ानों को सहयोग दे रहा था। बाबर को भारत में आमंत्रित करने वाले प्रमुख उत्तरदायी व्यक्तियों में आलम खाँ गुजरात के बहादुरशाह के दरबार में शरणार्थी के रूप में रहता था। बहादुरशाह ने उसे धन दिया और एक बड़ी सेना संगठित करने में भी उसकी सहायता की। यह सेना उसके लड़के तातार खाँ की अध्यक्षता में आगरा पर आक्रमण करने को भेजी गई थी।

मिर्ज़ा वर्ग

हुमायूँ का सबसे बड़ा शत्रु मुहम्मद जमान मिर्जा था। यह बाबर के रक्त सम्बन्ध का दावा करता था। इसके अलावा और भी शत्रु थे जो हुमायूँ के निकट के सम्बन्धी थे। ये सभी सगे सम्बन्धी अपने आपको तैमूरवंशी कहते थे। मुहम्मद जमान मिर्जा हिरात के सुल्तान हुसैन बैकरा का पोता था और हुमायूँ की सौतेली बहन मासूमा बेगम से उसने विवाह किया था। वह एक अनुभवी सैनिक था, किंतु बड़ा उपद्रवी और चंचल आदमी था। वह इतना महत्त्वाकांक्षी था कि दिल्ली के राजसिंहासन को अधिकृत करने के कार्य को अपनी शक्ति से परे नहीं समझता था। दूसरा प्रमुख मिर्ज़ा मुहम्मद सुल्तान था। वह भी तैमूर की पीढ़ी में से था और हिंदुस्तान की राजगद्दी का आकांक्षी था। तीसरा मेहदी ख्वाजा था, जिसको बाबर के प्रधानमंत्री ने राज्याधिकार के लिए चुन लिया था। आत्मनिर्णय के अभाव के कारण वह अवसर को खो चुका था। कुछ भी हो, शाहंशाही सैन्य-खंड का कमांडर और बाबर का निकट संबंधी होने के कारण उसने स्वयं को हुमायूँ के बराबर ही समझ लिया। कुछ अन्य उच्चाधिकारी भी थे जो चगताई तुर्क थे और मुग़ल राजवंश से इनका संबंध था। बड़े-बड़े प्रदेशों के स्वामी और शक्तिशाली सैन्य-दलों के संचालक होने के कारण ये लोग बड़े महत्त्वाकांक्षी थे और नए बादशाह से प्रतिद्वंद्विता रखते थे।

उसके बंधु-बांधव

वे तैमूरवंशी जो बाबर से अपने रक्त सम्बन्धी का दावा करते थे और मिर्जा कहलाते थे। उनके अलावा हुमायूँ के अपने तीनों भाईयों से भी युद्ध करना पड़ा था। इनमें पहला कामरान था, जो हुमायूँ से छह वर्ष छोटा था। हुमायूँ को पहले से ही काबुल और कंधार उसके अधिकार में थे। उसकी दृष्टि दिल्ली के राजसिंहासन पर लगी थी। दूसरा भाई असकरी हुमायूँ से आठ वर्ष छोटा था। तीसरा हिंदाल था, जो असकरी से दो वर्ष छोटा था। ये लोग भी बड़े झगड़ालू, उपद्रवी और महत्त्वाकांक्षी थे, किंतु असाधारण योग्यता और चरित्र-बल का इनमें नितांत अभाव था। **लेनपूल** का यह कथन उचित प्रतीत होता है कि ''सदा से निर्बल और अस्थिर होने के कारण असकरी और हिंदाल महत्त्वाकांक्षी व्यक्तियों के हाथ के यंत्र होने के कारण ख़तरनाक मालूम देते थे।''

बाबर की विरासत

हुमायूँ के जीवनकाल में आयी विभिन्न प्रकार की समस्याओं के लिए बाबर भी उत्तरदायी था। शासन की सुंदर व्यवस्था स्थापित करने में वह असमर्थ रहा। उसने अपनी प्रजा के हृदय पर विजय पाने का प्रयत्न तक नहीं किया। प्रजा अभी मुग़लों को विदेशी आक्रांता के रूप में ही देख रही थी। उसकी अनुचित और अनावश्यक उदारता के कारण शाही खजाना खाली हो चुका था, जिससे आरंभ से ही हुमायूँ की शासन-व्यवस्था को आर्थिक संकट का सामना करना पड़ा। फौजी जागीरों की व्यवस्था द्वारा अनेक बड़े-बड़े सरदार उठ खड़े हुए थे, जो नए राजा के संकेत पर चलने को तैयार नहीं थे, क्योंकि वे जानते थे कि राजा निर्बल और अस्थिर चित्त का व्यक्ति है। हुमायूँ के कानों में उसके पिता का यह अंतिम उपदेश भी गूँजा करता था कि चाहे उसके भाई अच्छे व्यवहार के योग्य हों अथवा न हों, किंतु हुमायूँ को उनके साथ अच्छा व्यवहार ही करना चाहिए। कर्त्तव्यपरायण पुत्र होने के नाते उसने इस उपदेश की अवहेलना नहीं की, यद्यपि प्रत्येक परिस्थिति में उसके अनुसार चलने के प्रयत्न में उसे हानि उठानी पड़ती थी। इस प्रकार बाबर ने अपने पुत्र को ऐसी विरासत छोड़ी थी, जो बड़ी डाँवाडोल थी।

बाह्य कठिनाइयाँ

भारत के मध्यकालीन इतिहास में बंगाल तथा गुजरात के राजाओं का प्रमुख रूप मे उल्लेख किया गया जो हुमायूँ के अत्यधिक प्रतिद्वंद्वी व शत्रु थे। बंगाल के

राजा का विश्वास था कि बाबर की मृत्यु के पश्चात् उसके साथ हुई संधि का भी अंत हो गया। वह बिहार के अफग़ानों का खुलकर साथ दे रहा था। गुजरात का प्रसिद्ध योद्धा बहादुरशाह था और उसने मालवा तथा मेवाड़ को जीतने की योजना बनाई थी; किंतु उसके जीवन की सबसें बड़ी आकांक्षा दिल्ली के राजसिंहासन पर अधिकार करने की थी। एक प्रकांड कूटनीतिज्ञ के नाते उसने बिहार के अफग़ानों से एक समझौता कर लिया ताकि वे मुगल शासकों को पराजित और भारत से उनकी जड़ काटने में उन्हें सहायता दें।

व्यक्तिगत कठिनाइयाँ

भारत में मुग़लों के इतिहास की इस संकटमयी घड़ी में यह आवश्यक था कि उनके शासक उत्कृष्ट सैन्य-संगठन की कुशलता से पूर्ण हों, कूटनीतिक दक्षता तथा राजनीतिक पटुता के साथ किसी भी स्थिति का सामना पूर्ण साहस और अविचल भाव से कर सकें; यद्यपि अब हुमायूँ की अवस्था 23 वर्ष की हो चुकी थी फिर भी तक वह एक योग्य एवं प्रभावशाली राजा न बन सका था। बौद्धिक योग्यता और साहित्य के प्रति अभिरुचि होते हुए भी उसमें फौजी प्रतिभा और इच्छा-शक्ति का अभाव था। राजनीतिक तथा शासन व्यवस्था के मामलों में वह बुद्धिमत्ता और अंतर्दृष्टिविहीन था। इसके अतिरिक्त वह क्रियाशील एवं अध्यवसायी पुरुष नहीं था। किसी बात को शीघ्र तय करने और शीघ्र उसे झटपट संपादन कर डालने में भी वह कोरा था। लेनपूल ने ठीक ही लिखा है कि "उसमें चारित्रिक बल और संकल्प-शक्ति का अभाव था। इन सब कमियों के अलावा उसमें शत्रुओं से किस प्रकार डटकर युद्ध करना चाहिए, इस जानकारी का अभाव था। विजय-प्राप्ति के थोड़ी देर बाद ही वह अपने हरम (अंतःपुर) में जाकर आनंद में पड़ा रहता था और अपने अमूल्य समय को अफीमची के सपनों की दुनिया में नष्ट करता रहता था। इधर उसके शत्रुओं का गर्जन उसके द्वार पर सुनाई दे रहा था। स्वभाव से ही दयालु होने के कारण जहाँ उसे दंड देना चाहिए था, वहाँ वह क्षमादान करता था। नम्र स्वभाव और मिलनसार होने के कारण वह ऐसे नाजुक वक्त भी भोग-विलास में लगा रहता था, जबकि उस समय उसे युद्धक्षेत्र में होना चाहिए था। उसके चरित्र में आकर्षण तो था, लेकिन कोई प्रभाव नहीं। निजी जीवन में वह प्रसन्नचित्त था और उसकी वृत्तियाँ शुद्ध थीं तथा उसका संपूर्ण जीवन भलमनसाहत से भरा था, किंतु बादशाह के रूप में वह असफल रहा।" इस प्रकार हुमायूँ दिन-प्रतिदिन निर्बल होता गया और एक दिन ऐसा समय आया कि वह स्वयं की असफलता का कारण बना।

उसकी भूलें

इन समस्याओं के होते हुए भी हुमायूँ ने कुछ ऐसी भूलें की जिसकें कारण समस्याएं बढ़ती गई। इन पर नीचे प्रकाश डाला जा रहा है—

साम्राज्य का विभाजन

हुमायूँ की समस्या का प्रमुख कारण साम्राज्य विभाजन रहा है। जब से वह गद्दी पर बैठा तभी से उसके सामने संकट पर संकट आना शुरू हो गया। साम्राज्य को अपने भाई और चचेरे भाइयों में विभाजित करने की उसने पहली भूल की। अपनी द्वेषी और प्रतिद्वंदी भाइयों पर कड़ा नियंत्रण रखने के बजाय उसने उन्हें अपने राज्य का भागीदार बना दिया। सुलेमान मिर्ज़ा को बदख्शां में स्थाई पद दे दिया गया। हिंदाल को बदख्शां से लौटने पर मेवात का विस्तृत क्षेत्र जागीर में दे दिया गया, जिसमें आधुनिक अलवर, गुड़गाँव और मथुरा के जिले तथा आगरा का कुछ भाग सम्मिलित था, और एक शक्तिशाली सेना का सरदार बनाकर उसे मेवात की राजधानी अलवर भेज दिया। संभल का जिला असकरी के नाम कर दिया गया। यह भी मेवात की तरह घना बसा हुआ विस्तृत प्रदेश था। कामरान को, जो कि खुल्लमखुल्ला विद्रोह कर रहा था, काबुल और कंधार का स्थाई अधिकारी ही नहीं बना दिया गया बल्कि पंजाब और हिसार फीरोज़ा के जिलों पर बलात अधिकार कर लेने दिया गया। पंजाब और हिसार के अपहरण को स्वीकार करके हुमायूँ ने अपने पिता के साम्राज्य-संगठन की जड़ काट दी। काबुल, कंधार और सिंध के क्षेत्र कामरान के अधिकार में चले जाने से सेना के लिए रंगरूटों की भरती का सबसे अच्छा क्षेत्र हाथ से निकल गया।

मुग़ल मध्य एशिया से अपनी सेना में सैनिकों की भर्ती किया करते थे। कामरान का पंजाब और अफगानिस्तान का वास्तविक शासक बन जाने की स्थिति में हुमायूँ का संपर्क मध्य एशिया से टूट गया और उसे सिंधु के पार रंगरूटों की भर्ती करने से वंचित होना पड़ा। हिसार पर अधिकार करने से कामरान ने पंजाब और दिल्ली के बीच की सदर सड़क पर भी अपना अधिकार सुरक्षित कर लिया। फौजी अधिकारियों को बहुत अधिक मात्रा में भूमि वितरित करने की घातक नीति के दुष्परिणामों को समझने में वह असमर्थ रहा जिसके लिए उसका पिता भी उत्तरदायी था। भाइयों में साम्राज्य को विभाजित करने पर भी मानो उसे संतुष्टि न मिली हो, इसलिए उसने अपने प्रत्येक सरदार की जागीरें दे दीं। इसका परिणाम यह हुआ कि

उच्च मुग़ल अधिकारियों को स्वच्छन्द स्वाधीन होने का प्रोत्साहन मिला और हुमायूँ को अत्यधिक समस्याओं का मुक़ाबला करना पड़ा।

कालिंजर का अभियान (1531 ई.)

राज्याभिषेक होने के कुछ ही समय के बाद हुमायूँ कालिंजर दुर्ग पर आक्रमण करने के लिए रवाना हुआ। दुर्ग के शासक को अफ़ग़ानों का शुभचिंतक समझा जाता था। यह घेरा कुछ महीनों तक पड़ा रहा और अंत में हुमायूँ को सुलह करनी पड़ी उसने राजा से जन-धन की हानि का मुआवजा लिया ताकि शीघ्र की पूर्व में अफ़ग़ानों के उपद्रव को दबाने के लिए वहाँ से चल दे। कालिंजर का अभियान एक बड़ी भूल थी। राजा को पराजित न किया जा सका और हुमायूँ अपने उद्देश्य को पूरा करने में सफल नहीं हुआ और अन्त में राजा उसे अपनी ओर मिला कर अपना दोस्त बना लिया।

अफ़ग़ानों के विरुद्ध प्रथम अभियान : चुनार का प्रथम घेरा (1532 ई.)

हुमायूँ द्वारा चलाया गया बुंदेलखण्ड के कालिंजर दुर्ग का अभियान सफल नहीं हुआ तभी अभियान को समाप्त करने के लिए उसे मजबूर होना पड़ा, क्योंकि महमूद लोदी के संचालन में बिहार के अफ़ग़ान मुग़ल प्रदेश जौनपुर की ओर बढ़े चले आ रहे थे। इस प्रांत का गवर्नर जुन्नैद बरलास था जो प्रधान मंत्री खलीफा का छोटा भाई था। जुन्नैद युद्ध में न टिक सका और पीछे हट गया। अफ़ग़ान लोग बाराबंकी जिले के अंतर्गत वर्तमान नवाबगंज तक बढ़ आए। हुमायूँ और महमूद लोदी की मुठभेड़ दौहरिया में अगस्त 1532 ई. में हुई। अफ़ग़ान लोग पराजित हुए और भयभीत होकर बिहार की ओर भाग खड़े हुए। इसके बाद हुमायूँ ने चुनार का दुर्ग वह घेर लिया जो शेर खाँ के आधिपत्य में था। यह घेरा चार मास तक पड़ा रहा (सितम्बर से दिसंबर 1532 ई.), किंतु दुर्ग-विजय करने के बजाय अंत में हुमायूँ ने घेरा उठा लिया और शेरशाह का आत्मसमर्पण स्वीकार कर लिया, जिसके अनुसार शेर खाँ ने अफ़ग़ान सैनिकों की एक टुकड़ी अपने लड़के कुतुब खाँ के संरक्षण में मुग़ल सम्राट की सेवा में छोड़ दी। हुमायूँ फिर आगरा लौट आया जिससे शेर खाँ को अपनी शक्ति-साधन की वृद्धि का अवसर मिल गया। यह हुमायूँ की तीसरी भूल थी।

समय और धन की बरबादी (1533-34 ई.)

विभिन्न क्षेत्रों से विशेषकर गुजरात से अत्यधिक विद्रोह की सूचनाएं मिल रहीं

थी फिर भी हुमायूँ अगले डेढ़ वर्ष तक आगरा और दिल्ली में आमोद-प्रमोद में समय नष्ट करता रहा। उसका कोष खाली था, फिर भी राजभोगों पर वह बहुत-सा धन व्यय करता। पुरस्कार और सत्कारस्वरूप बहुमूल्य खिलअतों का वितरण अपने सहस्रों राज्याधिकारियों तथा सरदारों में किया करता था। उसने अपना काफी समय और धन दिल्ली में एक बड़ा दुर्ग बनाने की विशाल योजना में नष्ट किया। इस दुर्ग का नाम उसने 'दीनपनाह' रखा। इस प्रकार उसने बहादुरशाह को सीमा-विस्तार और शक्ति-वृद्धि का पर्याप्त अवसर दिया।

बहादुरशाह से युद्ध (1535-36 ई.) : मेवाड़ और गुजरात की जीत व हार

हुमायूँ को मुहम्मद जमान मिर्जा और मुहम्मद सुल्तान मिर्जा से समझौता करने के पश्चात् भी इन दोनों की गतिविधियों में कोई परिवर्तन नहीं आया। इन दोनों को क्रमशः बिहार और कन्नौज में जागीरें प्रदान की गई थीं। मुहम्मद ज़मान को अपना अभिन्न मित्र और सहयोगी बनाने के लिए हुमायूँ ने उसे बिहार का स्थाई गवर्नर बना दिया। जुलाई 1534 ई. में दोनों मिर्जाओं ने वलीखूब मिर्जा के साथ मिलकर एक विद्रोह खड़ा कर दिया, किंतु वे पराजित हुए। मुहम्मद जमान मिर्जा को बंदी बना लिया गया और उसे अंधा करने की आज्ञा दी गई लेकिन वह बचकर निकल भागा और गुजरात के बहादुरशाह के पास चला गया (नवंबर 1534 ई.)। हुमायूँ ने बन्दी बनाये गये लोगों को मुक्त करने का एक प्रस्ताव बहादुरशाह को भेजा परन्तु वह अस्वीकार कर दिया। विशेषरूप से तो आलम खाँ लोदी और उसके साथ मुग़ल शासक के अन्य बहुत से अफ़ग़ान शत्रुओं को उसने पहले ही आश्रय दे रखा था और साम्राज्य के प्रति कुचक्रों के संचालन में सहयोग भी दिया था। बहादुरशाह महत्त्वाकांक्षी शासक था।

1531 ई. में उसने मालवा को अपने राज्य में मिला लिया था, 1532 ई. में रायसेन का दुर्ग भी अपने अधिकार में कर लिया था, और 1533 ई. में चित्तौड़ के सिसौदिया शासक को पराजित किया था। बंदूकचियों का एक दल संगठित करके तथा कुस्तुनतुनिया के प्रसिद्ध तोपची रूमी खाँ की सेवाएँ प्राप्त करके उसने अपनी सैन्य-शक्ति बहुत बढ़ा ली थी। दिल्ली पर अधिकार करके उत्तरी भारत का सम्राट बनने की आकाँक्षा उसके मन में जाग उठी थी। इसलिए हुमायूँ की माँग पर वह किसी प्रकार भी ध्यान देने की स्थिति में नहीं था। दोनों के बीच दीर्घकालीन कटु पत्र-व्यवहार अंत में युद्ध की घोषणा के रूप में फलित हुआ। ऐसा होना भी था,

क्योंकि गुजरात राज्य के राजस्थान और मध्य भारत की ओर निरंतर बढ़ाव ने हुमायूँ को अवश्य सावधान कर दिया होगा। साथ ही बहादुरशाह ने आलम खाँ लोदी के पुत्र तातार खाँ को पहले से ही सशस्त्र और सशक्त सेना-संगठन में सहायता देकर मुग़लों द्वारा शासित बयाना पर आक्रमण करके अधिकृत करने की ओर प्रेरित कर रखा था। हुमायूँ ने अपने भाई असकरी और हिंदाल को उसके विरुद्ध भेजा, जो दुर्ग को पुनः अपने अधीन कर लिया था और (नवंबर 1534 ई.) में मंडरायल में तातार खाँ को हराकर मार दिया।

जिस दौरान चित्तौड़ पर बहादुर शाह दुबारा घेरा डालने के लिए प्रयास कर रहा था उसी दौरान स्वयं हुमायूँ उसके विरुद्ध लड़ने के लिए चल पड़ा। क्योंकि आपत्तिकाल में चित्तौड़ के विक्रमादित्य की माता करमेती (कर्णवती) ने हुमायूँ से सहायता की प्रार्थना की और उसके पास इस संकेत के साथ राखी भेजी कि वह भाई का कर्त्तव्य समझ कर शत्रु के पंजों से अपनी बहन (रानी) की रक्षा करे। ऐसा कहा जाता है कि रानी द्वारा भेजी गयी राखी अपनी कलाई पर बांधी और चित्तौड़ की ओर कूच किया परन्तु वह (जनवरी 1535 ई.) सारंगपुर में ही रुक गया । बहादुरशाह सचेत हो उठा किंतु अपने अनुमान पर ठीक विश्वास करते हुए कि मुग़ल सम्राट गैर-मुस्लिम से युद्ध करते हुए अपने सधर्मी भाई पर आक्रमण न करने की मुस्लिम परंपरा का पालन करेगा, उसने घेरा और सुदृढ़ कर दिया। उसका यह अनुमान ठीक ही निकला। राजनीतिज्ञ की अपेक्षा अंधविश्वासी अधिक होने के नाते हुमायूँ ने बहादुरशाह पर ऐसे समय में आक्रमण करना पाप समझा, जबकि वह राणा जैसे विधर्मी के साथ युद्ध कर रहा था। यह हुमायूँ की एक और महान भूल थी। उसने राजपूतों की सहानुभूति और सहयोग प्राप्त करने का एक स्वर्ण अवसर खो दिया "जिसका महत्त्व और मूल्य उसके पुत्र अकबर ने बाद में समझा।" वीरतापूर्ण सामना करने के बाद चित्तौड़ का 8 मार्च, 1535 ई. को पतन हो गया । स्त्रियाँ जौहर ज्वाला में भस्म हो गईं और नगर में तीन दिन लूटमार मची रही। यहाँ से हुमायूँ आगे बढ़ा और चित्तौड़ से साठ मील दूर मंदसौर के निकट पहुँच गया। अपनी विजयी सेना द्वारा मुग़लों पर बाहदुरी के साथ आक्रमण करने के बजाय बहादुरशाह ने रक्षात्मक स्थिति अपना ली, किंतु वह प्रत्यक्ष रूप से अपने शिविर में घिर गया। उसकी रसद में कमी पड़ गई और भुखमरी की आशंका उसके सामने थी। ऐसी दशा में वह 25 अप्रैल, 1535 ई. की रात को धीरे से अपने शिविर में से निकला और छिपते-छिपते माँडू के दुर्ग में शरणागत हो गया। रात्रि को शिविर से बहादुरशाह के निकल जाने से उसके शिविर में खलबली मच गयी और मुग़लों को विश्वास हो गया कि शत्रु आक्रमण करने वाला है।

फलतः हुमायूँ रात-भर घोड़े की पीठ पर सवार रहा और उसकी सेना लड़ाई के लिए तैयार खड़ी रही। प्रातःकाल वास्तविकता का पता चला और अश्वारोहियों का एक दल बहादुरशाह का पीछा करने को भेज दिया गया। हुमायूँ ने माँडू का दुर्ग शीघ्र ही घेर लिया। बहादुरशाह ने संधि-वार्ता के लिए हाथ बढ़ाया। इसी बीच कुछ मुग़ल सेना ने नगर की प्राचीरों पर चढ़कर द्वार खो लिए। इस पर बहादुरशाह चम्पानेर की ओर भाग निकला। यह स्थान बड़ौदा से 28 मील था। संपूर्ण मालवा पर आधिपत्य स्थापित करने के पश्चात हुमायूँ शीघ्र ही चम्पानेर की ओर बढ़ चला और दुर्ग पर घेरा डाल दिया। बहादुरशाह निराश हो गया और 15 जून, 1535 ई. में काम्बे भाग गया, जहाँ पहुँचकर उसने पुर्तगालियों से लड़ने के लिए तैयार किया हुआ जल-युद्ध-पोत-समूह नष्ट कर दिया। काम्बे से वह ड्यू की तरफ बढ़ गया। हुमायूँ भी उसका पीछा करता ही चला आया और काम्बे पहुँच गया, जहाँ के स्थानीय सरदार ने उसके शिविर पर आक्रमण कर दिया, परन्तु सरदारों को सफलता नहीं मिली। काम्बे से हुमायूँ 1 जुलाई का चम्पानेर चला आया जो अभी तक इख्तियार खाँ नामक एक गुजराती अधिकारी के आधिपत्य में था। दुर्ग को, जो एक घने जंगल में अवस्थित था, फिर से घेरने की व्यवस्था की गई। चार मास व्यतीत हो गए किंतु मुग़लों ने इस घेरे से कोई सफलता प्राप्त नहीं की। एक दिन हुमायूँ ने जंगल से आते हुए ग्रामीणों को देखा और अनुमान लगाया कि उस ओर की दीवार आदमियों के प्रवेश के लिए अवश्य ही नीची होगी। इसलिए एक रात को उसने दीवार के पत्थरों के बीच के चूने में कीलें गाढ़कर दीवार के पार उतरने का उपाय ढूँढ़ निकाला। शुत्र को भूल में डालने के लिए दुर्ग के दूसरे भागों पर आक्रमण जारी रखने की आज्ञा दे दी गई और वह अपने साथियों के साथ चाँदनी रात में दीवार पर चढ़ गया। दुर्गरक्षक भयभीत हो गए और घबरा गए। हुमायूँ के सैनिकों ने स्थिति से लाभ उठाकर दुर्ग के द्वार पर अधिकार कर लिया। इख्तियार खाँ को 6 अगस्त, 1535 ई. को आत्मसमर्पण के लिए बाध्य होना पड़ा। लूटमार में मुग़ल सम्राट के हाथों अपार धनराशि आ गई, क्योंकि गुजरात के बादशाहों का खजाना चम्पानेर में सुरक्षित था।

मुगलों की चम्पानेर तथा माँडू को अपने अधीन करना एक महत्त्वपूर्ण कामयाबी थी, लेकिन हुमायूँ ने वहाँ अपने शासन को सुव्यस्थित करने की कोई व्यवस्था नहीं की, और अनेक सप्ताह आमोद-प्रमोद में नष्ट कर दिए। चम्पानेर में जो कोष उसके हाथ लगा था, उसको उसने मुक्तहस्त से खर्च कर दिया। गुजरात की शासन संबंधी उलझनों के कारण बहादुरशाह को अपने विश्वासपात्र हाकिम इमादुलमुल्क को अहमदाबाद में मालगुजारी एकत्र करने के लिए भेजने का सुअवसर

प्राप्त हुआ। शासन-व्यवस्था की पुनःस्थापना के लिए इमादुलमुल्क ने काफी काम किया। वह एक बड़ी सेना लेकर गया और मालगुजारी के धन को खर्च करके उसने काफी सैनिकों की भर्ती किया जो एक शक्तिशाली सैन्य बल बन गया। अब हुमायूँ की नींद खुली। उसने इमादुलमुल्क का सामना करने के लिए अपने भाई असकरी को भेजा। इमादुलमुल्क ने असकरी को वैसे तो चकित कर दिया किंतु विजय असकरी की हुई। इसी बीच हुमायूँ अपने भाई की सहायता के लिए आ पहुँचा था और उसने अक्टूबर 1535 अहमदाबाद पर अधिकार कर लिया। अब उसने असकरी को गुजरात का गवर्नर नियुक्त किया और उसकी सहायता के लिए हिंदू बेग नामक एक अनुभवशील हाकिम को तैनात कर दिया और वह स्वयं ड्यू पर जहाँ बहादुरशाह ने शरण ले रखी थी, आक्रमण करने के लिए चल दिया लेकिन इस कार्य को संपन्न करना असंभव प्रतीत हुआ, क्योंकि मालवा से चिंताजनक सूचनाएँ आई थीं, जहाँ संगठित शासन-व्यवस्था के अभाव में विद्रोहियों ने मुग़ल-सेना को उज्जैन की ओर ठेल दिया था। 22 फरवरी 1536 ई. को हुमायूँ को माँडू से वापस आना पड़ा। यहाँ आकर वह पुनः भोग-बिलास में डूब गया। इसी बीच गुजरात में पुनः समस्याएँ खड़ी हो गईं। उसका वहाँ से हटना ही विद्रोह का संकेत हो गया।

बहादुरशाह ने, जिसके अधिकार में जलपोत का एक बेड़ा था, पुर्तगाली और अफ्रीकी गुलामों से सहायता ली और मुग़लों से अनेक नगर छीन लिए। असकरी घबरा गया और प्रांत की रक्षा की चिंता करने से पहले वह अपनी रक्षा की चिंता में पड़ गया। स्थानीय गुजराती सरदारों ने, जो मुग़ल-शासन से असंतुष्ट थे, बाहदुरशाह को वापस आने का निमंत्रण दिया। वह एक सेना संगठित करने लगा और अहमदाबाद की ओर बढ़ चला। इस संकटमय स्थिति में जबकि असकरी हुमायूँ से कोई सहायता न पा सकता था, उसकी सेना विभाजित हो गई। उसके कुछ सलाहकारों ने सुझाया कि यदि वह अपने को हुमायूँ से स्वतंत्र होने की घोषणा कर दे तो संभव है इस बात से उसकी सेना को प्रोत्साहन मिले। इसी दौरान बहादुरशाह अपने सहयोगियों को लेकर अहमदाबाद के समीप आ थमका दोनों सेनाओं के बीच घमाशान युद्ध हुआ परन्तु अधिक समय तक असकरी अपने शत्रुओं का मुकाबला न कर सका। और वह अप्रैल 1536 ई. चम्पानेर की ओर भाग निकला। यहाँ के गवर्नर टर्डीबेग की स्वामिभक्ति ने चम्पानेर दुर्ग का कोष अधिकृत करने और अपने को स्वतंत्र घोषित करने की उसकी योजना को असफल कर दिया। वह 21 अप्रैल 1536 ई. में आगरा की ओर चल पड़ा। इसी समय बहादुरशाह चम्पानेर के निकट आ पहुँचा और टर्डीबेग को 22 अप्रैल 1536 को दुर्ग छोड़कर भागना पड़ा, और जो

कुछ भी माल वह ले जा सकता था, उसे लेकर माँडू लौट पड़ा। इस प्रकार साल भर से कुछ अधिक समय तक मुग़लों द्वारा अधिकृत रहने के बाद 1535-36 में गुजरात उनके हाथ से निकल गया। हुमायूँ को भी मालवा पर अधिकार कायम रखने की संभावना दिखाई न दी क्योंकि साम्राज्य के अन्य भागों से उपद्रवों और अव्यवस्था के भयप्रद समाचार उसे बराबर प्राप्त हो रहे थे। इसलिए उसने मई 1536 ई. के मध्य में माँडू छोड़ दिया और आगरे की ओर चल दिया, जहाँ वह 9 अगस्त को पहुँच गया। इस प्रकार समस्त मालवा प्रदेश उसके हाथ से निकल गया। इस प्रदेशीय राज्य के पूर्व-राजाओं के एक उत्तराधिकारी मल्लू खाँ ने अपने अधीन कर लिया।

शेर खाँ से संघर्ष
(अक्टूबर 1537-जून 1540 ई.)

चुनार गढ़ का दूसरा घेरा (अक्टूबर 1537-मार्च 1538 ई.)

हालांकि मुगलों की नाजुक स्थिति का दौर चल रहा था, वे काफी निर्बल व असहाय होते जा रहे थे। इस स्थिति में हुमायूँ असकरी से किसी प्रकार का संघर्ष करना नहीं चाहता था। उसने असकरी के राजद्रोह और अपनी सर्वोच्च सत्ता प्रदर्शित करने के अपराध को भी क्षमा कर दिया। उसके आगरा में प्रवेश करने के कुछ काल पूर्व मुहम्मद सुल्तान मिर्जा नामक एक अभ्यस्त विद्रोही को, जिसने बलपूर्वक कन्नौज से जौनपुर तक का प्रदेश अधिकृत कर लिया था, उसे हिंदाल ने मार-पीटकर बंगाल भगा दिया था। हुमायूँ अगस्त 1536 से जुलाई 1537 ई. तक आगरा में ही डटा रहा और उसने इस बात पर ध्यान नहीं दिया कि मुग़ल-साम्राज्य के पूर्वी भाग में शेर खाँ तीव्र गति से बढ़ा चला आ रहा है। 1532 ई. में जब से उसने हुमायूँ की अधीनता स्वीकार की थी, उसने दिल्ली में कोई संधिवार्ता नहीं भेजी थी। उसका लड़का कुतुब खाँ, जिसको सम्राट जमानत के रूप में ले आया था, वह अपने सभी सहयोगियों को लेकर अपने पिता के पास चला गया था। जिस समय हुमायूँ गुजरात के अभियान में लगा हुआ था, शेर खाँ ने बिना किसी मुग़ल विरोध के दक्षिणी बिहार पर अपना आधिपत्य स्थापित कर लिया था। उसने बंगाल के शाह को 1534 और 1536 ई. में दो आक्रमणों में पराजित कर दिया था और अपनी प्रतिष्ठा एवं साधनों में भारी वृद्धि कर ली थी।

हुमायूँ ने 1537 ई. की बरसात तक इस बात पर बिल्कुल ध्यान नहीं दिया कि अफ़ग़ान सरदार इतना प्रबल हो गया है। मालवा और गजरात पर पनः अधिकार

करने तथा अपने सामाजिक जीवन की रंगरेलियों में व्यस्त रहकर उसने पूरा साल (अगस्त 1536-जुलाई 1537 ई.) मूर्खता में नष्ट कर दिया। विश्वासघाती मुहम्मद जमान मिर्जा को, जो पंजाब में विद्रोह खड़ा करने के प्रयत्न तथा अपने लिए गुजरात की राजगद्दी हड़पने में असफल होकर लौटा था, मूर्खता से क्षमा प्रदान कर हुमायूँ जुलाई, 1537 ई. को चुनारगढ़ की ओर बढ़ चला। उसने चुनारगढ़ का दुर्ग घेर लिया। यह दुर्ग शेर खाँ को वहाँ के पूर्व गवर्नर ताज खाँ की विधवा पत्नी लाड मलिका से विवाह के द्वारा प्राप्त हुआ था। इस दुर्ग पर शेर खाँ के बेटे कुतुब खाँ का अधिकार था इसमें बड़ी कुशलता व चतुरता से अपनी सेना की एक टुकड़ी को पड़ोस की पहाड़ियों में तैनात कर दिया, जिससे वह घेरा डालने वालों को हैरान कर सके। यह घेरा छह माह (अक्तूबर 1538—मार्च 1538 ई.) तक बना रहा और रूमी खाँ, जो अपने पहले स्वामी बहादुर खाँ को छोड़कर मंदसौर की लड़ाई से कुछ समय पूर्व ही हुमायूँ से (अप्रैल 1535 ई.) मिल गया था के प्रयत्नों के बावजूद दुर्ग को अपने अधीन करने में सफल नहीं हो सका। इसी लिए उसने एक योजना तैयार किया तथा एक अफ्रीकी गुलाम लड़के को बुरी तरह कोड़ों से पीटकर दुर्ग में यह जानने के लिए भेजा गया कि दुर्ग के किस भाग पर आक्रमण किया जा सकता है। वह देखभाल कर कई दिनों बाद बाहर आ गया। उसने बताया कि नदी की ओर दीवार पर आक्रमण किया जा सकता है। अब रूमी खाँ अपना तोपखाना ऊपर चढ़ा लाया और दुर्ग के भेद्य भाग पर गोलाबारी करने लगा। दीवार में दरार पड़ गई। इसके बाद उसने आक्रमण का हुक्म दे दिया और दुर्ग अधिकृत कर लिया गया। सैकड़ों अफ़ग़ान तोपचियों के हाथ काटने की आज्ञा देकर मुग़लों ने क्षमादान का वचन भंग कर दिया। रूमी खाँ को दुर्ग का शासक नियुक्त कर हुमायूँ ने शेर खाँ का पीछा करने का निर्णय किया जो इस बीच बंगाल तक बढ़ गया था और लगभग उसे जीत चुका था। यद्यपि चुनार पर अधिकार एक महत्त्वपूर्ण सैन्य-कौशल था, फिर भी हुमायूँ को इससे कोई लाभ नहीं हुआ, क्योंकि चुनार से किसी आस-पास के भू-मार्गों पर नियंत्रण नहीं हो सकता था। दूसरी ओर छह माह का जो अमूल्य समय इन्होंने घेरा डाले रहने में नष्ट किया था, शेर खाँ ने इसी समय का लाभ उठाया इस स्वर्ण अवसर से लाभ उठाकर उसने बंगाल के अभियान में सफलता प्राप्त की और बंगाल का अधिकांश राजकोष गौड़ से उठाकर रोहतास ले गया।

बंगाल पर अधिकार (1538 ई.)

चुनार पर अपना अधिकार जमा लेने के बाद हुमायूँ बनारस की तरफ प्रस्थान

किया। इस दौरान शेर खाँ युद्ध करने के पक्ष में नहीं था। उसके साथ लंबी वार्ता के परिणामस्वरूप यह निश्चय किया गया कि अफ़ग़ान सरदार बिहार को छोड़ दें। और मुग़लों के एक जागीरदार के रूप में उसे बंगाल का अधिकारी रहने दिया जाए, जिसके बदले में वह 10 लाख रुपए वार्षिक संधि के अनुसार चुकाता रहे। शेर खाँ ने इन शर्तों को स्वीकार तो कर लिया, लेकिन हुमायूँ ने, जो बंगाल के महमूद से पत्र-व्यवहार कर रहा था और उस समय मनेर तक पहुँच गया था, संधि की पुष्टि में हिचकिचाहट दिखाई। वह असमंजस में पड़ गया कि शेर खाँ से संधि करे अथवा बंगाल-विजय की योजना बनाए। अंत में उसने बंगाल-विजय करने का ही निश्चय किया।

जिस समय शेर खाँ की सेना उसके जनरल खवास खाँ के नेतृत्व में बंगाल पर आक्रमण कर रही थी, वहाँ के राजा गियासुद्दीन महमूद ने हुमायूँ से सहायता की प्रार्थना की; किंतु उसके पास कहीं से भी सूचना नहीं पहुँची और वह हाजीपुर भाग गया और में (6 अप्रैल 1538 ई.) उसकी राजधानी गौड़ अफ़ग़ानों के हाथ चली गई। शेर खाँ ने असहाय महमूद का पीछा किया, किंतु वह अपने प्राण बचाकर भागा और मनेर में हुमायूँ के शिविर में पहुँचकर बंगाल पर पुनःअधिकार करने की उससे प्रार्थना की। उस पर हुमायूँ को तारस आ गयी और उसकी प्रार्थना को स्वीकार कर लिया। उसने शेर खाँ के साथ हाल ही में किया हुआ समझौता भंग कर दिया और गौड़ की ओर चल पड़ा। बंगाल का भूतपूर्व राजा महमूद घावों से बुरी तरह क्षत-विक्षत था और इसी काल में वह खलगाँव (कोलगाँव) में मर भी गया। वह परन्तु हुमायूँ का अभियान बढ़ता गया और मई के अन्तिम सप्ताह में वह तेलियागढ़ी के लिए प्रस्थान कर गया। गौड़ जाने वाली सड़क को जलाल खाँ ने रोक दिया, जिसको उसके पिता ने इस मार्ग की रक्षा के लिए तैनात किया था। जैसे ही मुग़ल लोग इस स्थान पर पहुँचे, जलाल खाँ ने उन पर आक्रमण कर दिया। मुग़लों की भारी हानि हुई। उधर एक भारी तूफ़ान भी आ गया, जिससे हुमायूँ की सेना कई दिनों तक रुकी रही। जलाल खाँ को जब यह सूचना मिली कि उसके पिता ने गौड़ का कोष रोहतास रवाना पर दिया है, तो उसने तेलियागढ़ी को छोड़ दिया और वह शेर खाँ से जा मिला। यह देखकर कि अफ़ग़ान सेना पीछे हट गई है, हुमायूँ बंगाल में प्रविष्ट हुआ और (15 अगस्त, 1538 ई.) को गौड़ पहुँच गया। उसने इस स्थान को बिल्कुल उजड़ा हुआ पाया सड़कों पर लाशों के ढेर पड़े थे; फिर भी उसने वहाँ ठहरना पसंद किया और इस स्थान का नाम जन्नताबाद रखा। इसी स्थान पर हुमायूँ करीबन आठ महीना तक योग-विलास में लीन रहा। उसके अधिकारियों और सैनिकों ने भी इस दिशा में उसका अनुकरण किया और वे सभी राग-रंग में डूब गए।

बादशाह को आगरा और दिल्ली से कोई सूचनाएं नहीं मिल रही थी क्योंकि इन दो नगरों से सम्बन्ध सम्पर्क स्थापित रखने के लिए कोई व्यवस्था नहीं की गयी थी। आगरा और गौड़ के मध्य में उसने केवल हिंदाल को तिरहुत में नियुक्त कर रखा था। मुग़ल प्रदेश में बनारस गौड़ से पश्चिम में 350 मील की दूरी पर सबसे निकटतम स्थान था परंतु बनारस से भी मुग़ल सम्राट कोई संपर्क स्थापित नहीं कर सका। ऐसी प्राथमिक और सामान्य सैनिक सावधानी न रखने का परिणाम यह हुआ कि शेर खाँ ने मुग़ल राजधानी से उसका (हुमायूँ का) संबंध-विच्छेद कर दिया। काँटेदार जंगलों से घिरे हुए दक्षिण बिहार के झारखंड नामक पर्वतीय प्रदेश को सैनिक आधार बनाकर शेर खाँ ने सैनिकों को तेलियागढ़ी से कन्नौज तक का संपूर्ण प्रदेश विजय करने के निमित्त भेजने की एक श्रेष्ठ योजना तैयार की। वह शीघ्रता से बढ़ता चला गया और बनारस पर अधिकार कर लिया। उसके लड़के जलाल खाँ ने जौनपुर घेर लिया, और चुनारागढ़ पर भी घेरा डाल दिया। अफ़ग़ानों ने कड़ा, बहाराइच, कन्नौज और संभल को अपने अधीन में कर लिया। अतः गंगा और कोसी के बीच आने वाले सभी क्षेत्रों पर शेर खाँ का जनवरी 1539 तक पूर्ण अधिकार हो गया। हुमायूँ का भाई हिंदाल उत्तरी बिहार में अपना स्थान पहले ही छोड़कर आगरा चला गया था। आगरा आकर वह सम्राट बनने के स्वप्न देखने लगा और तदनुसार योजनाएँ भी बनाने लगा। अपनी माँ की सलाह के विरुद्ध भी उसने सम्राट की पदवी धारण कर ली, और शेख बहलोल को मार डाला। हुमायूँ बहलोल से बड़ा स्नेह रखता था। ये समाचार हुमायूँ के कानों तक न सही, उसके अधिकारियों के पास तो देर-सबेर पहुँचते ही रहते थे और वे इन्हें सुनकर टाल जाते थे। जब भविष्य अंधकारमय प्रतीत होने लगा तो मुग़ल अधिकारी, जो अब तक इन विपित्तकारक और चिंताजनक समाचारों को बादशाह से छिपाए हुए थे, स्वयं सावधान हुए और उन्होंने राज्य हाथ से निकल जाने का समाचार हुमायूँ को कह सुनाया। बादशाह ने जहाँगीर कुली बेग को 5000 सैनिक देकर गौड़ की रक्षा का भार सौप दिया और मार्च 1539 ई. के अन्तिम दौर में वह वर्तमान बिहार की राजधानी पटना की ओर प्रस्थान कर दिया।

चौसा की लड़ाई (26 जून, 1539 ई.)

हुमायूँ ने अपने सैनिकों को दो हिस्सों में विभाजित कर दिया। एक भाग में असकरी में आगे जाने कहा और दूसरा भाग जो स्वयं उसके नेतृत्व में ही था, कुछ मील पीछे-पीछे चला। मुंगेर पर ये दोनों भाग पुनः मिल गए और अनुभवी अधिकारियों की उचित सलाह के विरुद्ध हुमायूँ ने गंगा के दक्षिणी तट को पार करके आगरे वाली

ग्रांड ट्रंक रोड पकड़ ली। यह एक भयंकर भूली थी। यद्यपि हुमायूँ को अच्छी सड़क का सहारा मिल गया था किंतु यह मार्ग दक्षिणी बिहार में होकर निकलता था जो शेर खाँ के प्रवास और अधिकार में था। सतर्क अफ़ग़ानी जासूस मुग़ल सेना की गतिविधि के समाचार शीघ्रता से अपने शासक शेर खाँ के पास पहुँचा रहे थे। हुमायूँ की इस भूल के कारण शेर खाँ ने उससे खुल्लमखुल्ला मुठभेड़ करने का निश्चय कर लिया। बादशाह ग्रांड ट्रंक रोड पर भी आगे न बढ़ सका और वर्तमान भोजपुर जिले के अंतर्गत बिहिया नामक स्थान के समीप पहुँचकर उसे उत्तरी किनारे पर गंगा पार करनी पड़ी। जैसे ही वह कर्मनासा नदी (जो बिहार और उत्तर प्रदेश की सीमा निर्धारित करती है) से थोड़ी दूर पर स्थित चौसा नामक स्थान पर पहुँचा, उसे समाचार मिला कि वह शेर खाँ भी पास में ही आ पहुँचा है। हुमायूँ के आला सैनिकों का विचार था कि कई दिनों की लंबी यात्रा से हारे-थके अफगानियों पर तत्काल धावा बोलना या आक्रमण करना कोई ज्यादा लाभ नहीं मिलेगा परन्तु हुमायूँ यह प्रस्ताव अस्वीकार कर दिया और निश्चय किया कि दक्षिण की ओर नदी को फिर पार किया जाए और वहाँ पहुँचकर एकदम आक्रमण करने के बजाए कुछ समय तक इंतजार किया जाए। मुग़लों की इस बिलंब से शेर खाँ को अपने शिविर को सुदृढ़ करने और अपने सैनिकों को आराम देने का पर्याप्त समय मिल गया। उसके झंडे के नीचे अफ़ग़ान सैनिकों की एक बड़ी फौज एकत्रित हो गई। इसके विपरीत, हुमायूँ को अपने भाइयों से कोई सहायता प्राप्त नहीं हुई। हिंदाल आगरे में प्रत्यक्ष रूप से एक राजा की तरह कामकाज कर रहा था और असकरी के दिल में भी राज-विद्रोह की भावना काम कर रही थी। हुमायूँ के बहुत-से सैनिक बीमारी, कठिनाइयों तथा शत्रु के भय से उसे छोड़कर चले गए। अब बचाव का कोई रास्ता नहीं था। शेर खाँ ने आगरे वाली सड़क की नाकेबंदी कर दी थी। इस प्रकार अब तो केवल युद्ध ही एक विकल्प था दोनों ओर की सेनाएँ एक-दूसरे के सामने तीन महीने (अप्रैल से 26 जून, 1539 ई.) तक पड़ी रहीं, किंतु किसी ओर से भी आक्रमण प्रारम्भ नहीं हुआ। शेर खाँ तो जान बूझ कर देर कर रहा था क्योंकि उसके अनुसार बरसात का मौसम आ जाने से मुग़ल सेना बड़ी मुसीबत में पड़ सकती थी। वह वर्षा ऋतु का पूरा-पूरा लाभ उठाना चाहता था। इन्हीं दिनों दोनों पक्षों में सुलह की बातचीत भी चली; किंतु शेर खाँ को लगभग एक वर्ष पहले हुमायूँ द्वारा तोड़े गए समझौते का बड़ा कटु अनुभव था। इसलिए उसे शांति संबंधी इन वार्ताओं की सफलता की आशा कम ही थी। वह स्वयं सतर्क रहते हुए शत्रु-सेना को आक्रमण की संभावना से बे-खबर रखना चाहता था और जब वर्षा आरंभ हो गई तो उसने अपने हाथ दिखाने शुरू किए।

मुग़ल-शिविर कर्मनासा और गंगा नदी के बीच एक नीचे क्षेत्र में लगा हुआ था जो बरसात के पानी से जल मग्न होने लगा जिससे उनकी सम्पूर्ण व्यवस्था तितर-वितर हो गयी। इस मौसम में मुगल सैन्य बलों को काफी मुसीबत उठानी पड़ी। 25 जून, 1539 ई. को शेर खाँ ने अपनी फौजों को युद्ध के लिए तैयार होने की आज्ञा दी, लेकिन प्रत्यक्ष में महारक्ष चेरो नामक एक स्थानीय सरदार पर आक्रमण करने का बहाना किया। यह चेरो योद्धा बिहार के शाहाबाद जिले के अंतर्गत आदिवासियों के एक फिरके का सरदार था। मुग़लों ने अफग़ानी फौजों को आदिवासियों के प्रदेश की ओर जाता देख यह बात सच मान ली और वे बे-खबर हो गए। किंतु शेर खाँ आधी रात के बाद लौट पड़ा और मुग़लों की बे-खबर और सोती हुई फौजों पर अचनाक आक्रमण कर दिया। अफग़ानी फौज ने, जो स्वयं उसके लड़के जलाल खाँ और उसके महान सेनापति खवास खाँ के नेतृत्व में तीन भागों में बँटी हुई थी वह सैनिकों पर तीनों तरफ से घेरकर आक्रमण करना प्रारंभ कर दिया जिससे मुगल सैनिकों में हलचल मच गयी और वे बुरी तरह भयभीत हो गए। शोरगुल सुनकर हुमायूँ जाग पड़ा और घोड़े पर चढ़कर अपने सैनिकों को एकत्र करने लगा, लेकिन उसके अधिकांश सैनिक प्राण-रक्षा हेतु बहुत पहले भाग खड़े हुए थे। वह स्वयं अपने खेमे तक भी नहीं पहुँच सका, किंतु उसके कुछ परखे हुए स्वामिभक्त अनुयायियों ने उसे खतरे से निकलवा दिया। जब हाथी पर सवार होकर भी वह गंगा पार न कर सका, तो वह निजाम नाम के एक भिश्ती की मशक पर सवार होकर कुशलतापूर्वक नदी के दूसरे किनारे पहुँच गया। उसका सारा कैम्प जिसमें उसके हरम की कुछ महिलाएँ भी थीं, इन सभी लोगों को बन्दी बना लिया गया। मुगल सेना लगभग पूरी तरह से विनष्ट हो गयी थी। हुमायूँ कुछ लोगों की देखरेख में जान बचाकर आगरा भाग आया।

चौसा की लड़ाई में आठ हजार मुग़ल सैनिक तथा बहुत-से मुग़ल सरदार काम आये। मुहम्मद जमान मिर्जा भी इनमें एक था। हुमायूँ की दो रानियाँ और एक लड़की या तो मार डाली गई अथवा नदी में डूब गईं। उसकी पटरानी बेगा बेगम और उसके साथ बहुत-सी अन्य मुग़ल महिलाएँ बन्दी बना ली गईं। शेर खाँ ने उनकी रक्षा का पूरा-पूरा प्रबंध किया और बाद में उन्हें अपने सैनिकों की देखभाल में हुमायूँ के पास सुरक्षित पहुँच दिया।

बिलग्राम की लड़ाई (17 मई, 1540 ई.)

हमायूँ और उसके तीनों भाई आगरा में एक साथ मिले और उनमें काफी समय

तक बातचीत चलती रही। इन लोगों के सामने इस समय अपने शत्रु का नाश करने की समस्या प्रमुख थी। चौसा की लड़ाई में मुग़लों को पराजित कर शेर खाँ का साहस बहुत बढ़ गया और अब वह शेरशाह की उपाधि धारण कर सिंहासन पर विराजमान था। कामरान, जो हुमायूँ की अनुपस्थिति में ही आगरा आ पहुँचा था, अपने स्वार्थसाधन की चिंता में था और इसी उद्देश्य से उसने अपनी 20,000 की फौज के साथ अफ़ग़ान-शासक शेरशाह के विरुद्ध लड़ने के लिए अपनी सेवाएँ अर्पित कीं; किंतु हुमायूँ उसके स्वार्थपूर्ण उद्देश्यों को समझता था। उसने यह प्रस्ताव इसलिए और अस्वीकृत कर दिया कि इसको स्वीकार कर लेने पर मुग़ल सम्राट की हैसियत से उसकी प्रतिष्ठा पर बट्टा लगता था। शत्रु की ओर से इतना बड़ा खतरा उपस्थित था कि मुग़लों का ऐश्वर्य और साम्राज्य तक खतरे में था। ऐसी नाजुक घड़ी में बाबर के चचेरे भाई मिर्जा हैदर दुगलात के सद्प्रयत्नों के बावजूद हुमायूँ और उसके भाई शत्रु से मोर्चा लेने के लिए संयुक्त संगठन पर एकमत न हो पाए। कामरान अपनी मूर्खता से यह समझे बैठा था कि यदि वह अपने बड़े भाई को इस समय सहायता नहीं देगा तो शेरशाह उसे पंजाब और हिसार फीरोजा में शांतिपूर्वक राज्य करने देगा। कुछ समय पहले वह आगरे में बीमार पड़ गया था और उसके दिमाग में यह बात घर कर गई थी कि उसकी बीमारी का कारण उसे जहर देना है जो हुमायूँ ने दिलवाया था। असकरी ने सोचा कि हुमायूँ में दृढ़ता और संकल्प-शक्ति का नितांत अभाव है और इसलिए वह भी निरपेक्ष बन गया। आगरा में हुई वार्ता के काफी समय बीत गए जिसका परिणाम कुछ भी नहीं निकला। उधर शेरशाह के सम्मुख चौसा की लड़ाई के बाद सबसे पहला काम था सम्पूर्ण बंगाल पर अधिकार करना और गौड़ नामक स्थान पर हुमायूँ द्वारा छोड़े हुए फौजी दस्तों को नष्ट करना। यह कार्य सफलतापूर्वक संपन्न करके वह पश्चिम की ओर लौट आया था और एक शक्तिशाली सेना का नेतृत्व करते हुए आगरा की ओर बढ़ रहा था। उसके सैनिकों ने लखनऊ और कन्नौज पर पहले ही अधिकार कर लिया था और अब वह स्वयं की (फरवरी 1540 ई.) में कन्नौज आ पहुँचा। अब तो मुग़लों को एक मिनट भी नष्ट नहीं करना चाहिए था। हुमायूँ ने कामरान से मदद मांगी परन्तु उसने मदद देने से साफ मना कर दिया और वह लाहौर वापस चला गया मुग़लों ने नए सिरे से सेना-संगठन करने की जी-तोड़ कोशिश की। चौसा की लड़ाई के बचे-खुचे सैनिक भी, जो आगरा आ पहुँचे थे, इसमें शामिल किए गए और इन सब की संख्या 90,000 हो गई। किंतु इनमें से अधिकांश लोग निरे रंगरूट थे जिन्हें युद्ध और लड़ाई का कोई अनुभव न था। इस तरह जी-तोड़ कोशिश के बाद तैयार की गई सेना को लेकर हुमायूँ शेरशाह से

भिड़ने के लिए कन्नौज के समीप भोजपुर नामक स्थान पर आ पहुँचा और यहाँ उसने अपना शिविर डाल दिया। शेरशाह ने, जो पहले ही इधर आ पहुँचा था, गंगा के इस तरफ हुमायूँ के शिविर से लगभग 23 मील दूर कन्नौज के सामने अपने खेमे गाड़ दिए। हुमायूँ की सेना में बराबर अभिवृद्धि हो रही थी और अब उसकी सैनिक-संख्या 2 लाख तक पहुँच गई थी। अप्रैल 1540 ई. का पूरा महीना निकल गया किंतु किसी भी ओर से आक्रमण न हुआ। हाँ, हुमायूँ ने बिलग्राम की ओर गंगा को अवश्य पार कर लिया। उसने बिलग्राम के निकट गंगा से तीन मील की दूरी पर अपना शिविर लगाया।

मुगल शिविर कर्मनासा और गंगा नदी के किनारे एक नीचे स्थान पर था जिसमें 15 मई के दिन भारी वर्षा होने के कारण पानी भर गया जिसके कारण सैनिक-शिविर पास ही में एक ऊँचे स्थान पर स्थापित करने का निश्चय किया गया। दूसरे दिन 17 मई को जब मुग़ल सैनिक अपने-अपने कैम्पों से यह देखते-समझने के लिए बाहर निकले कि अगले दिन अपने शिविर को यहाँ से हटाकर ऊँचे स्थान पर किस तरह ले जाया जाएगा, तो शेरशाह ने अपने सैनिकों को मैदान में उतर आने और शत्रु पर हमला बोल देने की आज्ञा दे दी। इस तरह हुमायूँ को तोपों बंदूकों का प्रयोग करने का भी अवसर न मिला। मुग़ल सैनिक लड़ाई के लिए तैयार भी नहीं थे कि उनके ऊपर अचानक ही यह हमला बोल दिया गया था। मिर्जा हैदर को हुमायूँ ने अपने सैनिकों का सेनापति बनाया था जिसके आज्ञा देते ही मुगल सैनिक बहुत जल्द ही आक्रमण करने के लिये तैयार हो गए। हुमायूँ और मिर्जा हैदर ने केंद्र की बागडोर सँभाली। वाम पक्ष, जो नदी की ओर था, हिंदाल के नेतृत्व में रखा गया और दाहिनी ओर का मोर्चा यादगार नासिर मिर्ज़ा के नेतृत्व में। असकरी अग्रगामी सैनिक दल का नेतृत्व कर रहा था। सेना का अग्रभाग तो 5000 बन्दूकधारी सैनिकों द्वारा सुरक्षित हो गया था, किंतु इधर-उधर कोई रक्षक-दल नहीं था और न रिजर्व में ही कुछ सैनिक दल थे। मुग़लों की लड़ने वाली संख्या 40,000 थी।

यद्यपि मिर्जा हैदर के अनुमान से अफ़ग़ान सेना की संख्या 15,000 थी, किंतु लड़ने वाले अफ़ग़ानों की कुल संख्या 40,000 से कम न रही होगी। शेरशाह ने सम्पूर्ण सहयोगी व सेना को सात हिस्सों में बांट दिया था और स्वयं बीच में खड़ा होकर सैन्य-संचालन कर रहा था। सेना के मध्यभाग का बचाव उसके सामने एक खाई खोदकर किया गया था। सुरक्षित फौजी दस्तों के अतिरिक्त उसने दाहिने और बाएँ बाजुओं पर भी फौजी दस्ते तैनात किए थे। मुग़लों को एकदम भयभीत करने और नदी की ओर से तथा मध्य केंद्र की ओर से उनका संबंध-विच्छेद करने के विचार

से उसने हुमायूँ के बाएँ बाजू पर आक्रमण करने की आज्ञा दे दी। इस ओर हिन्दाल नेतृत्व कर रहा था। पहले आक्रमण का तो उसने बड़ी बहादुरी और कुशलता से सामना किया और जलाल खाँ को जख्मी भी कर दिया; किंतु शेरशाह ने उपयुक्त समय पर काफी सहायता भेज दी, जिससे उसका लड़का जलाल खाँ शक्ति और साहस से पुनः आक्रमण करने लगा। शेर खाँ की फौज के अग्रगामी दल ने भी दुश्मनों से पूरी शक्ति से मुकाबला की और असकरी को वहां से भगना पड़ा युद्ध ने यकायक ऐसी तेजी पकड़ी थी कि मुग़ल तोपों को रणक्षेत्र तक लाना कठिन था, और इसलिए इस लड़ाई में गोला-बारूद का प्रयोग न किया जा सका। मिर्जा हैदर ने लिखा है, "एक गोली तक नहीं चलाई गई....गोला-बारूद का कतई काम नहीं पड़ा।" अफ़ग़ानों का आक्रमण ऐसा भयंकर था कि मुग़लों के छक्के छूट गए, वे भाग निकले। भगदड़ के कारण शिविर के नौकर बिना सोचे समझे समान सैनिकों के सामने आ गए जिससे सैनिकों को रोके रखने के हुमायूँ के सारे प्रयत्न व्यर्थ गए। उसे भी लाचार होकर युद्धक्षेत्र छोड़कर आगरा की ओर भागना पड़ा। बड़ी कठिनाई से वह नदी पार कर सका। उसके बहुत-से आदमी डूब गए और बहुत कम लोग उसके साथ रह गए। रास्ते में मैनपुरी जिले में भोगाँव के लोगों ने भी इन पर धावा बोल दिया। ये बड़ी मुश्किलों से अपने प्राणों की रक्षा करते हुए आगरा पहुँच पाये।

दर-दर की खाक छानने वाला हुमायूँ (1540 ई.)

हुमायूँ को विलग्राम युद्ध में सफलता नहीं मिली वहां बड़ी कठिनाई से अपने प्राण बचाकर आगरा में रहने लगा परन्तु वह यहाँ भी चैन की नींद नहीं सो सका क्योंकि अफगानों का पीछा करने की सूचनाएं बराबर आ रही थी। हुमायूँ ने आगरा छोड़ दिया और लाहौर की ओर चल पड़ा। पंजाब की वर्षा की बाढ़ से भरी हुई नदियाँ बड़ी कठिनता से उसने पार कीं। वह मुश्किल से लाहौर पहुँचा ही होगा कि उसे समाचार मिला कि अफ़ग़ानों ने दिल्ली और आगरा पर बिना किसी मुकाबले के अपना अधिकार कर लिया है। हुमायूँ के भाई उससे लाहौर में मिले किंतु वहाँ भी वे सब मिलकर अपने शत्रु के विरुद्ध कोई योजना न बना सके। कामरान को अफगानिस्तान और पंजाब की पड़ी थी। हुमायूँ को सहायता देकर वह शेरशाह से नाराजी मोल नहीं लेना चाहता था। इसी बीच में शेरशाह पंजाब आ पहुँचा और उसने भूतपूर्व मुग़ल सम्राट हुमायूँ के इस प्रस्ताव को कि सरहिंद तक दोनों के राज्यों की सीमाएँ सीमित रहें, अत्यंत उपेक्षापूर्वक अस्वीकृत कर दिया। यहाँ से भी भागकर जाने के सिवाय हुमायूँ के पास कोई दूसरा रास्ता न रहा। वह बड़े असमंजस में पड़ा हुआ था।

एक ओर मिर्जा हैदर की सलाह थी कि उसे कश्मीर चला जाना चाहिए और वहीं से पुनः हिंदुस्तान विजय के आयोजन करने चाहिए। दूसरी ओर हिंदाल और यादगार मिर्जा की राय थी कि सिंध में होकर गुजरात तक उसे हट जाना चाहिए और यहाँ से दिल्ली-विजय का कार्यक्रम संचालित करना चाहिए। अभी ये वार्ताएँ चल ही रही थीं कि ज्ञात हुआ कि शेरशाह के साथ कामरान गुप्त पत्र-व्यवहार कर रहा है। यह भी पता चला कि कामरान ने शेरशाह को इस शर्त पर सहायता देने का वचन दिया है कि वह पंजाब और काबुल उसी के अधिकार में छोड़ दे। हुमायूँ को जब इस पत्र व्यवहार के बारे में पता चल गया तो वह उससे परामर्श करना बन्द दिया और हैदर मिर्जा की बात मान कर कश्मीर चलने की तैयारी करने लगा; किंतु कामरान द्वारा अस्त्र-शस्त्रों के बल पर कश्मीर का मार्ग अवरुद्ध करने पर उसे यह कार्यक्रम भी त्यागना पड़ा। ऐसे संकट में हिंदाल भी उसे छोड़कर सिंध पर आक्रमण करने के लिए चला गया। हुमायूँ ने कश्मीर चले जाने के लिए एक और प्रयत्न किया, किंतु इस बार भी उसके विश्वासघाती भाई कामरान ने उसका रास्ता रोक दिया। बदख़्शां जाना भी उसके लिए कठिन था, क्योंकि कामरान के मन में यह शंका उत्पन्न हो गई थी, कि कहीं वह उससे काबुल न छीन ले और इस प्रकार कामरान ने तीसरी बार उसका मार्ग रोक दिया। हुमायूँ को मजबूर होकर सिंध की ओर बढ़ना पड़ा, जहाँ वह (दिसंबर 1540 ई. में) अपने भाई हिंदाल से मिल गया। खुशाब के समीप कामरान से झगड़ा होने के पुनः आसार दिखायी दिए, क्योंकि वह एक तंग दर्रे से नमक के पहाड़ की ओर पहले निकलना चाहता था। कहा जाता है इसी दौरान हुमायूँ के बीच कोई आध्यात्मिक व्यक्ति आ गया जिसके कारण उसकी परेशानियां दूर हो गयी। उसके पश्चात् हुमायूँ सिंघ नगर की तरफ कूच कर गया।

हुमायूँ के भागने के कारण

यदि हुमायूँ अपनी बुद्धिमत्तापूर्ण नीति का अनुसरण किया होता, तो उसकी आरंभिक उलझनें और कठिनाइयाँ दूर हो गई होतीं। जिन परिस्थितियों के पैदा होने पर उसे अपना राजसिंहासन छोड़कर भागना पड़ा, उनमें से अधिकांश उसकी अपनी मूर्खता और कमजोरियों का परिणाम था। हुमायूँ के अपने राज्य से भागने का एक महत्त्वपूर्ण कारण यह भी रहा कि उसने अपने धूर्त और विश्वासघाती भाइयों में साम्राज्य बाँटकर महान भूल की। इस समय सबसे बड़ी जरूरत यह थी कि दूर तक फैले हुए संपूर्ण मुग़ल-साम्राज्य का एकीकरण करके उसकी बागडोर केन्द्र के हाथ में होती जिससे बाह्य और आंतरिक शत्रुओं से डटकर मोर्चा लिया जा सकता।

कामरान को पंजाब और काबुल सौंप देने से आवश्यकता और संकट के समय वह इधर से रंगरूटों की भरती करने में भी असमर्थ हो गया और उसकी शक्ति का मुख्य आधार जो फौजी शक्ति पर निर्भर था, टूट गया।

दूसरा कारण जहाँ उसे साम्राज्य-संगठन और राज्य-सुधारों की ओर रचनात्मक प्रयत्न करने थे, जिससे प्रजा को वह अपनी ओर खींच सकता, वहाँ आरंभ से ही उसने युद्ध योजनाओं की नीति अपनाई। कालिंजर के राजा पर उसने जो चढ़ाई की वह अनुचित थी, क्योंकि यदि यह राजा अफ़ग़ानों का शुभचिंतक मान भी लिया जाता, जिसमें संदेह है, तो क्या उसे नीति-कुशलता से अपने पक्ष में नहीं किया जा सकता था? कालिंजर के सुदृढ़ दुर्ग के सामने हुमायूँ कुछ न कर सका और इससे उसकी प्रतिष्ठा कम ही हुई, चाहे कालिंजर नरेश ने हरजाने के रूप में कितना ही धन उसे क्यों न दिया हो।

तीसरा प्रमुख कारण यह रहा है कि हुमायूँ शेरशाह की दिन-प्रतिदिन बढ़ती हुई शक्ति का अनुमान तक नहीं कर सका। 1539 ई. तक तो शायद वह यही विचार किए बैठा रहा कि अफ़ग़ान सरदार शेरशाह ने तो कल की प्रभुता प्राप्त की है। अतः उसे थोड़े परिश्रम से ही परास्त किया जा सकता है। उसने शेरशाह की हस्ती मिटाने के लिए कोई दृढ़ उद्योग नहीं किया। 1532 ई. में चुनार पर पहला घेरा डालने के पश्चात उसने मूर्खता से उससे अधूरी सुलह कर ली और चुनार दुर्ग पर उसी का अधिकार रहने दिया। हुमायूँ के स्थान पर यदि कोई दूरदर्शी और समझदार शासक होता तो वह अगस्त, 1532 ई. की सफलता से प्रेरित होकर और आगे बढ़ता तथा साम्राज्य के अन्य भागों में सैनिक अभियानों की लंबी-चौड़ी योजनाएँ न बनाकर पहले अफ़ग़ानों की शक्ति समाप्त करता।

हुमायूँ को राज्य से भागने के चौथा करण यह रहा कि हुमायूँ यह समझने में नितांत असमर्थ रहा कि गुजरात के बाहदुरशाह और दक्षिणी बिहार के शेर खाँ में कोई ऐसा संबंध-समझौता है जिसके आधार पर मुग़ल सम्राट द्वारा एक के विरुद्ध अपनी सेना लेकर पहुँचते ही दूसरी ओर उसका ध्यान बँटाने के लिए अशांति और विद्रोह का डंका पीट दिया जाता है; और इसीलिए वह एक ओर भी डटकर न खड़ा हो सका। आगरा तथा दिल्ली में वह अपने राजकोष को बड़ी-बड़ी दावतें देने और आनन्द-उत्सव मनाने, अपने अनुयायियों को पुरस्कार बाँटने और इमारतें बननाने में खर्च करता रहा।

पाँचवाँ कारण यह रहा है कि गुजरात के बहादुरशाह के विरुद्ध उसने जो आक्रमण योजना बनाई थी, उसमें अनेक बड़ी-बड़ी भूलें रह गई थीं, जिनके कारण हाल ही में विजय किए हुए मालवा और गुजरात से ही उसे हाथ नहीं धोना पड़ा, बल्कि

उसकी भावी असफलता, अवनति और अप्रतिष्ठा का संकेत भी प्राप्त हो गया। बहादुरशाह पर तो उसे उसी समय आक्रमण कर देना चाहिए था जबकि वह चित्तौड़ के राजपूतों से भयंकर युद्ध में फँसा हुआ था। इस प्रकार बहादुरशाह की शक्ति छिन्न-भिन्न हो जाती और हुमायूँ को पश्चिमी हिंदुस्तान के अभियान में व्यर्थ ही समय न गँवाना पड़ता और राजपूतों की सहानुभूति भी सहज में हुमायूँ को प्राप्त हो जाती। यह बड़े दुर्भाग्य की बात रही कि मालवा और गुजरात पर विजय प्राप्त करने के बाद हुमायूँ ने माँडू में कई सप्ताह भोग विलास व रंगा-रंग कार्यक्रमों में अपना समय व्यर्थ में गुजारा जिससे बहादुरशाह को गुजरात का बहुत-सा भाग पुनः विजय करने के लिए ड्यू से अपने आदमी भेजने का अवसर मिल गया। मुग़ल सम्राट ने जीते हुए प्रदेशों में किसी भी तरह की शासन-व्यवस्था स्थापित नहीं की। यदि हुमायूँ ने गुजरात में मुग़ल सत्ता स्थापित करने के विचार से कुछ स्थानों पर अपनी फौजें तैनात कर दी होतीं और राजस्व-प्राप्ति के लिए किसी सुव्यवस्था की स्थापना की होती, तो असकरी अहमदाबाद में उसको चकमा न दे पाता। इन समयोपयोगी ओर उचित उपायों के अभाव में मालवा और गुजरात में मुग़ल शासन किसी फौजी अधिकार करने वाली व्यवस्था से बढ़कर न था।

यह भी एक प्रमुख कारण माना जाता है कि हुमायूँ के द्वारा शेर खाँ पर किया गया दूसरा आक्रमण की नीति कुशल नहीं थी। न तो बहादुरशाह के और न शेर खाँ के विरुद्ध ही हुमायूँ ने किसी विचारपूर्ण सुस्थिर कार्यक्रम को अपनाया। पूरे 6-7 महीने का मूल्यवान समय उसने चुनारगढ़ को जीतने में नष्ट कर दिया, जिसके ऊपर अधिकार हो जाने से कोई विशेष लाभ न हुआ, क्योंकि चुनार किसी सैनिक महत्त्व का स्थान भी नहीं था और न यहाँ से भू-मार्गों पर नियंत्रण ही हो सकता था। इतना समय योंही नष्ट करने के बाद हुमायूँ इस दुविधा में पड़ गया कि उसे चुनारगढ़ की विजय का कार्यक्रम छोड़ देना चाहिए अथवा शेर खाँ के विरुद्ध चढ़ाई करनी चाहिए। वह यह कभी तय न कर सका कि उसे बंगाल को अपने अधीन में रख लेना चाहिए या बिहार में शेर खाँ की शक्ति समाप्त कर देनी चाहिए। गौड़ की ओर बढ़ते समय हुमायूँ पुनः भोग-विलास और प्रमाद में फँस गया और इस प्रकार आठ महीने से अधिक का समय उसने नष्ट कर दिया। शेर खाँ बड़ा ही नीति-कुशल था। उसने इस अमूल्य समय और अवसर का सदुपयोग किया। उसने मुग़ल सेना का आगरा से संबंध-विच्छेद ही नहीं किया बल्कि तेलियागढ़ी से लेकर कन्नौज तक का प्रदेश अपने अधिकार में कर लिया। क्या किसी ऐसे शासक की कल्पना की जा सकती है जो पूरे आठ महीने तक अपनी राजधानी से कोई समाचार प्राप्त न कर सके और

यही सोचता रहे कि वहाँ सब ठीक है? आगरा वापस लौटते समय भी उसने बड़ी ही दुविधा और हिचकिचाहट का परिचय दिया जो उसकी जैसी स्थिति वाले शासक के लिए शोभा नहीं देता था। इस दौरान वह यह नहीं निश्चित कर पा रहा था कि हम किस रास्ते को अपनाएं। तीन बार उसने गंगा पार की और शेर खाँ के हाथों में खेलता रहा। चौसा में भी यह जानकर कि शेर खाँ हिंदू चेरो, आदिवासियों से लड़ने जा रहा है, उसने उस पर आक्रमण न करने की ठीक वैसी ही गलती दुहराई, जैसी कि चित्तौड़ पर बहादुरशाह द्वारा घेरा डालते समय उस पर आक्रमण न करने की गलती वह पहले कर चुका था।

जून, 1539 ई. में चौसा की लड़ाई में हार जाने के बाद उसने शेर खाँ के आदमियों से कन्नौज से लेकर वनारस तक का प्रदेश अपने अधीन करने के लिए प्रयास नहीं किया बल्कि वह आगरा में अपनी सुरक्षा व भोग-विलास में लीन रहा। अपने साम्राज्य के पूर्वी भाग को तो वह हाथ से गया हुआ ही समझ बैठा था। इस नीति का प्रभाव और परिणाम जनता के ऊपर बुरा पड़ा होगा और उसकी दृष्टि में हुमायूँ की दुर्बलता साबित हुयीय होगी।

विजयी शेर खाँ से लड़ने के लिए वह अनुभवी सैनिकों के दलों को परस्पर मिलाए न रख सका और कन्नौज की लड़ाई में तो वह बड़ी भारी भूल कर बैठा। सैनिक-शिविर स्थापित करने के लिए नीचा स्थान पसंद करना, दो महीने तक अकर्मण्य बने रहना, शिविर को दूसरे स्थान पर हटाते समय अच्छा प्रबंध न करना, तोपगोलों के दल को युद्ध के समय पीछे छोड़ देना और भयभीत होकर भागते हुए सेना के कर्मचारियों की रोकथाम न करना आदि बातें उसकी असफलता, पराजय और अंत, में युद्धक्षेत्र से उसके भागने के लिए उत्तरदायी रहीं।

अपने दस वर्षों के राज्यकाल में उसने नेतृत्व-शक्ति और अपने सैनिकों एवं अधिकारियों को नियंत्रण में रखने की योग्यता का नितांत अभाव प्रदर्शित किया था। उसके सेनापति और सेनाध्यक्ष बड़े ही नाजुक समय में बार-बार विद्रोह खड़ा करते रहे। हुमायूँ की कमजोरियों को देखते हुए उन्हें यह विश्वास था कि यदि उन्हें दुबारा हुमायूँ की नौकरी में आना पड़ेगा तो वह उन्हें क्षमा कर देगा।

अपने सगे तथा अनुजों के साथ अत्यधिक नम्रता का व्यवहार करना भी हुमायूँ के राज्य से भागने का एक महत्त्वपूर्ण कारण बना। हुमायूँ के तीनों ही भाइयों ने विद्रोह किया। कभी-कभी तो ये राज सत्ता तक हथिया बैठे और उसके लिए अनेक मुसीबतें खड़ी कर दीं, किंतु हुमायूँ उन्हें बार-बार क्षमा प्रदान करता रहा। पहली बार जब उन्होंने राजद्रोह किया था, यदि उसी समय उनका दमन कर दिया जाता तो उसे ये मुसीबतें न भोगनी पड़तीं।

परिणामस्वरूप हम यह कह सकते हैं कि हुमायूँ के अन्दर जो गुण होने चाहिए वे गुण नहीं थे। हुमायूँ में दृढ़तापूर्वक कार्य करने की क्षमता नहीं थी। उसकी यह आदत-सी पड़ गई थी कि पहले तो वह सैनिक सरगर्मियाँ दिखा देता था, परंतु थोड़ी-बहुत सफलता प्राप्त कर लेने के पश्चात आलस्य-प्रमाद में डूब जाता था। मदहोशी त्यागकर वह फिर कार्यक्षेत्र में आ जाता था और कुछ समय बाद फिर इसी में गर्क हो जाता था। इस प्रकार कभी चैतन्य हो जाना और कभी शिथिल हो जाना ऐसे अवसर पर जबकि उसे सजग-सचेष्ट होकर सैन्य-संचालन में संलग्न रहना चाहिए था, अपने हरम में रँगरेलियाँ व भोग-विलास करना उसकी आदत सी बन गयी थी जो उसकी विफलताओं का मूल जड़ बनी।

निर्वासित हुमायूँ (1541-1555 ई.)

अकबर का जन्म (15 अक्तूबर, 1542 ई.)

हुमायूँ जब ख़ुशाब से प्रस्थान किया तो रास्ते में उसके सामने विभिन्न प्रकार कठिनाईयां आयीं परन्तु वह उन सभी कठिनाईयों का मुकावला करते हुए सिंधु नदी के किनारे रोहरी नामक स्थान पर आ पहुँचा। यह स्थान भक्खर के द्वीपदुर्ग से अधिक दूर न था और सिंध राज्य के राजा शाहहुसैन अरगों के अधिकार में था। हुमायूँ ने दुर्ग पर घेरा डाल दिया। हिंदाल और यादगार मिर्जा सेहवान पर अधिकार प्राप्त करने के लिए आगे बढ़ गए। दुर्ग पर घेरा डाले काफी समय व्यतीत हो गया किंतु कोई फल न निकला। इधर शाहहुसैन ने भक्खर के समीपवर्ती क्षेत्रों को इस विचार से उजाड़ दिया कि हुमायूँ की फौजों को रसद उपलब्ध न हो सके। इस प्रकार मुग़लों के कष्टों का पारावार न था। अपने भाई की निष्क्रियता से तंग आकर हिंदाल ने भी सेहवान पर घेरा डाल दिया और हुमायूँ भी उसके साथ मिल जाने के लिए वहाँ चल दिया। जब वह हिंदाल के कैम्प में ठहरा हुआ था, तो वहाँ उसने हमीदा बेगम को देखा। हमीदा बेगम हिंदाल के आध्यात्मिक गुरु फारस के शिया मीरबाबा दोस्त उर्फ मीरअली अकबर जामी की पुत्री थी। हुमायूँ ने बेगम से विवाह करने की मंसा बना ली और अपनी मंसा को उसके सामने प्रस्तुत कर दी। परन्तु हिंदाल ने इसको बहुत बुरा माना, क्योंकि हमीदा बेगम को वह अपनी धर्म-बहन मानता था और स्वयं हमीदा बानू ने भी जो उस समय चौदह वर्ष की थी इस संबंध से बड़ी अनिच्छा प्रकट की। हमीदा का कहना था कि उसके हाथ मुश्किल से ही हुमायूँ के गले तक पहुँच सकते हैं। किंतु हरम की अन्य महिलाओं ने अंत में उसे समझा-बुझाकर इस शादी के लिए

राजी कर लिया। हुमायूँ और हमीदा वेगम का 29 अगस्त 1541 को निकाह सम्पन्न हो गया इसके बाद हिंदाल कंधार को वापस लौट गया और हुमायूँ और उसकी वेगम दोनों एक साथ भक्खर लौट आये।

भक्खर में आने के बाद हुमायूँ ने बादशाह हुसैन की राजधानी थट्टा पर आक्रमण करने की तैयारी में लग गया, लेकिन बीच ही में उसे सेहवान पर पुनः घेरा डालना पड़ा। शाह हुसैन हुमायूँ के साथी-संगियों में वैर-विरोध पैदा करने की योजना बना रहा था और इसीलिए उसने यादगार मिर्जा को अपनी लड़की ब्याह देने और गुजरात-विजय के लिए सहायता देने का वचन देकर अपनी ओर फोड़ लिया। शाह हुसैन की इस सफल कूटनीति के सामने हुमायूँ की कुछ न चली और उसे सेहवान से घेरा उठाकर भक्खर की ओर हट जाना पड़ा। यादगार मिर्जा को साथ छोड़ते देख और उसे अपना कट्टर विरोधी जान हुमायूँ अपने भविष्य से भी निराश हो चला और अब वह सांसारिक जीवन से विरक्त हो मक्का शरीफ की यात्रा करने की सोचने लगा। तभी मारवाड़ के राजा मालदेव द्वारा भेजा हुआ एक प्रस्ताव हुमायूँ को मिला जिसमें राजा ने उसे सहायता देने का आश्वासन दिया था। फलतः हुमायूँ जोधपुर के लिए चल दिया; लेकिन जब वह मारवाड़ की राजधानी के निकट पहुँचा तो उसे ज्ञात हुआ कि मालदेव के आश्वासन का अब कोई अर्थ न रहा था क्योंकि अब उसने अपना इरादा बदल दिया है। परिस्थितिवश अब मालदेव उसे गिरफ्तार कर शेरशाह को सौंप देना चाहता था। शेरशाह ने इसके लिए राजा मालदेव को बाध्य किया था। ऐसी विकट परिस्थिति में पड़कर हुमायूँ वापस लौट जाने के सिवाय और क्या कर सकता था? वह सिंध की ओर लौट पड़ा। एक ओर भरपूर निराशा और यात्रा की अनगिनत कठिनाइयाँ और दूसरी ओर भयंकर गर्मी में राजपूताना का रेगितान नापते हुए हुमायूँ को अकथनीय कष्ट भोगने पड़े। एक अवसर पर तो उसके आदमियों को तीन दिन तक पानी की एक बूँद मुँह में डाले बिना ही चलते रहना पड़ा और जब ये लोग एक कुएँ पर पहुँचे, तो इन्होंने और इनके घोड़ों ने भयंकर प्यास में इतना पानी पी डाला कि उनमें से बहुत-से प्राण छोड़ बैठे।

हुमायूँ 22 अगस्त सन् 1542 ई. को सिंध पर अमरकोट के राजा राणा के यहाँ आ पहुँचा जहाँ उसे शरण मिली। राणा ने बड़े सत्कार के साथ उसका स्वागत किया और सिंध के दक्षिण-पूर्वी भाग को जीतने के लिए रुपए-पैसे और सैनिकों की सहायता देने के लिए भी वह तैयार हो गया। राणा वीरसाल ने (प्रसाद नहीं, जैसा बहुत-से लेखकों ने गलत समझा है), मुग़ल महिलाओं को अपने दुर्ग के अंदर महल में सम्मानपूर्वक ठहरा दिया। 11 अक्टूबर, 1542 ई. को हुमायूँ राणा वीरसाल की

सहायता प्राप्त कर सिंध पर आक्रमण करने के लिये अपना डेरा वहाँ से कूचकर दिया और वह अभी पंद्रह मील ही तय कर पाया होगा कि उसे अमरकोट में हमीदा बेगम के गर्भ से पुत्र-जन्म का शुभ समाचार प्राप्त हुआ। हुमायूँ ने उसका नाम जलालुद्दीन मुहम्मद अकबर रखा। यही बालक आगे चल कर अकबर के नाम से विख्यात हुआ। उस समय हुमायूँ के पास फूटी कौड़ी भी नहीं थी और ऐसे शुभ समाचार-प्राप्ति के अवसर पर अपने साथी-सरदारों को एक साधारण-सी दावत देने के लिए उसे दूसरों से रुपया उधार माँगना पड़ा। सिंध पर अधिकार प्राप्त करने में उसे सफलता नहीं मिली और सबसे बुरी बात यह हुई कि उसके अनुयायी राणा वीरसाल के आदमियों से किसी बात पर झगड़ बैठे, जिससे राणा जैसे अपने नए सहयोगी की कृपा और अनुकम्पाओं से भी उसे वंचित होना पड़ा लेकिन सौभाग्य से उसे कंधार तक चले जाने के लिए निष्कंटक मार्ग मिल गया। शाह हुसैन अरगों इन भूखे आक्रमणकारियों की उपस्थिति से तंग आ गया था। इनसे छुटकारा पाने के लिए उसने हुमायूँ को अपने राज्य में से होकर निकल जाने के लिए मार्ग दे दिया। रास्ते के लिए रसद और रुपए-पैसे की भी उसने सहायता कर दी। इस प्रकार हुमायूँ ने हिंदुस्तान से विदा ली और कंधार की ओर चल दिया। उधर कामरान ने जो एक स्वतंत्र राजा के रूप में राज्य कर रहा था और जिसने कंधार का राज्य-प्रबंध अपनी ओर से असकरी को सौंप रखा था, फौजें भेजकर हुमायूँ का रास्ता रोक दिया और उसे गिरफ्तार करना चाहा। हुमायूँ स्वयं तो बाल-बाल बच गया, किंतु जल्दी में भागते हुए उसे अपने लगभग एक वर्ष के बेटे अकबर को वहीं छोड़ आना पड़ा। कंधार का मार्ग छोड़कर वह फारस पहुँच गया, जहाँ शाह तहमास्प ने उसका बड़ा स्वागत-सत्कार किया। फारस का यह कट्टर शिया धर्मावलंबी शासक अपने अतिथि हुमायूँ को भी शिया मत में दीक्षित करने के लिए उत्सुक था और यदि हुमायूँ इसके लिए तैयार नहीं होता तो उसे बल-प्रयोग द्वारा ऐसा करने के लिए बाध्य किए जाने की छिपी हुई धमकी दी गई थी। हुमायूँ अपमानजनक व्यवहार धैर्यपूर्वक सहता रहा। अंत में 1544 ई. में फारस के शाह ने हुमायूँ को इन शर्तों पर सैनिक सहायता देनी स्वीकार कर ली कि वह स्वयं शिया मतावलंबी बनकर इस मत को अपने क्षेत्र में फैलाने का सद्प्रयत्न करेगा और यदि कंधार पर उसे विजय प्राप्त होती है, तो उसे फारस के शाह को भेंट करेगा। हुमायूँ इस सेना को अपने कमान में लेकर कन्धार पर आक्रमण करने के लिए चल पड़ा। हुमायूँ और असकरी के मध्य घमासान युद्ध छिड़ गया जिसमें असकरी पराजित हुआ और हुमायूँ दुर्ग पर अपना कब्जा जमा लिया। असकरी को बाद में क्षमा प्रदान कर दी गई और कंधार फारस के शाह को सौंप दिया गया। जब फारस के राजा के लड़के

की मृत्यु हो गई, तब हुमायूँ ने कंधार पर अपना अधिकार कर लिया और काबुल पर घेरा डालने के लिए चल पड़ा। शीघ्र ही काबुल भी उसके अधिकार में आ गया और यहाँ नवंबर 1544 ई. में उसने अपने बिछुड़े हुए दो वर्ष के बेटे अकबर को गले से लगाया। कामरान पहले गजनी भाग गया था और गजनी से वह सिंध की ओर चला गया।

कंधार पर अधिकार हो जाने से हुमायूँ को अफगानिस्तान में पैर टेकने की जगह जरूर मिल गई, किन्तु उसकी विपदाओं के दिन अभी समाप्त नहीं हुए। हिंदूकुश के पार किसी अभियान के समय जब वह वहाँ बीमार पड़ गया, तो इस समय का सदुपयोग करके एकाएक कामरान ने काबुल पर आक्रमण कर दिया। और 1546 ई. में उसे अपने अधिकार में कर लिया। हुमायूँ के बहुत-से सरदार इस डर से कामरान के साथ मिल गए कि कहीं काबुल में पहुँचकर वह उनके परिवार के सदस्यों का वध न कर दे।

हुमायूँ जब स्वस्थ्य हुआ तब उसने काबुल को अपने अधीन करने के लिए उस पर घेरा डाल दिया। कुछ लोगों का कहना है कि कामरान ने बालक अकबर को किले की दीवार पर बैठाकर हुमायूँ की आग उगलती हुई तोपों के सामने कर दिया था। काबुल को चारों ओर से घेरा गया और अंत में 1547 ई. में इसको कब्जे में कर लिया गया। कामरान दंड भय से कहीं भाग गया। कुछ समय बाद वह फिर वापस लौटा और अपने (1548 ई. में) भाई से युद्ध किया, किंतु हार गया। हुमायूँ ने पुनः उसे क्षमा प्रदान कर दी और में उसे औक्सस के उत्तरी प्रदेश का गवर्नर बना दिया। 1549 ई. में कामरान ने पुनः अपने भाई के साथ विश्वासघात किया और काबुल को अपने कब्जे में कर लिया। इस बार अपने धूर्त भाई से युद्ध करते समय हुमायूँ बुरी तरह घायल हुआ और एकांत स्थान में जाकर उसने अपनी जान बचाई। लोगों का यह भी विचार था कि वह बुरी तरह घायल ही नहीं हुआ है, जान से भी हाथ धो बैठा है किंतु बदख्शां के सुलेमान की सहायता से वह कामरान से युद्ध करने के लिए युद्धक्षेत्र में पुनः उपस्थित हुआ और उसे हराकर काबुल पर अपना अधिकार कर लिया। कामरान लड़ाई से भाग खड़ा हुआ और भारतवर्ष में इस्लामशाह (1545-1553 ई.) के पास शरण लेने के लिए भाग गया परन्तु वह भागने में सफल नहीं हुआ और अन्त में सैनिकों ने इसे बन्दी बनाकर हुमायूँ के सम्मुख लाकर पटक दिया। ऐसे धूर्त और विश्वासघाती व्यक्ति को मौत की सजा देने की उसके सरदारों की राय होते हुए भी हुमायूँ ने अपने भाई को फिर माफ कर दिया; किंतु इस बार उसने उसकी आँखें निकलवाकर उसे अन्धा अवश्य करवा दिया। कामरान के साथी

सरदार अब उसे छोड़ गए और वह स्वयं भी अपनी पतिव्रता पत्नी के साथ मक्का को हज करने चल दिया, जहाँ 1557 ई. में वह मर गया। हुमायूँ के और दूसरे भाई-बंधु तो पहले ही मर चुके थे। कामरान से अंतिम लड़ाई लड़कर और हारकर असकरी भी बंदी बना लिया गया और उसे मक्का भेज दिया गया जहाँ से वह फिर वापस नहीं लौटा। हिंदाल एक अफग़ान के युद्ध में वीरगति को प्राप्त हो गया। अतः हुमायूँ ने अपने इन विशाल शत्रुओं से निजात पायी जो उसको निकाले जाने और मुसीबतों के मूल जड़ थे।

हुमायूँ का पुनः राज्यारोहण

हूमायूँ का सबसे शक्तिशाली शत्रु शेरशाह ही था। इसका प्रमुख उद्देश्य रहा हुमायूँ को भारत से भगाना और अपने शासन द्वारा एक समृद्ध शाली राज्य कायम करना। शेरशाह मई 1545 ई. में मृत्यु को प्राप्त हो गया। उसके पश्चात उसका बेटा इस्लामशाह तख्त पर बैठा और वह भी अपने पिता की श्रेष्ठ शासन-नीति पर स्थिर रहकर प्रजा की सुख-सुविधा का ध्यान रखता रहा। किंतु अफग़ान सरदारों को वह अपने वश में नहीं रख सका, और जब 30 अक्तूबर, 1553 ई. में उसकी मृत्यु हुई, तो अफग़ान-साम्राज्य पतन के पथ पर जा रहा था। उसकी मृत्यु के पश्चात उसके बारह वर्षीय पुत्र की हत्या उसके मामा मुबारिज खाँ ने कर दी। और मे मुहम्मद आदिलशाह (अदली के नाम से वह प्रसिद्ध है) के नाम से गद्दी पर बैठा। यह व्यक्ति भोग-विलासी प्रवृत्ति का था। शासन-संबंधी इसने कार्यों को अपने एक हिंदू वजीर हेमू को सौंप दिया और स्वयं निश्चिंत होकर चुनार में जाकर रहने लगा। इब्राहीमशाह और सिकंदरशाह नाम के दो व्यक्तियों ने अपने को सूरशाही राजवंश से संबंधित बताकर आदिलशाह के अधिकार को चुनौती दी। वे दोनों व्यक्ति आपस में भी कई बार भीषण युद्ध कर चुके थे। शेरशाह सूर द्वारा इतने परिश्रम, अध्यवसाय और नीति-कुशलता से निर्माण किए गए अफग़ान साम्राज्य का छिन्न-भिन्न होना अब थोड़े ही समय की बात रह गई थी। भारत की इस उपापोह की अवस्था का हुमायूँ अध्ययन कर रहा था तथा भारत पुनः लौटने का मौका ढूढ़ रहा था, जिससे वह अपने खोए हुए राज्य को पुनः प्राप्त कर सके। नवंबर 1553 ई. में इस्लामशाह की मृत्यु हो जाने के ठीक बाद ही यह अवसर भी उसे प्राप्त हो गया। ज्योतिषशास्त्र में श्रद्धा रखने के कारण एक दिन जिन तीन आदमियों से वह सबसे पहले मिला था, उनके नाम से उसने कुछ शकुन विचारा, और इसका समर्थन उसने हाफिज की कविताओं में किया।

हिंदुस्तान की ओर बढ़ने और उसे दुबारा जीत लेने के उसके विचार से ये शकुन पूरी तरह अनुकूल पड़ते थे; क्योंकि वह अपने धूर्त एवं विश्वासघाती भाइयों से छुटकारा पाकर अफगानिस्तान में अपनी स्थिति को सुदृढ़ कर चुका था, इसलिए अब ऐसी कोई बात भी नहीं थी जो उसके मार्ग में बाधा बनकर खड़ी हो जाती। शीघ्र ही सारी तैयारियां कर ली और काबुल से प्रस्थान कर दिया। 25 दिसम्बर 1554 को वह पेशावर में प्रवेश कर गया। जब उसने सिंधु नदी पार कर ली, तो कंधार से उसका परम विश्वासपात्र अधिकारी बैरम खाँ अन्य सैनिक अधिकारियों के साथ उससे आ मिला। गक्खर-सरदार सुल्तान आदम से सहयोग और सहायता प्राप्त करने के लिए बातचीत चल रही थी, किंतु सिकंदरशाह सूर से पहले ही उसने संधि कर ली थी, इसलिए उसने मुग़लों का प्रस्ताव ठुकरा दिया। परहाला के रास्ते चलकर हुमायूँ पूर्वी पंजाब के गुरुदासपुर जिले में कलानूर नामक स्थान पर आ पहुँचा। यहाँ पर उसने अपनी फौज को तीन भागों मे विभाजित किया। उनमें से एक को उसने शिहाबुद्दीन के नेतृत्व में लाहौर भेजा और दूसरे को बैरम खाँ तथा कुछ अन्य सरदारों के साथ नसीब खाँ अफग़ान से मोर्चा लेने भेजा। नसीब खाँ एक अफग़ान था और इसके अधिकार में हरियाना का इलाका था। लाहौर बिना किसी संघर्ष के ही मुग़लों के अधिकार में आ गया। हुमायूँ 24 फरवरी सन् 1555 में पुनः वापस लौट आया और वह नगर एवं जिलों की सुव्यवस्था के प्रबंध में लग गया। उधर शहबाज खाँ अफग़ान से कुछ दिनों तक भयंकर युद्ध करके मार्च के महीने में मुग़लों ने दीपालपुर पर अधिकार कर लिया। लगभग उन्हीं दिनों बैरम खाँ ने नसीब खाँ को खदेड़कर हरियाना के परगने को अपने अधीन में कर लिया वहाँ से वह जालंधर चल दिया और जालंधर से बैरम खाँ तथा कुछ अन्य सरदार लुधियाना से 19 मील पूर्व सतलज के किनारे मच्छीवारा नामक स्थान के लिए चल दिए। यहाँ पर मुग़ल और अफग़ानों के मध्य विकट युद्ध हुआ। अफग़ान फौजें नसीब खाँ, तातार खाँ तथा कुछ अन्य प्रमुख सरदारों के नेतृत्व में थीं। यह घमासान युद्ध उस दिन (15 मई को भी अधिक समय) आधी रात से तक चलता रहा। सौभाग्य से अफग़ान फौजों की ओर कहीं आग लग गई और इसकी लपटों के प्रकाश में मुग़लों ने अफग़ान फौजों की सारी स्थिति देख-समझ ली, जिससे उन्हें अपनी तोपों और तीर-कमानों का ठीक निशाना बनाने में बड़ी सहायता और सफलता मिली। खूब जी-तोड़कर लड़ने पर भी अफग़ानी फौजी दस्तों की कतारें सुबह होते-होते टूटने लगीं और अन्त में सभी सैनिक युद्ध स्थल से अपनी जान बचाकर भाग खड़े हुए। बैरम खाँ ने सरहिंद अधिकृत करने की शीघ्र ही तैयारी कर डाली।

मच्छीवारा पर अधिकार कर लेने के पश्चात् पंजाब के लगभग सभी क्षेत्रों पर मुगलों का अधिकार हो गया और सिकंदर सूर को जो हिंदुस्तान में अपनी श्रेष्ठता जताने वाले तीन सूर बादशाहों में से एक था, बुरी तरह भयभीत कर दिया। सरहिंद को पुनः प्राप्त कर लेने के इरादे से 27 अप्रैल, 1555 ई. को अस्सी हजार सिपाहियों की फौज लेकर सिकंदर सूर दिल्ली से चला, और क्योंकि इस बार मुठभेड़ होंने की आशंका थी, इसलिए बैरम खाँ की प्रार्थना पर लाहौर से हुमायूँ भी उसके साथ आ मिला। सरहिंद के निकट ही दोनों ओर की फौजों में 22 जून को एक भयंकर लड़ाई छिड़ गई। सिकंदर की इस विशाल फौज को देखकर, जिसके आगे-आगे हाथियों की पंक्ति खड़ी थी, पहले तो मुग़ल सहम गए, किंतु बैरम खाँ के सफल नेतृत्व से उन्हें अंत में विजयश्री प्राप्त हुई। सिकंदर को बुरी तरह खदेड़ दिया गया और वहाँ से वह पहले मानकोट और मानॅकोट से उत्तर-पश्चिम पंजाब की पहाड़ियों में जा छिपा। सिकन्दर को पूरी तरह से परास्त करने के बाद हुमायूँ ने सरहिंद में जा पहुँचा और यहाँ से वह सोमाना गया, जहाँ उसने कुछ दिन बिताए। इसके बाद वह दिल्ली के लिए चल पड़ा और 20 जुलाई, 1555 ई. को वहाँ पहुँच गया। 23 जुलाई की शुभ घड़ी में उसने दिल्ली शहर में प्रवेश किया और पंद्रह वर्ष के बाद पुनः दिल्ली के तख्त पर बैठा। उसने सरहिन्द से ही कुछ फौजी दस्ते सिकंदर सूर का पीछा करने के लिए भेज दिए थे। अब बादशाह ने अपने बेटे अकबर को जो कुछ समय पहले ही युवराज घोषित कर दिया गया था, उसके शिक्षक बैरम खाँ के संरक्षण में पंजाब का गवर्नर नियुक्त कर दिया। यह कार्य इसलिए और आवश्यक था कि पंजाब की ओर सिकन्दर सूर की उछल-कूद जारी थी और उसकी सैनिक-संख्या भी काफी बढ़-चढ़ गई थी। बादशाह ने अलीबुली खाँ शहबानी को कम्बर बेग नामक एक विद्रोही को दबाने के लिए बदायूँ भेजा, जिसे उसने असानी से हरा दिया। आगरा तथा इसके समीपवर्ती जिलों पर अधिकार करने की तैयारियाँ भी शुरू कर दी गईं। इस प्रकार कम समय में हुमायूँ ने लगभग उन सभी क्षेत्रों पर कब्जा कर लिया जो कुछ वर्षों पहले उसके अधीन में थे।

हुमायूँ का चरित्र

हुमायूँ के बारे में यह कहना जरा सा भी गलत नहीं होगा कि वह एक भद्र पुरुष था। तत्कालीन तथा आधुनिक इतिहासकार इस बात पर एकमत हैं कि व्यक्ति के रूप में उसका चरित्र लगभग पूर्ण-सा था। वह अत्यन्त आज्ञाकारी पुत्र था। अपने पिता के जीवनकाल में और उसके बाद भी उसने उसके आज्ञा-आदेश पालन में कभी

किसी तरह की हिचकिचाहट नहीं की। बाबर के अन्तिम वचन उसके कानों में सदैव गूँजते रहते थे और इनका पालन उसने इस दृढ़ता से किया कि एक या दो बार नहीं, कई बार अपने धूर्त एवं विश्वासघाती भाइयों को किसी तरह की हानि न पहुँचाने के विचार से उसकी गद्दी और उसका जीवन काल भी संकटग्रस्त हो गया अपनी माता माहिम बेगम के प्रति उसकी बड़ी श्रद्धा थी। अपने अनेक सम्बन्धियों के साथ उसका बड़ा ही प्रेमपूर्ण-बरताव रहता था। बहु-विवाह की प्रथा के अनुसार यद्यपि उसकी बहुत-सी पत्नियाँ थीं तथापि उन सबके साथ उसका बड़ा ही स्नेह-सम्बन्ध था। अपने बच्चों को और विशेषकर अकबर को, वह जी-जान से प्यार करता था। मुहम्मद ज़मान मिर्ज़ा, मुहम्मद सुल्तान मिर्ज़ा तथा ऐसे ही अनेक सम्बन्धियों के निरन्तर विद्रोह करते रहने पर भी उन्हें बार-बार क्षमा प्रदान करता रहा और उन्हें ऊँचे-से-ऊँचे उत्तरदायित्वपूर्ण पदों पर भी बैठाता रहा। अपने पिता की भाँति ही वह अपने अधिकारियों और सेवकों के साथ घुलता-मिलता था, उनके दुःख-सुख में शामिल होता था। विद्वानों के सत्संग का वह बड़ा प्रेमी था और इनके साथ समय-समय पर वह संस्कृति एवं धर्म-सम्बन्धी अनेक विषयों पर चर्चा करता था। स्वयं एक विद्या-प्रेमी होने के साथ-साथ, तुर्की-फारसी साहित्य, गणित, ज्योतिष तथा मुस्लिम-धर्मशास्त्र में उसकी अच्छी गति थी। सुप्रसिद्ध विद्वानों को भी आदरपूर्वक अपने यहाँ रखता था और उनकी जो कुछ सहायता वह कर सकता था, अवश्य करता था। परन्तु यह ध्यातत्य है कि हुमायूँ में अपने पिता की भांति एक कुशल एवं योग्य सम्राट की दूरदर्शिता विद्यमान नहीं थी। भाषा-शैली और शुद्ध शब्द लिखने में वह कभी-कभी लापरवाही कर जाता था। लच्छेदार और अस्पष्ट भाषा उसे बहुत पसन्द थी। यह प्रवृत्ति उसके जीवन में काफी दिनों तक बनी रही। यह सब होते हुए भी वह अत्यन्त सुसंस्कृत व्यक्ति था। दूसरों से वार्तालाप करते समय वह बड़ा ही विनम्र रहता था और बड़े ध्यान से उनकी बातें सुनता था। उसका व्यवहार अत्यन्त आकर्षक और रूप-स्वरूप बड़ा ही भव्य था। फरिश्ता ने लिखा है, "वह बड़े शानदार डील-डौल का आदमी था। रंग उसका ताम्रवर्ण का-सा था। हुमायूँ के चरित्र में उदारता और कोमलता की मात्रा इतनी अधिक थी, जितनी इस सद्गुणों में संभव हो सकती है। दान-दक्षिणा और उदारता की सद्वृत्तियों से वह पूर्ण संपन्न था।"

हुमायूँ एक स्वाभिमानी एवं निष्ठावान मुसलमान था। सुन्नी मुसलमानों की कट्टरता जैसा स्वाभाव उसमें नहीं थी। हुमायूँ नियम पूर्वक पांचों वक्त की नमाज अदा करता था। और अन्य धार्मिक रीति-रिवाजों का भी पालन करता था अपने पिता की भाँति वह भी साम्प्रदायिक कट्टरता से दूर था और शिया-मतावलम्बियों के प्रति

उसके हृदय में द्वेष-भाव नहीं था। उसकी पटरानी हमीदा बानू बेगम शिया थी और इसी तरह उसका अत्यन्त विश्वासपात्र सेवक बैरम खाँ भी शिया ही था। उन दिनों की प्रचलित रीति-नीति के विरुद्ध उसने विधर्मी मुसलमानों पर अत्याचार करने से इंकार कर दिया, और जब वह फारस में था तो शिया-मत के रीति-रिवाजों को भी मानता रहा, यद्यपि यह उसके स्वभाव और विचार-विश्वासों के अनुकूल नहीं था किंतु जहाँ तक हिन्दुओं के साथ उसके व्यवहार की बात है, वह अपने समय के ऊपर नहीं उठ सका। कतिपय नवीन व आधुनिक इतिहासकारों का विचार है कि हुमायूँ के पिता ने उसे यह शिक्षा दी थी कि हिन्दुओं के साथ सहनशीलता का बरताव करे। चाहे यह आदेश ठीक हो या गलत हो, हुमायूँ अपनी बहुसंख्यक हिंदू प्रजा के धर्म-कर्म में उसी तरह छेड़छाड़ करता रहा जिस तरह मुग़लों के पहले मुसलमान सुल्तान करते थे। अपने धर्मावलम्बियों का वह बहुत ही पक्षपात करता था, यद्यपि उसकी यह नीति सदैव हानिकारक सिद्ध हुई, फिर भी यदि विपक्षी हिंदुओं से युद्ध करते समय उनकी ओर के किसी मुसलमान सैनिक से उसका सामना हो जाता था, तो वह उस पर वार नहीं करता था। कालिंजर में उसने हिंदुओं के मंदिर तोड़े। उनके धार्मिक विचार-विश्वासों पर चोट पहुँचाने से भी वह नहीं चूका। किंतु इतना जरूर है कि वह कोई निर्मम प्रताड़क नहीं था और न ही उसने हिंदू धर्म को नष्ट करने की कोई सुनिश्चित नीति अपनाई थी।

हुमायूँ का शारीरिक बनावट काफी अच्छा था। वह युद्ध करते समय बड़ी उत्साह व साहस से काम लेता था और युद्धक्षेत्र में प्रायः अपने जीवन तक को खतरे में डाल देता था। संकट के समय वह बड़े धैर्य से काम लेता था और किसी भी तरह के दुख-दर्द, कष्ट अभाव को वह मजे में सहन कर लेता था। युद्ध-कौशल में वैसे तो वह बहुत निपुण था किंतु अपने पिता बाबर तथा अपने प्रतिद्वंद्वी शेरशाह की तुलना में वह नहीं ठहरता था। एक श्रेष्ठ सेनापति की विशेषताएँ उसके अंदर नहीं थीं और न एक श्रेष्ठ योद्धा का आकर्षण ही उसके व्यक्तित्व में था। वे ही सैनिक और फौजी दस्ते जो उसके पिता बाबर का अनुगमन करते हुए विजय पर विजय प्राप्त करते हुए चले जाते थे, उसके एक संकेत-मात्र पर चलते थे, हुमायूँ के विरुद्ध बार-बार विद्रोह खड़ा करते रहे। वही मुग़ल फौज जो बाबर के समय में अपनी श्रेष्ठता सिद्ध कर चुकी थी, अब एक शक्तिहीन हो चुकी थी। हुमायूँ के राज्यकाल में आंतरिक कलह ने तो इसकी शक्ति को काफी क्षीण कर दिया। रण-कौशल के मुग़ल तरीकों को हुमायूँ ठीक प्रकार से काम में नहीं ला सका और अपनी फौजों को ही वीरता के लिए प्रेरित नहीं कर सका। कमाण्डर के रूप में उसने मुश्किल से ही कभी अपने

दुश्मन की कठिनाइयों से लाभ उठाया होगा; इसके विपरीत वह सदैव उन्हें अपने विरुद्ध युद्धशक्ति को संगठित करने के लिए अवसर ही देता रहा।

प्रबंधक एवं शासक के रूप में हुमायूँ को प्रमुख स्थान नहीं प्रदान किया जा सकता। रचनात्मक नीतिज्ञता का अभाव होने के कारण अपने अधिकृत क्षेत्रों में एक श्रेष्ठ और सुदृढ़ शासन-व्यवस्था स्थापित करने की बात ही उसे नहीं सूझती थी। प्रायः यह कहा जाता है कि शासन-व्यवस्था में सुधार करने के लिए उसे समय नहीं मिला, लेकिन यह तर्क मिथ्या है। भारत से निष्कासन और निर्वासन से पहले उसने लगभग दस वर्षों तक राज किया था लेकिन उस समय भी जनता की नैतिक, सामाजिक ओर आर्थिक स्थिति में वह कोई सुधार नहीं कर सका। सत्य तो यह है कि इस प्रकार के कार्य संपन्न करने की उसमें क्षमता ही नहीं थी। पुनर्राज्य-प्राप्ति के पश्चात लगभग एक वर्ष के शासनकाल में भी उसने शेरशाह सूरी की श्रेष्ठ शासन-व्यवस्था को फिर से जमाने के लिए भी कोई प्रारंभिक प्रयत्न नहीं किए। जो कुछ नियम कानून अपने शासन में लागू किये थे वे सन्तोषजनक नहीं थे। अपने सामंतों और अधिकारियों को उसने जिस रूप से तीन वर्गों में विभाजित किया, वह उसकी स्वच्छन्द इच्छा का ही निरर्थक परिणाम था। शासन के लिए इससे कोई मतलब सिद्ध नहीं हुआ। एक अन्य लेखक के अनुसार हुमायूँ ने अपने सरकारी अधिकारियों को 12 भागों में विभक्त किया था और प्रत्येक श्रेणी एक तीर चिह्न से संबोधित होती थी। यह भी बादशाह के मस्तिष्क की एक कल्पना थी। सप्ताह के सातों दिन सात तरह की पोशाक पहनने का भी उसने एक नया नियम अपनाया था। उदाहरण के लिए, रविवार को वह पीले कपड़े पहनता था, शनिवार को काले और सोमवार को सफेद। इसी तरह शेष चार दिन भी वह चार विभिन्न रंगों की पोशाकें पहनता था। संभवतः ज्योतिष के विचार से ही वह ऐसा करता हो, लेकिन शासन-कार्य से तो इस बात का कोई संबंध नहीं था। बादशाह के कुछ ऐसे ही अनेक विचित्र से नियम-कायदों का लेखा तत्कालीन लेखकों की पुस्तकों में है, परन्तु किसी भी लेखक ने लगान एवं शासन सम्बन्धी कोई मजबूत ठोस कार्य करने का योगदान उसे नहीं दिया उसकी सबसे बड़ी कमी यह थी कि किसी भी बात की सुनिश्चित और सुविचारपूर्ण योजना उसके सामने नहीं रहती थी और एक काम को सफलतापूर्वक संपन्न किए बिना दूसरे काम में हाथ डाल देने की तो उसकी आदत ही पड़ गई थी। असल में शासन संबंधी शुष्क बातों में उसका मन नहीं लगता था। चाहे यह कथन कितना ही विचित्र जान पड़े, लेकिन यह सत्य है कि जिम्मेदारी सँभालने और निभाने का भाव बादशाह के अंदर नहीं था।

हुमायूँ की सोच शेरशाह सूरी एक दम नहीं मिलती-जुलती थी। शेरशाह यह मानता था कि राजा का प्रमुख कर्त्तव्य प्रजा की भलाई करते रहना है। अपने अधिकारियों और अपनी फौजों में हुमायूँ किसी भी प्रकार का नियंत्रण नहीं रख सका और यही कारण है कि अपने पिता की भाँति ही वह उनसे आज्ञापालन नहीं करा सकता था, और इसके बिना कोई भी सरकार सफलतापूर्वक नहीं चल सकती थी। सबसे बड़ा दुर्गुण उसके अंदर प्रमाद का था, और कभी-कभी वह ऐशो-आराम की जिंदगी में डूब जाता था। अफीम खाने और भोग-विलास में बुरी तरह लिप्त रहने से उसकी बहुत-सी मौलिक प्रतिभा विनष्ट हो गई। अपने भाई-बन्धु एवं सगे-संबंधियों के प्रति अतिशय उदारता का व्यवहार बरतने और उन्हें बार-बार क्षमा प्रदान करने की प्रवृत्ति सुव्यवस्थित एवं सुनियंत्रित रूप से सरकार चलाने में एक बड़ी बाधा सिद्ध हुई।

हुमायूँ एक भाग्यशाली राजा न होकर एक बदकिस्मत राजा था। दूसरों के प्रति उदार, सहृदय और भला व्यवहार करने के बावजूद वह एक शासक के रूप में असफल ही सिद्ध हुआ। यह उसका सौभाग्य था कि अपने जीवन के अंतिम समय में दिल्ली का ताज उसे पुनः प्राप्त हो गया, जिसके बिना हमारे देश के इतिहास में उसका कोई महत्त्वपूर्ण स्थान नहीं माना जा सकता था। इन सबसे अधिक सौभाग्य की बात उसके लिए यह थी कि अकबर जैसा उसका पुत्र था, जिसने आगे चलकर भारतवर्ष के अधिकांश भाग पर अधिकार प्राप्त कर लिया, देश में एक ऐसी श्रेष्ठ शासन-व्यवस्था स्थापित की जिसकी गणना उस समय संसार की सर्वोत्तम शासन-प्रणालियों में की जाती थी, और हुमायूँ तथा मुग़ल-राजवंश के नाम और उसकी कीर्ति को पूरे विश्व के इतिहास में बिखेर दिया। आज भी अकबर की चतुराई और कुशलता पर लोगों को गर्व होता है।

हुमायूँ की मृत्यु

हुमायूँ गद्दी पर पुनः आसीन हुआ परन्तु उसके सामने अभी भी कुछ ऐसे जटिल व विशिष्ट कार्य थे जिसे उसे करने थे। पंद्रह वर्ष पहले के राज्यक्षेत्र का थोड़ा-सा भाग ही अभी उसके अधिकार में आया था, और इस सीमित क्षेत्र में भी ऐसे विद्रोही सरदारों की संख्या कम न थी, जिन्हें दबाना आवश्यक था। इन विद्रोहियों में अफग़ान सरदार ही अधिक थे। सबसे अधिक कठिन एवं महत्त्वपूर्ण कार्य था एक श्रेष्ठ शासन-व्यवस्था की स्थापना करना और प्रजा की सहानुभूति प्राप्त करना। हुमायूँ विद्रोही सरदार को दबाने के काम में जुट गया। साथ ही वह मुग़ल-सत्ता की

पुनःस्थापना की तैयारियाँ भी करता रहा। लेकिन उसने शेरशाह सूरी की श्रेष्ठ शासन-व्यवस्था को पुनःस्थापित करने का प्रयत्न नहीं किया। शेरशाह का यह शासन-तन्त्र उसके उत्तराधिकारियों के पारस्परिक संघर्ष तथा मुग़लों के आक्रमण के कारण बहुत छिन्न-भिन्न हो गया था। बादशाह का अन्त समय भी अब निकट आ रहा था। 24 जनवरी, 1556 ई. के संध्या समय वह **दीनपनाह** नामक भवन-समूह जिसे बाद में शेरमण्डल भी कहा जाता था, के अन्तर्गत अपने पुस्तकालय की छत पर बैठकर अपने कुछ विशिष्ट सरदारों और ज्योतिषशास्त्रवेत्ताओं से विचार-विमर्श कर रहा था कि नक्षत्र के उदय होने पर एक दरबार का आयोजन किया जाए। इसी दौरान पास वाली मस्जिद से मौलवी को अजान देते हुए सुना और वह नमाज पढ़ने के लिए चल दिया। सीढ़ियों से उतरते समय वह सीढ़ियों से गिर पड़ा। उसकी खोपड़ी की हड्डी टूट गई। यहाँ से उसे महल में ले जाया गया। होश आने पर उसे ज्ञात हुआ कि उसे गहरी चोट पहुँची है और हालत अच्छी नहीं है। इसलिए उसने अकबर को बुलावा भेजा और उसे अपना उत्तराधिकारी भी नियुक्त कर दिया। 27 जनवरी, 1556 ई. को वह इस संसार से कूच कर गया। लेनपूल ने लिखा है "हुमायूँ गिरते-पड़ते इस जीवन से मुक्त हो गया—ठीक उसी तरह जिस तरह तमाम जिन्दगी-भर वह गिरते-पड़ते चलता रहा था।"

3

शेरशाह सूरी तथा उसके उत्तराधिकारी

शेरशाह का असली नाम फरीद था। उसका जन्म 1472 ई. में पंजाब में हुआ था। उसके पिता का नाम हसन खाँ था जिनकी चार पत्नियां और कुल आठ पुत्र हुये थे। उसे अपनी सौतेली माँ और पिता से सच्चा स्नेह प्राप्त नहीं हुआ था। शेरशाह सूरी इब्राहिम सूरी का पोता था। इब्राहीम गोमल नदी के किनारे पेशावर के निकटवर्ती पहाड़ी प्रदेश रोह का रहने वाला था और घोड़ों के क्रय-विक्रय का व्यवसाय करता था, किंतु जब उसे इस व्यवसाय में कोई सफलता नहीं मिली, तो वह भारतवर्ष में नौकरी-चाकरी की तलाश में चला आया। यह बहलोल लोदी के शासन का आरंभिक समय था। इब्राहीम सूर और उसके बेटे हसन ने पंजाब के होशियारपुर जिले के अंतर्गत हरियाना और बखाला के जागीरदार महाबत खाँ सूर और दाऊद साहूखैल के यहाँ नौकरी कर ली और होशियारपुर से दो मील दक्षिण-पूरब में बजवाड़ा नामक स्थान में टिक गए। इसी जगह हसन खाँ की एक पत्नी के गर्भ से 1472 ई. में फरीद (शेरशाह) का जन्म हुआ।

इसके जन्म के कुछ दिनों बाद इब्राहिम और हसन ने जमाल खाँ सारंगखानी और खानेअलम उमर खाँ सरवानी के यहाँ क्रमशः नौकरी कर ली। कुछ समय बाद हसन जमाल खाँ की सेवा में चला गया और जब सिकन्दर लोदी ने जमाल खाँ की बदली जौनपुर कर दी, तो हसन को, जो अपने मालिक के साथ बिहार चला आया

था, सासाराम, खवासपुर और टाँडा के परगनों का जागीरदार बना दिया गया। सोन नदी के किनारे सासाराम में ही फरीद ने अपनी तरुणावस्था के प्रारंभिक वर्ष व्यतीत किए थे। हसन एक योग्य सैनिक तो अवश्य था, किंतु गृह-प्रबंध में वह असफल रहा। उसने चार स्त्रियों से शादी की थी, जिनसे उसके आठ लड़के पैदा हुए थे। फरीद और निजाम पहली पत्नी से, और सुलेमान तथा अहमद सबसे छोटी पत्नी से पैदा हुए थे। यह सबसे छोटी पत्नी संभवतः हसन की कोई रखैल रही होगी लेकिन हसन सबसे ज्यादा इसी को चाहता था और इसी का सबसे अधिक उसके ऊपर प्रभाव भी था। स्पष्ट है कि फरीद की शैशवावस्था सुख से व्यतीत नहीं हुई। उसका पिता उसकी कोई देखभाल नहीं करता था और उसकी सौतेली माता उससे नफरत करती थी अर्थात वह खुश नहीं थी। ऐसे वातावरण व व्यवहार से परेशान होकर 22 वर्ष की आयु में उसने सासाराम छोड़कर कहीं अन्यत्र जाकर भाग्य अजमाने का निश्चय किया। उन दिनों जौनपुर इस्लामी संस्कृति और विद्या का केन्द्र बना हुआ था और 'भारत का सिराज' समझा जाता था। फरीद ने इस शिक्षण-केन्द्र में प्रवेश पा लिया और यहाँ अरबी और फारसी साहित्य के पठन-पाठन में जुट गया। उसने अरबी, व्याकरण पढ़ी और फारसी के सुप्रसिद्ध ग्रंथ-रत्न 'गुलिस्ताँ', 'बोस्ताँ' और 'सिकन्दरनामा' का भी अध्ययन किया। वह बड़ा ही कुशाग्र-बुद्धि और असाधारण प्रतिभा का विद्यार्थी था और इसी कारण, अनेक लोगों का ध्यान सहज ही उसकी ओर आकर्षित होता था। उसके अनेक प्रशंसकों में उसके पिता के संरक्षक जमाल खाँ का नाम प्रमुख था, जिसने पिता-पुत्र में समझौता करा दिया और हसन को अपनी जागीर की देखभाल करने के लिए फरीद के ऊपर छोड़ने की अनुमति दी।

अपने पिता की जागीर के प्रबंधक के रूप में

फरीद जौनपुर से अपनी पढ़ाई पूरा करने के बाद सासाराम वापस आ गया और अपने पिता की जागीर कट देख-रेख व प्रबंध करने में जुड़ गया। लगभग 21 वर्षों अर्थात् 1497-1518 ई. तक वह यह कार्य योग्यतापूर्वक करता रहा। इसी समय में उसने शासन-प्रबंध की शिक्षा और अनुभव प्राप्त किया था। जिन जमींदारों ने जरा भी सिर उठाया, उन्हें उसने दबा दिया। दीवानी और फौजदारी अधिकारियों को उसने कड़े नियंत्रण में रखा और प्रजा को शांति और सुव्यवस्था प्रदान की। इस समय का उसका सबसे प्रमुख काम लगान संबंधी एक श्रेष्ठ व्यस्था की स्थापना करना था। यह व्यवस्था जमीन की विधिवत नाप-जोख, उसके वर्गीकरण और उसमें होने वाली पैदावार पर आधारित थी। कृषकों के हितों का उसने पूरा-पूरा ख्याल रखा। भ्रष्टाचारी

लगान अधिकारियों को उसने सजाएँ दीं। प्रत्येक के साथ न्यायोचित व्यवहार किया जाए, यह उसका परम उद्देश्य था और इसकी पूर्ति के लिए उसने उद्धत अफ़ग़ानी सैनिकों के साथ किसी प्रकार की रिसायत नहीं की। उस समय इन कामों को करते हुए उसे शायद स्वप्न में भी यह ख्याल नहीं था कि इस प्रकार वह उत्तरी भारत का एक श्रेष्ठ और सबल शासक बनने की तैयारी कर रहा है।

फरीद ने बड़ी योग्यता व कुशलता पूर्वक जागीर की शासन व्यवस्था सँभाली। इस कुशलता से उसे बड़ी प्रसिद्धि प्राप्त हुई। इस प्रसिद्ध और सफलता को देखकर उसकी सौतेली माँ उससे और अधिक जलने लगी। फलतः 1518 ई. में उसे अपने पिता के पास से पुनः हटना पड़ा। वह सुल्तान इब्राहीम लोदी के दरबार में पहुँचा और उससे प्रार्थना की कि उसके पिता की जागीर उसे सौंप दी जाए किंतु सुल्तान के ऊपर उसका अच्छा प्रभाव इसलिए नहीं पड़ा कि वह अपने पिता की ही शिकायत उससे करने पहुँचा था और इसी कारण उसे जागीर प्रदान नहीं की गई। संयोगवश कुछ दिनों के बाद हसन की मृत्यु हो गई और अब सुल्तान इब्राहीम को फरीद की प्रार्थना स्वीकार करनें में कोई आपत्ति नहीं हो सकती थी। सासाराम, खबासपुर, टाँडा की जागीर उसे सौंप दी गईं। इस प्रकार यह महत्त्वाकांक्षी नवयुवक शाही फरमान लेकर दक्षिण बिहार में लौट आया और 1520-1521 ई. के आस-पास सासाराम में आकर बस गया।

सुल्तान मुहम्मदशाह की सेवा : संकट का समय

फरीद को सुल्तान द्वारा दिलवायी गयी पिता की जागीर से भी उत्तराधिकार का झगड़ा समाप्त नहीं हुआ और इन्हीं झगड़ों के कारण वह अधिक दिनों तक जागीर का सुख नहीं भोग सका। उसके सौतेले भाई सुलेमान ने जो हसन के अंतिम दिनों में जागीर की देखभाल करने लगा था, बिहार के शाहाबाद जिले के अंतर्गत चौंद (वर्तमान चैनपुर) के मुहम्मद खाँ सूर को उत्तराधिकार के इस झगड़े में हस्तक्षेप के लिए निमंत्रित किया। मुहम्मद खाँ हसन से वैमनस्य रखता था, अतः उसने भाइयों के झगड़े से लाभ उठाना चाहा और जागीर को दो भागों में बाँट देने का प्रस्ताव रखा। लेकिन फरीद ने इस विभाजन को अस्वीकार कर दिया क्योंकि इब्राहीम लोदी ने तो जागीर केवल उसी को प्रदान की थी। दूरदर्शी तो वह था ही, उसने दक्षिण बिहार के शासक बहार खाँ लोहानी के यहाँ नौकरी कर ली, और इस प्रकार सहज ही में उसे अपने हकों का समर्थक ओर संरक्षक बना लिया 1522 ई.। बहार खाँ उसकी सेवाओं से प्रसन्न था और एक दिन शिकार में एक शेर को बिना किसी अस्त्र-शस्त्र के मार

देने के पुरस्कारस्वरूप उसने फरीद को शेर खाँ की उपाधि से सम्मानित किया। कुछ दिनों बाद ही उसे बहार खाँ के छोटे लड़के जलाल खाँ का शिक्षक नियुक्त कर दिया गया और इसके बाद उसकी नियुक्ति दक्षिण बिहार के डिप्टी-गवर्नर के उच्च पद पर कर दी गई।

शेर खाँ को इस प्रकार तेजी से बढ़ते-चढ़ते देख दक्षिण बिहार के लोहानी तथा अन्य पठान सरदार उससे जलने लगे। जब शेर खाँ किसी आवश्यक कार्य से अपनी जागीर में गया हुआ था तो उसके एक प्रतिद्वन्द्वी ने उसके खिलाफ बहार खाँ के कान भर दिए। यह समय बड़ा नाजुक था, विशेषकर अफग़ानों के लिए, क्योंकि उनका राजा इब्राहीम लोदी हाल की में पराजित होकर पानीपत की लड़ाई में मारा गया था और हिंदुस्तान की सर्वोच्च सत्ता भी अफग़ानों के हाथों में से निकलकर मुग़लों के हाथों में चली गई थी। बहार खाँ, जिसने सुल्तान मुहम्मदशाह की उपाधि धारण कर अपने को स्वतन्त्र शासक घोषित कर दिया था, इस समय अपने आदमियों को एकत्र कर रहा था और बड़ी सावधानी से 'प्रतीक्षा करो और देखो' की नीति पर चल रहा था। शेर खाँ के शत्रुओं ने मुहम्मद शाह के कान भरे कि वह इब्राहीम लोदी के भाई महमूद लोदी के साथ, जो दिल्ली में अफगान शासन-सत्ता को पुनर्जीवित करने का प्रयत्न कर रहा था, मिलने की तैयारी में है। यह बात मुहम्मदशाह के पक्ष में नहीं थी क्योंकि उस हालत में उसे महमूद लोदी की अधीनता में रहने का डर था। ?

फलतः उसने चौंद के मुहम्मद खाँ सूर को शेर खाँ और सुलेमान के उत्तराधिकार के झगड़े को तय करने के लिए पंच नियुक्त कर दिया। शेर खाँ अभी भी जागीर में दो भाग करने के पक्ष में नहीं था। वह पूरी जागीर को अपने अधीन रखने की प्रार्थना कर रहा था। सुलेमान की ओर से मुहम्मद खाँ सूर ने परगनों पर बलात् अपना अधिकार कर लिया और शेर खाँ को वहाँ से निकाल बाहर किया। शेर खाँ पुनः बे-घरबार होकर नौकरी की तलाश में निकल पड़ा। इस समय उसे बाबर से ही, जो उत्तरी भारत में अपना साम्राज्य स्थापित कर चुका था, सहायता प्राप्त करने की आशा थी, जिससे मुहम्मद खाँ सूर से वह अपनी जागीर पुनः प्राप्त कर सके। इसी विचार से उसने कड़ा और मानिकपुर के मुग़ल गवर्नर जुन्नैद बरलास से संपर्क स्थापित किया और उसके द्वारा अप्रैल 1527 ई. में मुग़ल सेना में एक स्थान प्राप्त कर लिया। जब बाबर ने बिहार के अफग़ानों पर चढ़ाई की, तो शेर खाँ की सेवाएँ और सहायताएँ काफी लाभदायक सिद्ध हुईं और मार्च 1528 ई. में उसकी जागीर उसे पुनः सौंप दी गई। मुहम्मद खाँ सूर को उसने चौंद, जिस पर मुग़लों का अधिकार हो गया था, वापस कर दिया और इस प्रकार अपनी सफल कूटनीति और न्यायोचित व्यवहार के द्वारा उसे (मुहम्मद खाँ सूर) अपना कृतज्ञ बना लिया।

बिहार का डिप्टी-गवर्नर

मुगलों के मध्य कुछ समय गुजारने की वजह से शेर खाँ उनके शासन व्यवस्था तथा सैनिक संगठन में कुछ ऐसी कमियों को जान गया था जिनसे उसे विश्वास हो गया था कि अफ़ग़ानों को अपने राज्य को पुनः प्राप्त कर लेना असंभव नहीं है। मुग़लों का गैर-मुग़लों के प्रति अपमानजनक और उनके अभिमानसूचक व्यवहार भी शेर खाँ की तेज नजर से नहीं छिपे। 1528 ई. के अंत में वह मुग़लों की नौकरी छोड़कर बिहार में इसलिए नहीं चला आया था कि यहाँ बाबर के विरुद्ध अफ़ग़ानों को संगठित करे (कुछ आधुनिक लेखकों का यही मत है); बल्कि इसलिए चला आया था कि मुग़लों के साथ उसका निर्वाह कठिन था। एक बार पुनः वह दक्षिण बिहार के सुल्तान मुहम्मदशाह के दरबार में पहुँचा और उसे जलाल खाँ का शिक्षक और अभिभावक नियुक्त कर दिया गया। इसके बाद 1528 ई. में सुल्तान मुहम्मदशाह की मृत्यु हो गई और उसके पीछे उसका उत्तराधिकारी जलाल खाँ रह गया, जो अभी नाबालिग था। सुल्तान मुहम्मदशाह की विधवा पत्नी दूदू बीबी नए सुल्तान की संरक्षिका नियुक्त हुई। वह शेर खाँ को अपना बकील बनाया। डिप्टी गवर्नर की हैसियत से शेर खाँ ने शासन-व्यवस्था का पुनः संगठन किया, फौजों के अनेक दोषों को दूर किया और शिशु-शासक के प्रति स्वाभिभक्ति और सेवा-भाव रखते हुए अपनी स्थिति को भी सुदृढ़ बनाया। अपने निजी स्वार्थों को भी उसने विस्मृत नहीं किया; बल्कि अपने साथ परखे हुए अफ़ग़ानों का एक दल एकत्र कर लिया। उसके ये अनुयायी अधिकतर सूर फिरके के ही लोग थे, जो उसके लिए जरूरत पड़ने पर अपनी जान तक देने को तैयार थे।

शेर खाँ का भाग्य एक वर्ष के भीतर ही ऊचाँईयां छूने लगा बिहार के कुछ प्रमुख अफगानों के निमंत्रण पर इब्राहीम लोदी का छोटा भाई महमूद लोदी यहाँ आ उपस्थित हुआ। राणा संग्रामसिंह, जिसकी ओर से वह खानवा की लड़ाई मार्च 1527 ई. में लड़ा शा, तथा पराजय के पश्चात वह मेवाड़ चला गया था; किंतु हिंदुस्तान पर अपनी सत्ता स्थापित करने के उसके इरादे अभी खत्म नहीं हुए थे। उसके बिहार में आ जाने पर अफगान सरदारों ने आपस में मिलकर सलाह की और मुग़लों से मोर्चा लेने की योजना बनाई। लगभग सभी अफ़ग़ान उसके झंडे के नीचे आ गए और उसने दक्षिण बिहार का शासन-सूत्र शिशु-सुल्तान जलाल खाँ से इस आश्वासन पर अपने हाथ में लियां कि अफ़ग़ानों के शत्रु बाबर पर विजय प्राप्त कर यह प्रांत पुनः उसे (जलाल खाँ को) सौंप दिया जाएगा।

वह मुगलों की अकुशलता तथा उसके प्रमुख समर्थकों के व्यवहार से अनभिज्ञ नहीं था। महमूद लोदी के नेतृत्व में होने वाली इन तैयारियों के प्रति उसने विशेष उत्साह प्रदर्शित नहीं किया और यह बहाना बनाकर वह अपनी जागीर में चला आया कि वहाँ यह अभियानं की तैयारियाँ करेगा। वास्तव में बात तो यह थी कि वह बाबर के विरुद्ध मोर्चे में सम्मिलित नहीं होना चाहता था किंतु महमूद लोदी, जो सभी अफ़ग़ान नेताओं के सहयोग के लिए उत्सुक था, शेर खाँ से इस राष्ट्रीय कार्य में पूर्ण सहयोग प्राप्त करना चाहता था और इसी उद्देश्य से उसने अपनी फौजों को सासाराम में होकर ले जाना निश्चित किया, जिससे वह शेर खाँ से अन्य अफ़ग़ान अनुयायियों के साथ फौज में सम्मिलित हो जाने के लिए आग्रह कर सके। शुरू-शुरू में शेर खाँ सशंकित हुआ लेकिन बाद में राजी हुआ। और महमूद के सासाराम आगमन पर उसने उसका शाही स्वागत-सत्कार किया तथा अपने सैनिक-दल के साथ उसके साथ सम्मिलित भी हो गया। अभियान के आरंभ में तो अफ़ग़ानों को अत्यधिक सफलता प्राप्त हुई। ये लोग गाजीपुर तक बढ़े चले आए और बनारस को अपने अधिकार में कर लिया, किंतु मुग़ल फौजों के वहाँ आ पहुँचने पर ये भयभीत हो गए और अभियान को छोड़ बैठे। महमूद लोदी तो युद्धक्षेत्र में शत्रु से मोर्चा लिए बिना ही भाग खड़ा हुआ। अफ़ग़ान सरदारों में से बहुतों ने जिनमें शेर खाँ भी शामिल था, बाबर की अधीनता स्वीकार कर ली। दक्षिण बिहार का शिशु सुल्तान जलाल खाँ, जो महमूद लोदी के आगमन पर बंगाल चला गया था, वापस आ गया। 16 मई, 1529 ई. को उसने बाबर से भेंट की। इस शर्त पर कि यदि उसका अधिकतर भाग उसे सौंप दिया जाय तो वह बाबर को वार्षिक कर चुकाता रहेगा। शेर खाँ को भी उसने जागीर पुनः वापस कर दी और वह भी बाबर की शरण में फलने-फूलने लगा।

बाबर के आगरा चले जाने पर जलाल खाँ की माँ ने अपने पुत्र को दुबारा राज्य प्राप्त कर लेने पर शेर खाँ को फिर से उसका संरक्षक और बिहार का डिप्टी-गवर्नर नियुक्त कर दिया। बंगाल और दिल्ली के शक्तिशाली राज्यों के मध्य स्थित होने के कारण दक्षिण बिहार के लिए यह बड़ा भय था कि कहीं उसे इन राज्यों के झगड़ों में न फँसना पड़े और इनकी नाराजगी का शिकार बनना पड़े। इसके साथ ही इस प्रांत की शासन-व्यवस्था और आर्थिक स्थिति भी कमजोर हो गई थी क्योंकि बाबर और महमूद लोदी के संघर्ष का यह रण-स्थल बन गया था। दूदू बीबी का यह विचार बिलकुल ठीक था कि शेर खाँ ही इस प्रान्त को इसकी पूर्व-समृद्धि तक ला सकता है। नियुक्ति के पश्चात शेर खाँ प्रान्त के शासन-सुधार और उसे व्यवस्थित करने में जी-जान से लग गया। इसके कुछ समय पश्चात् इसकी माँ दूदू बीबी की मृत्यु

हो गयी और सम्पूर्ण शासन सत्ता शेर खाँ के अधीन हो गयी। जलाल खाँ अभी नाबालिग और नाममात्र का ही शासक था। इन परिस्थितियों में शेर खाँ को सेना पर अपना प्रभाव और प्रभुत्व स्थापित करने और उसे अपने उद्देश्यों की पूर्ति के लिए तैयार करने का अच्छा अवसर प्राप्त हो गया। उसने अपने परखे हुए विश्वासपात्र आदमियों को शासन और सेना में महत्त्वपूर्ण पदों को सौंप दिया तथा स्वयं अपनी ताकत तथा मान-समान को ऊँचा करने में जुट गया।

इस दौरान दक्षिण बिहार के समक्ष सबसे प्रमुख व जटिल कार्य बंगाल के नुसरतशाह (1518-32 ई.) से अपने संबंध ठीक करने की थी। नुसरतशाह अपने पड़ोसी राज्य का कुछ भी ख्याल न करके अपना राज्य-विस्तार करना चाहता था। शेर खाँ ने अनुभव किया कि बंगाल की ओर से इस बढ़ते हुए खतरे को दूर करने के लिए किसी शक्तिशाली दोस्त की तलाश होनी चाहिए। उसने नुसरतशाह के बहनोई और हाजीपुर के गवर्नर मखदूमे आलम से मैत्रीपूर्ण संबंध स्थापित किए। मखदूमे आलम की नुसरतशाह से नहीं बनती थी और इसी बात को समझकर शेर खाँ ने उसे समातोलन के रूप में रखकर नुसरतशाह के विरुद्ध भिड़ाना चाहा। जब यह बात नुसरतशाह को मालूम हुई तो वह बहुत बिगड़ा। अपने बहनोई पर उसने चढ़ाई कर दी और उसे मौत के घाट उतार दिया। उधर शेर खाँ ने मखदूमे आलम द्वारा एकत्र किया हुआ एक बड़ा खजाना अपने अधिकार में कर लिया। मखदूमे आलम पर विजय-लाभ करने से उत्साहित होकर नुसरतशाह ने दक्षिण बिहार पर भी चढ़ाई कर दी; किंतु शेर खाँ ने 1529 ई. में उसे बुरी तरह पराजित किया।

अपने शक्तिशाली पड़ोसी पर विजय प्राप्त करने से शेर खाँ की प्रसिद्धि और प्रतिष्ठा काफी बढ़ गई लेकिन उसको इस प्रकार बढ़ते-चढ़ते देख लोहानी जल गए। जो आदमी कभी उनके सरदार का नौकर रह चुका था, वह इस प्रकार प्रतिष्ठा पाए, यह उनके लिए असह्य था। इन लोगों ने जलाल खाँ के कान भर दिए और उसे शेर खाँ के विरुद्ध भड़का दिया। इतने से भी संतुष्ट न होकर इन लोगों ने शेर खाँ को जान से मारने की योजना बनायी परन्तु वे लोग सफल नहीं हुए। अपने विरुद्ध इतने लोगों को देखकर शेर खाँ ने यही निश्चय किया कि सत्ता सँभालने में लोहानियों का भी हाथ रहे, किंतु उसका यह प्रस्ताव अस्वीकृत कर दिया गया। इसके विपरीत, लोहानियों ने शेर खाँ से सत्ता छीनने में सहायता देने के लिए बंगाल के नुसरतशाह को निमंत्रण दिया। जब उन्हें इसमें भी सफलता नहीं मिली तो ये लोग अपने नाबालिग सुल्तान जलाल खाँ के साथ नुसरतशाह के पास भाग गए और बंगाल में जाकर शरण ली।

हुमायूँ से प्रारंभिक युद्ध

उपर्युक्त कामयाबियों के अलावा भी शेर खाँ के लिए राज सिंहासन पर बैठना कोई सहज कार्य नहीं था। उसे जल्दी ही दुर्भाग्य ने आ घेरा, जिससे कुछ दिनों के लिए उसकी महान योजनाओं की गति रुक गई। यद्यपि लोहानी सरदार बंगाल भाग गए थे और दक्षिण बिहार में वह नाम से न सही, काम से सर्वसत्ताधारी शासक बना हुआ था और प्रयत्न कर रहा था कि भारतीय अफ़ग़ान संगठित हो जाएँ, उनकी आर्थिक और नैतिक स्थिति ठीक हो जाए; फिर भी उसकी जाति में ही विरोधी तत्त्वों की कमी नहीं थी, जिनको शांत करना उसके लिए अनिवार्य था। शेर खाँ कम अवस्था में अपनी नाजुक स्थिति से या एक छोटे पद से उठकर एक राजा विशिष्ट पद पर आसीन हो गया। उसका यह उत्कर्ष बहुत-से अफ़ग़ान अधिकारियों को फूटी आँख भी नहीं सुहाता था। वे तो उसे एक छोटी-सी स्थिति से बढ़ा हुआ आदमी समझते थे। 1530 ई. में इन असंतुष्ट अधिकारियों ने महमूद लोदी को, जो घाघरा की लड़ाई में हारकर एक शरणार्थी बना हुआ अपने दिन काट रहा था, निमंत्रित किया। उसने यह निमंत्रण स्वीकार कर लिया और बिहार आ गया। हिंदुस्तान से मुग़लों को भगाने और यहाँ पर पुनः अफ़ग़ानी सत्ता जमाने के लिए यह समय भी अनुकूल जान पड़ता था।

मुग़ल-साम्राज्य का युवराज हुमायूँ बुरी तरह बीमार पड़ा हुआ था। किंतु अपने बेटे के लिए बाप ने अपना बलिदान किया और मुग़ल-साम्राज्य का संस्थापक बाबर दिसंबर 1530 ई. में स्वर्ग सिधार गया। अफगानी राजाओं ने मुगलों की इन परेशानियों का भरपूर फायदा लेना चाहते थे। महमूद लोदी के बिहार में आ जाने से शेर खाँ को अपनी जागीर में जाना पड़ा क्योंकि वह इस लोदी सरदार की अधीनता में रहकर काम करना नहीं चाहता था। महमूद उसे खुश करके अपनी ओर मिलाना चाहता था और इसी उद्देश्य से उसने उसे लिखित आश्वासन दिया कि मुग़लों पर विजय प्राप्त करने के पश्चात दक्षिण बिहार का संपूर्ण प्रदेश उसी को वापस कर दिया जाएगा। महमूद शेर खाँ की जागीर में भी गया और उससे सहयोग करने के लिए प्रार्थना की जिससे मुग़लों के ऊपर मिलकर चढ़ाई की जा सके। शेर खाँ पहले तो इसके लिए राजी नहीं हुआ किंतु बाद में अनिच्छापूर्वक इस आक्रमण-योजना में सहयोग देने के लिए उसने अपनी स्वीकृति दे दी और अफ़ग़ान संगठन का सदस्य बन गया।

कई महीनों के प्रयास के बाद एक आक्रमण नीति तैयार की गयी। महमूद

मुग़ल गवर्नर जुन्नैद बरलास वह स्थान छोड़कर आगरे की ओर हट गया। इस सफलता से उत्साहित होकर अफग़ान लोग लखनऊ की ओर बढ़े और उसे अपने अधिकार में कर लिया। इस समय हुमायूँ कालिंजर का घेरा डाले पड़ा था। अपनी फौज के पराजित होने के समाचार सुनकर उसने कालिंजर के राजा के साथ सुलह कर ली और पूरब की ओर अफग़ानों के बढ़ाव को रोकने के लिए चल दिया। दोनों ओर की फौजें अवध के बाराबंकी जिले की नवाबगंज तहसील के दोनरुआ नामक स्थान पर युद्ध करने के लिये खड़ी हो गयी और दोनों सेनाओं के बीच (अगस्त 1532 ई.) घमासान युद्ध शुरू हो गया जिसमें अफगान सेना तहस नहस हो गयी, और उनका नेता महमूद लोदी उड़ीसा भाग गया, जहाँ वह अपना शेष जीवन व्यतीत करते हुए 1542 ई. में मर गया। अफग़ानों की इस आक्रमण-योजना में शेर खाँ अनिच्छापूर्वक सम्मिलित हुआ था। इसके असफल होने पर उसने दक्षिण बिहार को पुनः हस्तगत कर लिया और इसका पुनः शासक बन बैठा।

अवध के बाराबंकी जिले की नवाबगंज के दोनरुआ में मुहम्मद लोदी को पराजित करने के बाद हुमायूँ आगरा न आकर उसने चुनारगढ़ के दुर्ग पर, जो शेर खाँ को 1530 ई. में लाड मलिका के साथ विवाह करने के फलस्वरूप प्राप्त हुआ था, घेरा डाल दिया। दुर्ग के समीप जब मुग़ल फौजें दिखाई लेने लगीं, तो शेर खाँ ने इसकी रक्षा का भार अपने दूसरे लड़के जलाल खाँ को सौंप दिया और स्वयं बिहार के देहातों में चला गया। चुनारगढ़ पर मुग़ल घेरा चार महीने (सितंबर से दिसंबर 1532 ई. तक) पड़ा रहा। हुमायूँ के लिए जलाल खाँ को अपने अधीन बना लेना सरल काम नहीं था। परिस्थितियों ने भी मुग़ल सेनाओं से भिड़ने में सहायता दी। घेरा डालने के पश्चात हुमायूँ को यह चिंताजनक समाचार मिला कि गुजरात का बहादुरशाह सिर उठा रहा है और मुग़लों से भिड़ने के लिए तैयारियाँ कर रहा है। इन परिस्थितियों में हुमायूँ ने सुलह करने का निश्यय कर लिया, जैसा पहले भी कालिंजर के राजा के साथ उसने किया था। उसने चुनार के दुर्ग पर शेर खाँ का अधिकार इस शर्त पर रहने दिया कि वह पाँच सौ सैनिकों का एक दल अपने तीसरे लड़के कुतुब खाँ की कमान में मुग़ल सेना के साथ रखेगा। ये शर्तें दोनों को ही मान्य थीं इसलिए यह समझौता हुआ इसके बाद बहादुर शाह से युद्ध करने के लिए जनवरी 1533 में हुमायूँ आगरा वापस आया।

बंगाल से संघर्ष (1533-37 ई.)

जब हुमायूँ आगरा लौट आया तो उसी दौरान शेर खाँ ने भी चुनारगढ़ के

निकटवर्ती क्षेत्र दक्षिण बिहार को लौट आया। चुनारगढ़ पर घेरा डालते समय बंगाल के शासक ने बिहार के साथ शत्रुता का व्यवहार किया था। अब शेर खाँ ने उसका प्रत्युत्तर देने का निश्चय किया और इस उद्देश्य से उसने बंगाल पर आक्रमण की तैयारियाँ आरंभ कर दीं। उसने अपनी सेना की शक्ति बढ़ाई और हिंदुस्तान के विभिन्न भागों से, विशेषकर उत्तर-पश्चिमी भागों और रोह से, अफ़ग़ानों को एकत्र किया और उनके मनचाहे वेतन पर उन्हें नौकर रख लिया। जब उसकी तैयारियाँ पूरी हो गईं तो 1533 ई. में बंगाल के नए शासक गियासुद्दीन महमूद के ऊपर उसने चढ़ाई कर दी। शेर खाँ अपने मार्ग में मिट्टी की खाई खुदवाकर अपने आपको सुरक्षित रखता था जिससे उस पर अचानक आक्रमण न हो सके। बंगाल की सेना उस समय के सुप्रसिद्ध कमांडर इब्राहीम खाँ के कमान में थी जो कुतुब खाँ का बेटा था। 1534 ई. में सूरजगढ़ में दोनों तरफ की सेनाएं एक दूसरे के सामने जम गयी और वहां धमासान युद्ध छिड़ गया। शेर खाँ ने चतुराई से बंगाल की सेना को एक गुप्त स्थान की ओर आकर्षित कर लिया और तब उसके ऊपर आक्रमण करके उसे हरा दिया। बंगाल की सेना की अपार क्षति हुई और उसके हजारों सैनिक बुरी तरह कत्ल कर दिए गए। सूरजगढ़ की लड़ाई का परिणाम वही हुआ, जिसका शेर खाँ ने अनुमान लगाया था। "संपूर्ण कोष, हाथी और गोला-बारूद शेर खाँ के हाथ लगा। यह युद्ध-सामग्री प्राप्त कर वह बिहार और इसके अतिरिक्त अन्य प्रदेशों का मालिक बन बैठा।" सूरजगढ़ की लड़ाई में प्राप्त सफलता से उसके दिल में महत्त्वाकांक्षाओं का अपार सागर लहराने लगा और उज्ज्वल भविष्य का द्वार उसके सामने खुल गया।

सूरजगढ़ की सफलता से शेर खाँ का मनोबल और ऊँचा हुआ। इस सफलता के बाद उसने बंगाल पर पुनः चढ़ाई की, इस समय तक हुमायूँ गुजरात के बहादुरशाह के विरुद्ध ही मोर्चा खड़ा किए हुए था। शेर खाँ ने गियासुद्दीन महमूद को लगातार कई बार हराया और तेलियागढ़ी के दर्रे के निकट का उसका सारा प्रदेश अपने अधिकार में कर लिया। इस प्रकार बुरी तरह हारते हुए और शुत्र-सेना से घिरकर बंगाल का शासक चिनसूरा के पुर्तगालियों की सहायता लेने के लिए मजबूर हो गया। बंगाल और पुर्तगालियों की संयुक्त सेना ने तेलियागढ़ी और सिकरीगली के दर्रे को बचाने के लिए प्रयत्न किया, किंतु शेर खाँ मित्र फौजों से कहीं अधिक चतुर था। दर्रो की ओर हटकर वह चतुरता से मित्र फौजों का चक्कर काटते हुए बंगाल की राजधानी गौड़ की ओर जा निकला और 1536 ई. में उस पर आक्रमण करने की धमकी दे दी। गियासुद्दीन के पुर्तगाली साथी यहाँ उसके सहायक सिद्ध नहीं हो सकते थे। उसके सामने इसके सिवाय अब कोई दूसरा रास्ता नहीं था कि वह शेर खाँ से

संधि-चर्चा चलाए और तेरह लाख रुपयों की कीमत की स्वर्ण-राशि उसे भेंट कर आक्रमण को अस्थायी रूप से टलवाए।

इस संधि से महमूद को कोई स्थायी लाभ नहीं मिला, क्योंकि शेर खाँ के दिमाग में बंगाल पर अधिकार करने की इच्छा जाग चुकी थी। उसे यह भी अनुभव हो चुका था कि यह सफलता प्राप्त करना कोई कठिन कार्य नहीं है, क्योंकि बंगाल की फौजों को वह सूरजगढ़ और गौड़, दो स्थानों पर हरा चुका था। साथ ही उसे महमूद और पुर्तगालियों के बीच चलती हुई वार्ताओं का भी पता था और वह इन दोनों के मध्य किसी मैत्रीपूर्ण संबंध को रोकने के लिए चिंतित था। संधि के एक वर्ष के अंदर ही उसने बंगाल पर 1537 ई. में पुनः चढ़ाई करने की तैयारियाँ आरंभ कर दीं। आक्रमण का एक बहाना भी निकाल लिया गया। महमूद वार्षिक कर चुकाने में असमर्थ रहा था और साथ ही अभी तक उसने शेर खाँ को शत्रु समझने की नीति नहीं त्यागी थी। महमूद शेर खाँ का मुकाबला ही क्या कर सकता था! उसे मजबूर होकर गौड़ के दुर्ग में जाकर शरण लेनी पड़ी। यहाँ से उसने ऐसे संकटकाल में हुमायूँ से शीघ्र ही सहायता करने की अपील की। शेर खाँ यह भली प्रकार जानता था कि यदि उसे सफलता प्राप्त करनी है तो तुरंत कार्यवाही करनी चाहिए। उसने अपने लड़के जलाल खाँ और सबसे योग्य एवं स्वामिभक्त जनरल खवास खाँ को गौड़ पर घेरा डालने और हुमायूँ की सहायता पहुँचाने के पहले ही बंगाल को जीत लेने के लिए भेज दिया। इसी समय उसने अपनी फौज का एक भाग सुदूर-स्थित चिटगाँव आदि जनपदों पर अपनी सत्ता कायम करने के लिए प्रस्थान कर दिया।

हुमायूँ की शेर खाँ पर चढ़ाई : चुनार का पतन (1537-38 ई.)

शेर खाँ की कुशलता और बंगाल की तरफ तेजी से बढ़ते हुए देखकर हुमायूँ सतर्क हो गया और उसने हिंदू बेग को जौनपुर की स्थिति का अध्ययन करने और शीघ्रातिशीघ्र तत्संबंधी जानकारी की सूचना देने का आदेश दिया। इस मुग़ल सरदार ने, जिसका शेर खाँ के साथ मित्र-भाव जान पड़ता था, रिपोर्ट भेजी कि पूर्वी सरहद में सर्वत्र शांति है और इधर अफ़ग़ान सरदार शेर खाँ की कोई सरगरमी दिखाई नहीं देती। इसके कुछ समय बाद हुमायूँ को बंगाल के बादशाह महमूद का पत्र मिला जिसमें उसने सहायता की याचना की थी। इसके बाद उसे वह चिंताजनक समाचार भी प्राप्त हुए कि लगभग संपूर्ण बंगाल शेर खाँ के हाथ में जाने वाला है। फलतः मुग़ल सम्राट ने आगरा में एक साल (अगस्त 1536 से जुलाई 1537 ई. तक) का समय नष्ट करने के उपरांत चुनार की ओर चलने की तैयारियाँ शुरू कर दीं। उसने

आगरे की शासन सत्ता मीर मुहम्मद बख्शी और दिल्ली की मीर फख्रअली को सौंप दी और यादगार नासिर मिर्ज़ा को कालपी में, नूरुद्दीन को कन्नौज में और हिंदू बेग को जौनपुर में तैनात कर दिया तथा स्वयं 27 जुलाई, 1537 ई. को आगरे से चल पड़ा। नवंबर में चुनार पहुँचने पर उसने दुर्ग को घेर लेने के लिए आज्ञा दे दी। शेर खाँ ने दुर्ग को अपने लड़के कुतुब खाँ और गाजी खाँ सूर की देखरेख में छोड़ रखा था। दुर्ग पर आसानी से अधिकार नहीं किया जा सका; पूरे छह महीने तक (अक्तूबर 1537 ई. से मार्च 1538 ई. तक) घेरा पड़ा रहा। किंतु रूमी खाँ ने बड़ी चतुराई से इस पर अधिकार कर लिया। दुर्ग को रूमी खाँ के प्रबंध में छोड़कर बादशाह बनारस की ओर बढ़ा। वह अभी यही निश्चय नहीं कर पाया था कि उसे महमूद की सहायता के लिए गौड़ पहुँचना चाहिए अथवा शेर खाँ की बढ़ती हुई शक्ति को कुचलने के लिए दक्षिण बिहार चलना चाहिए। चुनारगढ़ पर कब्जा लेन पर कुल छः महीने की अवधि बरबाद हुई जिसका उसे कोई विशेष लाभ मिलने वाला नहीं था, क्योंकि यहाँ से स्थलमार्गों पर नियंत्रण नहीं रखा जा सकता था। चुनार दुर्ग के लिए तो वह अपनी फौज के कुछ दल छोड़ सकता था जो दुर्ग के अफ़ग़ान रक्षकों पर निगाह रखते। इस अवधि में शेर खाँ ने मुंगेर और गौड़ के मध्य का बंगाल प्रदेश जीत लिया था (जुलाई से अक्तूबर 1537 ई.) और महमूद की राजधानी पर घेरा डाल दिया था।

जिस दौरान बनारस में हुमायूँ अपना पड़ाव डाल रखा था उसी समय शेर खाँ से वार्तालाप की थी। शेर खाँ उस समय, जलाल खाँ और खवास खाँ के हाथों में गौड़ का घेरा छोड़कर बिहार चला आया था। शेर खाँ के राज्य-प्रदेश के अत्यंत निकट पहुँचने के विचार से हुमायूँ सोन नदी के किनारे मानेर तक बढ़ गया। हुमायूँ ने शेर खाँ को आदेश दिया कि तुम चुनारगढ़, जौनपुर या रोतहासगढ़ में से किसी एक को बतौर जागीर ले लो तथा बिहार और बंगाल के शेष सब भागों को छोड़ दो। हुमायूँ की यह माँग शेरशाह द्वारा अस्वीकृत होनी स्वाभाविक थी। अब हुमायूँ ने दूसरी माँग की जिसमें बिहार को वापस माँगा गया; किंतु अंत में वह इतने पर ही राजी हो गया कि शेर खाँ बंगाल पर अपना अधिकार रखे और 10 लाख रुपए वार्षिक-कर मुग़ल खजाने में पहुँचाता रहे। शेर खाँ इन शर्तों को मानने के लिए तैयार हो गया और हुमायूँ ने उसके लिए खिलअत और एक घोड़ा भेजा। दोनों के बीच झगड़े समाप्त होने की उम्मीद परिलक्षित होने लगी।

रोहतासगढ़ पर शेर खाँ का अधिकार

संधिवार्ता शुरू होने से पूर्व शेर खाँ ने, जिसे संभवतः हुमायूँ के इन इरादों का

आभास था, बड़ी चतुराई से बिहार में रोहतासगढ़ के सुदृढ़ दुर्ग पर अपना अधिकार कर लिया था। यह दुर्ग सोन नदी के ऊपर पहाड़ों और जंगलों से ढँके हुए एक विस्तुत भू-प्रदेश में स्थित था और कहा जाता था कि राजा हरिश्चंद्र के पुत्र रोहिताश्व ने इसका निर्माण कराया था। यह एक हिंदू राजा के अधिकार में था, जिसके ब्राह्मण मंत्री चूड़ामणि के साथ शेर खाँ ने मैत्री-संबंध स्थापित कर लिया था। शेर खाँ इस सुदृढ़ दुर्ग को अपने परिवार और खजाने की सुरक्षा के विचार से अपने अधिकार में चाहता था। उसने किस प्रकार इस दुर्ग पर अधिकार प्राप्त किया, इस सन्दर्भ में दो प्रमुख कथन अत्यधिक प्रसिद्ध है। कुछ का कहना है कि, रोहतासगढ़ के राजा सें शेर खाँ ने यह प्रार्थना की कि वह अपने दुर्ग में उसके परिवार की महिलाओं को शरण देने की कृपा करे और जब राजा इसके लिए तैयार हो गया, तो शेर खाँ ने बड़ी चालबाजी से परदे वाली पालकियों में स्त्रियों का वेश धारण किए हुए शस्त्रों से सुसज्जित बहुत-से अफग़ान सैनिकों को घुसा दिया। इस प्रकार दुर्ग में प्रवेश पा लेने के उपरांत ये लोग जनाने कपड़े उतार और शस्त्र हाथों में लेकर अपने असली रूप में प्रकट हो गए और राजा तथा उसके आदमियों को मार भगाया। आधुनिक लेखकों ने इस वृत्तांत को गलत बताया है।

दूसरा वृत्तांत अधिक विश्वसनीय है। इसके अनुसार शेर खाँ ने राजा के मंत्री को लोभ-लालच और रिश्वत देकर दुर्ग में शरण प्राप्त करने के लिए वचन ले लिया था। यद्यपि राजा ने इस प्रकार का वचन देने के प्रति नाराजगी प्रकट की किंतु मंत्री चूड़ामणि के कहने पर कि मैं वचनबद्ध हूँ और यदि मेरी बात टलती है तो हमारी मान नहीं बचेगी। राजा को शरण देने के लिए राजी होना पड़ा। दुर्ग में प्रवेश करने के थोड़ी देर बाद ही अफग़ानों ने राजा के सैनिकों को वहाँ से निकाल बाहर किया और 1538 ई. में दुर्ग पर अपना अधिकार कर लिया। रोहतासगढ़ पर जो देश के सबसे सुदृढ़ दुर्गों में से एक था, शेर खाँ का अधिकार हो जाने से उसे अपने परिवार के लिए एक अत्यंत सुरक्षित स्थान ही नहीं प्राप्त हुआ, बल्कि यहाँ पर हिंदू राजाओं द्वारा युगों से एकत्र किया हुआ एक बहुत बड़ा राजकोष भी उसके हाथ लगा। अपनी स्त्रियों और बच्चों को इस सुरक्षित स्थान में छोड़कर शेर खाँ अब हुमायूँ से निपटने के लिए निश्चिंत और तैयार था।

गौड़ पर अफग़ानों की विजय

हालांकि हुमायूँ अभी तक किसी एक मार्ग को नहीं चुन पाया था कि वह शेर खाँ से समझौता करे या फिर बंगाल पर आक्रमण करे। जलाल खाँ और खवास खाँ,

जिन्हें शेर खाँ ने गौड़-विजय के लिए छोड़ रखा था, बंगाल की राजधानी पर घेरा डालकर और अधिक दबाव डालने में सफलता प्राप्त कर रहे थे। वे लोग गोलाबारी कर दुर्ग को अपने अधिकार में करने का प्रयत्न कर रहे थे। शेर खाँ ने अपने लड़के के पास यह आवश्यक संदेश भेजा कि वे लोग गौड़ पर विजय प्राप्त कर बंगाल-अभियान को जल्दी से जल्दी सफलातपूर्वक समाप्त करें, क्योंकि सुल्तान महमूद की सहायता के लिए हुमायूँ के वहाँ पहुँच जाने की संभावना है। खवास खाँ ने दुगुने प्रयत्नों से मोर्चा बाँधना शुरू किया। आसपास के क्षेत्रों को उसने तबाह कर दिया और दुर्ग में रसद-सामग्री पहुँचने के तमाम रास्ते रोक दिए, जिससे दुर्गरक्षक बड़े संकट में पड़ गए। बुरी तरह घिर जाने के कारण महमूद अपनी राजधानी छोड़कर उत्तरी बिहार की ओर भाग गया। अफ़ग़ानों ने उसका पीछा किया और उसे हरा दिया। लड़ाई में वह बुरी तरह घायल हुआ था लेकिन फिर भी किसी प्रकार हाजीपुर की ओर विक्षिप्त मानसिक स्थिति में बचकर भाग आया। दोनों अफ़ग़ानी जनरलों ने गौड़ पर अधिकार कर लिया और शेर खाँ की शासन-सत्ता बंगाल में जमा दी। शेर खाँ इस विजय से बहुत प्रसन्न हुआ और उसने अपने लड़के जलाल खाँ के पास संदेश भेजा कि हुमायूँ के बंगाल की पश्चिमी सीमा तक पहुँचने से पहले बंगाल के राजकोष को रोहतासगढ़ भेज दो।

हुमायूँ से संघर्ष : बंगाल पर मुग़लों का अधिकार

इसी दौरान महमूद ने हुमायूँ से नम्रतापूर्वक सहायता लेने के लिए सिफारिश की और कुछ दिनों बाद स्वयं भी मानेर के मुग़ल शिविर में इसी निमित्त आ उपस्थित हुआ। हुमायूँ ने, जो शेर खाँ से संधि कर चुका था, अपना विचार बदल दिया और संधि-शर्तों को तोड़ते हुए बंगाल जाकर उसे विजय करने का निश्चय कर लिया। शेर खाँ ने हुमायूँ द्वारा संधि को तोड़ते देख यह उचित ही समझा कि मुग़ल बादशाह पर विश्वास नहीं किया जा सकता। उसने अपने अफ़ग़ान सैनिकों को यह कहकर उत्तेजित किया कि अपनी ओर से अफ़ग़ानों का केंद्र-स्थल छोड़ देने और मुग़लों को वार्षिक कर चुकाने या उनके अधीनस्थ होने की स्वीकृति दे देने पर भी मुग़ल बादशाह ने संधि को ठुकरा दिया है और अब वह अफ़ग़ान जाति को ही नष्ट करने पर तुला है। उसके आदमियों ने उसका पूरा-पूरा साथ देने और अफ़ग़ान जाति की रक्षा के लिए अंतिम दम तक लड़ने का उसे आश्वासन दिया।

महमूद की जीवन लीला (खल गाँव में) खत्म हो चुकी और हुमायूँ गौड पर अपना अधिकार स्थापित करने हेतु चल पड़ा। शेर खाँ ने जो इस समय बंगाल के

खजाने को रोहतासगढ़ में लाने के लिए प्रबंध कर रहा था, अपने लड़के जलाल खाँ को संदेश भेजा कि वह अपनी फौज के साथ तेलियागढ़ी की ओर बढ़ जाए और वहाँ पहुँचकर मुग़लों के प्रदेश से दर्रे की रक्षा करे, जिससे खजाना आसानी से इधर लाया जा सके। तेलियागढ़ी नामक स्थान जो (ई. आई. आर. लूप लाइन पर) वर्तमान साहबगंज से 7 मील पूरब में स्थित है, उन दिनों 'बंगाल का प्रवेश द्वारा' समझा जाता था। जलाल खाँ वहाँ पहुँचकर केवल रक्षात्मक कार्य से ही संतुष्ट नहीं हुआ बल्कि मुबारक खाँ के नेतृत्व में उसने मुग़लों के अग्रगामी दल पर हमला कर दिया। इस दर्रे पर उसने मुग़लों को इस सफलता से रोके रखा कि हुमायूँ को एक माह का विलंब हो गया और इस अवधि में शेर खाँ ने गौड़ का खजाना आसानी से रोहतासगढ़ में पहुँचा दिया। जब यह कार्य संपन्न हो गया तो उसे तेलियागढ़ी से वापस बुला लिया गया और उसने यह स्थान इतनी शांति से छोड़ा कि मुग़लों को वहाँ से उसके चले जाने का समाचार दूसरे दिन प्राप्त हुआ। हुमायूँ अब गौड़ की ओर बढ़ा और शेर खाँ ने भी बिना किसी रोकथाम के उसे आगे बढ़ने दिया। जैसे ही मुग़लों ने गौड़ में प्रवेश पाया, शेर खाँ ने यातायात का संबंध-विच्छेद करने की तैयारियाँ कर दीं। उसने अफ़ग़ानों के दल वनारस, जौनपुर, कालपी और कन्नौज पर विचार से भेज दिए कि वहाँ जाकर ये मुग़ल अफसरों को निकाल बाहर करें। तिरहुत पर अफगानों ने कब्जा कर लिया तथा बनारस के गवर्नर मीर फजली को जान से मारकर उसे भी अपने अधीन कर लिया। उसके पश्चात जौनपुर पर उनका कब्जा हो गया और यहाँ से ये लोग कन्नौज की ओर बढ़े। हिंदाल तो पहले ही अपना स्थान छोड़ बैठा था और आगरा में भाग आया था, जहाँ वह स्वयं राजा बन बैठा। उसने हुमायूँ के श्रद्धापात्र शेख बहलोल को मार दिया और प्रमुख मुग़ल सरदारों एवं मुग़ल राजपरिवार के व्यक्तियों से भी शत्रुता मोल ले ली। तेलियागढ़ी से कन्नौज तक का संपूर्ण प्रदेश शेर खाँ के हाथों में आ गया। उसने मुख्य-मुख्य स्थानों पर अपने अधिकारी नियुक्त कर दिए और शासन-व्यवस्था तथा कर-वसूली का भी उचित प्रबंध कर दिया।

उधर हुमायूँ आगरा में रंगरेलियाँ मना रहा था और जब उसे यह सूचना मिली कि तेलियागढ़ी से लेकर कन्नौज तक का संपूर्ण प्रदेश अफ़ग़ानों के हाथ में चले जाने से दिल्ली और आगरे से यातायात का संबंध-विच्देद हो गया है, तो आठ महीने की सुस्ती के पश्चात उसकी नींद खुली। बंगाल पर अधिकार जमा रखने के लिए पाँच हजार सैनिकों को जहाँगीर कुली बेग के कमान में सौंपकर उसने पुनः आगरा की तरफ प्रस्थान कर दिया।

बंगाल और बिहार का राजा शेर खाँ (1529-40 ई.)

चौसा की लड़ाई में सफलता प्राप्त करने के बाद बंगाल और बिहार पर शेर खाँ का एकाधिकार स्थापित हो गया था। अब मात्र गौड़ के दुर्ग पर अधिकार बाकी था जो अभी हुमायूँ के सैनिकों के अधीन था। इतने विस्तृत प्रदेश पर अपना अधिकार जमाकर भी शेर खाँ अभी साधारण व्यक्ति की हैसियत में ही था। राजा बनने का अभी उसे कानूनी दर्जा प्राप्त नहीं हुआ था। इसलिए अपने आदमियों की अधिक स्वामिभक्ति प्राप्त करने के विचार से राज्याभिषेक की रस्म को शीघ्र पूरा करना उसके लिए आवश्यक था और यही उसकी स्थिति को बढ़ाने के साथ-साथ उसे देश के अन्य शासकों के समकक्ष बिठा सकता था। शेर खाँ यह भूला नहीं था कि योग्यता और सफलता के होते हुए भी किस प्रकार वह दो बार दुत्कार दिया गया था और लगभग सभी अफग़ान महमूद लोदी जैसे निकम्मे व्यक्ति के झंडे के नीचे इसलिए चले गए थे कि वह बहलोल लोदी का वंशज था और भाई इब्राहिम लोदी की मृत्यु के पश्चात उसने सुल्तान की उपाधि धारण कर ली थी। इसलिए उसने भी यथार्थ रूप से तथा नाम से भी राजा बनने का निश्चय कर लिया लेकिन अपने अफगान अनुयायियों की प्रजासत्तात्मक मनोवृत्ति को ध्यान में रखकर वह बड़ी सवाधानी से इस ओर कदम उठाना चाहता था। इस महान विजय के तुरंत बाद अफग़ान सरदारों की एक सभा में 'फतहनामा' लिखने का प्रस्ताव रखा गया। इस पर शेर खाँ ने बड़ी चतुराई से यह विचार प्रकट किया कि फतहनामे तो किसी राजा के नाम से ही लिखे जा सकते हैं। इस पर अपने सरदार की मनोगत इच्छा को समझते हुए मसनदेआली ईसा खाँ ने प्रस्ताव रखा कि उनके नेता शेर खाँ को ही राजा की उपाधि धारण कर लेनी चाहिए। इस प्रस्ताव का अनुमोदन आजम हुमायूँ सरवानी और बिब्बन लोदी ने किया। अन्य उपस्थित सरदारों ने भी इस प्रस्ताव का सहर्ष स्वागत किया। अफग़ान सैनिक-दल ने तो यह आग्रह किया कि राज्याभिषेक का उत्सव शीघ्र से शीघ्र होना चाहिए। इस पर शेर खाँ ने "ज्योतिषियों को कोई शुभ घड़ी निश्चित करने की आज्ञा दी।" राज्याभिषेक का उत्सव साधारण था। शेर खाँ एक सिंहासन पर विराजमान हुआ और एक शाही छत्र उसके ऊपर रखा गया। उसने शेरशाह की उपाधि धारण की और उसी ने नाम के सिक्के ढाले गए और उसके नाम का खुतबा पढ़ा गया। इस संस्कार के पश्चात फतहनामे लिखे गए और उन्हें राज्य के विभिन्न भागों में भेज दिया गया।

शेरशाह ने राजा की उपाधि धारण करने के तत्पश्चात् गौड़ के दुर्ग पर अपना अधिकार जमाने के लिए सैनिकों को भेजा। इस सेना ने जहाँगीर कुलीबेग खाँ को पराजित किया और उसके अन्य साथियों के साथ उसे मौत के घाट उतार दिया गया।

संपूर्ण बंगाल अब शेरशाह के हाथ आ गया। उसके पश्चात कन्नौज और कालपी तक भी, जो चौसा की लड़ाई से पूर्व ही अधिकृत हो चुके थे, रक्षकों को नियुक्त करने का प्रबंध किया गया। नए राजा ने शांति और न्याय-व्यवस्था तथा लगान वसूली के लिए अधिकारियों की नियुक्ति कर जीते हुए प्रदेशों को सुव्यवस्थित करने की चेष्टा की।

शेरशाह ने एक नये राज्य की स्थापना किया और हुमायूँ को बन्दी बनाने के लिए सुव्यवस्थित सेना लेकर आगे बढ़ा। यह स्मरण रखने योग्य है कि हुमायूँ के हरम की बहुत-सी महिलाएँ चौसा की लड़ाई में शेरशाह के हाथ लगी थीं। उसने उन महिलाओं के आराम और उनकी रक्षा का समुचित प्रबंध कर दिया था। अपने राज्याभिषेक संस्कार के पश्चात उसने इन महिलाओं को रक्षक-दल के साथ हुमायूँ के पास भिजवा दिया। हुमायूँ का पीछा निरुत्साह से किया गया। यदि शेरशाह ने भागते हुमायूँ का अच्छी तरह पीछा किया होता तो वह इस तरह सुरक्षित आगरा नहीं पहुँच सकता था लेकिन शेरशाह ने मालवा और गुजरात के शासकों के पास यह संदेश अवश्य भेजा कि हुमायूँ को शरण न दें और यदि वे उस पर आक्रमण करना चाहेंगे तो "मैं मदद करूँगा।" गुजरात की ओर से कोई उत्तर नहीं मिला क्योंकि वह अभी हाल की अव्यवस्था से ही नहीं उभर सका था, लेकिन मालवा के मल्लू खाँ ने, जो कादिरशाह की उपाधि धारण कर राजा बन बैठा था, संतोषजनक उत्तर भेजा।

कन्नौज अथवा बिलग्राम की लड़ाई (17 मई, 1540 ई.)

हुमायूँ चौसा से पराजित होकर एवं अपनी जान बचाकर किसी तरह आगरा पहुँचा और अपने छोटे भाईयों से बिचार-विनियम किया परन्तु इसका कोई अच्छा परिणाम नहीं निकला। अनेक कठिनाइयों के होते हुए भी हुमायूँ ने इस नई फौज का संगठन कर लिया था, जिससे शेरशाह को जो आगरे की ओर तेजी से बढ़ा आ रहा था, रोका जा सके। शेरशाह ने अपने लड़के कुतुब खाँ को मांडू में कादिरशाह के पास इस उद्देश्य से भेजा कि वह उसके पास जाकर उसे सहयोग देने के लिए राजी करे और उधर से पीछे की ओर से हुमायूँ पर हमला कर दे। जब हुमायूँ को यह समाचार मिला कि उसने असकरी और हिंदाल को कुतुब खाँ के विरुद्ध भेजा जिससे वे उसे कादिरशाह से साठ-गाँठ करने से पहले ही घेर लें। कादिरशाह ने कुतुब खाँ से आ मिलने का कोई प्रयत्न नहीं किया और वह (कुतुब खाँ) कालपी के निकट मुग़ल फौजों द्वारा पराजित हुआ और मार डाला गया। असकरी और हिंदाल हुमायूँ से मिलने के लिए वापस लौट आए। हुमायूँ शेरशाह से मुकाबला करने के लिए

कन्नौज की ओर रवाना हुआ। शेर ख़ाँ वहाँ पहले ही पहुँचकर नदी के पूरबी किनारे पर अपना शिविर स्थापित कर चुका था। मुग़ल सेना की संख्या दो लाख बताई जाती है, किंतु असली लड़ने वालों की संख्या चालीस हजार थी। मिर्ज़ा हैदर के अनुसार शेरशाह की सैनिक-संख्या पंद्रह हजार रही होगी। कुछ कारण ऐसे हैं जिनसे विश्वास किया जा सकता है कि अफग़ान सेना की संख्या हुमायूँ की सैनिक-संख्या से कम नहीं रही होगी। अफगान और मुगल सेना दोनों आमने-सामने डट गये, परन्तु किसी सेना ने एक दूसरे पर आक्रमण शुरू नहीं किया। शेरशाह ने चौसा की लड़ाई की तरह अपने शत्रु पर बरसात आरंभ होते ही यकायक आक्रमण कर देने की योजना बनाई। यह योजना सफल हुई। जब बरसात से तंग आकर मुग़ल सैनिक अपने खेमों को किसी अच्छे स्थान पर हटाने में लगे हुए थे तब उसने 17 मई को उन पर आक्रमण कर दिया और उन्हें तोपखाने का प्रयोग करने से सफलतापूर्वक वंचित कर दिया। मिर्ज़ा हैदर द्वारा मुग़ल फौज को इस आक्रमण से मोर्चा लेने का प्रयत्न करने पर भी हुमायूँ ने सरलता से हार मान ली और वह आगरा भाग आया।

हिंदुस्तान का राजा (1540-1545 ई.)

हुमायूँ का पीछा किया जाना

शेरशाह ने इस युद्ध में सफलता प्राप्त करने के बाद नदी पार करके कन्नौज को अपने अधीन कर लिया। यहीं से उसने बरमजीद गौड़ को हुमायूँ का पीछा करने और उसे देश से निकाल बाहर करने के लिए भेजा; किंतु उसे युद्ध में संलग्न करने के लिए आज्ञा नहीं दी गई थी। एक अन्य फौज ग्वालियर पर घेरा डालने के लिए भेजी गई और कुछ सैनिक-दल संभल और गंगा के उत्तर में स्थित प्रदेश को जीतने के लिए भेजे गए। बरमजीद ने हुमायूँ का आगरे तक पीछा किया और यहाँ पहुँचकर उसने बहुत-से मुग़लों को तलवार के घाट उतार दिया। विजित प्रदेशों को व्यवस्थित करने के पश्चात और हुमायूँ के वहाँ से भाग जाने के कुछ दिनों बाद जब शेरशाह आगरे पहुँचा, तो उसने बरमजीद की उसके नृशंस कृत्यों के लिए भर्त्सना की और खवास खाँ को हुमायूँ का पीछा करने के लिए भेजा। जुलाई 1540 में हुमायूँ ने लाहौर में जाकर शरण ली। इसका पीछा करते हुए अफगान सैनिक सुल्तानपुर तक पहुँच चुके थे। वर्षा आरम्भ हो जाने के कारण खवास खाँ को इसी स्थान पर लगभग तीन महीने ठहरना पड़ा। इसी बीच में शेरशाह ने दिल्ली में प्रवेश किया और यहाँ की शासन-व्यवस्था ठीक करने का उचित प्रबंध किया। यहाँ से वह पंजाब की सरहद

तक भागते हुए मुग़ल सम्राट की गतिविधियों को निकट से देखने-समझने हेतु पहुँच गया।

हुमायूँ लाहौर में पूरे तीन महीने आराम से बिताया। इसी दौरान उसने अपने भाइयों से पुनः विचार विनियम करने लगा, परन्तु इस बार भी कोई सन्तोषजनक परिणाम नहीं निकला क्योंकि कामरान सोचता था कि यदि उसने हुमायूँ को पंजाब में स्थाई रूप से रुक जाने दिया तो अंत में काबुल और कंधार उसके हाथों से निकल जाएँगे। इसलिए उसने शेरशाह से इस मिथ्या धारणा पर कि पंजाब को उसी को (शेरशाह को) सौंप देना सुरक्षित रहेगा, जैसी बात की। जब अफ़ग़ानों ने अक्टूबर 1540 ई. के तीसरे सप्ताह में सुल्तानपुर के समीप नदी पार कर ली, तो हुमायूँ को लाहौर से भी हटना पड़ा। झेलम के किनारे खुशाब नामक स्थान पर हुमायूँ और कामरान के मध्य संघर्ष होता दिखाई दिया क्योंकि वह (कामरान) उसे अफगानिस्तान में होकर गुजरने नहीं देना चाहता था। इस स्थान से हुमायूँ ने सिंध की ओर का रास्ता पकड़ा और कामरान भी पंजाब छोड़कर काबुल चल दिया। जिस घड़ी हुमायूँ ने हिंदुस्तान की सीमा छोड़ दी, खवास खाँ ने भी उसका पीछा करना छोड़ दिया और झेलम नदी के पश्चिमी किनारे पर रुक गया। इस समय तक शेरशाह, जो सरहिंद से ही अपने सैनिकों का संचालन कर रहा था, लाहौर आ पहुँचा और यहाँ अधिक समय तक न रुककर चिनाब की ओर चल पड़ा और खुशाब आ पहुँचा। यहाँ से उसने दो दल एक खवास खाँ के नेतृत्व में और दूसरा कुतुब खाँ के नेतृत्व में मुग़लों का पीछा करने और राज्य की सीमा से उन्हें निकाल बाहर करने के लिए रवाना किए। खवास खाँ ने उच्छ के पश्चिम में पंचनद नदी तक हुमायूँ का पीछा किया और उसे खदेड़ दिया। यहाँ से खवास खाँ शेरशाह के पास खुशाब लौट आया।

गक्खर प्रदेश की विजय

खुशाब में शेरशाह ने कुछ महीनों तक आराम से अपना जीवन बिताया। शेरशाह ने विभिन्न सरदारों की जागीरों को अपने अधीन करने के पश्चात गक्खर पर अधिकार करने के लिए प्रस्थान कर दिया। दिल्ली के बादशाह के लिए इस प्रदेश पर अधिकार करना आवश्यक था क्योंकि इसकी स्थिति बड़ी ही महत्त्वपूर्ण थी। शेरशाह ने इस पहाड़ी प्रदेश का दौरा किया और गक्खर सरदारों पर चढ़ाई कर दी। इनके प्रदेश को उसने बुरी तरह रौंद तो दिया किंतु उन्हें पूरी तरह अपने काबू में नहीं कर पाया। इनके कुछ सरदारों, विशेषकर रायसारंग गक्खर ने उसकी सत्ता स्वीकार करने से इन्कार कर दिया और उसके शत्रु बने रहे। अफ़ग़ान बादशाह ने

वहाँ एक किला बनवाना निश्चित किया, जिससे वहाँ उत्तरी सीमा की रक्षा और गक्खरों की रोकथाम कर सके। झेलम कस्बे के 10 मील उत्तर की ओर पहाड़ों में उसने एक स्थान चुना। और यहाँ एक विशाल दुर्ग बनवाया, जिसका नाम बिहार के विशाल दुर्ग के नाम पर रोहतास रखा। हैबत खाँ नियाज़ी और खवास खाँ जैसे श्रेष्ठ सेनापतियों के नेतृत्व में उसने इस दुर्ग में 50,000 अफ़ग़ान सैनिकों को दुर्गरक्षकों के रूप में तैनात किया। काँची नामक चक्क का समर्थन करके उसने कश्मीर से मिर्ज़ा हैदर को हटाने का भी प्रयत्न किया, किंतु उसे सफलता नहीं मिली। इसी समय जब उसे यह सूचता मिली कि बंगाल के गर्वनर ने विद्रोह का झंडा खड़ा कर दिया है, तो गक्खरों को अपनी अधीनता में लाने का काम अपने सरदारों पर छोड़कर विद्रोही खिज्र खाँ को दबाने के लिए वह मार्च 1541 ई. में बंगाल की ओर चल दिया।

बंगाल का नया शासन

शेरशाह का लगभग एक वर्ष से ज्यादा समय अन्य प्रदेशों को अपने अधिकार में करने में गुजर गये जिसके कारण वह बंगाल में अनुपस्थिति रहा। इसी दौरान वहां का गर्वनर खिज्र खाँ ने स्वतंत्र होने के स्वप्न देखने आरंभ कर दिए थे। उसने बंगाल के भूतपूर्व एवं स्वर्गीय सुल्तान महमूद की लड़की से इसलिए विवाह कर लिया था कि इस राजवंश के लोगों के प्रति सहानुभूमित रखने वालों का उसे सहज ही सहयोग प्राप्त हो जाएगा। अब वह एक स्वतंत्र राजा की तरह व्यवहार करने लगा। शेरशाह इन समाचारों को सुनकर चिंतित हुआ और शीघ्रता से गौड़ की ओर खिज्र खाँ को दबाने के लिए चल पड़ा। उसने उसे बर्खास्त कर दिया और बंदी बना लिया। ऐसे किसी भावी उपद्रव से बचने के विचार से उसने फौजी गवर्नर की नियुक्ति को समाप्त करने का निश्चय किया और बंगाल का एक नए ढंग से शासन-प्रबंध किया। उसने प्रांत को कई 'सरकारों' (जिलों) में विभक्त कर दिया और प्रत्येक सरकार में 'शिकदार' की नियुक्ति की। शिकदार एक सैनिक अधिकारी था और इसके पास शांति और सुव्यवस्था की स्थापना के लिए छोटा-सा सैनिक दल भी रहता था। शिकदारों की नियुक्ति बादशाह करता था और ये केवल उसी के प्रति उत्तरदायी थे। अधिकारियों के काम की देखभाल करने और उनके आपसी झगड़ों को निबटाने के लिए उसने काजी फजीलत नामक एक व्यक्ति को प्रांत का प्रमुख भी नियुक्त कर दिया था। इस अधिकारी के हाथों में किसी शक्तिशाली सेना का काम नहीं जान पड़ता था। उसका काम तो यह देखना-मात्र था कि सब जिलों में शासन-प्रबंध ठीक

हो रहा है, सरकारी लगान नियमित रूप से केंद्रीय कोष में भेजा जा रहा है और जिले के अधिकारी किसी षड्यंत्र में शामिल तो नहीं हैं अथवा बादशाह के प्रति विद्रोह तो खड़ा नहीं कर रहे हैं। इस व्यवस्था ने "प्रांतीय शासन के सैनिक स्वरूप को एकदम बदल दिया और पुरानी व्यवस्था के स्थान पर एक नवीन शासन-तंत्र की स्थापना कर दी, जो सिद्धांत रूप से मौलिक और कार्य की दृष्टि से सुगम एवं सुविधाजनक थी।"

मालवा की विजय (1542 ई.)

शेरशाह ने बंगाल में एक नवीन शासन तंत्र की व्यवस्था करके आगरा वापस लौट आया और 1542 ई. में मालवा को अपने अधीन करने के लिए उस पर चढ़ाई कर दी, क्योंकि राज्य की सुरक्षा और एकता के लिए इसके ऊपर अधिकार रखना आवश्यक था। मल्लू खाँ ने जिसने 1537 ई. में मांडू, उज्जैन और सारंगपुर पर अपना अधिकार कर लिया था और जो कादिरशाह की उपाधि धारण कर स्वतंत्र राजा बन बैठा था, शेरशाह से बराबरी का दावा कर बड़ा अपराध किया था। मुग़लों के विरुद्ध उसके लड़के कुतुब खाँ को सहायता न देने का भी उसने बचन पूरा नहीं किया था जिससे असकरी और हिंदाल ने 1540 ई. में उसे घेरकर माल डाला था। इन्हीं कारणों से शेरशाह ने मालवा पर चढ़ाई करना आवश्यक समझा। ग्वालियर में अफ़ग़ान फौजों द्वारा लंबे समय तक घेरा डाले रहने पर भी आत्मसमर्पण नहीं किया किंतु शेरशाह के यहाँ पहुँचने पर उसे दुर्ग के गवर्नर से अधीनता स्वीकार कर लेने का समाचार मिल गया। यहाँ से वह सारंगपुर की ओर बढ़ा। उधर कादिरशाह अफ़ग़ान बादशाह की शक्ति के सामने अपने को शक्तिहीन अनुभव कर उज्जैन से चलकर सारंगपुर में शेरशाह की सेवा में आ उपस्थित हुआ। अफ़ग़ान बादशाह ने उसके प्रति सौम्य-भाव प्रकट करते हुए उसका स्वागत किया और इन दोनों ने मालवा की तत्कालीन राजधानी उज्जैन में प्रवेश किया। शेरशाह ने यहाँ पर अपना अधिकार कर लिया, कादिरशाह को लखनौती का गवर्नर नियुक्त कर दिया (एक अन्य सूत्र से लखनौती के स्थान पर कालपी का पता चलता है) किंतु कादिरशाह अफ़ग़ान बादशाह के इरादों से सशंकित हो एक रात को अपने परिवार के साथ वहाँ से निकल भागा और गुजरात के महमूद तृतीय के यहाँ जाकर शरण ली। मालवा का बहुत बड़ा भाग शेरशाह ने अपने राज्य में मिला लिया और शुताज खाँ को वहाँ का गवर्नर नियुक्त कर दिया। कुछ समय पश्चात कादिरशाह के शुताज खाँ पर आक्रमण किया; किंतु उसे मार भगाया गया।

उज्जैन से आगरा वापस लौटते समय शेरशाह रणथम्भौर होकर गुजरा और वहाँ के दुर्ग के अधिकारी को दुर्ग उसके हाथ में सौंप देने के लिए उसने सफलतापूर्वक

राजी कर लिया। वह एक वर्ष तक आगरा में रहा और इस अवधि में अपने राज्य का शासन-प्रबंध व्यवस्थित करने में ही व्यस्त रहा।

रायसीन की विजय (1543 ई.)

हुमायूँ स्थान प्राप्त कर चुकी थी शासन काल के अन्तिम दौर में मध्य भारत की रायसीन नामक रियासत एक महत्त्वपूर्ण स्थान प्राप्त कर चुकी थी। यह रियासत राजा पूरनमल के अधीन थी। यह चौहान राजपूत राय सिलहदी का पुत्र था, चंदेरी पर विजय प्राप्त कर ली थी और उन बहुत-से मुस्लिम परिवारों को जिनके पास काफी जमीन-जायदाद थी, उसने बेघर-बार बनाकर छोड़ दिया था। 1542 ई. में पूरनमल शेरशाह की सेवा में उपस्थित हुआ था और राजसी भेंट प्रदान कर उसका सम्मान किया गया था। किंतु अफग़ान बादशाह तो रायसीन की समृद्धशाली रियासत पर आँखें गड़ाए हुए था। साथ ही उसे यह सूचना भी मिली थी कि पूरनमल ने प्राचीन सामन्ती मुस्लिम परिवारों को अपने अधीन कर रखा है, उनमें से कुछ तो अत्यंत गरीब बना दिए गए हैं और उनकी महिलाएँ गुलाम बनाकर नर्तकियों का पेशा अपनाने के लिए मजबूर की गई हैं। इन कारणों से शेरशाह पूरनमल को सजा देना चाहता था क्योंकि उसकी दृष्टि में उसके ये कृत्य इस्लाम के विरुद्ध घोर अपराध थे। 1543 ई. में आगरा से चलकर मांडू और मांडू से रायसीन पहुँचा और इसे घेर लिया। पूरनमल संभवतः इस संघर्ष के लिए तैयार जान पड़ता था क्योंकि घेरा वहुत दिनों तक पड़ा रहा। शेरशाह को इसके सिवाय कोई दूसरा मार्ग दिखाई नहीं दिया कि वह किले में रसद पहुँचाना रोक दे और दुर्गरक्षकों को भूखा मार डाले। लेकिन वहाँ के वीर राजपूतों ने इस पर भी अपने साहस और हथियार उसके सामने नहीं डाले परन्तु जब शेरशाह ने कुरान पर हाथ रखकर राजपूत राजा और उसके आदमियों की जान-माल की रक्षा का आश्वासन दिया तो पूरनमल और उसके आदमियों ने अपना अपना हथियार डाल दिये और उसे शेरशाह के समीप ही एक खेमे में ठहरा दिया गया। कुछ नवीन इतिहासकारों का कहना है कि शेरशाह अपना किया हुआ वादा निभाना चाहता था परन्तु जब उसे यह सूचना मिली कि पूरनमल मुस्लिम लोगों से अच्छा व्यवहार नहीं करता तो अपने किये हुए वादे से मुकर गया लेकिन उसकी समझ में यह नहीं आ रहा था कि कुरान पर हाथ रखकर ली हुई शपथ की जिम्मेदारी से किस प्रकार पीछा छुड़ाया जाए। कट्टर काजियों ने इस मामले में उसकी सहायता की। उन्होंने बताया कि जो शपथ नहीं लेनी चाहिए थी, उसे न मानने में भी कोई हर्ज नहीं है और न ही कोई बंधन है। मुल्ला और काजियों की इस व्यवस्था में शेरशाह के मन की बात

प्रतिध्वनित हुई और उसने पूरनमल पर आक्रमण करने का निश्चय कर लिया। उसने अपने हाथियों को आक्रमण के लिए तैयार रखा और रात में राजपूत खेमों के चारों ओर अपनी फौज के आदमियों को तैनात कर दिया। जब दिन निकला तो पूरनमल ने देखा कि उसके ऊपर आक्रमण की तैयारियाँ पूरी कर ली गई हैं और हमला होने ही वाला है। इस पर उसने अपनी स्त्रियों को अपने ही हाथों से मार दिया और अपने अनुयायियों को भी अपने परिवार के व्यक्तियों को इसी तरह स्वर्गधाम पहुँचा देने का परामर्श दिया जिससे उनकी रक्षा के विचार से निर्भय और निश्चिंत होकर वे अफ़ग़ानों से डटकर लड़ें और मृत्यु का सामना करें। जिस समय राजपूत लोग अपने स्वजनों की हत्या में लगे हुए थे उसी समय अफ़ग़ान उनके ऊपर टूट पड़े। पूरनमल और उसकी वीर सेना ने महान साहस और वीरता का अपूर्व परिचय दिया। एक मुसलमान इतिहासकार के शब्दों में 'वे खाड़ी के सुअरों की तरह लड़े' लेकिन शत्रु के सामने इनकी संख्या ही कितनी थी? वे बुरी तरह पराजित हुए और उनका एक आदमी भी जीवित नहीं छोड़ा गया। जो थोड़ी-सी राजपूत स्त्रियाँ और बच्चे जीवित रह गए, उन्हें गुलाम बना लिया गया। पूरनमल के विरुद्ध शेरशाह का यह विश्वासघात 'उसके नाम पर एक बहुत बड़ा धब्बा है।'

मुल्तान और सिंध का अफ़ग़ान राज्य में मिलाया जाना

जिस समय बंगाल में विद्रोह होने लगा और जब शेरशाह को खुशाब से बंगाल जाना पड़ा तो पंजाब के शासन-प्रबंध और गक्खरों की रोकथाम के लिए वह अपने पीछे खवास खाँ और हैबत खाँ को छोड़ गया था। जब ये दोनों अधिकारी मिलकर काम नहीं कर सके तो शेरशाह ने खवास खाँ को यहाँ से हटा दिया और हैबत खाँ नियाज़ी को यह आदेश देते हुए प्रांत का गवर्नर बना दिया कि वह विद्रोही सरदारों को कुचल दे और निकटवर्ती प्रदेशों को अधिकार में कर ले। नए, गवर्नर को दो विद्रोही सरदारों का सामना करना पड़ा। इन विद्रोहियों में प्रथम फतेह खाँ जाट था, जिसकी लूटपाट ने दिल्ली और लाहौर का रास्ता अरक्षित बना दिया था और दूसरा विद्रोही था बख्शू लंगाहू, जिसने अपने आपको मुल्तान का स्वतंत्र शासक बना लिया था। हैबत खाँ ने अजोधन (पाकपट्टन) पर चढ़ाई की जो फतेह खाँ का केंद्र-स्थान था। जाट सरदार वहाँ से भाग खड़ा हुआ किंतु एक मिट्टी के किले में उसे घेर लिया गया। कुछ समय बाद उसे हरा दिया गया। आत्मसमर्पण करने के लिए उसे बाध्य किया गया और बंदी बना लिया गया। इसके बाद हैबत खाँ मुल्तान की ओर बढ़ा और उसे अधिकार में कर लिया। इन सभी सफलताओं से शेरशाह बहुत अधिक

प्रसन्नचित हुआ और हैबतर खाँ को इनाम दिया। उसने अपने गवर्नर को आदेश दिया कि वह मुल्तान को फिर से आबाद करने की कोशिश करे क्योंकि यहाँ से आदमी भाग गए थे, साथ ही लंगाहों के रिवाज के अनुसार जमीन की नाप-जोख न कराकर तमाम पैदावार का केवल चौथाई भाग ही लगान के रूप में वसूल करे। फतेह खाँ जाट और हिण्डू बलोच को जिन्हें बंदी बना लिया गया था, मार दिया गया। शेरशाह ने बख्शू लंगाह और उसके लड़के को जीवित रहने दिया। उसने बख्शू लंगाह के लड़के को जमानत के रूप में रख लिया और उसे उसकी जमीन दे दी। फतेहजंग खाँ को मुल्तान का शासन सौंप दिया गया। 1541 ई. में खुशाब में ठहरते समय शेरशाह ने सिंध को अपने अधिकार में कर लिया था और इस्लाम खाँ नाम के एक स्थानीय सरदार को यहाँ का शासक बनाया। इस प्रकार उत्तर-पश्चिम में शेरशाह के राज्य के अंतर्गत पंजाब प्रांत के अतिरिक्त मुल्तान और सिंध भी सम्मिलित था।

मालदेव से युद्ध : राजस्थान पर अधिकार

पंजाब पर विजय प्राप्त करने के बाद शेरशाह ने जोधपुर के शासक मालदेव के विरुद्ध अभियान छेड़ा। राजा मालदेव राठौर, जो अपने पिता राव गंगाजी की मृत्यु के पश्चात 1531 ई. में राजसिंहासन पर बैठा था, मध्य भारत का सबसे प्रमुख हिन्दू राजा था। एक श्रेष्ठ सैनिक और चतुर कूटनीतिज्ञ तो वह था ही; अपनी सरकार की बागडोर सँभालने के पश्चात तुरंत ही विजय-यात्राओं पर निकल पड़ा और सोजत, नागौर, अजमेर, मेरठा, जयतरण, बिलारा, भद्रजस, मल्लानी, सिवाना, दीदवाना, पचभादरा और वाली पर विजय प्राप्त कर ली। उसने बीकानेर रियासत पर भी चढ़ाई की और इसका आधे से अधिक भाग अपने राज्य में मिला लिया। इसके बाद वह जयपुर के विरुद्ध लड़ा और जालौर, टोंक, टोडा, मलपुर तथा बहुत-से अन्य स्थानों पर अधिकार कर लिया। दिल्ली से लगभग तीस मील की दूरी पर बसे हुए झज्जर नाम के स्थान को भी अपने राज्य में मिलाकर उसने अपनी सीमा का और अधिक विस्तार कर लिया। एक महत्त्वाकांक्षी कूटनीतिज्ञ होने के कारण जून 1541 ई. में उसने हुमायूँ के पास यह निमंत्रण भेजा कि आप जोधपुर आइए और मेरी सहायता से दिल्ली के सिंहासन पर पुनः अधिकार प्राप्त करने का प्रयत्न कीजिए। यह निमंत्रण भेजने में मालदेव का उद्देश्य साफ यह था कि दिल्ली के सिंहासन पर एक ऐसा राजा बैठ जाए जो उसका साथी और मित्र हो। किंतु हुमायूँ जोधपुर के निकट इस निमंत्रण की प्राप्ति के तेरह माह पश्चात उस समय उपस्थित हुआ जब देश की राजनीतिक स्थिति बहुत कुछ बदल चुकी थी और शेरशाह उत्तरी भारत के अधिकांश

भाग पर अधिकार कर अपने को संगठित कर चुका था। साथ ही कुछ राजपूत सरदार, मुख्य रूप से बीकानेर के राव कल्याणमल, जो मालदेव द्वारा पराजित और प्रताड़ित हुए थे, शेरशाह से आ मिले थे और मारवाड़ पर चढ़ाई करने के लिए जोर डाल रहे थे। परिणामतः मालदेव को शेरशाह ने एक पत्र लिखा जिसमें यह स्पष्ट किया गया था कि वह हुमायूँ की सहायता न.करे और नहीं उसे शरण दे, बल्कि उसे गिरफ्तार करके मेरे हाथ सौप दे। मालदेव बड़ी दुविधा और संकट में पड़ गया। वह यह नहीं तय कर पा रहा था कि क्या करना चाहिए? उसकी राजपूती अतिथि-सत्कार और वीरता की भावना शाही भगोड़े हुमायूँ को, जिसे स्वयं उसी ने निमंत्रण देकर बुलाया था, गिरफ्तार कर लेने के अप्रिय उत्तरदायित्व से संघर्ष कर रही थी। दूसरी ओर शेरशाह, जिसने संपूर्ण उत्तरी भारत पर अपनी सर्वोच्च सत्ता स्थापित करने के लिए अपनी शक्ति का बहुत अधिक विकास कर लिया था, राजस्थान के सरदारों को अपने अधीन होने और राजस्व देने के लिए राजी कर रहा था। उसके अतिरिक्त मालदेव के राजपूत शत्रु मारवाड़ पर चढ़ाई करने के लिए उस पर दबाव डाल रहे थे। ऐसी विकट परिस्थितियों में मारवाड़ के शासक ने शक्तिशाली शेरशाह को नाराज न करने के विचार से तटस्थ रहना ही उचित समझा।

जब हुमायूँ जोधपुर से लगभग 60 मील की दूरी पर स्थित फालौदी नामक स्थान तक आ पहुँचा, तो मालदेव ने उसके पास सत्कारस्वरूप कुछ फल भेजे, किंतु सैनिक सहायता का कोई निश्चित वचन नहीं दिया। हुमायूँ ने अपने विश्वासपात्र दूतों को जोधपुर भेजा कि वे जाकर मालदेव के इरादों का पता लगाएँ और यह भी जानें कि मेरे बारे में उसका क्या रुख है। जोधपुर में ही हुमायूँ के दूतों में से एक शम्सुद्दीन अतका खाँ ने शेरशाह के एक दूत को देखा जिससे उसे किसी भावी विश्वासघात और षड्यंत्र की आशंका हो उठी। इस आशंका की पुष्टि अन्य दूतों ने भी की। फलतः हुमायूँ को अगस्त, 1542 ई. में सिंध की ओर हटना पड़ा। रास्ते में राठौर सैनिक-दलों ने उसे काफी कष्ट पहुँचाया। मालदेव के व्यवहार से शेरशाह काफी नाराज था वह तो उससे अभिन्न मैत्रीभाव और अधीनता चाहता था और इन सब के ऊपर वह मालदेव से यह भी चाहता था कि वह हुमायूँ को गिरफ्तार करके उसके (शेरशाह) हाथों में सौंप दे। दूसरे, मालदेव जैसे शक्तिशाली शासक का होना, जिसके राज्य में नागौर और अजमेर (जो पहले दिल्ली सल्तनत के भाग थे) ही नहीं वरन् दिल्ली से 30 मील की दूरी पर स्थित झज्जर नामक स्थान तक आ गया था, अफग़ान बादशाह के लिए चिंता का विषय था। मारवाड़ का राज्य स्वयं उसके लिए एक बड़ा खतरा सिद्ध हो सकता था। शेरशाह और मालदेव में युद्ध छिड़ना

अवश्यम्भावी था। शेरशाह ने जो मारवाड़ की ओर हुमायूँ के जाने के समय में मालदेव से अपना हमेशा के लिए मामला तय करने को तैयार नहीं था, अब उसे आतंकित करने की नीति अपनाई। अगस्त 1542 ई. तक उसने सेनापति को यह आदेश दिया कि युद्ध की सारी तैयारियां कर ले ताकि मारवाड़ की सीमा पर उनका जमाव किया जाए। शेरशाह की इस गतिविधि के कारण ही मालदेव को हुमायूँ को मारवाड़ के बाहर भगाने के लिए राजपूत फौजों की नियुक्ति के लिए बाध्य होना पड़ा था।

1543 ई. के अंत में जब शेरशाह रायसीन के अभियान से छुट्टी पा चुका तो उसने मारवाड़-विजय का निश्चय किया और 80,000 सैनिकों को लेकर मालदेव पर चढ़ाई कर दी। इतनी विशाल और शानदार सेना को वह पहली बार युद्धक्षेत्र में ले गया था। आगरा से चलकर वह दीदवाना पहुँचा और वहाँ से जोधपुर रवाना हुआ। उसका विचार था कि मालदेव के अजमेर से लौटकर वापस आने से पहले ही उसकी राजधानी पर चढ़ाई कर दे। मालदेव के राज्य में पहुँचने पर उसने यह सावधानी बरती कि पड़ाव के किसी भी स्थान पर अपने शिविर को सुरक्षित करने के लिए वह उसके आसपास बालू के बोरे चिनवा देता था। जब वह जोधपुर से 70 मील उत्तर-पूरब में और अजमेर से 42 मील पश्चिम में स्थित मेरठा नामक स्थान पर पहुँच गया तो मालदेव को बड़ी घबराहट हुई और 40,000 की फौज लेकर अपनी राजधानी की रक्षा अपने प्रतिद्वंद्वियों से युद्ध करने के लिये आगे बढ़ने लगा दोनों ओर की सेनाएँ एक-दूसरे का सामना किए हुए जयतरण के समीप सुमेल नामक गाँव पर एक माह तक पड़ी रहीं। शेरशाह को बड़े संकट का सामना करना पड़ा क्योंकि वह अपनी फौजों के लिए रसद–सामग्री और घोड़ों के लिए दाना-चारा भी कठिनाई से एकत्र कर पाता था। मालदेव के हाथों में फँसा हुआ शेरशाह इस समय किंकर्तव्यविमूढ़ बना हुआ था। ऐसी विकट स्थिति से निकलने के लिए उसने एक चाल चली। मालदेव के साथी सरदारों के नाम से अपने लिए इस आशय के जाली पत्र लिखवाकर कि वे राठौर राजा को गिरफ्तार करने का वचन देते हैं और इन पत्रों को 'खरीता' में बंद करवाकर मालदेव के खेमे के पास इस तरह डलवा दिया, जैसे वे संयोग से ही वहाँ गिर पड़े हों। मालदेव के वकील ने इस खरीते को उठा लिया और अपने स्वामी के पास पहुँचाया। मालेदव इन्हें देखकर भौंचक्का रह गया और अपने ही सरदारों द्वारा इस प्रकार विश्वासघात किए जाने की आशंका में उसने शेरशाह से युद्ध करने का विचार त्याग देने का निश्चय कर लिया। उधर जब राजपूत सरदारों ने मालदेव के युद्ध न करने के निश्चय को और उन्हें अपना विश्वासघाती समझ बैठने की उसकी धारणा को जाना तो जयता और कुम्पा तथा इन दोनों के साथ कुछ अन्य सरदारों ने

राठौर-सेना से अपने आपको पृथक कर लिया और 12,000 अनुयायियों को लेकर ये लोग अफ़ग़ानों पर टूट पड़े, जिससे उनके ऊपर से विश्वासघाती समझे जाने का कलंक धुल सके। इन्होंने जी-तोड़कर लड़ना आरंभ किया और शत्रु-पक्ष के बीचोंबीच तक मारते-काटते पहुँच गए; परन्तु सैनिकों की संख्या अत्यधिक होने के कारण वे उनसे कब तक मुकाबला करते अन्त में वे पराजित हो गये। सभी व्यक्ति इस युद्ध में मारे गये।

मालदेव के सामने सत्य प्रकट हो गया लेकिन अब तक काफी देर हो चुकी थी; उसकी सेना तितर-बितर हो गई थी। यह सब होने पर भी शेरशाह, जिसे मारवाड़-विजय के इस अभियान में काफी हानि उठानी पड़ी थी, राठौर राजपूतों की महान वीरता और उनके श्रेष्ठ पराक्रम से काफी प्रभावित हुआ। उसे यह कहना पड़ा था कि एक मुट्ठी भर बाजरे के लिए वह करीब-करीब हिंदुस्तान का साम्राज्य ही खो बैठा था क्योंकि मालदेव वहाँ से जोधपुर हट गया था और वहाँ से वह गुजरात की सीमा पर सिवाना चला गया था, अतः अफ़ग़ान बादशाह ने अजमेर से आबू तक उसका राज्य-प्रदेश अपने अधिकार में कर लिया। मारवाड़ को व्यवस्थित करने का कार्य खवास खाँ और ईसा खाँ नियाज़ी को सौंपकर शेरशाह मेवाड़ की राजधानी चित्तौड़ की ओर बढ़ा। मारवाड़ बहुत दिनों तक शेरशाह के अधिकार में नहीं रह सका। उसकी मृत्यु के दो महीने के भीतर ही सिवाना से वापस आगरा और अफगान गवर्नर को वहां से भगा दिया तथा अपने राज्य को फिर से जुलाई 1545 ई. में अपने अधीन कर लिया। इस प्रकार मेवाड़ अधिकृत करने में शेरशाह को कोई कठिनाई नहीं हुई। किसी समय सिसौदिया राज्य राजस्थान में एक प्रमुख राज्य था किंतु राणा सांगा की मृत्यु के बाद उसकी स्थिति अत्यंत खराब हो गई थी। इस समय वह अपने इतिहास के अंधकार में होकर गुजर रहा था। बनवीर नाम के एक व्यक्ति ने विक्रमाजीत की हत्या करने के पश्चात सिंहासन हथिया लिया और अब वह शिशु-राजकुमार उदयसिंह (राणा प्रताप के पिता) को समाप्त करने की योजना बना रहा था। किंतु शिशु-राजा उदयसिंह के किसी प्रकार बच जाने और 1542 ई. में राज्यारोहण के पश्चात जो अव्यवस्था और अराजकता फैली हुई थी, उनके दुष्प्रभावों से मेवाड़ अभी तक मुक्त नहीं हो पाया था। अफ़ग़ानों से सामना करने की स्थिति में न होकर दरबारियों ने उदयसिंह की ओर से चित्तौड़गढ़ की कुंजी शेरशाह के पास भेज दी। शेरशाह ने खवास खाँ के भाई शम्स खाँ को चित्तौड़ का उत्तरदायित्व सौंप दिया और जहाजपुर पर भी अपना अधिकार कर लिया। इसके पश्चात उसने रणथम्भौर पर अधिकार किया और अपने लड़के आदिल खाँ को यहाँ का गवर्नर नियुक्त कर दिया।

इस प्रकार जैसलमेर और बीकानेर को छोड़कर राजस्थान का अधिक से अधिक क्षेत्रों पर उसका कब्जा हो गया। उसकी सबसे बड़ी चालाकी यह कही जा सकती है कि उसने राजपूत राजाओं को नितांत परवश न बनाकर उनके राज्यों पर उन्हीं का अधिकार रहने दिया। राजस्थान के राजाओं के साथ बरती गई शेरशाह की इस नीति के बारे में डॉ. कानूनगो ने लिखा है, "शेरशाह ने हिंदुस्तान के अन्य भागों की तरह राजस्थान में स्थानीय राजाओं और शासकों को उनके स्थानों में विस्थापित करने और उन्हें नितान्त परवश बनाने की चेष्टा नहीं की। ऐसा करना उसने खतरनाक और निरर्थक समझा। उसने इन राजाओं की स्वतंत्रता को बिलकुल समाप्त कर देने की चेष्टा नहीं की, बल्कि कोशिश यह की कि इन राज्यों और रियासतों का राजनीतिक और भौगोलिक पृथक्कीरण ही रहे, जिससे ये अफ़ग़ान सत्ता के विरुद्ध संगठित होकर विद्रोह के लिए खड़े न हो जाएँ। संक्षेप में, यह सत्ताधिकार उत्तर-पश्चिम के कबाइलियों पर ब्रिटिश शासन द्वारा किए गए उस अधिकार की तरह था, जिससे मिलने-मिलाने को कुछ नहीं रखा था, किंतु भारतीय साम्राज्य की सुरक्षा के लिए जरूरी था।" इसलिए शेरशाह ने प्रमुख महत्त्वपूर्ण स्थान पर अपनी चौकियाँ स्थापित कीं और यहाँ से राजस्थान के अन्य स्थानों से मिलने वाले आवागमन के मार्गों पर कड़ा नियंत्रण रखा। अजमेर, जोधपुर, माउंट आबू और चित्तौड़ के दुर्गों की बड़ी सावधानीपूर्वक किलेबन्दी की गयी और इन किलों व दुर्गों को अफगान सैनिक वलों की सुरक्षा में कर दिया गया।

बुंदेलखंड-विजय : शेरशाह की मृत्यु (मई 1545 ई.)

कालिंजर का अभियान (बुंदेलखण्ड) शेरशाह का अन्तिम सैन्य अभियान था। यहां के शासक कीरतसिंह ने शेरशाह के आदेश के विरुद्ध रीवा के शासक वीरभान को संरक्षण दिया था। शेरशाह ने कालिंजर के राजा से प्रार्थना की थी कि राजा वीरभान को उसे सौंप दिया जाए किंतु उसकी यह प्रार्थना ठुकरा दी गई, जिससे अफ़ग़ान बादशाह को उसके विरुद्ध कार्यवाही करने का अवसर प्राप्त हुआ। कालिंजर के राज़ा को सजा देने के लिए शेरशाह कालिंजर की ओर तेजी से बढ़ा और नवंबर 1544 ई. में दुर्ग पर घेरा डाल दिया। सभी संभव उपाय करने के बावजूद दुर्ग पर उसका अधिकार नहीं हुआ और घेरा लगभग एक वर्ष तक पड़ा रहा। अंत में दुर्ग की दीवारों को गोला-बारूद से उड़ा देने के सिवाय शेरशाह को कोई अन्य मार्ग दिखाई नहीं दिया। फलतः बारूद का जाल बिछाने और गोलाबारी करने के लिए बुर्ज बनाने की आज्ञाएँ जारी कर दी गईं। इसके साथ ही आक्रमण करने वालों के बचाव के लिए

'साबत' (ढकी हुई नालियाँ) तैयार कराने की भी व्यवस्था की गई। शीघ्र ही इनका निर्माण हो गया और बुर्ज इतना ऊँचा बना कि यहाँ से दुर्ग का भीतरी भाग स्पष्ट दिखाई देता था। 22 मई, 1545 ई. को शेरशाह ने दुर्ग पर आक्रमण करने की आज्ञा दे दी और स्वयं आक्रमणकारियों के साथ आगे बढ़ा। वह बुर्ज पर चढ़ गया और अपने आदमियों को बारूद में पलीते लाने के लिए आज्ञा दी, जिन्हें दुर्ग के अंदर फेंका जाए। इन पलीतों को जब, फेंका गया तो इनमें से एक नगर-द्वार से टकराकर फटा और लौटकर गोला-बारूद की ढेरी में, जो शेरशाह के खड़े होने के स्थान के नीचे थी, आ गिरा, जिससे भयंकर विस्फोट हुआ और शेरशाह बहुत बुरी तरह जल गया। शीघ्र ही उसे उसके खेमे में ले जाया गया किंतु उसने अपने आदमियों को आक्रमण जारी रखने की आज्ञा दी। आक्रमण सफल हुआ और दिन छिपने तक कालिंजर का दुर्ग अफग़ानों के अधिकार में आ गया। जब दुर्ग पर अधिकार होने और दुर्गरक्षकों के कत्लेआम का समाचार शेरशाह को सुनाया गया तो "प्रसन्नता और संतोष के चिह्न उसके चेहरे पर प्रकट होने लगे।" इसके तत्पश्चात 22 मई 1545 ई. में उसकी मृत्यु हो गयी।

इस्लामशाह (1545-1553 ई.)

इस्लामशाह शेरशाह का दूसरा बेटा था जिसका असली नाम जलाल खाँ था। राजतिलक के दौरान वह एक सुशिक्षित व्यक्ति और फारसी का अच्छा कवि समझा जाता था। इससे अनुमान है कि प्रारंभिक वर्षों में उसे काफी उच्च शिक्षा दी गई होगी। किंतु मुख्य रूप से तो वह एक सैनिक ही था। राजपद प्राप्त करने से पूर्व ही उसने अपनी उत्कृष्ट सैनिक योग्यता का कई अवसरों पर अच्छा परिचय दिया था। 1531 ई. में चुनारगढ़ की उसने इस वीरता से रक्षा की थी कि मुग़ल सम्राट हुमायूँ उससे अत्यधिक प्रभावित हुआ था और जब दोनों पक्षों में सुलह हो गई तथा शेरशाह ने मुग़ल सम्राट के समक्ष अफग़ानी सैनिक-दल की सेवाएँ अर्पित कीं तो सम्राट ने इस सैनिक-दल का चार्ज जलाल खाँ को ही सँभालने का आग्रह किया। 1537 ई. में गौड़ के घेरे में उसने प्रमुख भाग लिया और उसके बाद उसे बंगाल के प्रवेश-द्वारा तेलियागढ़ी की रक्षा करने के लिए भेज दिया गया, जहाँ उसने मुग़ल सेना को करारी हार दी। 1539 और 1540 ई. में चौसा और कन्नौज के युद्ध-क्षेत्रों में शेरशाह की सेना की मुख्य टुकड़ी का नेतृत्व उसे सौंपा गया था। इन दोनों युद्ध-क्षेत्रों में ही उसने अपूर्व पराक्रम और उत्कृष्ट सैनिक योग्यता का परिचय दिया। रायसीन और जोधपुर के शासकों के ऊपर किए गए आक्रमणों में भी उसने अपने पिता के साथ सहयोग

किया था। जब शेरशाह कालिंजर के घेरे में व्यस्त था, तो उस समय जलाल खाँ को ही रीवा-विजय करने के लिए भेजा गया था; लेकिन शेरशाह की आकस्मिक मृत्यु के कारण यह कार्य संपन्न नहीं हो सका।

इस्लामशाह के राज्याभिषेक होने के पहले शासन-तंत्र से जुड़े विषयों ज्ञान से हम परिचित नहीं हैं परन्तु उसके कुशलता को देखते हुए यह निश्चित रूप से कहा जा सकता है कि उसके पिता ने साम्राज्य की सुव्यवस्था और सुधार-योजनाओं को कार्यान्वित करने में उससे भी सहयोग-सहायता ली होगी और इसलिए 1545 ई. से पूर्व ही उसने प्रबंध संबंधी यथेष्ट ज्ञान और अनुभव प्राप्त कर लिया होगा।

राज्यारोहण और आदिल खाँ से संघर्ष

22 मई 1545 में जब शेरशाह की मृत्यु हुई थी उस दौरान उसका सबसे बड़ा बेटा आदिल खाँ रणथम्भौर में और दूसरा बेटा जलाल खाँ रीवा में विराजमान था। यद्यपि शेरशाह ने अपने ज्येष्ठ पुत्र को ही अपना उत्तराधिकारी नामजद किया था तथापि उसके सरदारों से जलाल खाँ को उसके लिए उपयुक्त समझा, क्योंकि जहाँ आदिल खाँ आरामपसंद और भोग-विलासी था, वहाँ जलाल खाँ परिश्रमी और अस्त्र-शस्त्र तथा सैन्य-संचालन में कुशल था। साथ ही बादशाह की मृत्यु के समय कालिंजर के अधिक निकट भी वही था और यह विचारा गया था कि वर्तमान स्थिति में राजपद अधिक समय खाली नहीं रखा जा सकता; इसीलिए ईसा खाँ हाजिब के नेतृत्व में सरदारों ने उसी को सम्राट बनाना निश्चित किया। फलस्वरूप जलाल खाँ के पास शीघ्र ही यह संदेश लेकर एक दूत भेज दिया गया कि आप यथाशीघ्र यहाँ पधारिए और अपने पिता का स्थान ग्रहण कीजिए। जलाल खाँ 27 मई, 1545 ई. को कालिंजर आ पहुँचा और उसी दिन उसका राज्याभिषेक संपन्न हो गया और उसने इस्लामशाह की पदवी धारण कर ली। उसके बाद उसने कालिंजर के चंदेल शासक कीरतसिंह और उसके 70 प्रमुख अनुयायियों को मौत के घाट उतार दिया। अपने राज्याभिषेक के बाद वह आगरा पहुँचा। अपनी सेना को खुश रखने और उसका सहयोग-समर्थन प्राप्त करने की दृष्टि से उसने सैनिकों और सैनिक कर्मचारियों को दो मास का वेतन नकद बाँट दिया। इसमें एक माह का वेतन सबको पुरस्कारस्वरूप दिया गया था। इसके पश्चात उसने अपनी निजी सेना के 6000 सैनिकों की तरक्की कर दी, जिससे साधारण सैनिक अफसर बन गए और जो अफसर थे उन्होंने अमीर का दर्जा प्राप्त कर लिया।

इस्लामशाह के इस अविचारपूर्ण कार्य से पुराना अमीर-वर्ग अत्यधिक नाराज हुए और उनमें से कुछ अमीर वर्ग चोरी-छिपे आदिल खाँ से जाकर सम्पर्क स्थापित

किये। इस्लामशाह ने सशंकित होकर अपने भाई आदिलशाह को आगरा पधारकर राजसिंहासन का अधिकारी होने के नाते साम्राज्य की बागडोर सँभालने के लिए लिखा। कुतुब खाँ नायब, ईसा खाँ नियाज़ी, खवास खाँ और जलाल खाँ जुलवानी जैसे प्रमुख सरदारों के आश्वासन पर आदिलशाह रणथम्भौर से आगरा के लिए चल पड़ा। आगरा में इस्लामशाह ने उसकी हत्या करने का एक षड्यंत्र रचा जो असफल सिद्ध हुआ। यह स्थिति देखकर आदिलशाह ने अपने लिए किसी छोटे-से प्रांत का गवर्नर बनना ही उपयुक्त समझा और वह बयाना, जो सम्राट ने उसे ही सौंप दिया था, चला आया। इस ऊपरी मेल-मिलाप के होने पर भी दोनों भाइयों में पारस्परिक विद्रोह की भावना काम करती रही और इस्लामशाह ने एक हत्यारे को आदिलशाह की हत्या करने के लिए बयाना भी भेज दिया। वे चारों सरदार, जिंहोने आदिलशाह को आगरा आते समय उसकी जीवन-रक्षा का आश्वासन दिया था, बादशाह के इस प्रकार विश्वासघात करने से असंतुष्ट होकर आदिलशाह की ओर हो गए। आदिलशाह ने भी विद्रोह का झंडा खड़ा कर दिया, किंतु नगर से बाहर ही उसे लड़ाई में हरा दिया गया और वह भागकर पन्ना चला गया। इसके बाद उसका कोई भी समाचार सुनने को नहीं मिला। उसके समर्थक खवास खाँ और ईसा खाँ मेवात (अलवर) चले गए। इस्लामशाह ने एक सेना इन विद्रोही सरदारों का पीछा करने के लिए भेजी, किंतु मेवात में फीरोज़पुर नामक स्थान में यह हार गई। इसके बाद बादशाह ने एक और सेना भेजी जिसने खवास खाँ को वहाँ से भगाकर कुमायूँ की पहाड़ियों में वहाँ के राजा की शरण में जाने के लिए विवश कर दिया।

पुराने सरदारों का दमन

पुराने सरदारों की तरफ से भी इस्लामशाह काफी सशंकित था। चुनार के रास्ते में उसने जलाल खाँ जुलवानी और उसके भाई खुदादाद खाँ को मार दिया। कुतुब खाँ, जो आदिलशाह का समर्थक था; भयभीत होकर लाहौर भाग गया और प्रांत के गवर्नर हैबत खाँ नियाज़ी की शरण ली। हैबत खाँ ने उसे बादशाह के सुपुर्द कर दिया। अन्य पुराने सरदारों के साथ उसे (कुतुब खाँ को) भी बादशाह ने बंदी बनाकर ग्वालियर के किले में भेज दिया, जहाँ इन लोगों को बारूद से उड़ा दिया गया। बादशाह के इन कृत्यों से अन्य सरदारों के दिलों में भी डर बैठ गया।

नियाज़ी विद्रोही

आदिलशाह के विद्रोह में जिन लोगों का हाथ होने का शक था उनसे शक्ति

से निपटा गया जिसे देखकर पुराने अमीर और सरदार सावधान हो गए और उनके अंदर कबाइली अंतर-विग्रह की भावना, जिसे शेरशाह से सफलतापूर्वक शांत कर रखा था, पुनः भड़कने लगी। नियाज़ी लोग विशेषरूप से असंतुष्ट हो गए। सईद खाँ नियाज़ी बादशाह से विक्षुब्ध होकर अपने भाई हैबत खाँ नियाज़ी के पास भाग गया, जो उस समय लाहौर का गवर्नर था और उससे इस्लामशाह के विरुद्ध विद्रोह का नेतृत्व करने का आग्रह किया। खवास खाँ भी इस विद्रोही दल में आ मिला। इन सबसे स्थिति इतनी भयावह हो गई कि इस्लामशाह को स्वयं इन विद्रोहियों को दबाने के लिए आना पड़ा। (1547 ई. में) विद्रोही-दल ने बादशाह से अंबाला में आकर सामना किया। लड़ाई के कुछ समय पूर्व ही खवास खाँ नियाजियों से पृथक हो गया, क्योंकि वह तो आदिलशाह का समर्थक था, और नियाज़ी सरदार राजा बनने की महत्त्वाकांक्षा से उत्साहित होकर यह घोषित कर रहा था कि "ताज तलवार का पुरस्कार है।" युद्ध में नियाज़ी हार गए और इस्लामशाह ने उन्हें झेलम तक खदेड़ दिया। आदिलशाह ने पंजाब का कार्यभार सैनिकों के हाथ में देकर आगरा लौट आया। इसी सेना ने सिंधु नदी पर दुनगौट (धनगौट) नामक स्थान पर विद्रोहियों को पुनः पराजित किया और नियाजियों को गक्खरों की शरण लेने के लिए मजबूर कर दिया। हैबत खाँ ज़ो अपनी पूर्व-स्थिति को प्राप्त करने के लिए उधता था सिंधु नदी की ओर प्रकट हुआ; लेकिन उसे फिर हरा दिया गया और उसकी माँ तथा बेटी को बंदी बना लिया गया। इस्लामशाह ने दो वर्ष तक उसका अपमान एवं बेइज्जती की और बाद में उन्हें जान से मार दिया। उन नियाजियों को भी जिन्होंने गक्खरों के पास जाकर शरण ली थी, दो वर्ष की लड़ाई के पश्चात् नष्ट कर दिया गया। सौभाग्य से हैबत खाँ बच निकला और कश्मीर भाग गया। कश्मीर के तत्कालीन राजा मिर्ज़ा हैदर और चक फिरके के लोगों के मध्य झगड़े में उसने हस्तक्षेप किया। चक लोगों ने मिर्ज़ा हैदर को हराकर हैबत खाँ पर धावा बोल दिया। नियाज़ी लोग बड़ी वीरता से लड़े किंतु अंत में पराजित हुए और मार डाले गए।

नियाजियों को शरण देने वाले गक्खरों से इस्लामशाह से युद्ध प्रारंभ हो गया था। गक्खर सरदार सुल्तान आदम हुमायूँ का दोस्त था और इसी कारण यह आशंका थी कि हुमायूँ, कामरान और मिर्ज़ा हैदर का इस्लामशाह के विरुद्ध संयुक्त मोर्चा न बन जाए। इस्लामशाह ने ऐसे संगठन को न बनने देने के लिए अथक परिश्रम किया और बचाव के लिए किलों की शृंखला (चिनाब के पूरबी किनारे पर और सियालकोट के 90 मील उत्तर में) तैयार कराई और इसका नाम मानकोट रखा। यद्यपि गक्खरों को पूरी तरह पराजित नहीं किया जा सका, फिर भी इस्लामशाह को यह तो संतोष

हुआ ही कि नियाजियों का खात्मा हो गया और उसके शुत्र उसके विरुद्ध कोई संगठित मोर्चा नहीं बना सके। इन चिंताओं से मुक्त होकर अब उसने दूसरी कठिनाईयों पर ध्यान देना प्रारंभ कर दिया।

शुजात खाँ का विद्रोह

नवीन बादशाह की संदेह नीति और उसके द्वारा की जा रही मनमानियों व अत्याचारों से नाराज होकर शुजात खाँ, जो एक उज्चकोटि का सरदार और शेर खाँ के समय से मालवा का गवर्नर था, विद्रोही हो चला था। महत्त्वाकांक्षी लोगों की तरह वह भी स्वतंत्र होना चाहता था; किंतु अम्बाला में नियाजियों को शाही सेना द्वारा परास्त होते देख वह कुछ सहम गया था और इस्लामशाह से उसने मित्रता करने की चेष्टा की थी। ग्वालियर में वह उसकी सेवा में भी उपस्थित हुआ था। यहीं पर उस्मान नाम के व्यक्ति ने उसकी हत्या करने का प्रयत्न किया, किंतु वह सिर्फ जख्मी हो गया। इस षड्यंत्र में बादशाह का हाथ समझते हुए वह उससे बिना आज्ञा लिए ही अपने प्रांत में चला आया। इस्लामशाह ने मालवा पर चढ़ाई कर दी, किंतु शुजात खाँ बिना युद्ध किए ही पीछे हट गया। वह बाँसवाड़ा भाग गया और वहाँ से डूँगरपुर में जाकर शरण ली। पंजाब में नियाज़ी विद्रोह अभी शांत नहीं हुआ था, इसलिए इस्लमाशाह ने इस समय शुजात खाँ से संधि करना ही ठीक समझा। दौलत खाँ उजियाला (जो शुजात खाँ का लड़का और बादशाह का अभिन्न मित्र था) के प्रार्थना करने पर इस्लामशाह ने उसे (शुजात खाँ) माफ कर दिया और उसके प्रांत का अधिकांश भाग उसे वापस भी कर दिया; केवल मालवा का विशेष भाग उसके अधिकार से लेकर एक-दूसरे अधिकारी को दे दिया गया।

खवास खाँ की मृत्यु

सैनिक खवास खाँ सूर-राजवंश का सबसे बड़ा समर्थक तथा शेरशाह के राज्यकाल में एक प्रमुख सरदार था। उसने आदिलशाह के अधिकार का समर्थन किया और इसी उद्देश्य की पूर्ति के लिए वह पहले नियाजियों से मिल गया, किंतु अम्बाला में उनके लक्ष्य को भिन्न पाकर उसने उनका साथ छोड़ दिया—इसके पश्चात खवास खाँ ने कुमायूँ के राजा के यहाँ जाकर शरण ली। इस्लामशाह ने कमायूँ के राजा के इस भगोड़े सरदार को उसे सौंप देने के लिए कहा। किंतु जब राजा ने ऐसा करना अस्वीकृत कर दिया, तो इस्लामशाह ने खवास खाँ से सीधा संपर्क स्थापित किया। उसके अपराधों को क्षमा कर देने का वचन देकर उसनें उसे अपने दरबार में आने

के लिए तैयार कर लिया। वादे के आधार पर खबास खाँ वहां जाने के लिए चल दिया परन्तु जब वह संभल से छह मील की दूरी पर स्थित सिरसी नामक स्थान पर आ पहुँचा तो इस्लामशाह की प्रेरणा से संभल के गवर्नर ताज खाँ करारानी ने रात में उसी के खेमे में घुस कर उसे मौत के घाट उतार दिया।

इस्लामशाह का शासन-प्रबंध

इस्लामशाह को जो पैतृक राज्य मिला था इसमें पूर्वी बंगाल का प्रदेश भी उसने सम्मिलित कर लिया था। उसके अलावा उसने कश्मीर से भी अपनी अधीनता स्वीकार करा ली थी। 1553 ई. में उसकी मृत्यु के समय सूर-साम्राज्य उत्तर-पश्चिम में सिंधु नदी से लेकर पूरब में असम की पहाड़ियों तक और उत्तर में हिमालय से लेकर दक्षिण में विंध्याचल तक फैला हुआ था। बीकानेर और जैसमलेर की रियासतें तथा गुजरात और काठियावाड़ के प्रांत उसके साम्राज्य में सम्मिलित नहीं थे।

शासन प्रबंध की दृष्टि से वह एक प्रभावशाली एवं कुशल शासक हुआ। उसने उन सभी सरदारों की शक्ति कुचल दी, जिन्होंने अपनी स्थिति और अपने अधिकारों में वृद्धि कर ली थी और राजसत्ता को निष्प्रभ कर दिया था। राजपद का उसका सिद्धांत उसके पिता के सिद्धांत से भिन्न था। साथी अफ़ग़ानों में अफ़ग़ान-साम्राज्य को बाँट देने की नीति में वह विश्वास नहीं करता था। उसका आदर्श राजा को सर्वश्रेष्ठ और सर्वोपरि मानने वाली अफ़ग़ान विचारधारा की अपेक्षा मुग़लों के दैवी राजसत्ता संबंधी विचार-विश्वासों से अधिक मिलता था, क्योंकि वह बड़े-बड़े सरदार को भी राजा की इच्छा के प्रति अनन्य आज्ञाकारी के रूप में देखना चाहता था। उसने यह आज्ञा जारी कर दी थी कि कोई भी अमीर हाथी नहीं रख सकेगा। एक-दूसरी आज्ञा द्वारा नर्तकियों को भी इनसे छीन लिया गया था। लाल खेमों का प्रयोग में लाना भी निषिद्ध करवा दिया था क्योंकि लाल रंग को वह बादशाह की बपौती समझता था। इन बंधनों से अमीरों और सरदारों की मान-प्रतिष्ठा बहुत गिर गई और उनकी शान-शौकत भी कम हो गई। नियम-उपनियम से भरे हुए 80 पृष्ठों के विधान को भी उसने प्रत्येक जिले और प्रत्येक परगने में घुमवाया। उसने शासन-संबंधी बहुत-से कानून-कायदे जारी किए और अधिकारियों की सहायता के लिए विस्तारपूर्वक निर्देशन भी दिए। प्रत्येक विभाग और लगभग प्रत्येक राज्य के क्रियाकलापों से इन नियमों का संबंध था। वह इस बात के लिए बहुत उत्सुक रहता था कि लोग अपने अधिकारों के साथ-साथ अपने कर्त्तव्यों को भी भली प्रकार समझें। इस बात का बदायूँनी के इस वक्तव्य द्वारा भी समर्थन होता है कि "बादशाह में सभी निर्देश चाहे

वे मुसलमान धर्म के विरुद्ध ही क्यों न हों, पत्रकों में लिखे गए थे। शाही आदेशों का काजी या मुफ्ती के पास निर्णय के लिए भेजना अनावश्यक घोषित कर दिया गया था और यह ठीक ही था।" उसने अपने पिता के शासन-तंत्र को ही जारी रहने दिया, कहीं-कहीं आवश्यकतानुसार इसमें सुधार भी कर दिए। उसके साम्राज्य के अंतर्गत प्रत्येक जिले में प्रति शुक्रवार को एक दरबार लगता था, जिसमें जिले के सभी अधिकारी और अमीर एक शामियाने के नीचे एक सिंहासननुमा ऊँचे तख्त पर रखे इस्लामशाह के जूतों और तरकश का अभिवादन करने हाजिर होते थे। इस्लामशाह की आज्ञाएँ और आदेश मंत्री द्वारा पढ़कर सुनाए जाते थे। कानून की प्रतिष्ठा का निरादर किसी को नहीं करने दिया जाता था। इतिहासकार बदायूँनी, जब वह बच्चा था, को भी बजवाड़ा में ऐसे ही एक दरबार को देखने का अवसर मिला था और उसने इस बात को लिखा है कि ऐसे ही दरबार इस्लामशाह के संपूर्ण राज्यकाल में किए जाते थे। इस्लामशाह अपने पिता के शासन-तंत्र एवं सैनिक प्रबंध में और इसमें किये परिवर्तनों को तो उसने पूर्ववत जारी रखा, लेकिन सैनिक संगठन में श्रेणी-प्रणाली (जो आगे जाकर मुग़लों की मनसबदारी परंपरा का आधार बनी) का प्रचलन कर इसे और अधिक व्यवस्थित और दृढ़ बना दिया। सबसे छोटी टुकड़ी में 50 सैनिक, उससे बड़ी में 200, तीसरी बड़ी टुकड़ी में 250 और चौथी में 500 सैनिक होते थे। सेना के बड़े-बड़े भाग (डिवीजन) भी थे; जैसे 5,000 10,000 और 20,000 का।

शेरशाह ने हर चार मील की दूरी पर सड़कों के किनारे सराएँ बनवाई। इस्लामशाह ने प्रत्येक दो सरायों के बीच में एक-एक सराय और बनवा दी। इन सरायों में तैयार रसोई का सामान डाक के हरकारों तथा संभवतः यात्रियों के लिए भी उपलब्ध होता था। प्रत्येक कोस पर एक-एक सराय का निर्माण जनता के रुपए की अनावश्यक बरबादी थी। इन सरायों पर दान बाँटने की प्रथा भी, जैसा वूल्जले हेग ने लिखा है, शायद अपने पिता की ख्याति में ईर्ष्यावश अथवा अपनी प्रसिद्धि-लाभ की दृष्टि से ही इस्लामशाह ने चालू की थी।

चरित्र

इस्लामशाह एक सफल एवं कुशल सैनिक था परन्तु अपने मातहतों के प्रति वह अत्यंत कठोर, निर्दयी और धोखेबाज था। यद्यपि अपने अमीरों और सरदारों की शक्ति को खत्म करने की उसकी नीति निर्दोष और उत्तम थी, किंतु चतुराई और कुशलता से इसको नहीं बरता गया। इसके द्वारा अफ़ग़ान सरदारों में असंतोष पैदा हुआ और उनके अंदर फिरकेवाराना ईर्ष्या व द्वेष की दुर्भावनाएँ भी जाग गईं।

इस्लामशाह की निर्दयता, संदेह करने और बदला लेने की दुष्प्रवृत्ति तथा मानसिक संकीर्णता द्वारा उसके विरुद्ध विद्रोहों की अग्नि बराबर भड़कती रही किंतु इसके साथ ही उनके अंदर एक सफल जनरल की आवश्यक विशेषताएँ भी थीं जिनकी बदौलत वह अमीर-वर्ग का दमन कर सका।

इस्लामशाह एक योग्य सैनिक होने के साथ-साथ उसमें अन्य गुण भी विद्यमान थे। वह एक उच्चकोटि का कुशल शासन-प्रबंधक था। जैसा कि पूर्व में स्पष्ट किया जा चुका है कि उसने शासन-संबंधी बहुत-से नियम जारी किए थे, बिना इस बात का विचार किए कि वे उस समय की धार्मिक जड़ मान्यताओं के अनुकूल बैठे या नहीं। दिल्ली के सुल्तानों के बीच उसे एक व्यवस्थापक का स्थान दिया जा सकता है। जो नियम बादशाह द्वारा निकाले जाते थे उनकी घोषणा प्रत्येक जिले में प्रति शुक्रवार के दिन होने वाले दरबारों में कर दी जाती थी कि उनका कठोरता से पालन कराया जाता था। इस संबंध में एक चुटकुला प्रसिद्ध है। एक दिन उसके एक अमीर शाह मुहम्मद फरमूली ने मजाक में इस्लामशाह से कहा, ''जहाँपनाह रात मैंने एक मजेदार ख्वाब देखा कि आसमान से तीन बोरियाँ आकर गिरीं। एक में धूल थी, दूसरी में सोना था और तीसरी में कागज थे। धूल सैनिकों के सिरों पर गिरी, सोना हिंदू दफ्तरियों (क्लर्कों) के घर में चला गया और खाली कागजों का ढेर शाही खजाने में रह गया।'' इस्लामशाह अपने अमीर का संकेत समझ गया और वायदा किया कि ग्वालियर लौट कर वह सैनिकों के हिसाब-किताब को देखेगा और उन्हें वेतन के रूप में स्वर्ण-मुद्राएँ देगा। (बदायूँनी, जिल्द 1, पृष्ठ 387) यह संकेत करता है कि उस समय सैनिक का जीवन कठिनाई और परिश्रम का जीवन था और एक दृढ़ शासक के नीचे ऐसा होना उचित भी था। इस वृत्तांत से यह भी ज्ञात होना है कि उन दिनों अफ़ग़ान लोग हिंदू क्लर्कों की सुख-समृद्धि से कैसी ईर्ष्या रखते थे और किस प्रकार इस्लामशाह की सरकारी नौकरशाही को शासन-प्रबंध में बे-हिसाब लिखा-पढ़ी करनी पड़ती थी।

शिक्षा की दृष्टि से इस्लामशाह काफी समृद्ध था। वह कई विषयों का अध्ययन भी किया था विशेषकर फारसी भाषा का उसे अच्छा ज्ञान था क्योंकि वह इस भाषा में अच्छी-अच्छी कविताएं भी लोगों को सुनाता था। स्थापत्य-कला से भी उसे प्रेम था और कुछ इमारतों का निर्माण भी उसने कराया था। कभी-कभी वह धर्म संबंधी वाद-विवादों में भी भाग लेता था। अपने व्यक्तिगत जीवन में वह बड़ा ही पक्का मुसलमान था, किंतु वह कोई कट्टरपंथी धर्मांध व्यक्ति नहीं था।

प्रोफेसर निरोधभूषण रॉय का कहना है कि इस्लामशाह के समय में राजपद का सामंती स्वरूप समाप्त हो गया और अब उसने आधुनिक रूप धारण कर लिया। लेकिन यह भी कहना ही पड़ेगा कि सम्राट के अपरिचित उत्साह और प्रबंध संबंधी

उत्कृष्ट विशेषताओं के बावजूद वह कभी-कभी बड़ा कठोर, निर्दयी तथा प्रतिशोधक बन जाता था। उसने अफ़ग़ानों के कबाइली ईर्ष्या-विद्वेष को पुनः जगा दिया और अपने राजवंश के पतन का मार्ग भी तैयार कर दिया।

इस्लामशाह की मृत्यु

इस्लामशाह अपने शासन काल में बड़े-बड़े सरदारों को कुचला तथा उनकी निर्मल हत्याओं से भी उसका पेट नहीं भरा वह अपने पिता के समय के प्रान्तों के कुछ शक्तिशाली गवर्नरों को भी कुचलना चाहता था। शुजात खाँ को उसने किस प्रकार परास्त किया, इसकी चर्चा हम कर चुके हैं। उसने बंगाल की गवर्नरी से काजी फजीलत को हटा दिया और उसके स्थान पर महमूद खाँ सूर की नियुक्ति कर दी। अन्य प्रांतों में भी उसने अपने पिता के समय के गवर्नरों को हटाकर अपने आदमियों को उनके पद पर नियुक्त कर दिया। पूरबी बंगाल को भी उसने अपने अधिकार में कर लिया। 1553 ई. में हुमायूँ ने अपने कृतघ्न भाई कामरान से छुटकारा पाकर हिंदुस्तान पर पुनः अधिकार प्राप्त करने के विचार से कश्मीर की ओर कदम बढ़ाए थे। इस समय इस्लामशाह दिल्ली में बीमार पड़ा था। हुमायूँ द्वारा सिंधु नदी पार कर लेने का समाचार पाकर उसने अपने गले में से जोंकों को हटा दिया और बीमारी की हालत में ही आक्रमणकारी से सामना करने के लिए चल पड़ा। हुमायूँ अपने पुराने शत्रु के बेटे की इस तत्परता से सहम गया और निराश होकर काबुल लौट गया। अफ़ग़ानों को सुरक्षित समझकर इस्लामशाह भी अपनी मनपसंद जगह ग्वालियर चला आया। यहाँ पर कतिपय असंतुष्ट सरदारों ने यहाँ पर कुछ नाराज सरदारों द्वारा उसे मारने का षड्यंत्र रचा परंतु वे लोग सफल नहीं हुए। षड्यंत्रकारियों को मौत के घाट उतार दिया गया। इस्लामशाह की जान लेने का यह दूसरा षड्यंत्र था, पहला षड्यंत्र शासन के आरंभिक काल में किया गया था। अपने राज्यकाल के अंतिम दिन इस्लामशाह ने खूब ऐश-आराम में काटे। इसके कुछ दिनों पश्चात ही उसके गुप्तांगों में गाँठ पड़ गयी। उसने काफी दवा करवाई परन्तु कोई फायदा नहीं हुआ और धीरे-धीरे वह असहाय होता गया। अन्त में 30 अक्टूबर 1553 में उसकी जीवन लीला समाप्त हो गयी।

इस्लामशाह के उत्तराधिकारी (1553-1555 ई.)

फीरोजशाह (1553 ई.)

इस्लामशाह की मृत्यु के बाद उसके 12 वर्षीय पुत्र फिरोज को राजसिंहासन पर

बैठाया गया। दुर्भाग्यवश उसके तीन दिन के बाद उसका मामा मुबारिज खाँ उसे मौत की गोद में सुला दिया। मुबारिज खाँ शेरशाह के छोटे भाई निजाम खाँ का पुत्र था। इस्लामशाह मुबारिज खाँ के इरादों को भलीभाँति जानता था और चाहता था कि उसे समाप्त करके अपने बेटे का मार्ग निष्कंटक कर दे, किंतु अपनी पत्नी बीबीबाई के कारण वह ऐसा न कर सका। मुबारिज खाँ ने तख्त पर कब्जा कर लिया और मुहम्मद आदिलशाह की पदवी धारण की। अदली के नाम से ही वह अधिक प्रसिद्ध था।

मुहम्मद आदिलशाह (1553-1557 ई.)

मुहम्मद आदिलशाह गद्दी पर बैठने के बाद काफी दौलत अमीर वर्ग में बँटवा दिया। दौलत वितरण का एक परम् उद्देश्य यह रहा कि अमीर वर्ग को खुश करना। उसने खवास खाँ के भाई शमशेर खाँ को अपना वज़ीर नियुक्त किया, किंतु उसका असली विश्वासपात्र हेमू था, जो रेवाड़ी की किसी समय सड़कों पर नमक बेचता था, किंतु बाद में इस्लामशाह के यहाँ एक अत्यंत विश्वस्त पद पर काम करने लगा था। मुहम्मद आदिलशाह निहायत निकम्मा शासक था। उसे किसी बात की सूझ-समझ न थी और न उसमें किसी प्रकार की योग्यता ही थी। निम्नकोटि के लोगों की सोहबत में वह अपना समय नष्ट करता रहता था। भोग-विलास और व्यभिचार में वह इतना लिप्त रहता था कि राजकाज देखने लिए उसके पास समय ही नहीं था। उसकी इस उदासीनता ने ही अमीरों को उसके विरुद्ध विद्रोह खड़ा करने के लिए उकसाया। पहला विद्रोही खवास खाँ की हत्या करने वाला ताज खाँ करारानी था। यद्यपि उसे वर्तमान हरदोई जिले के अंतर्गत छिबरामऊ नामक स्थान पर पराजित कर दिया गया किंतु वह बचकर भाग निकला और बिहार में पहुँचकर उसने काफी उत्पात मचाया। उसके बाद इब्राहीम खाँ सूर ने जो गाजी खाँ सूर का लड़का और बादशाह का बहनोई था, विद्रोह खड़ा किया किन्तु जब बादशाह की बहन को अपने भाई आदिल के इरादों का पता चला तो उसने अपने पति को चुनार से भाग जाने में सहायता की। इब्राहिम खाँ बयाना भाग आया और बादशाह की एक सेना को जो उसे दबाने के लिए भेजी गई थी, हरा दिया। इस सफलता से प्रभावित होकर उसने दिल्ली पर आक्रमण कर दिया और उसे जीतकर स्वयं यहाँ की गद्दी पर विराजमान हो गया। आदिल ने दिल्ली को पुनः प्राप्त करने का एक दुर्बल प्रयत्न किया, किंतु उसे सफलता नहीं मिली। इब्राहिम खाँ ने अब आगरा पर भी कब्जा कर लिया।

तीसरा विद्रोह खड़ा करने वाला बादशाह का एक और बहनोई तथा लाहौर का गवर्नर अहमद खाँ सूर था। उसने सिकंदरशाह की पदवी धारण की थी। चौथा प्रमुख

विद्रोही अमीर बंगाल का मुहम्मद खाँ सूर था। इसने शम्सुद्दीन मुहम्मदशाह गाजी की पदवी धारण की थी। इस प्रकार संपूर्ण उत्तरी भारत चार राज्यों में विभक्त हो गया। पंजाब सिकंदरशाह के अधिकार में दिल्ली और आगरा इब्राहिमशाह के अधिकार में, आगरा से बिहार तक का प्रदेश आदिलशाह के अधिकार में तथा बंगाल मुहम्मदशाह के अधिकार में हो गया। इन चारों शासकों में से प्रत्येक एक-दूसरे पर अपनी सत्ता स्थापित करना चाहता था। इन लोगों में निरंतर पारस्परिक संघर्ष और विद्वेष के कारण देश में घोर अव्यवस्था और अराजकता का साम्राज्य फैल गया। बयाना के गाजी खाँ सूर, अलवर के हाजी खाँ और संभल के याहिया तुरानी जैसे छोटी स्थिति के सरदार भी अपने-अपने स्वतंत्र राज्य बनाने के इच्छुक थे।

लाहौर के राजा सिंकदरशाह ने दिल्ली को अपने अधिकार में करने की मंशा बना ली और इब्राहीम के ऊपर चढ़ाई कर दी और इब्राहीम भी लड़ाई के मैदान में 80,000 सैनिकों की सेना लेकर उतर आया। आगरा के 20 मील उत्तर में फरह नामक स्थान पर (1555 ई.) में दोनों के बीच युद्ध हुआ, जिसमें इब्राहीम हार गया। वह इटावा भाग गया और सिकंदर ने दिल्ली-आगरा पर अपना अधिकार जमा लिया।

अफगानों के मध्य हुए संघर्ष का फायदा उठाकर हुमायूँ ने नबम्बर 1554 में पुनः भारत को अपने अधीन करने को चल पड़ा। हुमायूँ द्वारा सिंधु नदी के पार होने की खबर पाते ही तातार खाँ काशी जो झेलम नदी पर स्थित रोहतासगढ़ का सिकंदरशाह की ओर से अफसर था, उस किले से भाग निकला। हुमायूँ ने 24 फरवरी, 1555 ई. को बिना किसी प्रतिरोध के लाहौर पर अपना अधिकार कर लिया। जिस समय मुग़ल भारत वर्ष पर दुबारा चढ़ाई करने में संलग्न थे, उस समय सिकंदर और इब्राहीम आगरे के पास आपस में लड़ रहे थे। यही कारण था कि हुमायूँ को वे आगे बढ़ने से न रोक सके। जब मुग़ल पंजाब पर अधिकार जमाकर दिल्ली की ओर बढ़े तो सिकंदर सावधान हुआ और उसने शत्रु का सामना करने के लिए दीपालपुर पर एक सेना भेजी, जो हार गई। एक दूसरी अफग़ान सेना भी मच्छीवाड़ा नामक स्थान पर पराजित हुई। अब सिकंदर स्वयं शत्रु से मोर्चा लेने के लिए चला, किंतु 22 जून, 1555 ई. को सरहिंद नामक स्थान पर वह भी हार गया और पंजाब की पहाड़ियों की ओर भाग गया। हुमायूँ ने दिल्ली पर पुनः अपना अधिकार स्थापित कर लिया।

भारत के पश्चिमोत्तर क्षेत्र में विभिन्न प्रकार की घटनाएं हो रही थी और इब्राहिम हाल ही में पराजित होने से शान्ति की नींद नहीं सो रहा था। और आदिलशाह से संघर्ष छेड़ने में संलग्न था। आदिलशाह ने उसके विरुद्ध हेमू को भेजा जिसने उसे कालपी में हराया और बयाना तक खदेड़ दिया गया। वह फिर हेमू से

खनुवा में सामना करने के लिए आया किंतु इस बार भी हरा दिया गया। हेमू ने इस बार उसे बयाना के किले में उस समय तक घेरे रखा जब तक कि उसके स्वामी आदिलशाह ने बंगाल के मुहम्मदशाह द्वारा आक्रमण की संभावना के कारण उसे अपने पास न बुला लिया। बंगाल के शासक ने जौनपुर तक का प्रदेश अपने अधिकार में कर लिया था और बड़ी तेजी से कालपी की ओर दिल्ली पर अधिकार करके संपूर्ण भारत का सम्राट बन जाने के उद्देश्य से बढ़ रहा था। हेमू आदिलशाह से कालपी में आकर मिल गया और उसने बंगाल के शासक को कालपी से 20 मील की दूरी पर स्थित छप्परघट्टा नामक स्थान पर हरा दिया। मुहम्मदशाह (बंगाल का शासक) भाग खड़ा हुआ और आदिलशाह ने बंगाल पर अधिकार करके शहवाज खाँ को वहाँ का गवर्नर बनाकर चुनार वापस चला आया जहाँ पर उसने अपने लिए एक भव्य महल बनाया।

इस दौरान उत्तरी भारत की दशा काफी दयनीय हो चुकी थी। लड़ाइयों का क्रम निरंतर चलते रहने के कारण देश के विभिन्न स्थानों में बहुत-से शूरवीर पैदा हो गए थे। इन लोगों द्वारा किए गए अत्याचारों और लूटमार से कृषक-वर्ग ऐसी बुरी दशा में था कि पैदावार एकदम समाप्त-सी हो गई थी। फलतः इस अन्न-संकट से दुर्भिक्ष भी पैदा हो गया। दिल्ली और आगरा के आसपास तो इस दुर्भिक्ष ने बड़ा भयंकर रूप धारण किया। संघर्षरत लोगों के ऊपर प्रकृति का प्रकोप भी कम नहीं था। उन दिनों वर्षा बहुत ही कम हुई थी। अन्न का मिलना भी मुश्किल हो गया। ज्वार रुपए सेर तक बिक जानी थी और कभी-कभी तो इसका मिलना भी कठिन हो जाता था। लोग जंगली घास और पेड़-पौधों की जड़ें तक खाने के लिए बाध्य हो गए थे। उन्हीं दिनों एक भयंकर बीमारी भी फैल गई जिससे लोग घोर संकट में पड़ गए। देश की आबादी घटने लगी। दुर्भाग्यवश आगरा के पुराने किले में एक दिन भयंकर विस्फोट भी हो गया, जिससे शहर की नींव तक हिल गई और बहुत-से लोग मर गए।

4

विस्तार और सुदृढ़ीकरण (1556-1707)

अकबर (1556-1605)

अकबर का जन्म 23 अक्टूबर, 1542 ई. में हमीदा बानू बेगम के गर्भ से हुआ। हुमायूं की विषय परिस्थितियों के कारण इस होनहार बालक का बचपन अपने चाचा अस्करी तथा कामरान के संरक्षण में बीता। इसके पिता हुमायूँ का सम्पूर्ण जीवन अफगानों के साथ इस प्रकार आरोह-अवरोह में बीता कि बहुत प्रयास करने के बाद भी वह मुगल शासन को एक मजबूत आधार नहीं दे सका। इस अध्याय में हम अकबर के राज्याभिषेक, विजयों, राजपूत नीतियों विद्रोहां के दमन व शासन प्रबन्ध पर प्रकाश निक्षेप किया जा रहा है।

सत्ता की राजनीति और बैरम खाँ का संरक्षण : (1556-1560)

जब हुमायूँ 27 जनवरी, 1556 ई. को इस संसार से कूच किया तो अकबर की उम्र मात्र 13 वर्ष की थी। हुमायूँ के विश्वासपात्र एवं अकबर के शिक्षक बैरम खाँ ने 1556-1560 तक उसके संरक्षक के रूप में कार्य किया। बैरम खाँ के संरक्षक काल को चार भागों में विभाजित किया जा सकता है। प्रथम अकबर के सिहांसनारोहण से पानीपत के द्वितीय युद्ध से पूर्व अर्थात जनवरी, 1556 से अक्टूबर 1556 तक

था। यह वह समय था जबकि अभिजात वर्ग ने अपने हितों की रक्षा करने के लिए बैरम खाँ के नेतृत्व को स्वीकार किया। दूसरा चरण पानीपत की लड़ाई के बाद भारत में शाही स्त्रियों (हामिदा बानू बेगम आदि) के आगमन तक का था। इस समय बैरम खाँ ने राज्य के मामलों पर अपना पूर्ण नियंत्रण स्थापित किया। उसने अपने व्यक्तिगत समर्थकों का एक गुट बनाने का प्रयास किया। तीसरे चरण में जो कि 1559 के मध्य तक था जिसमें बैरम खाँ की शक्ति एवं प्रभाव का ह्रास हुआ। अंतिम चरण में बैरम खाँ ने पुनः अपने नियंत्रण को स्थापित करने का प्रयास किया। इसी समय में गुटीय तनाव भी बढ़ा जिसके कारण बैरम खाँ को सत्ता से निरस्त कर दिया गया। राजनीतिक तौर पर प्रथम चरण असुरक्षा का था। इस समय में न केवल हुमायूँ की मृत्यु हुई अपितु साम्राज्य को हेमू की अफ़ग़ान सेनाओं को सामना करना पड़ा। इस समय अकबर काफी छोटा था जिसके कारण इन घटनाओं से निराशा का वातावरण छा गया। इस स्थिति से सुरक्षित बचने का उपाय सम्राट के लिए एक संरक्षक की नियुक्ति करना था लेकिन भय यह था कि यदि किसी अभिजात को एक संरक्षक के रूप में नियुक्त किया जाए और अगर वह एक वास्तविक सार्वभौम के रूप में कार्य करेगा तब अभिजात वर्ग के परस्परिक संबंधों में तनाव उत्पन्न होगा जिससे प्रशासन को खतरा पैदा हो जाएगा। इन सभी खतरों के बाबजूद बैरम खाँ को वकील नियुक्त किया गया। आश्चर्य की बात यह है कि किसी भी अभिजात सदस्य ने बैरम खाँ की नियुक्ति का विरोध नहीं किया। अभिजात वर्ग का कोई भी सदस्य लंबी सेवाओं, रक्त संबंधी रिश्ते या अकबर के साथ पूर्ववर्ती निकटता के आधार पर वकालत के लिए दावा प्रस्तुत कर सकता था। इन सभी को बैरम खाँ की कड़ी आलोचना के लिए आधार भी बनाया जा सकता था।

कुलीनों द्वारा बैरम खाँ वकील के रूप में नियुक्त किये जाने से ऐसा मालूम पड़ता है कि वे उसके साथ सत्ता एवं प्रभाव में भागीदारी चाहते थे। दूसरी ओर बैरम खाँ सत्ता का स्वयं उपभोग करने के लिए कृतसंकल्प था। वकील-उस-सल्तनत का पद ग्रहण करने पर बैरम खाँ को सत्ता के लिए गुटीय संघर्ष की आशंका थी। इसलिए उसने उन सभी कुलीनों के प्रभाव को समाप्त करने का निश्चय किया जो उसको चुनौती दे सकते थे। उसने अपने कड़े आलोचक शाह अबुल मॉली को पदमुक्त कर जेल में डाल दिया। मॉली कुलीनों के बीच अलोकप्रिय था जिसके कारण बैरम खाँ की इस कार्यवाही का कोई विशेष विरोध न हुआ।

धीरे-धीरे प्रत्येक कुलीनों को काबुल पहुँचवा दिया। विशेष उन लोगों को जो बैरम खाँ के लिए खतरा उत्पन्न कर सकते थे। बैरम खाँ ने काबुल के गवर्नर मुनीम

खाँ तथा अवध में स्थित मुग़ल सेना के प्रधान अली कुली खाँ उजबेग के समर्थन को भी प्राप्त करने का प्रयास किया। बैरम खाँ को मुनीम खाँ पर विश्वास न था। वह उसको काबुल तक सीमित कर दरबार से दूर रखना चाहता था। जिस समय मई 1556 में मिर्ज़ा सुलेमान ने काबुल पर आक्रमण किया तब उसे मुनीख खाँ को अलग करने का अवसर प्राप्त हो गया और उसने आगामी चार माह तक मुनीम खाँ के दरबार के साथ संपर्कों को काट कर रखा और इस बीच बैरम खाँ ने अपनी स्थिति को दरबार में और सुदृढ़ किया। कुलीनों के बीच लगातार तनाव बढ़ रहे थे और पानीपत की द्वितीय लड़ाई के समय तक यह संकट और भी गहरा हो गया था। तारदी बेग के नेतृत्व में शाही सेनाएँ तुगलाकाबाद की लड़ाई में अफग़ान सेनाओं का सामना करने में असफल रही। इस अवसर का लाभ उठाते हुए बैरम खाँ ने अपनी शक्ति का प्रदर्शन करने के लिए विश्वासघात का आरोप लगाकर सम्राट की आज्ञा के बिना तारदी बेग को फांसी देने का आदेश दिया। इससे कुलीन वर्ग में असंतोष बढ़ने लगा किंतु पानीपत की लड़ाई में बैरम खाँ की विजय ने उसके सम्मान को पुनः स्थापित करने में सहायता प्रदान की। उसने अपने विश्वासपात्रों को उपाधियाँ एवं दोआव में जागीरें तथा तरक्क़ी प्रदान कर अपनी स्थिति को और मजबूत किया। उसने अपने समर्थकों को कुछ महत्त्वपूर्ण पदों पर नियुक्त किया। पीर मुहम्मद खाँ को अपना व्यक्तिगत वकील, ख्वाजा अमीनुद्दीन को बख़्शी और शेख गदाय को सदर नियुक्त किया।

तारदी बेग को मृत्युदण्ड देने के पश्चात लगभग छः महीनों तक बैरम खाँ का राज्य सम्बन्धित मुद्दों पर एकाधिकार था। सत्ता पर लगभग अपना पूर्ण नियंत्रण स्थापित करने के बाद उसने संभावित प्रतिद्वंद्वियों को बादशाह पर प्रभाव कायम करने से रोकने का कार्य किया। मुनीम खाँ तथा, ख्वाजा जलालुद्दीन महमूद को काबुल भेज दिया गया और उनको दरबार के साथ संपर्क स्थापित करने से रोका गया। बैरम खाँ की मजबूत होती स्थिति तथा उसके द्वारा वास्तविक सत्ता के उपभोग करने का कुलीनों ने विरोध किया। बैरम खाँ की सत्ता के ह्रास का प्रथम साक्ष्य अकबर द्वारा मुनीम खाँ के दामाद मिर्ज़ा अब्दुल्ला मुग़ल की पुत्री के साथ विवाह करना था। बैरम खाँ के प्रबल विरोध के बावजूद यह विवाह संपन्न हुआ था। अप्रैल 1557 में काबुल से हमीदा बानू बेगम के आगमन ने भी बैरम खाँ की स्थिति को प्रभावित किया। हमीदा बानू बेगम के साथ महम अन्गा, भी थी जिसने तारदी बेग की फांसी की घटना के समय बैरम खाँ का समर्थन किया था। अब बैरम खाँ को केंद्रीय सरकार के कार्यों का संचालन करने में महत्त्वपूर्ण कुलीनों के साथ समझौता करने को बाध्य होना पड़ा।

एक वकील के रूप में बैरम खाँ कुलीनों की सहमति के बगैर राजा के सम्मुख कोई प्रस्ताव न रख सका। इस समझौते ने उसकी ताकत को और क्षीण कर दिया तथा 1558 तक उसका व्यक्तिगत वकील पीर मुहम्मद भी उसका विरोधी हो गया।

बैरम खाँ ने 1559 ई. में पुनः अपनी शक्ति को पाने के लिए और सत्ता को अपने अधीन करने के लिए काफी प्रयत्न किया। इस प्रयास में उसने अपने व्यक्तिगत वकील पीर मुहम्मद के स्थान पर मुहम्मद खान सिस्तनी को नियुक्त किया। शेख गदाई को सदर के अतिरिक्त अन्य कार्य भार सौंपा गया। कई छोटे अधिकारियों को तरक्की दी गई। किंतु बैरम खाँ का अधिकतर कुलीनों एवं सम्राट से अलगाव बना रहा। अपनी स्वेच्छाचारिता के कारण उसने कुलीनों के असंतोष में और वृद्धि की।

बैरम खाँ की आर.पी. त्रिपाठी जैसे इतिहासकारों ने इन शब्दों में कड़ी आलोचना की उसने सुन्नियों की उपेक्षा कर शियाओं का पक्ष लिया। इस कारण उसने सुन्नियों को अपना विरोधी बना लिया। किंतु इक्तिदार आलम खान का तर्क है कि यद्यपि बैरम खाँ शिया था फिर भी ऐसा कोई ऐतिहासिक तथ्य उपलब्ध नहीं होता जिसके आधार पर यह कहा जा सके कि बैरम खाँ ने धार्मिक आधार पर पक्षपातपूर्ण कार्य किए। वास्तव में बैरम खाँ का कट्टर समर्थक शेख गदाई जो सदर नियुक्त किया गया शिया नहीं बल्कि सुन्नी था। बैरम खाँ ने अकबर की चातुर्य का आकलन कम करके किया। उसने बादशाह के विश्वास को जीतने के लिए कोई प्रयास नहीं किया और जब मार्च, 1560 में बादशाह ने बैरम खाँ को पद से हटाने की घोषणा की तब बैरम खाँ के सभी विश्वासपात्रों या तो बादशाह का समर्थन किए या फिर वे तटस्थ हो गए।

बैरम खाँ के वकील या सहायक अथवा संरक्षण अवधि पर ध्यान देने से यह ज्ञात होता है कि वास्तविक राजनीतिक सत्ता कुलीन वर्ग में निहित थी। कुलीनों ने बैरम खाँ के प्रभुत्व को सीमित रूप में ही स्वीकार किया। वे उसकी वास्तविक सार्वभौम सत्ता को स्वीकार करने को तैयार न थे। अपनी स्थिति को बनाए रखने के लिए उसको कभी कुलीन वर्ग के एक गुट पर निर्भर रहना पड़ता कभी दूसरे पर। इस प्रकार वह स्वतंत्र समर्थकों के एक स्थाई गुट को प्राप्त करने में असफल रहा। वास्तव में उसने अपेक्षाकृत छोटे अधिकारियों के ओहदों में वृद्धि और उनको तरक्की प्रदान कर कुलीनों के एक बड़े समूह को अपना विरोधी बना लिया। इस प्रक्रिया में उसने अयोग्य अमीरों का भी गठन किया। अपने जीवन के अंत में उसने महसूस किया कि उसके अपने समर्थक भी उसके विरोधी हो गए थे।

वास्तव में कुलीनों और बैरम खाँ के मध्य हुए संघर्ष का संरक्षक द्वारा प्रतिनिधित्व करने वाली केंद्रीय सत्ता एवं कुलीन वर्ग के बीच का संघर्ष था। इस समय सम्राट सत्ता का प्रतीक मात्र था और वह बैरम खाँ के विरोधियों की कठपुतली बना हुआ था। बैरम खाँ ने मुग़ल कुलीनों के दो गुटों चगताई तथा खुरासानी कुलीनों को संयुक्त करने का प्रयास किया लेकिन बैरम खाँ के इस मेल-मिलाप के प्रयास को कुलीनों ने अपनी शक्ति एवं निर्भरता के लिए खतरा समझा। बैरम खाँ के वफादारों ने भी बैरम खाँ द्वारा प्रतिनिधित्व की जाने वाली केंद्रीय प्रभुसत्ता को स्वीकार नहीं किया।

बैरम खाँ का संरक्षण अवधि इसके लिए एक एक मुसीबत ही बनी रही। जहाँ एक ओर वह कुलीनों की स्वतंत्रता कम करना चाहता था वहीं दूसरी ओर उसे अपनी सत्ता बनाए रखने के लिए उनके समर्थन की भी आवश्यकता थी। इस कारण उसके संपूर्ण काल में एक विरोधाभास बना रहा। एक नए गुट का गठन कर इसको संतुलित किया जा सकता था, किंतु यह उसके लिए संभव न था। नए गुट का गठन करने के लिए अफग़ानों को शामिल किया जा सकता था लेकिन वे सिंहासन पर अपना दावा मानते थे। उसके सम्मुख राजपूत सरदारों, जमींदारों एवं स्थानीय सरदारों का विकल्प था लेकिन इनको शामिल करने का कार्य एक लंबी प्रक्रिया थी। इस प्रकार बैरम खाँ ने जब कभी भी अपनी स्थिति को मजबूत करने का प्रयास किया तभी दरबारी कुलीनों ने उसका विरोध किया इसके फलस्वरूप वह यदाकदा स्वयं को अलग-थलग पाता और अंततः उसको सत्ता से हटना पड़ा। बैरम खाँ के निष्कासन ने मुग़ल राजनीति में अंतर्निहित केंद्रीय सत्ता एवं इसकी विपरीत प्रवृत्ति के बीच के संघर्ष की पुष्टि की। इसकी परणिति केंद्रीयकृत सत्ता की विरोधी प्रवृत्ति की विजय के रूप में हुई। इस प्रवृत्ति के द्वारा उन मुश्किलों को समझने में मदद मिलती है जिनका सामना अकबर ने सार्वभौम सत्ता को संभालने के बाद 1562-1567 के वर्षों में किया।

स्पष्ट होता है कि बैरम खाँ का संरक्षक काल में राजनीतिक सत्ता तूरानी उत्पत्ति के अन्य गुटों एवं चगताई कुलीनों में निहित थी। बैरम खाँ तभी तक सत्ता का उपयोग कर सका जब तक इन गुटों ने उसका समर्थन किया। जैसा कि पहले भी बताया गया कि कुलीन गुटों ने बैरम खाँ की सत्ता को सीमित तौर पर ही स्वीकार किया था न कि एक वास्तविक शासक के रूप में। उन्होंने उसका तब तक विरोध न किया जब तक कि अफग़ानों को न कुचल दिया गया लेकिन पानीपत की दूसरी लड़ाई में हेमू की पराजय के बाद उन्होंने संरक्षक के केंद्रीयकरण की नीतियों का विरोध

करना प्रारंभ कर दिया और उसको मुख्य कुलीन गुटों के प्रभुत्व को स्वीकार करने के लिए बाध्य किया।

अकबर के अधीन क्षेत्रीय प्रसार

अकबर के जीवन काल में आयी आरंभिक कठिनाइयों का निराकरण और राज्यसत्ता पर अपने आधिपत्य को समृद्धशाली बनाने के पश्चात इन्होंने मुग़ल साम्राज्य के क्षेत्रीय प्रसार की नीति का प्रारंभ किया। प्रसार की किसी भी नीति के अनुसरण का अभिप्राय था, देश के विभिन्न भागों में विद्यमान भिन्न-भिन्न राजनीतिक शक्तियों के साथ संघर्ष। इनमें से कुछ राजनीतिक शक्तियाँ सुसंगठित थीं। राजपूत राज्य इसी श्रेणी के थे। वे स्वायत्त सरदारों एवं राजाओं के रूप में सारे साम्राज्य में छाये थे, परंतु वे मुख्य रूप से राजपूताना में विराजमान थे। अफ़ग़ानों का राजनीतिक नियंत्रण मुख्य तौर पर गुजरात, बिहार एवं बंगाल पर था। दक्खन तथा दक्षिण भारत में खानदेश, अहमदनगर, बीजापुर, गोलकुंडा तथा अन्य दक्षिणी रियासतें विद्यमान थीं। उत्तर- पश्चिम भारत में कुछ कबाइलियों के छोटे-छोटे राज्य कायम थे। यद्यपि काबुल तथा कंधार पर मुग़ल गुटों का अधिकार था किंतु वे गुट भी अकबर का विरोध करते थे।

अकबर ने बड़े उत्साह एवं प्रभावी ढंग से मुगल साम्राज्य के प्रसार का शुभारंभ किया। यहाँ पर यह भी याद रखा जाना चाहिए कि मुग़ल साम्राज्य का महत्त्वपूर्ण प्रसार अकबर के शासन काल के दौरान हुआ। उसके उत्तराधिकारियों (जहाँगीर, शाहजहाँ तथा औरंगजेब) के शासन काल में साम्राज्य के क्षेत्रीय प्रसार में आंशिक वृद्धि हुई। औरंगजेब के शासन काल का मुख्य प्रसार दक्षिण तथा उत्तर-पूर्वी (असम) भारत को साम्राज्य में शामिल करने के रूप में हुआ।

उत्तर तथा मध्य भारत

अकबर ने पहला सैन्य अभियान 1559-60 ई. में ग्वालियर और जौनपुर को अपने अधीन करने हेतु किया था। एक संक्षिप्त लड़ाई के बाद राम शाह ने ग्वालियर के किले का समर्पण कर दिया। खान जमां को जौनपुर पर अधिकार करने के लिए भेजा गया। खान जमां ने जौनपुर के अफ़ग़ान शासकों को पराजित कर उसे मुग़ल साम्राज्य में शामिल कर लिया।

मध्य भारत में मालवा पर बाज बहादुर का शासन था। उसने मुग़ल सेनाओं को पराजित कर दिया तथा बाज बहादुर बुरहानपुर की ओर भाग गया। मध्य भारत

में गढ़ कातंग या गोंडवाना का एक अन्य स्वतंत्र राज्य था। इस राज्य पर दलपत शाह की विधवा रानी दुर्गावती का शासन था। दुर्गावती को 1564 में पराजित कर दिया गया। बाद में 1567 ई. में इस राज्य को अकबर ने दलपत शाह के भाई चंद्रशाह को सौंप दिया।

अकबर को इस अवधि में मध्य भारत में कई विद्रोहों का मुकाबला करना पड़ा था। अब्दुल्ला खाँ उजबेग इन विद्रोहों का नेता था। उसके साथ अन्य दूसरे भी उजबेग से मिल गए। खान जमां तथा आसफ खाँ ने भी विद्रोह किया। अकबर ने मुनीम खाँ की सहायता से इन विद्रोहों का दमन कर दिया और अपनी स्थिति को सुदृढ़ किया।

बैरम खाँ के पतन के बाद 1560 ई. में कुलीनों के साथ अकबर का जो संघर्ष प्रारंभ हुआ था उसका अब भी अंत हो गया। अकबर ने अपनी कूटनीतिक निपुणता, संगठनात्मक योग्यताओं तथा विश्वसनीय मित्रों की सहायता से इस गंभीर समस्या का समाधान किया।

पश्चिम भारत

राजपूताना की विजय

अकबर का विचार था कि एक स्थायी राज्य स्थापित करने के लिए उसे संबसे पहले सम्पूर्ण राजपूतों के राज्यों पर अपना अधिकार जमाना होगा। अतः अकबर ने इन राज्यों के प्रति एक सुनिश्चित नीति का निर्धारण किया। उसने इन राज्यों को न केवल विजित करने का निर्णय लिया अपितु इसके शासकों को अपना सहयोगी बनाने का भी निश्चय किया। चित्तौड़ के शासक महाराणा प्रताप को छोड़कर सभी राजपूत शासकों ने अकबर के प्रति राजभक्ति की अभिव्यक्त की। बहुत से राजपूत शासकों को मुग़ल कुलीनों में शामिल पर लिया गया और इस प्रकार उन्होंने केवल मुग़ल साम्राज्य के प्रसार में सहयोग दिया बल्कि समृद्धशाली बनाने में एक विशिष्ट भूमिका भी निभायी।

गुजरात की विजय

अकबर ने मध्य भारत और राजपूताना में विद्यमान राजपूत राज्यों को अपने अधीन करने और उसे व्यवस्थिति करने के पश्चात् 1572 ई. में गुजरात पर अपना ध्यान केंद्रित किया। गुजरात से हुमायूँ के वापस लौट जाने के बाद से कोई संगठित

राज्य कायम न हो सका था तथा वहाँ के छोटे-छोटे राज्यों के बीच निरंतर आपसी वैमनस्य बना रहता। गुजरात जहाँ एक ओर कृषि की दृष्टि से अत्यंत उपजाऊ क्षेत्र था वहीं दूसरी ओर वहाँ पर अनेकों व्यस्त बंदरगाह थे और व्यापारिक केंद्रों का तेजी से विकास हो रहा था।

सुल्तान मुजफ्फरशाह तृतीय नाम मात्र का शासक था और सात युद्धरत रियासतें उसके अधीन थीं। राजकुमार इतिमाद खाँ ने इन रियासतों को विजित करने के लिए अकबर को आमंत्रित किया। स्वयं अकबर ने अहमदाबाद की ओर कूच किया। बगैर किसी गंभीर विरोध के नगर पर अधिकार कर लिया गया। सूरत की मजबूत किलेबंदी के कारण कुछ प्रतिरोध का सामना करना पड़ा लेकिन उस पर भी अधिकार कर लिया गया। थोड़े ही समय में गुजरात की सभी रियासतों ने अकबर के अधिपत्य को स्वीकार कर लिया। अकबर ने गुजरात को एक प्रांत के रूप में संगठित किया और उसको मिर्ज़ा अजीज कोका के अधीन कर स्वयं राजधानी वापस लौट आया। छः माह के अंदर ही बहुत से विद्रोही गुट एकीकृत हो गए और उन्होंने मुग़ल शासन के विरुद्ध विद्रोह कर दिया। विद्रोह के नेता इखत्यारुल मुल्क एवं मुहम्मद हुसैन मिर्ज़ा थे। मुग़ल गवर्नर को अनेक क्षेत्रों का परित्याग करना पड़ा। आगरा में अकबर ने विद्रोह का समाचार पाकर पुनः अहमदाबाद की ओर प्रस्थान किया। अकबर के इस अभियान को सबसे अधिक द्रुतगति का माना गया है। वह प्रतिदिन 50 मील का मार्ग तय करता हुआ 10 दिन के अंदर गुजरात पहुँच गया और विद्रोह को कुचल दिया।

गुजरात के लगभग सभी क्षेत्रों में एक दशक तक किसी प्रकार का विद्रोह नहीं हुआ। इसी दौरान मुजफ्फर तृतीय नजरबंदी से भाग गया और उसने जूनागढ़ में शरण ली। 1583 ई. के बाद उसने कुछ विद्रोहों को संगठित करने का प्रयास किया।

पूर्वी भारत

हुमायूँ के हाथ से बिहार और बंगाल निकल जाने के बाद उस पर शेरशाह का ही शासन रहा। सन् 1564 ई. में बिहार के गवर्नर सुलेमान कर्रानी ने बंगाल को भी अपने अधीन कर लिया था। सुलेमान ने अकबर की बढ़ती शक्ति को रेखांकित करते हुए मुग़लों की अधीनता को स्वीकार कर लिया। वह अकबर को कुछ उपहार भी भेजा करता। 1572 ई. में उसकी मृत्यु के पश्चात कुछ संघर्ष के बाद उसके छोटे पुत्र दाऊद ने उसके सिहांसन पर अधिकार कर लिया। दाऊद ने मुग़लों की अधीनता को मानने से इंकार कर दिया और जौनपुर के मुग़ल गवर्नर के साथ संघर्ष करने लगा।

अकबर ने मुनीम खाँ खान-ए-खाना के साथ सैनिकों को लेकर 1574 बिहार की तरफ चल पड़ा। थोड़े समय में ही हाजीपुर तथा पटना पर अधिकार कर लिया गया तथा दाऊद गढ़ी की ओर भाग गया। कुछ समय तक वहाँ पर ठहरने के बाद अकबर वापस लौट आया। मुनीम खाँ तथा टोडरमल ने दाऊद का पीछा किया और उसने मुग़लों के सम्मुख समर्पण कर दिया। कुछ समय के बाद उसने पुनः विद्रोह किया। खान-ए-जहाँ के अधीन मुग़ल सेनाओं ने उसका वध कर दिया और गौड़ (बंगाल) प्रदेश को भी मुग़लों ने अपने अधीन कर लिया। इससे लगभग दो सौ साल (कुछ अपवादों को छोड़कर) से चले आ रहे बंगाल के स्वतंत्र शासन का अंत हो गया। उड़ीसा के कुछ भाग अब भी अफ़ग़ान सरदारों के अधीन थे। 1592 ई. के आस-पास मान सिंह ने संपूर्ण उड़ीसा को भी मुग़ल साम्राज्य के अधीन कर लिया।

1581 ई. के विद्रोह

प्रसिद्ध इतिहास वी.ए. स्मिथ का विचार है कि "यदि अकबर के अपनी शक्ति के सुदृढ़ करने वाले प्रारंभिक वर्षों पर ध्यान न दिया जाए तब अकबर के शासन काल में 1581 का वर्ष सबसे बड़े संकट का वर्ष था।"

1567 ई. तक कुलीन वर्ग का संघर्ष चला परन्तु इस संघर्ष के समाप्त होते ही फिर से बंगाल, बिहार, गुजरात तथा उत्तर-पश्चिम में गंभीर संघर्ष उभर कर सामने आए। इन विद्रोहों की जड़ों में उन अफ़ग़ानों का असंतोष था जिनको मुग़लों द्वारा सभी स्थानों से हटाया जा चुका था। इसके अतिरिक्त अकबर के जागीर प्रशासन की कड़ी नीति भी इसके लिए उत्तरदायी थी। इस नई नीति के द्वारा जागीरदारों को आदेश दिया गया कि वे अपनी-अपनी जागीरों का लेखा-जोखा जमा करें। इस समय सैनिक खर्चों में कटौती की गई थी। बंगाल के गवर्नर ने इन आदेशों को शक्ति के साथ लागू किया। इस नीति ने वहाँ विद्रोह को जन्म दिया। बिहार में शीघ्र ही विद्रोह फैल गया। मासूम खाँ काबुली, रोशन बेग, मिर्ज़ा शर्फुद्दीन तथा अरब बहादुर इस विद्रोह के मुख्य नेता थे। मुजफ्फर खान तथा रायपुरुषोत्तम एवं अन्य अधिकारियों ने इन विद्रोहों का दमन करने का प्रयास किया किंतु वे असफल रहे। अकबर ने तुरंत राजा टोडरमल तथा शेख फरीद बक्शी के नेतृत्व में एक बड़ी सेना को भेजा। कुछ समय बाद टोडरमल की सहायता के लिए अजीज कोका तथा शाहबाज खाँ को भेजा गया। इसी बीच काबुल में विद्रोहियों ने अकबर के भाई हकीम मिर्जा को अपना राजा घोषित कर दिया। मुग़ल सेनाओं ने बिहार, बंगाल तथा आसपास के क्षेत्रों में विद्रोहों को कुचल दिया। कुछ विद्रोही नेताओं ने बचकर बंगाल के जंगल में शरण ली। ये नेता

अपने अधिकांश समर्थकों को खो चुके थे फिर भी कुछ वर्षों तक बगैर किसी विशेष प्रभाव के मुग़ल अधिकरियों को अपने छोटे-मोटे आक्रमणों द्वारा परेशान करते रहे।

अकबर पर दबाव बढ़ाने व लाहौर को अपने अधिकार में करने के लिए मिर्जा हकीम ने सैनिक बलों के साथ आक्रमण कर दिया। अकबर ने भी लाहौर की ओर प्रस्थान किया। हकीम मिर्ज़ा ने जैसे अकबर के प्रस्थान का समाचार सुना वैसे ही वह पीछे हट गया। हकीम मिर्जा का अनुमान था कि अधिकतर मुग़ल अधिकारी उसके साथ शामिल हो जाएँगे किंतु उसका अनुमान गलत साबित हुआ। अकबर ने उत्तर-पश्चिम सीमा की सुरक्षा संगठित करने के बाद एक सेना को काबुल भेजा। अकबर ने भी काबुल की ओर प्रस्थान किया। समय रहते अकबर भी काबुल पहुँच गया। हकीम मिर्ज़ा ने काबुल का परित्याग कर दिया तथा अकबर ने इस पर अपना अधिकार कर लिया। अकबर ने काबुल को अपनी बहन बख्तुनिसा बेगम के अधीन कर दिया तथा आगरा वापस लौट आया। कुछ समय बाद हकीम मिर्ज़ा भी वापस लौट आया और उसने अपनी बहन के नाम से शासन चलाना जारी रखा। चार वर्ष बाद मिर्ज़ा हकीम की मृत्यु हो गई तथा अकबर ने राजा मान सिंह को काबुल का गवर्नर नियुक्त किया।

जिस दौरान बिहार बंगाल एवं पश्चिमोत्तर क्षेत्रों में विद्रोह हुआ लगभग उसी दौरान गुजरात में भी विद्रोह हुआ। यहाँ पर मुजफ्फर शाह नजरबंदी से भाग गया और उसने विद्रोह का संगठन किया। उसने गुजरात के मुग़ल क्षेत्रों पर आक्रमण करने शुरू कर दिए।

इतिमाद खाँ को गुजरात का उप-गवर्नर बनाया गया। विद्रोहियों के विरुद्ध इस अभियान में निजामुद्दीन अहमद ने बक्शी की हैसियत से सहायता की। 1584 ई. में मुजफ्फर शाह को अहमदाबाद तथा नानदेद में पराजित कर दिया गया। वह बचकर कच्छ क्षेत्र की ओर भाग गया। निजामुद्दीन अहमद ने उसका यहाँ पर भी पीछा किया। संपूर्ण कच्छ क्षेत्र में अनेकों किलों को उखाड़ फेंका गया तथा मुग़ल अधिकारियों को वहां पर नियुक्त पर दिया गया। मुजफ्फर कोई न कोई समस्या खड़ी करता रहा और उसे अंतिम रूप से 1591-92 तक गिरफ्तार कर लिया गया।

उत्तर-पश्चिम में विजय

अकबर के भाई हकीम मिर्जा के देहान्त के पश्चात काबुल को मुगलों ने अपने साम्राज्य में मिला लिया और मानसिंह को वहां के गवर्नर के रूप में नियुक्त करके उसकी देख-रेख में छोड़ दिया गया। ठीक उसी समय अकबर ने उत्तर-पश्चिम में हो रहे विद्रोहों को दबाने एवं नए क्षेत्रों को विजय करने का निर्णय किया।

रोशनाइयों का दमन

इस क्षेत्र में अकबर का ध्यान सर्वप्रथम रोशनाई आंदोलन की ओर आकर्षित हुआ। रोशनाई एक संप्रदाय था जिसका गठन सीमा क्षेत्र में पीर रोशनाई नाम के एक सिपाही ने किया था। उसको व्यापक समर्थन प्राप्त था। उसकी मृत्यु के बाद उसका पुत्र जलाल उस संप्रदाय का मुखिया बन गया। रोशनाइयों ने मुग़लों के विरुद्ध विद्रोह कर दिया और काबुल और भारत के मध्य में पड़ने वाले मार्ग को अवरूद्ध कर दिया। अक़बर ने रोशनाइयों के विद्रोह का दमन करने तथा इस क्षेत्र में मुग़ल सत्ता को स्थापित करने के लिए जैन खाँ को एक शक्तिशाली सेना का सेनापति नियुक्त किया। जैन खाँ की सहायता हेतु सैयद खाँ घक्खर तथा राजा बीरबल को अलग सेना के साथ भेजा गया। एक अभियान के दौरान राजा बीरबल लगभग अपने आठ हजार सैनिकों के साथ मारा गया। उसी के साथ जैन खाँ को भी पराजित कर दिया किंतु वह जीवित रहकर किसी प्रकार से अकबर के पास अटक के किले में पहुँचा। अकबर को राजा बीरबल की मृत्यु से बहुत बड़ा आघात लगा क्योंकि वह उसके अत्यंत प्रिय साथियों में से एक था। अकबर ने इस क्षेत्र पर अधिकार करने के लिए एक शक्तिशाली सेना का सेनानायक राजा टोडरमल को नियुक्त किया। राजा मान सिंह से भी कार्यवाही करने को कहा गया। इन दोनों के एक साथ अभियान की वजह से रोशनाई कमजोर पड़ने लगे और अन्त में उन्हें अपनी हार माननी पड़ी।

कश्मीर की विजय

काफी समय से अकबर की निगाह कश्मीर पर टिकी थी। वह जिस समय वह अटक में पड़ाव डाले हुए था तभी उसने राजा भगवान दास तथा शाह कुली महरम के नेतृत्व में कश्मीर की विजय के लिए सेना भेजी। कश्मीर के राजा यूसुफ खाँ को पराजित कर दिया गया और उसने मुग़लों की अधीनता को स्वीकार कर लिया किंतु अकबर उस संधि से बहुत प्रसन्न न था क्योंकि वह कश्मीर को अपने साम्राज्य में शामिल करना चाहता था। यूसुफ खाँ के पुत्र याकूब ने कश्मीर के अन्य अमीरों के साथ मिलकर मुग़लों का विरोध करने का निर्णय किया और युद्ध प्रारंभ कर दिया किंतु कश्मीर की सेना में कुछ असंतोष उत्पन्न हो गया। अंततः मुग़ल सेनाओं ने विजय प्राप्त की और कश्मीर को सन् 1586 ई. में मुग़ल साम्राज्य में शामिल कर लिया गया।

थट्टा (सिंध) की विजय

उत्तर-पश्चिमी क्षेत्र में सिंध प्रान्त थट्टा क्षेत्र जिस पर बलूचियों का अधिकार

था। अभी तक इस पर किसी का अधिकार नहीं था अर्थात यह एक स्वतंत्र क्षेत्र था। अकबर ने खान-ए-खानान को सुल्तान का गवर्नर नियुक्त किया और 1590 में उसको सिंध विजय तथा बलूचियों का दमन करने का आदेश दिया। थट्टा को विजित कर लिया गया तथा इसे इस सूबे की एक सरकार के तौर पर मुल्तान के गवर्नर के अधीन कर दिया गया।

समीप के क्षेत्र में मुगल सेनाओं ने बलूचियों का दमन जारी रखा। सन् 1595 ई. में अन्तिम तौर पर उत्तर-पश्चिमी क्षेत्र पर मुगलों की सर्वोच्चता को स्थापित कर दिया गया।

दक्खन तथा दक्षिण

मालवा तथा गुजरात में सफलता प्राप्त करने के पश्चात अकबर ने दक्खन के राज्यों अहमदनगर, बीजापुर तथा गोलकुंडा में रुचि लेना प्रारंभ कर दिया। प्रारंभिक संपर्क दूत भेजने तथा यदा-कदा भेंट तक ही सीमित था। 1590 ई. के बाद अकबर ने इन राज्यों को मुग़ल नियंत्रण के अधीन करने के लिए योजना बनाना शुरू कर दिया। इस समय के आस-पास दक्खन राज्यों में आंतरिक एवं आपसी कलह भी चल रहा था।

1591 ई. में अकबर ने दक्खन के राज्यों को मुग़ल साम्राज्य की सर्वोच्चता स्वीकार करने के लिए दूतों को भेजा। फैजी को असीर तथा बुरहानुपर (खानदेश) ख्वाजा अमीनुद्दीन को अहमदनगर, मीर मुहम्मद अमीन मशदी को बीजापुर तथा मिर्ज़ा मसूद को गोलकुंडा भेजा गया। 1593 तक ये सभी मिशन बगैर किसी सफलता के वापस लौट आए। यह कहा गया कि केवल खानदेश के शासक अली खाँ ने मुग़लों की इस नीति में रुचि दिखाई। अकबर ने सैन्य शक्ति का अनुसरण करने का निर्णय किया। यहाँ पर हम मुग़लों की दक्खन नीति की कोई विस्तृत चर्चा न करके अपितु दक्खन में उनके क्षेत्रीय विस्तार का विवरण करेंगे।

प्रथम सैनिक अभियान शहजादा मुराद तथा अब्दुल रहीम खान खाना के नेतृत्व में खानदेश भेजा गया। 1595 ई. में मुग़ल सेनाओं ने अहमदनगर को अपने अधीन कर लिया। इसकी शासिका चांद बीबी ने एक विशाल सेना का नेतृत्व करते हुए मुग़लों का सामना किया। उसने बीजापुर के शासक इब्राहीम अली शाह तथा गोलकुंडा के शासक कुतुबशाह से सहायता का आग्रह किया किंतु कोई सफलता न मिली। चांद बीबी ने मुग़ल सेनाओं का कड़ा प्रतिरोध किया। दोनों ओर से भारी नुकसान के बाद एक संधि का मसौदा तैयार किया गया। इस संधि के अनुसार चांद बीवी

ने बरार का समर्पण मुग़लों को कर दिया। कुछ समय बाद चांद बीबी ने बरार को वापस लेने के लिए उस पर आक्रमण किया। इस समय निजामशाही कुतुबशाही तथा आदिलशाही सेनाओं ने संयुक्त तौर पर मुग़ल सेना का डटकर सामना किया और काफी मुगल सैनिक मारे गये परन्तु वे अपना साहस नहीं छोड़े और युद्ध करते रहे। इसी बीच मुराद एवं खान खाना के बीच मतभेद हो जाने के कारण मुग़ल सेना की स्थिति कमजोर पड़ गई। इसलिए अकबर ने अबुल फजल को दक्खन के अभियान पर भेजा और खान खाना को वापस बुला लिया। 1598 में शहजादा मुराद की मृत्यु के पश्चात शहजादा दानियाल तथा खान खाना को दक्खन भेजा गया। अकबर भी उनके साथ शामिल हो गया। प्रथम अहमदनगर पर अधिकार कर लिया गया। इसी बीच चांद बीबी की मृत्यु हो गई। 1600 ई. में असीरगढ़ तथा आस-पास के क्षेत्रों को मुग़ल सेनाओं ने विजित कर लिया। बीजापुर के शासक आदिल शाह ने मुग़लों की सर्वोच्चता को स्वीकार कर लिया तथा शहजादा दानियाल के साथ अपनी पुत्री का विवाह करने की पेशकेश की। दक्खन में मुग़ल साम्राज्य में असीरगढ़, बुरहानपुर, अहमदनगर तथा बरार को शामिल कर लिया गया।

प्रशासनिक पुनर्गठन

अकबर की विजयों एवं क्षेत्रीय प्रसार की नीति मुग़ल प्रशासनिक ढांचे में नए क्षेत्रों को सुदृढ़ करने के साथ-साथ चली।

सूबों का निर्माण

अकबर ने सम्पूर्ण साम्राज्य स्थापित करने के बाद 1580 में इसे बारह राज्यों में बाँट दिया। उन्हीं बारह राज्यों को सूबा का नाम दिया गया। वे सूबे इलाहाबाद, आगरा, अवध, अजमेर, अहमदाबाद (गुजरात), बिहार, बंगाल (उड़ीसा सहित), दिल्ली, काबुल, लाहौर, मुल्तान तथा मालवा थे। दक्खन की विजय के बाद तीन नए सूबों को शामिल कर लिया गया और अब इनकी संख्या 15 हो गई। ये तीन सूबे थे बरार, खानदेश तथा अहमदनगर। इन प्रांतों पर सुनिश्चित नियमों के अनुसार नियुक्त अधिकारियों द्वारा शासन किया जाता था।

सैन्य प्रशासन

अकबर का सैन्य प्रबन्ध पूर्ववर्ती शासकों से अलग था इन्होंने सैन्य प्रशासन के एक नया मोड़ दिया। उसने सेना को संगठित करने के लिए पूर्ववर्ती परंपराओं

तथा नवीन उपायों का संयुक्त रूप से उपयोग किया और एक केंद्रीयकृत सैन्य ढांचे को विकसित करने का प्रयास किया। उसने सैन्य एवं नागरिक अधिकारियों को उनकी योग्यता या राज्य की सेवा के आधार पर मनसब प्रदान किया। मनसब का शाब्दिक अर्थ है; पद और मनसबदार का तात्पर्य है पद को धारण करने वाला। अकबर ने अपनी मनसबदारी व्यवस्था में 66 स्तरों की रचना की अर्थात दस सैनिकों के नेतृत्व (दहबाशी) से दस हजार सैनिकों (दहहजारी) तक का नेतृत्व करना।

सभी मनसबदारों को नकद धन या जागीर के रूप में अदायगी की जाती थी। अकबर के शासन काल में जिस सैन्य प्रशासन को विकसित किया गया था उसके उत्तराधिकारियों के शासन के दौरान उसमें कई परिवर्तन किए गए।

अकबर के उत्तराधिकारियों के अधीन क्षेत्रीय प्रसार

अकबर ने मुगल साम्राज्य को सुव्यवस्थिति रूप से स्थापित किया था फिर भी उसके उत्तराधिकारियों अर्थात् जहाँगीर, शाहजहाँ तथा औरंगजेब के शासन काल में क्षेत्रीय प्रसार में कोई विशेष वृद्धि नहीं हुई। हम देखते हैं कि औरंगजेब के बाद साम्राज्य का बिखरना प्रारंभ हो गया था। उत्तर-पश्चिमी क्षेत्र में रोशनियों पर 1625-26 में निर्णायक विजय प्राप्त कर ली गई थी। अब कंधार ईरानियों तथा मुग़लों के बीच संघर्ष का क्षेत्र बन गया। अकबर की मृत्यु के पश्चात सफवी वंश के शासक शाह अब्बास के अधीन ईरानियों ने कंधार पर अपना अधिकार करने का प्रयास किया किंतु वे असफल रहे। इसका अनुसरण करते हुए 1620 ई. में शाह अब्बास ने जहाँगीर से कंधार देने का अनुरोध किया किंतु जहाँगीर ने ऐसा करने से इंकार कर दिया। 1622 ई. में एक अन्य आक्रमण द्वारा ईरानियों ने कंधार पर अधिकार कर लिया। कंधार पर अधिकार करने के लिए औरंगजेब के पूरे शासन काल तक संघर्ष चलता रहा किंतु मुग़लों को बहुत कम सफलता प्राप्त हुई।

अकबर के शासन काल में मेवाड़ एक ऐसा क्षेत्र था जिस पर मुगलों का अधिकार नहीं था। इस पर अधिकार करने के लिए जहाँगीर ने एक सुनिश्चित नीति का अनुसरण किया। अनेकों संघर्षों के बाद राणा अमर सिंह ने अंततः मुग़लों की अधीनता को स्वीकार कर लिया। चित्तौड़ के किले सहित मेवाड़ से जितना भी क्षेत्र लिया गया था उसे अमर सिंह को वापस लौटा दिया गया और उसके पुत्र करण सिंह को एक बड़ी जागीर प्रदान की गई। अकबर के उत्तराधिकारियों के शासन के दौरान राजपूतों के मुग़लों के साथ मित्रतापूर्ण संबध जारी रहे। मुग़ल शासकों द्वारा उन्हें ऊँचे-ऊँचे मनसब दिए गए।

जहाँगीर को अपनी पैतृक सत्ता को सभालने में एक वर्ष भी नहीं बीता था कि मलिक अंबर के नेतृत्व में अहमद नगर ने मुगल साम्राज्य को चुनौती देना प्रारम्भ कर दिया। मलिक अंबर बीजापुर का समर्थन प्राप्त करने में भी सफल हो गया। जहाँगीर ने अनेकों सैनिकों को वहाँ पर भेजा किंतु वे कोई सफलता प्राप्त करने में असमर्थ रहे। शाहजहाँ के शासनकाल में पुनः मुग़लों का संघर्ष दक्खन के राज्यों अहमदनगर, बीजापुर एवं गोलकुंडा के साथ प्रारंभ हो गया। अहमदनगर ऐसा प्रथम राज्य था जिसको पराजित कर उसके क्षेत्र को मुगल साम्राज्य में मिला लिया गया था। 1636 ई. तक बीजापुर तथा गोलकुंडा को भी पराजित कर दिया गया किंतु इन राज्यों को मुग़ल साम्राज्य में शामिल नहीं किया गया। एक संधि के बाद पराजित राज्यों ने नजराना देने की शर्त मान ली एवं मुग़ल प्रभुत्व को स्वीकार किया। लगभग 10 वर्षों तक शाहजहाँ ने अपने पुत्र औरंगजेब को दक्खन का गवर्नर बनाकर रखा। इस समय इस क्षेत्र में मराठों के एक शक्तिशाली राजनीतिक संगठन का उत्थान हो रहा था। वास्तव में औरंगजेब ने अपने शासन काल के अंतिम 20 वर्ष दक्खन में युद्ध करने में व्यतीत किए। 1687 ई. तक दक्खन के बीजापुर तथा गोलकुंडा राज्यों को मुग़ल साम्राज्य के अधीन कर लिया गया।

उत्तर-पूर्व विजय

औरंगजेब के शासन अवधि में असम राज्य पर अधिकार जमाना मुगलों की एक विशिष्ट उपलब्धि मानी जाती है। 1661 ई. में बंगाल के गवर्नर मीर जुमला ने इस राज्य पर आक्रमण किया। मीर जुमला के पास 12,000 घुड़सवार, 30,000 पैदल सैनिक और बड़ी संख्या में नावों पर तोपखाना था। अहोम (असम के शासक) का प्रतिरोध बहुत कमजोर था। अहोम राज्य की राजधानी कामरूप पर मुग़ल अधिकार स्थापित हो गया। राजा राजधानी छोड़कर भाग गया। 1663 में राजा स्वर्गदेव ने समर्पण कर दिया और शांति स्थापित हुई। असम को मुग़ल साम्राज्य में मिलाया गया और मुग़ल अधिकारियों की नियुक्ति की गई। 1663 में मीर जुमला की मृत्यु हो गई। उत्तर-पूर्व में मुग़लों को दूसरी बड़ी सफलता बंगाल के नए गवर्नर शाइस्ता खाँ के काल में मिली। 1664 में उसने सफलतापूर्वक चटगांव पर अधिकार कर लिया।

मुगल अहोम राज्य पर काफी समय तक अधिकार न कर सके। वहाँ नियुक्त मुग़ल फौजदारों को कई प्रतिरोधों का सामना करना पड़ा। 1680 में अहोम कामरूप पर पुनः नियंत्रण स्थापित कर सके और प्रत्यक्ष मुग़ल नियंत्रण समाप्त हुआ।

स्वायत्त सरदारों के प्रति नीतियाँ

अकबर मुगल साम्राज्य को सुव्यवस्थित एवं सुदृढ़ करने के साथ-साथ अपना ध्यान स्वायत्त सरदारों की ओर भी आकृष्ट किया। सरदार शब्द का प्रयोग उन शासक वंशों के लिए किया गया है जो संपूर्ण देश में फैले हुए छोटे-छोटे क्षेत्रों में किसी-न-किसी रूप में शासन करते थे। (इतिहासकारों के बीच इस शब्द के प्रयोग पर आम सहमति है) इन शासकों को मुग़लों के साथ संबंधों में एक विशिष्ट प्रकार का दर्जा प्राप्त था। जहाँ एक ओर वे अपने शासित क्षेत्र पर अपना प्रशासन चलाने के लिए स्वतंत्र थे वहीं पर वे मुग़ल साम्राज्य के परिप्रेक्ष्य में एक सहायक की स्थिति रखते थे।

मुगल साम्राज्य की सफलता लगभग इस तत्त्व पर निर्धारित थी कि अकबर ने अपने साम्राज्य के स्थायित्व के लिए इन सरदारों का समर्थन प्राप्त करने में सक्षम रहा और अकबर के उत्तराधिकारियों ने भी लगभग इसी नीति का अनुसरण किया।

सरदारों की सत्ता का चरित्र

समकालीन विवरणों में इन सरदारों का उल्लेख राय, राणा, रावत, रावल, राजा, मराजबान, कलंतरान (अंतिम दो नाम फारसी के हैं) आदि के रूप में हुआ है। कभी-कभी जमींदार शब्द का प्रयोग साधारण भूमि स्वामी तथा सरदारों दोनों के लिए हुआ है। मुग़ल प्रभुत्व के अधीन जमींदार स्वतंत्र न थे जबकि सरदारों को अपने शासित क्षेत्रों में पर्याप्त स्वायत्तता प्राप्त थी तथा ये मुग़ल शासकों के साथ एक विशेष प्रकार का संबंध रखते थे।

सरदारों के साथ मुग़लों का संघर्ष

अकबर का सरदारों के साथ पहली मुलाकात युद्ध द्वारा हुई थी। कई मामलों में सरदार मुग़ल एवं अफग़ान विद्रोहियों के साथ मिल गए। मुग़ल सत्ता के सुदृढ़ीकरण एवं विजयों की प्रक्रिया में अकबर ने सरदारों का समर्थन प्राप्त किया और कई ने मुग़लों की अधीनता को भी स्वीकार किया। अकबर की इन सरदारों के प्रति कोई घोषित औपचारिक नीति न थी। समकालीन स्रोतों में उपलब्ध संदर्भों के आधार पर हमें मुग़लों तथा सरदारों के बीच के संबंधों की जानकारी प्राप्त होती है। उनका संक्षिप्त विवरण निम्न प्रकार से प्रस्तुत किया जा सकता है :

1. अन्य जागीरों के अतिरिक्त उनको अक्सर जागीर के तौर पर उनके अपने क्षेत्रों को भी दिया जाता जिन्हें वतन जागीर कहा जाता था। ये जागीरें पैतृक एवं अपरिवर्तनीय थीं।

2. उनके संबंधों की एक मुख्य विशेषता यह भी थी कि यदि परिवार के अंदर शासक को लेकर किसी प्रकार का विवाद उठ खड़ा होता तब सरदार के अधिकारों को मान्यता प्रदान करने का अधिकार मुग़ल सम्राटों को था। जिन सरदारों ने मुग़लों की अधीनस्थता को स्वीकार किया उनको मुग़ल सम्राटों ने सैनिक सुरक्षा भी प्रदान की।
3. सरदारों से यह आशा की जाती थी कि वे मुग़ल सम्राट को लगातार नजराना देते रहें, इसको पेशकश कहा गया। इस पेशकश के वास्तविक चरित्र को पहचान पाना कठिन है। उस समय इसको नकदी, तथा अन्य बहुमूल्य वस्तुओं जैसे हीरे, सोना एवं हाथियों के रूप में अदा करना होता था।
4. मुग़ल शाही परिवार तथा सरदारों के बीच वैवाहिक संबंधों को भी कायम किया गया।
5. विजय के पश्चात या उसके द्वारा अधीनता स्वीकार करने के बाद उनको अपने क्षेत्रों का प्रशासन करने के लिए स्वतंत्र छोड़ दिया गया। उनके पास राजस्व एकत्रित करने, व्यवसायिक कर तथा पारगमन कर (पथ कर) आदि करों को लगाने के अधिकार थे। राजस्व एकत्रित करने में सरदार मुग़ल अधिनियमों की अपेक्षा स्थानीय परंपराओं का अनुसरण करते थे।
6. ये स्वायत्त सरदार मुग़लों के लिए सैन्य सेवाएँ भी उपलब्ध कराते थे। उनकों जागीरें एवं मनसब प्रदान किए जाते थे। ए.आर. खान के अनुसार अकबर के शासन के दौरान लगभग 61 राजाओं और सरदारों को मनसब प्रदान किए गए। इसी प्रकार की परंपरा का निर्वाह अन्य मुग़ल सम्राटों द्वारा भी किया गया।
7. जिन मामलों में सरदारों को मनसबदार नहीं बनाया गया वे भी अक्सर शत्रुओं के विरुद्ध चलाए गए सैनिक अभियानों एवं विद्रोहों का दमन करने में मुग़ल सेनाओं की मदद करते थे। संपूर्ण मुग़ल शासन के दौरान इन सरदारों ने न केवल विशाल क्षेत्रों को विजित करने में मदद की अपितु उन्होंने कई स्वायत्त शासकों के विरुद्ध भी मुग़लों की सहायता की।
8. सैन्य मदद उपलब्ध कराने के अतिरिक्त अक्सर इन सरदारों को प्रशासन में सूबेदार (गवर्नर), दीवान एवं बख़्शी आदि जैसे महत्त्वपूर्ण पदों पर भी नियुक्त किया जाता था।

सरदारों के विद्रोह

हमें मध्यकालीन भारत के इतिहास में सरदारों द्वारा किये गये कई विद्रोहों का

उल्लेख मिलता है। इन विद्रोहों का क्या कारण था; इसके बारे में समकालीन ग्रंथों ने अक्सर राजस्व या नजराने की अदायगी न करना बताया है। विद्रोहों की स्थिति में अधिकांशतः सरदारों को उनके क्षेत्र से बेदखल नहीं किया गया अपितु फिर उन्हें या परिवार के किसी अन्य सदस्य को उस क्षेत्र को सौंप दिया जाता। अगर कुछ अन्य मामलों में किसी सरदार को उसके क्षेत्र से बेदखल कर दिया जाता तब यह केवल डांट फटकार के लिए होता था और कुछ समय बाद उसी को या उसके किसी परिवार के सदस्य को सत्ता में पुनः स्थापित कर दिया जाता।

अकबर के द्वारा सरदारों के प्रति जो नीति अपनायी गयी थी वही नीति आने वाले मुगल राजाओं ने भी अपनायी थी। इन सरदारों को मुग़ल कुलीनों या मनसबदार के रूप में शामिल करने की नीति साम्राज्य के लिए अति लाभप्रद साबित हुई। मुग़ल सम्राटों ने सरदारों का समर्थन तथा नवीन विजयों के लिए उनकी सेवाएँ प्राप्त करने में सफलता प्राप्त की। मुग़ल कुलीनों के रूप में इस विशाल साम्राज्य के प्रशासन का संचालन करने में इन सरदारों ने महत्त्वपूर्ण सहायता प्रदान की। इन सरदारों के साथ मित्रतापूर्ण संबंधों ने साम्राज्य के लिए शांति को सुनिश्चित किया।

सरदारों को इस नीति से हानि नहीं बल्कि लाभ ही लाभ हुआ। इसी नीति के कारण सरदार अपने क्षेत्र को अपने पास बनाए रख सकते थे और अपनी इच्छानुसार अपने क्षेत्र का प्रशासन चला सकते थे। इसके अतिरिक्त उन्होंने अन्य जागीरें तथा मनसब भी प्राप्त किए। कई बार उनको प्रदान की गई जागीर उनके स्वयं के क्षेत्र की अपेक्षा बड़ी होती थी। साथ ही साथ उनको अपने शुत्रओं के विरुद्ध मुग़ल साम्राज्य की सुरक्षा भी प्राप्त हुई।

5

जहाँगीर (1605—1627 ई.)

जहाँगीर का जन्म 30 अगस्त, 1569 ई. में अकबर की बेगम मरियम उज्जमानी के गर्भ से शेख सलीम चिश्ती की कुटिया (जो फतेहपुर में हैं) में हुआ था। ऐसा माना जाता है कि शेख सलीम चिश्ती ने अकबर के लिए तीन पुत्रों की प्राप्ति का वरदान दिया था। सम्भवतः यही काल था कि गर्भकाल में मरियम को इस फकीर की कुटी में भेज दिया गया। इनका प्रारंभिक नाम सुल्तान मुहम्मद सलीम रखा गया था। उसकी माता भारमल की पुत्री मारियम उज्जमानी थी। अकबर उसे शेखू बाबा कह कर पुकारा करतें थे। अकबर ने पैदल चलकर शेख मुईनुद्दीन चिश्ती के दरगाह की यात्रा सम्पन्न की। नवजात शिशु का पूर्ण सतर्कता एवं लाड़-प्यार द्वारा लालन-पालन फतेहपुर सीकरी में हुआ एवं समय होने पर नई राजधानी फतेहपुरसीकरी गें जहाँ अकबर ने सुरम्य भवनों से घिरे हुए एक विशाल प्रासाद का निर्माण किया था, उसके अध्ययन-अध्यापन की व्यवस्था की। उसका विद्यारम्भ-संस्कार 28 नवंबर, 1573 ई. को हुआ। राजकुमार को फारसी, तुर्की, अरबी, गणित, हिंदी, इतिहास, भूगोल तथा अन्य उपयोगी शास्त्रों का सम्यक् ज्ञान देने के लिए एक के बाद दूसरे योग्य आचार्य नियुक्त किए गए। परंतु इस संपूर्ण विज्ञमंडली में जिस एक पुरुष के व्यक्तित्व ने उसके मस्तिष्क पर अमिट छाप लगाई, वह था अब्दुर्रहीम खानखाना। वह एक सर्वतोन्मुखी प्रतिभावान व्यक्ति था। अरबी, तुर्की, फारसी और हिंदी का

प्रकांड पंडित होने के साथ-साथ वह एक कुशल सैनिक एवं धुरंधर नीतिज्ञ भी था। इसी व्यक्ति के शिक्षत्व में सलीम ने फारसी पर अधिकार प्राप्त किया तथा तुर्की और हिंदी की भी पर्याप्त जानकारी प्राप्त की। फारसी में पद्यरचना करना भी उसने सीखा। हिंदी गीत उसके प्रिय विषय थे। उसे भूगोल और इतिहास का भी अध्ययन कराया गया। उद्‌भिज्ज और प्राणिशास्त्र, संगीत और चित्रकला एवं अन्य ललित-कलाओं में भी वह रुचि लेने लगा। साथ ही उसकी शारीरिक और सैनिक-शिक्षा पर भी ध्यान दिया गया जिसमें उसने व्यायाम एवं अस्त्र-शस्त्रों का समुचित प्रयोग सीखा। कालांतर में वह एक लक्ष्यभेधी और शक्तिशाली आखेटक बन गया।

तत्कालीन प्रथानुसार अल्पावस्था में ही उसे सैन्य-व्यवस्था के साथ सम्बद्ध होना पड़ा। 1581 ई. के काबुल के आक्रमण के अवसर पर उसे सेना की एक टुकड़ी का अध्यक्ष बनाकर भेजा गया था। तत्पश्चात् उसे स्वतंत्र रूप से सैन्य-शासन के साथ ही प्रजा-शासन की भी शिक्षा दी गई। 1577 ई. में दसहजारी और 1585 ई. में बारहहजारी की उपाधि से उसे राजकीय पद में प्रदान किया गया।

सलीम का विवाह 15 वर्ष की अवस्था में अपने मामा भगवान दास की बेटी से हो गयी। यह मानबाई के राजा भी थे। विवाह-संस्कार हिंदू और मुस्लिम दोनों ही प्रणालियों द्वारा 13 फरवरी, 1585 ई. को संपन्न हुआ। राजा भगवानदास ने अमूल्य दान-दहेज दिए। अभागा खुसरो जिसका जीवन दुर्दिनों में बीता और जिसकी अत्यंत मार्मिक मृत्यु हुई, इसी दांपत्य की देन था। जहाँगीर मानबाई पर अनुरक्त था। उसे शाह बेगम का पद प्राप्त था। मानबाई ने 1604 ई. में अपने पुत्र के पितृ-भक्ति-विहीन व्यवहार से क्षुब्ध होकर पा आत्महत्या कर ली थी। इस धटना से जहाँगीर पर इतना प्रभाव पड़ा कि उसने चार दिनों तक पानी अथवा भोजन का स्पर्श तक न किया। मानबाई के जीवनकाल में ही सलीम ने अन्य रमणियों से विवाह कर लिया था। जिसमें से राजा उदयसिंह की पुत्री जगत गोसाई उर्फ जोधाबाई का नाम विशेषरूप से उल्लेखनीय है। बाद में तो उसके अंतःपुर में स्त्रियों की संख्या 800 हो गई थी। थोड़ी आयु से ही उसने सुरापान आरंभ कर दिया था जिससे वह व्यसनी हो गया। अन्य इंद्रियजन्य भोगों में भी वह लिप्त रहने लगा।

सलीम का विद्रोह (1599-1604 ई.)

सलीम अपना काफी समय भोगविलास में व्यतीत कर देता था। इसके साथ-साथ वह मद्यपान भी करता था। अकबर इन सब व्यवहारों से बिलकुल खुश नहीं था। उसने शिक्षा और दंड भेद दोनों ही प्रकार से उसे सुधारने का प्रयत्न किया।

परंतु पिता और पुत्र के बीच का भेदभाव उत्तरोतर बढ़ता गया, क्योंकि सलीम अपने पिता की मृत्यु के पूर्व ही उसके वैभव एवं राजसत्ता का अधिकार लेना चाहता था। कुछ यूरोपियन विद्वानों का मत है कि अकबर की इस्लाम के प्रति उदासीनता एवं सलीम की उसके प्रति संरक्षक भावनाएँ ही इस भेदभाव को उत्पन्न करने का प्रमुख कारण थीं, परंतु यह निराधार जान पड़ता है। सलीम इस्लाम का कट्टर अनुयायी कभी न था और न वह उसको संरक्षण प्रदान करने में समर्थ था। 1591 ई. मतें बाप-बेटे दोनों के मध्य भेदभाव का पर्दाफास तब हुआ जब बाप की बीमारी में बेटे द्वारा जहर देने की शंका की गयी। यह संदेह भी निर्मूल था। 1599 ई. में जब अकबर ने खानदेश की विजय करने के लिए प्रयाण किया तो सलीम को मेवाड़ के राणा अमर सिंह पर आक्रमण करने भेजा गया। परंतु वह मेवाड़ न जाकर अजमेर में ही घूमता रहा तथा कुसंगति एवं महत्त्वाकांक्षा से पराभूत हो खुल्लमखुल्ला विद्रोह करने पर उतारू हो गया। यहाँ से सलीम लगभग एक करोड़ रुपए तथा उन्हीं दिनों मरे हुए शहबाज खाँ कम्बोह की सम्पत्ति प्राप्त कर आगरे के किले के दो करोड़ रुपए के मूल्य वाले कोष पर अधिकार प्राप्त करने के लिए अग्रसर हो गया। इसमें वह सफल न हो सका, अतः यमुना पार कर वह प्रयाग चला गया, जहाँ उसने अपना दरबार स्थापित किया। बिहार का एक भाग अपने अधीनस्थ कर वह स्वतंत्र नरेश बन बैठा। बिहार के राजकोष से उसने 30 लाख रुपए हथिया लिए और इस प्रदेश की व्यवस्था करने के लिए एक शासक की भी नियुक्ति की।

अकबर को सलीम के इन सब कारनामों की सूचना असीरगढ़ में मिली जिसके फलस्वरूप उसने ख्वाजा मुहम्मद शरीफ को, जो सलीम का मित्र और बालसखा था, शांति-स्थापना के लिए प्रयाग भेजा। परंतु वह स्वयं सलीम से जा मिला और उसके अधीनस्थ प्रधानमंत्री का पद ग्रहण कर लिया। इन घटनाक्रमों से विवश होकर अकबर को असीरगढ़ का युद्ध बंद कर 1601 ई. के मध्य में आगरे आना पड़ा। सलीम भी 30,000 सैनिकों का नेतृत्व करते हुए यह कहते हुए आगे बढ़ा कि वह अपने पिता की अभ्यर्थना हेतु जा रहा है। रास्ते में वह डकैती और लूटमार करता गया। सम्राट ने शहजादे को अपनी सेना का विच्छेदन करने एवं तुरंत प्रयाग लौट जाने का आदेश दिया। सलीम को सम्राट द्वारा शक्ति प्रयोग में अपनी पराजय का भय लगा; अतएव उसने अपनी राज्यभक्ति और विश्वसनीयता का वचन भिजवाया। सम्राट ने उसे क्षमा कर उसे बंगाल और उड़ीसा का गवर्नर नियुक्त किया। तब सलीम इलाहाबाद लौट गया किंतु उसने अपनी बुरी भावनाओं को नहीं छोड़ा तथा बिहार और उड़ीसा का चार्ज नहीं लिया। उसने नरेश का पद ग्रहण किया और नियमित रूप से दरबार लगाना,

फरमान जारी करना तथा मनसब और जागीर प्रदान करना आरंभ किया। गोआ में पुर्तगालियों से सैनिक सहायता प्राप्त करने का असफल प्रयत्न भी उसने इसी बीच किया। इस विद्रोह से विकल हो अकबर ने अबुल फजल को दक्षिण से उसे परामर्श हेतु बुलाया परंतु सलीम ने 19 अगस्त 1602 ई. को बरखी सराय और अंतरी के बीच ओरछा के वीरसिंह देव नामक विद्रोही से अबुल फजल को मरबा दिया। जब इस हत्या की खबर अकबर को मिली वह बड़ी चिन्ता व शोक में डूब गया और जनता के समक्ष तीन दिन तक न आया। उसने सलीम की भर्त्सना की और वीरसिंह को मृत्युदंड का आदेश दिया परंतु वह निकल भागा और आगे चलकर जहाँगीर का कृपापात्र बना।

हालांकि सलीम को अमानुषिक व्यवहार की भांति सजा मिलनी चाहिए, लेकिन अकबर ने ऐसा करना उचित नहीं समझा। सम्राट का दूसरा पुत्र मुराद पहले ही मर चुका था और तीसरा पुत्र दानियाल शनैः-शनैः अवसान को प्राप्त हो रहा था। सलीम अभी अत्यंत अल्पवयस्क था। अन्तःपुर की स्त्रियों ने भी सम्राट की बीती बातें भूलने एवं सलीम को क्षमा प्रदान करने की प्रार्थना की। जहाँगीर की विमाता सलीमा बेगम ने शांति-स्थापनार्थ प्रयाग जाने देने के लिए सम्राट से प्रार्थना की जो स्वीकृत की गई। उसने सलीम को सीधे मार्ग पर लाने का कार्य सम्पन्न किया। सलीम आगरा आया और उसकी पितामही मरियम मकानी ने उसे अकबर के समक्ष ले जाकर उसके चरणों पर नत करा दिया। अकबर ने उसे उठाकर आलिंगन किया। सलीम ने सम्राट को 770 हाथी और 12,000 स्वर्ण-मुद्राएँ भेंट कीं। अकबर ने केवल अत्यंत शीलता से उसे क्षमा ही प्रदान नहीं की अपितु उसे अपना युवराज घोषित कर पुरस्कृत भी किया।

अकबर ने विभिन्न प्रकार के अवगुणों को दूर करने के लिए 14 अक्टूबर 1603 को जहाँगीर को मेवाड़ विजय के लिए भेजा जिसे वह 1599 ई. में नहीं कर पाया था। सलीम फतेहपुर सीकरी तक गया परंतु अपने को राणा के समक्ष अशक्त और असमर्थ देखकर उसने प्रयाग लौट जाने के लिए आज्ञा माँगी। अकबर ने यह प्रार्थना मान ली। प्रयाग आकर शहजादा फिर दुराचरण में फँस गया और पुनः अर्द्धस्वतंत्र राजसत्ता का आविर्भाव कर बैठा। अकबर इस बात से अत्यंत क्रोधित हुआ और शाहजादे को बलपूर्वक संमार्ग पर लाने के लिए प्रयाग जाने की तैयारियाँ करने लगा। परंतु अपनी माता की अस्वस्थता और मृत्यु के कारण यह अपने विचार कार्यरूप में परिणित न कर सका। अकबर ने सलीम के पुत्र खुसरो को उत्तराधिकार देने की ठानी। वह आमेर के राजा मानसिंह का भानजा और मिर्जा अजीज कोका का

दामाद होने के कारण साम्राज्य के दो सुविख्यात वीर वंशों से संबंधित भी था। उसकी आयु इस समय सत्रह वर्ष की थी। उसकी आकृति सुंदर और आचार-व्यवहार प्रभावपूर्ण था। उसका व्यक्तिगत जीवन भी निरपवाद था। परंतु सलीम के जीवन में खुसरो का उत्तराधिकारी बनाना भी असंगत होता। इस कारण अकबर को यह विचार त्यागना पड़ा। सलीम ने भी अपनी स्वार्थरक्षा के हितार्थ अपने पिता के पास आगरा जाकर माफी मागने में ही भलाई समझा इसलिए अपनी मातामही के देहावसान के उपलक्ष में अकबर के प्रति संवेदना प्रदर्शित करने के लिए दरबार में उपस्थित हुआ। अकबर उससे दरबार-ए-आम में सादर मिला परंतु राजप्रासाद में उसके दुरभिचार के लिए उसकी भर्त्सना की, मुँह पर तमाचा मारा और हकीम की संरक्षता में एक स्नानागार में बंदी कर दिया। दस दिन के कारावास के उपरांत शाहजादा मुक्त कर दिया गया और पुनः स्नेहपात्र बना लिया गया। 20 अप्रैल, 1604 ई. को अकबर के सबसे छोटे पुत्र दानियाल की मृत्यु हो गयी। अब सलीम ही अकेला पुत्र और उत्तराधिकारी बच रहा, अतः भविष्य में उसे किसी प्रकार से दंडित न करने का अकबर ने निश्चय कर लिया।

अकबर का स्वास्थ्य दिन-प्रतिदिन गिरता ही जा रहा था। तीन अक्टूबर 1605 में अकबर का दरबार दो गुटों में बँट गया। एक सलीम के पक्ष में था और दूसरा खुसरो के। मानसिंह और मिर्जा अजीज कोका सलीम के दमन और खुसरो के राज्याभिषेक के पक्ष में थे, परंतु उनके अनुयायी अल्पसंख्या में थे। रामदास कछवाहा ने सलीम के हितों की रक्षा के लिए राज्यकोष पर अपने राजपूतों का पहरा लगवा दिया और बहुत से मुसलमान सरदार, जिनमें बारहा के सैय्यद भी शामिल थे, उसके पक्ष में हो गए। 21 अक्टूबर को मरणासन्न सम्राट ने अपनी राजकीय पगड़ी और कटार द्वारा सलीम को आभूषित कर अपना उत्तराधिकारी घोषित किया। 25-26 अक्टूबर, 1605 ई. की अर्द्धरात्रि को अकबर की मृत्यु हुई। इस समय सलीम का पक्ष खुसरो की अपेक्षा कहीं अधिक शक्तिशाली था। इस पक्ष ने सलीम से पहले ही इस्लाम की रक्षा और खुसरो तथा उसके पक्ष के लोगों को क्षमा करने की प्रतिज्ञा करवा ली थी। उसका राज्याभिषेक अकबर की मृत्यु के आठवें दिन निर्विघ्न रूप से संपन्न हुआ।

राज्याभिषेक (3 नवंबर, 1605 ई.)

गुरूवार 3 नवम्बर 1605 ई. को आगरे के किले में जहाँगीर का राजतिलक किया गया। स्वयं इसने राजमुकुट को अपने सिर रखा और नूरूद्दीन मुहम्मद जहाँगीर बादशाह 'गाजी' की उपाधि धारण की। अनेक कारावासी मुक्त किए गए और उसके

नाम के सिक्के चलने लगे। निम्न 12 आदेशों को उसने अपनी नीति में घोषित की—

(1) राजकीय कर्मचारियों को किसी के घर पर बलपूर्वक अधिकार कर लेने की मनाही की गई।

(2) नाक या कान काटने के दंड को उसने अवैध कर दिया।

(3) कृषकों की भूमि बलपूर्वक लेने की मनाही की गई।

(4) सम्राट की आज्ञा के बिना जागीरदार अथवा परगनाधीश अपने परगने में किसी व्यक्ति के साथ विवाह-सूत्र में बद्ध न हो सकता था।

(5) तमग़ा नामी महसूल जिसमें मीर बहरी तथा अन्य महसूल सम्मिलित थे, उसने बंद करवा दिए।

(6) उसने सड़कों के किनारे सराय, मस्जिद और कुओं के निर्माण के आदेश दिए।

(7) व्यवसायियों की जानकारी और स्वीकृति बिना उनके सामान की गाँठ खोलना बंद कर दिया गया।

(8) मृत्यु के पश्चात किसी मनुष्य की संपत्ति उसके उत्तराधिकारी को मिलने की व्यवस्था की। यदि मृत पुरुष का कोई उत्तराधिकारी न होता तो वह संपत्ति राज्य-पदाधिकारी के संरक्षण में जमा की जाती और सार्वजनिक भवनों के निर्माण एवं जीर्णोद्धार के प्रयोग में लाई जाती।

(9) मद्य तथा अन्य मादक वस्तुओं का निर्माण एवं क्रय निषिद्ध कर दिया गया।

(10) साल के कुछ दिनों में पशु-हत्या अवैध मानी गई। सप्ताह के दो दिनों भी—गुरुवार को, जब जहाँगीर राज्यारूढ़ हुआ और रविवार को, जो अकबर का जन्म दिवस था—पशु हत्या बंद रखी जाती थी।

(11) अकबर के समय के समस्त कर्मचारी एवं जागीरदार अपने-अपने पदों पर पुनः प्रतिष्ठित कर दिए गए।

(12) दीनों और असहायों की चिकित्सा के लिए सरकारी औषधालयों की स्थापना की गई।

यमुना-तट पर एक स्थान से आगरा किला के शाह बुर्ज तक घण्टियाँ लगी हुई एक स्वर्ण जंजीर लगा दी गई जिससे न्याय प्रार्थी किसी राजकर्मचारी अथवा सेवक की सहायता बिना घंटा बजाकर सीधे सम्राट से फरियाद कर सकता था।

अपने पिता अकबर के शासन काल में अन्तिम दौर तक जो भी अधिकारी नियुक्त किये गये थे जहाँगीर ने उसमें कोई परिवर्तन नहीं किया तथा कुछ ऐसे व्यक्तियों को भी जिनसे उनका व्यवहार प्रतिकूल तक था, अभिवृद्धि प्रदान की। अब्दुर रज्जाक मामूरा और ख्वाजा अब्दुल्ला को जिन्होंने उसे छोड़कर अकबर का पक्ष

ग्रहण किया था, अपने-अपने पदों पर बना रहने दिया। अबुल फजल का पुत्र अब्दुर्रहमान दोहजारी मनसबदार के पद पर नियुक्त कर दिया गया। मानसिंह और अजीज कोका भी जिन्होंने खुसरों के राज्यारोहण के लिए पक्ष लिया था, क्षमा कर दिया गया और उन्हें अपने पद से नहीं हटाया गया। परंतु उनकी सत्ता अकबर के समय के बराबर न रही। बंगाल के गवर्नर मानसिंह के स्थान पर सलीम का कृपापात्र कुतबुद्दीन कोका बनाया गया। स्वभावतः कृतज्ञ जहाँगीर ने अपने अनेक कृपापात्रों को जिनमें कोई विशेष योग्यता न थी अच्छे-अच्छे पद प्रदान किए। शरीफ खाँ प्रधानमंत्री बनाया गया। कुतबुद्दीन कोका और ओरछा का वीरसिंह देव इसी वर्ग के कुछ व्यक्ति थे। नवनियुक्त पदाधिकारियों में दो विशेषरूप से योग्य पात्र थे। एक था नूरजहाँ का पिता गियास बेग, जो दीवान अथवा राज्यकर मंत्री नियुक्त किया गया और उसे इतमादउद्दौला की उपाधि दी गई। दूसरे जमानाबेग को महाबत खाँ की उपाधि दी गई और उसे डेढ़ हजारी मनसबदार बना दिया गया।

खुसरो का विद्रोह (अप्रैल-मई 1606 ई.)

अकबर के देहान्त के बाद तथा जहाँगीर के गद्दी पर बैठने के कुछ महीनों के अन्दर इसका सबसे बड़ा पुत्र खुसरो ने उसके विरुद्ध विद्रोह कर दिया। खुसरो के मामा आमेर के राजा मानसिंह की मध्यस्थता के कारण जहाँगीर ने खुसरो को उसके गत-व्यवहार के लिए क्षमा अवश्य कर दिया परंतु मानसिंह के बंगाल जाते ही उसे आगरा के किले के एक भाग में बंदी बना दिया। खुसरो अपने भूतकाल में पितामह की गद्दी पर बैठ सकने के स्वर्णिम क्षणों एवं दरबार के शक्तिशाली सरदारों के पक्षपात के सुखद गौरव को अपने मानसपटल से दूर न कर सका था, अतः इस निरादरपूर्ण व्यवहार के प्रति वह सहिष्णु न रह सका। वह इससे मुक्त होकर उस राजसत्ता को हथियाने का प्रयत्न करने लगा जो किसी समय उसके हस्तगत होते-होते बची थी। 350 अश्वारोहियों को साथ लेकर 6 अप्रैल, 1606 ई. की संध्या को सिकंदरे में अकबर की दरगाह को देखने के बहाने वह निकल भागा और शीघ्रतापूर्वक दिल्ली की ओर अग्रसर हुआ। मार्ग में 300 अश्वारोहियों का नायक हुसैन बेग बदख्शी उससे आ मिला। शनैः शनैः उसके अनुयायियों की संख्या 12,000 तक पहुँच गई। तदनन्तर शाहजादा खुसरो ने राजकीय रक्षा-दल पर धावा बोलकर एक लाख रुपयों पर अपना कब्जा जमा लिया। इसके बाद वह दिल्ली होते हुए वह लाहौर पहुँचा जहाँ उससे इस प्रांत का दीवान अब्दुर्रहमान आ मिला। शाहजादे ने अब्दुर्रहमान को अपना मंत्री नियुक्त किया। तरनतारन में खुसरो ने सिक्खों के पाँचवें गुरु, गुरु अर्जुनसिंह

का अशीर्वाद भी प्राप्त किया। लाहौर पहुँचकर उसने वहाँ के दुर्ग को गवर्नर दिलावर खाँ द्वारा सुरक्षित पाया। नगर के दरवाजे बंद थे। खुसरो ने विजय की चेष्टा भी की किंतु निष्फल रहा।

खुसरो के पलायन के कुछ ही घंटों के अंदर सम्राट को उसके भागने का समाचार ज्ञात हो गया। उसे पकड़ने के लिए शेख फरीद की अध्यक्षता में सेना की एक टुकड़ी भेजी गई। स्वयं लाहौर जाकर सम्राट ने प्रतिक्षण इसी उपादान में लगाया। इस समय लाहौर को शाहजादे ने घेर रखा था। दो व्यक्तियों द्वारा घिर जाने की आशंका से खुसरो ने अपनी सेना की एक टुकड़ी लाहौर के घेरे में छोड़ दी और स्वयं 10 हजार सैनिकों की अध्यक्षता करता हुआ राज्यसेना से मुठभेड़ करने के लिए अग्रसर हुआ। जहाँगीर ने शांति-उपकरणों द्वारा अपने पुत्र को अनुकूल लाना चाहा परंतु जब वे प्रयत्न विफल रहे तो भैरोवाल के मैदान में दोनों सेनाओं में युद्ध हुआ। यद्यपि खुसरो की सेना की संख्या अधिक थी फिर भी वह बुरी तरह पराजित हुआ और अपने चुने हुए एवं विश्वस्त मित्रों तथा अब्दुर्रहीम एवं हुसैन बेग आदि के साथ भाग खड़ा हुआ। इस झमेले में उसका रत्न-मंजूषा रह गया जो कि साम्राज्यपक्षी लोगों के हाथ लगा।

हुसैन बेग ने यह सुझाव दिया कि काबुल पर सत्ता जमाकर वही से दिल्ली पर अधिकार जमाया जा सकता है। तदनुसार खुसरो ने शाहपुर के घाट पर चिनाब पार की परन्तु अपने साथियों सहित वह अपनी खोज में भेजे गए पुरुषों द्वारा पकड़ा गया। जहाँगीर उस समय लाहौर में था। शाहजादे के बंदी बनने का समाचार सुनकर वह अत्यंत प्रसन्न हुआ और उसे अपने शिविर में लाने का आदेश दिया। 1 मई, 1607 ई. को हथकड़ी पहने खुसरो को बंदीरूप में भरे दरबार में सम्राट के सम्मुख लाया गया। खुसरो के दायीं ओर हुसैन बेग और बायी ओर अब्दुर्रहीम था। खुसरो मारे डर से थर-थर कांप रहा था और विलख-विलख कर रो रहा था उसने राजा से नमस्ते करने के लिए सोच ही रहा था। परंतु उसे अपने स्थान पर खड़े रहने का आदेश मिला। विद्रोही शाहजादे की सम्राट ने कटु भर्त्सना की और उसे बंदी बनाने का आदेश दिया। उसके अन्य अनुयायी हुसैन बेग और अब्दुर्रहीम क्रमशः बैल और गधे की ताजी खाल में सीं दिए गए। गधे की पूँछ की ओर मुँह कर उन्हें गधों पर चढ़ाकर लाहौर की सड़कों पर घुमाया गया। हुसैन बेग 12 घंटे के अंदर मर गया। अब्दुर्रहीम चौबीस घंटे भर की दण्ड-यन्त्रणा के पश्चात मुक्त कर दिया गया। खुसरो के अन्य छोटे-छोटे अनुयायियों को एक मील लंबी सूली पर कतार में लटका दिया गया और उसे स्वयं एक हाथी पर आरूढ़ कर इन कतारों के बीच से ले जाया गया। जाते समय

उससे व्यंग्यपूर्वक अपने सहचरों से सम्मान ग्रहण करने का आदेश दिया गया। इस वीभत्स कांड ने उसके कोमल हृदय को शोकप्लावित कर दिया जिसके फलस्वरूप कई दिन उसने रो-रो कर काटे।

जहाँगीर अब अर्जुनसिंह की तरफ प्रभावित हुआ जो उसके गुरू थे और इसे आगरे से लाहौर जाते समय अपने अशीर्वाद का पात्र बनाया था। सम्राट की दृष्टि में एक राजद्रोही को अवलंब देने के कारण वह अपराधी थे। किंवदंती है कि जहाँगीर ने गुरु अर्जुन पर दो लाख रुपयों का दंड निश्चित किया जिसे गुरु ने देने से मनाकर दिया जिसके फलस्वरूप उन्हें मृत्युदंड दिया गया। सम्राट का यह कार्य विवेकशून्य था और उसे गुरु अर्जुन जैसे धार्मिक व्यक्ति के साथ एक साधारण स्तर के अपराधी जैसा व्यवहार न करना चाहिए था। सिक्ख विचार परंपरा के अनुसार जहाँगीर ने अपने हठधर्म के आवेश में आकार ही यह दुष्कृत्य किया। बताते हैं कि गुरु को पाशविक यन्त्रणाएँ देकर मारा गया, संभवतः यह आरोप निराधार है परंतु यह बात सत्य है कि गुरु के वध से सिक्खों और मुगलों के बीच भेदभाव उत्पन्न हो गए जिसके परिणामस्वरूप औरंगजेब के समय में विद्रोह की आग भभक उठी।

जहाँगीर ने खुसरो के आगरे से पराजित होने के एक माह के भीतर ही उस पर अपना अधिकार जमा लिया। इस सफलता में जिन व्यक्तियों का सहयोग उसने पाया, उन्हें उचित पुरस्कार देकर वह आगरे लौट आया, परंतु पुत्र जैसे निकट संबंधी द्वारा किए गए इस विद्रोह के परिणाम शुभ न हुए। यत्र-तत्र दूसरे विप्लव भी राज्य में हुए। इनमें से सर्वप्रथम बीकानेर के राजा रायसिंह का था। यह पाँचहजारी मनसबदार था और मुगल दरबार के सर्वश्रेष्ठ सरदारों में से माना जाता था। शाही रमणियों को अपने संरक्षण में पंजाब ले जाने का काम इसे सौंपा गया परंतु वह अपना रक्षण-कार्य मथुरा में ही त्यागकर बिना आज्ञा बीकानेर चला गया जहाँ जाकर विद्रोह का झंडा खड़ा कर दिया। उसने नागौर पर अपना अधिकार जमाया तथा राजकीय सत्ता का उल्लंघन किया। राय जगन्नाथ कछवाहा को उसके दमन के लिए भेजा गया। उसने रायसिंह को परास्त किया और उसे दरबार में उपस्थित किया। जहाँगीर ने उसे क्षमा प्रदान की तथा उसके मनसब और पद पर उसे बहाल कर दिया। बिहार के संग्राम नामक अल्प-शक्त जागीरदार ने खुसरो के विद्रोह का लाभ उठाकर अराजकता पैदा कर दी। उसे बिहार के प्रदेशाधिपति जहाँगीर कुली खाँ ने परास्त किया परंतु खुसरो के विद्रोहजनित देश की आंतरिक अशांति का सबसे महत्त्वपूर्ण प्रभाव फारस के शाह पर पड़ा जिसने मौके की तलाश करके कंधार को अपने

अधिकार में करने के उद्देश्य से आगे बढ़ना प्रारंभ कर दिया।

कंधार (1606-1607 ई.)

मध्य युग के दौरान व्यापारिक और सैन्य दोनों ही उद्देश्यों से विशिष्ट होने के कारण कंधार प्रचुरकाल तक भारत और फारस के बीच के वैमनस्य और कलह का कारण बना रहा। यह भारत का सिंहद्वार कहलाता था। कंधार विदेशी आक्रमणकारी, चाहे वह फारस के हों अथवा मध्य एशिया के इसी को अपने आक्रमण-क्षेत्र का आधार बनाकर अग्रसर होते थे। इस दुर्ग पर अधिकार होने के बाद काबुल पर अधिकार करना किसी भी सत्ता के लिए मुश्किल कार्य नहीं था। यही कारण था कि फारस की सरकार के लिए सीमांत प्रदेश में यह एक महत्त्वपूर्ण स्थान समझा जाता था। व्यापारिक दृष्टि से भी इसकी सत्ता कुछ कम न थी। भारत, फारस, तुर्की एवं मध्य एशिया से व्यापारी यहाँ एकत्रित होते थे तथा भारत से मध्य एशिया एवं यूरोपीय देशों के लिए भी यही एकमात्र मार्ग था। बाबर ने, जो इसकी दुहरी महत्ता से भलीभाँति परिचित था, इस स्थान को 1522 ई. में अपने अधीन बना लिया परंतु 1558 ई. में हुमायूँ की मृत्योपरांत यह फारस के सम्राट के राज्याधिकार में पहुँच गया जिसकी व्यवस्था के लिए उसने शाह मिर्जा हुसैन को नियुक्त किया परंतु 1594 ई. में अकबर ने पुनः उसे मुगल राजतंत्र का एक भाग बना लिया। अकबर की मृत्यु के पश्चात जब खुसरो का विद्रोह आरंभ हुआ तो शाह अब्बास ने खुरासान के अध्यक्ष को उत्तेजित कर कंधार पर आक्रमण करने के लिए प्रस्तुत करने का स्वर्ण अवसर मिला। परंतु इस दुर्ग के अधिपति शाहबेग खाँ ने शक्तिपूर्वक इसका सामना किया। 1607 ई. के प्रारंभिक दौर में शाहबेग खाँ युद्ध से घिर गये उस समय जहाँगीर हर तरह से उनकी सहायता करने के लिए मिर्जा गाजी को भेजा। इस सहायक सेना को देखते ही फारसी सैनिकों के पैर उखड़ गए। वे भयाक्रांत हो अपना घेरा उठा खुरासान लौट गए। चाल विफल होने पर शाह अब्बास ने इस आक्रमण के प्रति अपनी अज्ञानता प्रदर्शित की, खुरासान के सरदारों की भर्त्सना तथा जहाँगीर से क्षमायाचना की। उसने लिखा है कि युद्ध विकल सीमांत प्रदेशीय वर्गों का ही एक ऐच्छिक व्यवहार था। इस मूर्ख एवं धृष्टतापूर्ण व्यवहार के लिए उसने उन्हें दंड भी दिया। जहाँगीर फिर से झगड़ा खड़ा नहीं करना चाहता था। उसने इसी बात को मान लिया। इस प्रकार यह मामला भी समाप्त हुआ।

आने वाले समय में किसी भी तरह के विद्रोह से बचने के लिए सम्राट ने उन स्थानों पर जाना उचित समझा। लाहौर से 27 मार्च, 1607 ई. को प्रस्थान कर वह

4 जून को काबुल पहुँचा। यहाँ पर वह 11 सप्ताह रहा। इसी बीच में वहाँ की प्रजा के महत्त्वपूर्ण अंशों के घनिष्ठ संपर्क में आया। काबुल में जो चुंगी का कर लगाया जाता था, उसे उसने हटा दिया। तत्पश्चात वह अगस्त में लाहौर की ओर रवाना हुआ। मार्ग में मृगयास्थल उसकी हत्या कर उसके पुत्र खुसरो के राज्याभिषेक करने का षड्यंत्र भी रचा गया। इस षड्यंत्र के प्रमुख कार्यकर्त्ताओं में खुसरो स्वयं, नूरुद्दीन, फतहउल्ला, इतमादुद्दौला का पुत्र शरीफ एवं इतवार खाँ नामक एक ख्वाजा आदि व्यक्ति सम्मिलित थे। खुसरो के मनमोहक व्यवहार, चित्ताकर्षक भाषण तथा निर्दोष व्यक्तिगत जीवन से प्रभावित हो 400 के लगभग पुरुष उसके पक्ष में हो गए। इतनी अधिक संख्या को विश्वासपात्र बना लेने के पश्चात षड्यंत्र का छिपा रहना असंभव था। परिणाम स्वरूप रचा हुआ षड्यंत्र की पोल खुल गयी और षड्यंत्र की सूचना खुर्रम ने जहाँगीर को दे दी। तुरंत इस विषय में छानबीन की गई और इतवार खाँ के कई पत्र पकड़े गए। इन षड्यंत्रकारियों में एक मिर्जा मुहम्मद उजबेग को जब अभयदान का लोभ दिया गया तो संपूर्ण षड्यंत्र का पता लग गया। सम्राट ने साधारण पुरुषों को क्षमादान दिया तथा नूरुद्दीन, शरीफ एवं बेदाग तुर्कमान को मृत्युदंड दिया और खुसरों के दोनों नेत्रों में से एक नेत्र निकाल देने का आदेश दिया।

नूरजहाँ

मेहरुन्निसा एक विधवा महिला थी जिससे जहाँगीर ने मई 1611 ई. में निकाह किया था और उसे नूरमहल की उपाधि जो बाद के दिनों में नूरजहाँ के नाम से प्रसिद्ध हुई। नूरजहाँ शनैः-शनैः सम्राट और साम्राज्य-शासन संबंधी मामलों पर असीम प्रभाव डालने लगी। वह गियासबेग नामक एक फारसी की पुत्री थी जो कि अकबर की सेवा में उपस्थित हुआ था। उसे इतिमादउद्दौला की उपाधि दी गई थी। नूरजहाँ के मादक व्यक्तित्व के चारों ओर मनोनीत अनुरंजक किवदंतियों का परिवेष्ठन मिलता है। इतिहासकारों के मतानुसार दुर्दैव से पराभूत हो नूरजहाँ के माता-पिता अपनी मातृभूमि फारस को छोड़कर अपने भाग्य को आजमाने भारत आए थे। मार्ग के लिए प्रचुर सामग्री जुटाये बिना ही वह इस दुस्साध्य यात्रा पर अग्रसर हो गए। पति-पत्नी दरिद्रता से बुरी प्रकार ग्रसित थे। गियासबेग की पत्नी का लगभग पूर्ण गर्भिणी होना एक और विषम समस्या थी। इस बुभुक्षित और क्लांत नारी से मार्ग में ही एक कन्या को जन्म दिया। मार्ग में इस नवजात शिशु को ले जाने में दम्पत्ति असमर्थ थे। अतः उसे एक पेड़ के नीचे छोड़कर उन्होंने अपने पथ पर पग अग्रसर किए। अभी कुछ दूर ही चल पाए थे कि माता को अपना शिशु-शून्य

जीवन का एक असाध्य भार ज्ञात पड़ने लगा और उसने अपने पति को उस बच्ची को उठा लाने के लिए लौटा भेजा। शिशु के समीप उन्होंने एक चमत्कार का दर्शन किया। एक सर्प कुंडली बनाए बैठा था अपने फन से धूप से उसकी रक्षा कर रहा था। गियासबेग ने सर्प को दूर करने के लिए शोर करना शुरू किया सर्प वहां से हट गया और बच्ची को अपनी गोद में उठा लिया। अनेक कष्टों का सामना करते हुए वे लाहौर पहुँचे। यहाँ गियासबेग के एक पुराने मित्र ने उसका अकबर से परिचय कराया। अकबर ने उसकी साधारण पद पर नियुक्ति की, परंतु असाधारण योग्यता एवं मेधा का पुरुष होने के कारण मिर्ज़ा सम्राट के गृह-कार्यकर्त्ताओं में प्रधान के पद पर शीघ्र प्रतिष्ठित हो गया। उसकी बच्ची मेहरुन्निसा कालांतर में एक मनोहारी रमणीरत्न के रूप में विकसित हुई। अनुपम सौंदर्य एवं अद्वितीय स्त्री-सुलभ गुणों की साधन बनी यह सुंदरी युवराज सलीम की हृदयेश्वरी बनने की महत्त्वाकांक्षी थी। सलीम ने मेहरुन्निसा से निकाह करने के पक्ष में था परन्तु अकबर यह रिश्ता नहीं चाहता था। अतः उसका पाणिग्रहण, उसके पिता के समान, फारस से आए हुए साहसी युवक शेर अफगन के साथ, जो अकबर की सेना में नौकर था, संपन्न हुआ। जब जहाँगीर के हाथ में राजसत्ता आई तो उसने शेर अफगन की हत्या करवाने और मेहरुन्निसा पर अधिकार प्राप्त करने का यत्न किया। इसमें वह सफल हुआ तथा उसे अपने दरबार में लाया। चार वर्ष के उपरांत उसने अपनी शादी की और उसे अपनी राजमहिषी के गौरवशाली पद पर प्रतिष्ठित किया।

मर्यादित इतिहास में इस कथानक के लिए स्थान कम है। इसके अनुसार मिर्ज़ा गियासबेग का पिता ख्वाजा मुहम्मद शरीफ खुरासान के सुल्तान बेगरबेगी का मंत्री था। वह उच्च वंश में उत्पन्न एवं उच्च शिक्षा प्राप्त था। 1587 ई. में उसका देहावसान हो जाने पर उसके वंश की वह महत्ता न रही और उन्हें अनेक कष्टों का सामना करना पड़ा। उसके पुत्र मिर्ज़ा गियासबेग ने अपना भाग्य भारत में आजमाने की सोची तथा अपने दो पुत्र और गर्भिणी स्त्री के साथ लाहौर की ओर प्रस्थान किया। मार्ग में उसे प्रचुर धन एवं संपत्ति की क्षति उठानी पड़ी परंतु कारवाँ के स्वामी मलिक मसूद ने उसे अवलंबन प्रदान किया। कंधार में उसकी पत्नी ने एक कन्या को जन्म दिया जिसका नाम मेहरुन्निसा रखा गया। मलिक मसूद नामक व्यापारी ने ही गियासबेग का परिचय अकबर से कराया जिसके फलस्वरूप वह राज-परिचर्या में लग सका। सुशिक्षित एवं सुसंस्कृत होने के कारण अपने कार्य में उसने असाधारण प्रतिभा दिखाई। अतएव उसे तीन सौ का मनसबदार बनाकर 1595 ई. में काबुल का दीवान बना दिया गया। वयस्क होने पर इसी बीच में मेहरुन्निसा का विवाह अलीकुली

इस्तजलू के साथ कर दिया गया। वह फारस का निवासी था और प्रारंभ में अब्दुर्रहीम खानखाना की अध्यक्षता में पदस्थ था परंतु बाद में राजकीय सेवा में पहुँच गया था। 1599 ई. में जब शाहजादा सलीम को मेवाड़ पर आक्रमण करने के लिए भेजा गया था उस समय अलीकुली भी उसके साथ था। एक हाथ से शेर मारने के उपलक्ष में उसे शेर अफगन की उपाधि मिली थी। सलीम के विद्रोह के कुछ ही काल के पश्चात शेर अफगन सलीम को छोड़कर अकबर से जा मिला। जहाँगीर जिस दौरान सम्राट की उपाधि ग्रहण की तो उसने शेर अफगान के द्वारा की गयी सभी गलतियों को माफ कर दिया। बंगाल प्रदेश के अंतर्गत बर्दवान का फौजदार नियुक्त किया एवं 1605 ई. में उसे एक जागीर दे दी। शेर अफगन पर राजद्रोही होने का अभियोग लगाया गया और जहाँगीर ने बंगाल के तत्कालीन शासक कुतुबुद्दीन खाँ को (जो वहाँ राजा मानसिंह के बाद अगस्त 1606 ई. में नियुक्त हुआ था) शेर अफगन को दरबार में भेजने की आज्ञा दी। शेर अफगन को राजाज्ञा की अवहेलना करने पर दंडित करने का आदेश भी दिया गया। प्रदेशाधिपति का आदेश मिलने पर शेर अफगन दो भृत्यों सहित 9 अप्रैल, 1607 ई. को कुतुबुद्दीन के शिविर में उपस्थित हुआ। कुतुबुद्दीन की सेना ने उसे एकदम घेर लिया। अवसर की भयानकता को समझकर तथा अपमानपूर्ण व्यवहार को देखकर कुतुबुद्दीन से इस विचित्र व्यवहार का कारण पूछा। कुतुबुद्दीन जब आगे बढ़ रहा था, क्रोधोद्वेलित शेर अफगन ने उस पर कटार का मर्मान्तक प्रहार किया। कुतुबुद्दीन के सहकारी इस बात पर शेर अफगन पर टूट पड़े और उसकी हत्या कर दिए लेकिन वह अपने प्राण को त्यागते-त्यागते प्रदेशाधिपति और इसके एक खास आदमी अंब खाँ पर जानलेवा हमला कर दिया और अन्त में इन दोनों की बारह घंटों के अन्दर ही मृत्यु हो गयी।

कुतुबुद्दीन की मृत्यु से सम्राट अमर्ष से भर गया। उसने अपनी डायरी में लिखा, "शेर अफगन को नरकवास मिला और यह आशा की जाती है कि उस कुलमुँहे दुरात्मा को यह अभिशप्त जीवन सदैव के लिए भोगना पड़े।" जहाँगीर ने शेर अफगन की विधवा एवं उसकी पुत्री लाडली बेगम को दरबार में बुला लिया। विधवा मेहरुन्निसा को उसने अकबर की विधवा सलीमा बेगम की सेविका के पद पर नियुक्त किया। मार्च 1611 ई. में नौरोज के त्योहार के अवसर पर जहाँगीर की दृष्टि उस पर पड़ी और वह आसक्त हो गया। मई 1611 ई. में उसने नूरजहाँ से विवाह कर लिया।

जहाँगीर और नूरजहाँ का संबंध

जहाँगीर से नूरजहाँ का निकाह एवं शेर अफगान के देहान्त के सन्दर्भ में

इतिहासकारों में विभिन्न विवादास्पद अवधाराणाएं निहित हैं। इन घटनाओं की आधारभूत परिस्थितियाँ तथा जहाँगीर के व्यक्तिगत दायित्व के विषय में इतिहासकारों में मतभेद है। डॉ. **बेनीप्रसाद** का मत है कि शाहजादा सलीम ने मेहरुन्निसा को कभी नहीं देखा था। अकबर ने कभी उसे विवाह संबंध का निषेध भी नहीं किया था और न जहाँगीर का शेर अफगन के वध में ही कोई हाथ था। तदनुसार जहाँगीर ने मेहरुन्निसा को मार्च 1611 ई. में प्रथम, बार देखा था। इस तथ्य के पक्ष में प्रसिद्ध इतिहासकार डॉ. वेनीप्रसद ने विभिन्न तर्क प्रस्तुत किये हैं, जो निम्नवत हैं–

(1) कोई ऐसा प्रत्यक्ष कारण भी नहीं ज्ञात होता जिसके फलस्वरूप अकबर ने सलीम को मेहरुन्निसा के साथ विवाह करने की आज्ञा न दी हो क्योंकि उन दिनों इस प्रकार के विवाह प्रचलित थे।

(2) यदि अकबर ने ऐसा किया होता, तो वह शेर अफगन को शाहजादा सलीम के निजी कर्मचारियों के साथ 1599 ई. में नियुक्त कर अविवेकपूर्ण कार्य कभी न करता और यदि सलीम शेर अफगन को अपना प्रतिस्पर्द्धी मानता तो वह उसे त्यागकर अकबर से जा मिलने के अपराध के लिए कभी भी क्षमा न करता और न इतने ऊँचे पद पर उसकी नियुक्ति ही करता।

(3) बंगाल जैसे समृद्धशाली प्रांत के द्रव्य-साधनों एवं साम्राज्य में प्रभावशाली सत्ता से मानसिंह को वंचित रखने के लिए ही कुतुबुद्दीन को बंगाल का प्रदेशाधिपति नियुक्त किया था। मानसिंह की पद समाप्ति के कुछ काल पूर्व ही सम्राट की अप्रसन्नता-प्राप्त अजीज कोका के साथ भी ऐसा ही व्यवहार दिखाया गया था। कुतुबुद्दीन को बंगाल का गवर्नर इसलिए नहीं बनाया गया था कि वह मेहरुन्निसा को सम्राट के पास भिजवाए।

(4) नूरजहाँ जैसी श्रेष्ठात्मा और चरित्रनिष्ठा नारी यदि यह निश्चित रूप से जान पाती कि उसके पूर्व पति की हत्या में जहाँगीर का हाथ है तो कदाचित उसके साथ विवाह करने के लिए सहमत न होती।

(5) किसी भी तत्कालीन फारसी ग्रंथ में जहाँगीर के 'शाहजादा' काल में मेहरुन्निसा के साथ विवाह करने के लिए इच्छुक होने अथवा अकबर द्वारा उसका निषेध किए जाने का कही संकेत नहीं मिलता और न उसके द्वारा शेर अफगन की हत्या में भाग लेने का ही विवरण मिलता है।

(6) तत्कालीन यूरोपियन यात्री अथवा धर्म-प्रचारकों ने भी इस परंपरा प्राप्त कथानक से संबंधित कुछ उल्लेख नहीं किया है, यद्यपि ये व्यक्ति शाही

परिवार से संबंधित किसी भी लोकोपवाद का संग्रह करने में विशेष रूप से उद्योगशील रहते थे।

(7) शेर अफ़ग़ान की मृत्यु के पश्चात उसकी विधवा का दरबार में लाया जाना स्वाभाविक-सी बात थी क्योंकि उसके पिता और भाई वहीं पर नियुक्त थे। सलीमा बेगम की अनुचारिका के रूप में उसकी नियुक्ति भी कोई अपवादस्वरूप घटना न थी।

इसके विपरीत, डॉक्टर ईश्वरी प्रसाद का मत है कि शाहजादा काल में जहाँगीर का नूरजहाँ के प्रति आसक्त हो उसके साथ विवाह करने के लिए उत्कण्ठित होना एक सहज सामान्य-सी बात है और कदाचित शेर अफ़ग़ान की हत्या करने में उसका पूरा-पूरा योगदान है अपने इस विचारधारा को स्पष्ट करने के लिए इन्होंने विभिन्न तर्क दिये है जो निम्नवत है–

(1) जहाँगीर अपने जीवन की न्यूनतम घटना का विशद वर्णन करने वाले व्यक्तियों में था, परंतु उसने जिन परिस्थितियों में नूरजहाँ से विवाह किया उसका संकेत तक नहीं किया है। यह संदेहास्पद है। उसके विवाह के तीन साल पश्चात पहली बार उसने नूरजहाँ का उल्लेख किया है।

(2) नूरजहाँ को दरबार में लाकर विधवा सलीमा बेगम की अनुचरी बनाकर अन्तःपु˜ में रखना जबकि उसके भाई एवं पिता दोनों राजधानी में रहते थे और सहज ही उसकी देखभाल कर सकते थे, एक विचित्र-सी बात लगती है। राजद्रोह के अभियुक्त अन्य कर्मचारियों एवं सरदारों के संबंधियों के साथ ऐसा व्यवहार नहीं किया जाता था।

(3) सम्राट की निर्दोषता के विषय में डॉक्टर बेनीप्रसाद द्वारा दिए गए तर्क नकारात्मक ही हैं अतएव उत्तराकालीन भारतीय इतिहासज्ञों के यथार्थ स्पष्टवाद के सम्मुख वे निर्बल पड़ते हैं। ये इतिहासकार इस प्रकार के विषयों में अपने पूर्वकालीन इतिहासकारों से कहीं अधिक सुगमता से अपने विचार प्रस्तुत कर सकते थे।

(4) शेर अफ़ग़ान के ऊपर राजद्रोह का कोई अभियोग आरोपित न था, इसका केवल संदेह-मात्र था और इन्हीं संदेहजनित राजद्रोही विचारों के लिए दंडित करने के लिए कुतुबुद्दीन को आदेश मिले थे। इसी आधार पर उसका बंदीकरण जिस आकस्मिकता से किया गया, वह स्वयं संदेह पैदा करता है।

'भारत का वर्णन' एवं 'भारतीय इतिहास के कुछ अंग' नामक प्रसिद्ध ग्रंथ में तत्कालीन डच लेखक डी लायट ने जहाँगीर के शाहजादा काल में नूरजहाँ के प्रति

आसक्त होने का उल्लेख किया है। शेख अफ़ग़न की मृत्यु के सद्योपरांत नूरजहाँ से विवाह न कर जहाँगीर शेर अफ़ग़न की मृत्युकारक परिस्थितियों से जनसाधारण की विकल उत्कंठा को शांत करना चाहता था। इससे नूरजहाँ को भी अनावश्यक उत्तेजना न हुई।

प्रसिद्ध इतिहासकार डॉ. ईश्वरी प्रसाद का कहना है कि यदि जहाँगीर को शेर अफ़ग़न की मृत्यु के लिए निर्विवाद रूप में दोषी नहीं प्रमाणित किया जा सकता, किंतु जिन परिस्थितयोंवश उसकी मृत्यु हुई और उसे उसके पिता द्वारा इस संबंध के न करने से रोकना आदि असीम संदेहजनक अवश्य है।

दो विचारणीय बिन्दुओं में एक तो जहाँगीर का शाहजादा काल में मेहरुन्निसा के साथ विवाह के लिए इच्छुक होने का विषय और दूसरा उसका शेर अफ़ग़न की मृत्यु में दायित्व है। पहले विषय में डॉक्टर बेनीप्रसाद की धारणा कि कोई स्पष्ट कारण ही नहीं दृष्टिगोचर होता जिसके परिणामस्वरूप अकबर ने सलीम और मेहरुन्निसा के विवाह के संबंध में निषेध प्रकट किया हो—समालोचना की कसौटी पर खरा नहीं उतरता। अबुल फजल के वर्णन से तो यह स्पष्ट है कि अकबर ने सलीम और उच्च्च-वंशोद्भव जैन खाँ कोका की पुत्री के विवाह के लिए पहले मना कर दिया था और केवल यह देखकर ही कि इससे शाहजादे के हृदय पर विषम प्रभाव पड़ा, अंत में अनुमति प्रदान की थी। मेहरुन्निसा और सलीम के संबंध में तो एक कारण भी निषेध करने के लिए यथार्थ था। **डी लायट** के अनुसार शेर अफ़ग़न के साथ मेहरुन्निसा की मँगनी पहले ही से हो चुकी थी। इनके अनुसार दोनों में प्रेम था। "अकबर के जीवनकाल में, जबकि वह कुमारी ही थी, जहाँगीर उससे प्रेम करता था; पर उसका वाक्‌दान तुर्की 'चीर अफ़ग़न' (शेर अफ़ग़न) के साथ पहले ही हो चुका था। उसके पिता ने उसे उसके साथ विवाह करने की अनुमति न दी, यद्यपि उसके प्रति उसकी प्रेम-भावना पूर्णरूप से कभी पुष्ट न हुई।"

इस लेखक का, जिसका सम्राट के प्रति किसी प्रकार का पक्षपात-भावी होने का प्रश्न ही नहीं उठता, यह उल्लेख उत्तरकालीन मुस्लिम इतिहासकारों के विवरण की पुष्टि करता है। कई महिलाओं के साथ विवाह हो चुकने के उपरांत भी जैन खाँ कोका की पुत्री में आसक्त हो जाना उसके व्यक्तित्व की इसी विशेषता का स्पष्ट द्योतक है जिसके अनुसार उसका नूरजहाँ में अनुरक्त होना असंभव नहीं लगता।

शेर अफगान की मृत्यु में जहाँगीर का हाथ होने का कोई ठोस प्रमाण नहीं मिलता। कोई इस बात से सहमत नहीं हो सकता कि मानसिंह को बंगाल के प्रदेशाधिपति के पद से केवल सम्राट की मनोरथपूर्ति के लिए ही हटाया गया, परंतु

साथ में यह भी स्पष्ट है कि शेर अफ़ग़न पर कोई निश्चित अभियोग भी न था; यदि था भी तो उसे छिपाकर रखा गया और अपनी निर्दोषता सिद्ध करने के लिए उसे कोई अवसर भी नहीं दिया गया। उसका अंत आकस्मिक रूप से संपन्न करने की योजना, योजना को सफलीभूत करने के लिए प्रयुक्त साधन, जहाँगीर की मृत शेर अफ़ग़न के प्रति उद्‌गारित घृणा तथा उसका नूरजहाँ के विषय में उल्लेख न करना आदि ये सब संदेहजनक हैं। डॉक्टर ईश्वरीप्रसाद के शब्दों में यदि 'प्रेमासक्ति की धारणा' सत्य है तो शेर अफ़ग़न की हत्या का उद्देश्य भी स्पष्ट ही है।

इस सन्दर्भ में विशेष ध्यान देने योग्य यह है कि यदि जहाँगीर नूरजहाँ को अपनाने के लिए इस प्रकार उत्कण्ठित ही था तो फिर क्यों न उसने 1607 ई. में ही, जबकि वह दरबार में लाई गई थी, विवाह नहीं कर लिया? उसने चार साल बाद 1611 ई. तक ही क्यों विवाह करने के लिए प्रतीक्षा की? यहाँ यह ध्यान रखने योग्य है कि नूरजहाँ दरबार से ले जाकर सम्राट की विमाता सलीमा सुल्ताना बेगम की अध्यक्षता में नियुक्त की गई थी। यह विमाता जहाँगीर के प्रति अत्यंत दया और सौहार्द का भाव रखती थी। इसी नारी ने शाहजादा सलीम और अकबर के बीच विद्रोह के समय शांति स्थापना हेतु मध्यस्थता की थी। सभी जानते हैं कि मुगल अंतःपुर की रमणियाँ विवाह संबंध स्थापित करने में परम कुशल होती थीं। मेहरुन्निसा का सलीमा सुल्ताना के साथ रहने का अर्थ यह है कि वह जहाँगीर के अधिकार में पूरी तरह आ गई थी। विवाह-संस्कार का चार साल तक स्थगित कर देना जनसाधारण की संदेह-दृष्टि से बचने के लिए अनिवार्य था। इसी कारणवश विवाह के तीन साल बाद ही नूरजहाँ का उल्लेख करने की सावधानी भी बरती गई।

नूरजहाँ का व्यक्तित्व

निकाह के समय नूरजहाँ तथा जहाँगीर की उम्र क्रमशः 32 तथा 42 वर्ष थी, दोनों की अवस्थाओं 10 वर्ष का अन्तर था। इस अवस्था में भी नूरजहाँ की सुन्दरता रमणीय थी। उसमें उत्कृष्ट स्वास्थ्य के साथ प्रचुर मात्रा में शारीरिक शक्ति भी थी। उसकी प्राकृतिक छवि को शृंगार एवं आभूषण-भरणों ने और भी कमनीय बना दिया था। नूरजहाँ में एक तीक्ष्ण मेधा तथा समस्याओं के रहस्य को क्षण भर में समझ सकने की विशेष क्षमता थी। वह उच्च शिक्षा प्राप्त थी तथा कविता, संगीत एवं चित्रकला में विशेष अभिरुचि रखती थी। फारसी में वह पद्य-रचना भी करती थी, उसमें एक साधारण आविष्कार-क्षमता थी जिसके फलस्वरूप नवीन प्रकार की भूषा, आभूषण तथा शृंगार के नए-नए ढंगों की वह व्यवस्था किया करती थी। उसके द्वारा प्रचलित वेषभूषा की प्रणाली का अचूक प्रभाव औरंगजेब के समय तक बना रहा।

नूरजहाँ समाज सेविका एवं उदार हृदयवाली एक मेघावी महिला थी। निर्धनों और पंडितों की वह मित्र थी। अनाथ कन्याओं के विवाह का व्यय उठाने तथा प्रतिदिन प्रचुर मात्रा में दान देने का उसने नियम बना रखा था। उसमें पुरुषोचित मेधा और महत्त्वाकांक्षा थी। गहनतम राजनीतिक अथवा शासन संबंधी समस्याओं पर अधिकारपूर्ण जानकारी प्राप्त करना उसके लिए बायें हाथ का खेल था। अपने संपर्क में आने वाले प्रत्येक व्यक्ति और परिस्थिति को अपनी सत्ता से पराभूत करने में उसे आंतरिक आनंद का अनुभव होता था। वह वीर और धैर्यनिष्ठ थी तथा आवेशों के वशीभूत हो अपना संतुलन न बिगड़ने देती थी। वास्तव में संकट की विकरालता के समय योजनात्मक तरीके से समस्याओं को सुलझाती थी।

नूरजहाँ एक प्रतिभाशाली महिला होने के साथ-साथ उसमें प्रभुत्व का असीम भण्डार विद्यमान था। 1613 ई. में वह 'बादशाह बेगम' अथवा पट्टमहिषी बनाई गई। इस प्रकार वह साम्राज्य के स्त्री-समाज की अग्रणी तथा शाही वंश की अधिष्ठात्री बनी। वह इतनी शक्तिप्रिय रमणी थी कि न केवल उसने सभी राजकीय मामलों में हाथ बँटाना आरंभ किया वरन् संपूर्ण राजसत्ता भी अपने हाथों में लेने के लिए उद्योगशील होने लगी। जहाँगीर अपनी आयु तथा बुरे स्वास्थ्य के कारण शनैः-शनैः आराम और आलस्य के वशीभूत होता जा रहा था। उसे भी राजसत्ता को इस मेधावी, श्रमशील तथा परम प्रेमासक्त रमणी के हाथ सौंपना अप्रिय न लगा। कुछ काल बाद वह प्रजा को शाही झरोखे में से दर्शन भी देने लगी तथा स्पष्ट रूप से राज्य-संचालन का कार्य करने लगी। किन्हीं-किन्हीं सिक्कों पर तो उसका नाम भी खुदवाया गया। अपने विवाह के कुछ वर्षों के भीतर ही नूरजहाँ ने शक्तिशाली दल का गठन भी किया और राज्य की कमान सम्पूर्ण रूप से अपने अधीन कर ली। इस दल का नाम था 'नूरजहाँ-गुट' जिसमें वह स्वयं, उसके माता-पिता-भाई तथा उसकी भतीजी का पति शाहजादा खुर्रम सम्मिलित थे। नूरजहाँ की माता अस्मत बेगम, जो एक सुशिक्षित तथा संतुलित विचारों वाली स्त्री थी, उसकी प्रधान परामर्शदात्री थी। वह संस्कृत भावनापन्न थी तथा गुलाब के इत्र निकालने की विधि की आविष्कर्त्री मानी जाती है। इस स्त्री ने अपनी महत्त्वाकांक्षी और चंचल प्रकृति की पुत्री नूरजहाँ को संयमित बनाए रखने में अत्यधिक योगदान दिया। नूरजहाँ का पिता इतमादुद्दौला एक योग्य शासक था तथा उसके भाई आसफ खाँ असाधारण क्षमता का अर्थशास्त्री एवं नीतिज्ञ था। नूरजहाँ के राजनीतिक दल के आधारस्तंभ यही परिश्रमी एवं प्रतिभावान व्यक्ति थे। शाहजादा खुर्रम का, जो कि बाद में शाहजहाँ के नाम से प्रसिद्ध हुआ, आसफ

खाँ की पुत्री अर्जुमंद बानू बेगम के साथ विवाह हुआ था। अपने शासन के प्रारंभिक काल (1611-1622) में नूरजहाँ ने उसे अपना कृपा पात्र बनाया।

नूरजहाँ के प्रभुत्व का प्रभाव

नूरजहाँ अपने पति जहाँगीर पर विशेष ध्यान देती थी। जहाँगीर में विद्यमान दुर्गणों को दूर करने में उसका काफी योगदान रहा। नूरजहाँ अपने व्यवहार व चरित्र से अपने प्रति पर एक अच्छी छाप छोड़ी यह नूरजहाँ के प्रभाव का ही फल था कि जहाँगीर के दैनिक मद्यपान की मात्रा उत्तरोत्तर कम होती गई और वह अति सुरापान के उन घातक परिणामों से बच सका जिसके कारण उसके दो छोटे भाइयों को जान से हाथ धोना पड़ा था। शासक तथा राज्याधिपों के लिए स्वाभाविक चिंता एवं अरोचकताओं को भी उसने सम्राट से दूर रखने का अधिकाधिक प्रयत्न किया। मुगल दरबार की वैभव-समृद्धि के लिए उसने सफल प्रयत्न किए तथा अपने पति की आन एवं ललित-कलाओं की अभिवृद्धि एवं ललित-कलाओं की संरक्षण प्रियता का भी अनुमोदन किया। उसने अमित दान दिए तथा अनेक प्रकार से स्त्री-हितों की रक्षा तथा विकास की योजनाएँ प्रारम्भ कीं। इन मामलों में उसका जहाँगीर के ऊपर शुभ प्रभाव पड़ा तथा दरिद्र-सहायेच्छु और कला एवं साहित्य के पुजारियों को प्रोत्साहन तथा सहायता मिली।

राजनीति एवं सत्ता की दृष्टिकोण से वह खरी नहीं उतरी। अपने शासनकाल में शक्ति-संग्रह तथा दलबंदी के मामलों में वह असाधारण रूप से अनुरागशील बनी रही। 1611-1622 ई. तक वह प्रसिद्ध नूरजहाँ-गुट की अधिष्ठात्री के रूप में राजतंत्र की एकछत्र स्वामिनी बनी रही और उन व्यक्तियों को उसने निकाल बाहर किया जो इस दल के प्रभाव और सत्ता के विरोध में थे। अपने भाई, पिता तथा अन्य सज्जनों को उसने साम्राज्य के गौरवशाली पदों पर प्रतिष्ठित करा दिया। इस काल में उसने शाहजादा खुर्रम को अवलंब देकर गौरव और समृद्धि के सर्वोत्कृष्ट-स्तर पर पहुँचा दिया। शाहजादे के लिए किसी भी बात की मनाही न थी और उसका युवराज बनना एक निर्विवाद संभावना लगती थी परंतु जब इस प्रतिभाशालिनी बेगम ने अपनी पुत्री (शेर अफ़ग़न की पुत्री) लाडली बेगम का विवाह शहरयार (जिसका उपनाम नैशुदनी अर्थात् निखट्टू था) के साथ कर दिया तो अपने जामाता का पक्ष लेने लगी। उसने खुर्रम खाँ का पतन कर दिया और अपनी रक्षा के लिए विद्रोह करने हेतु मजबूर कर दिया, परिणामस्वरूप नूरजहाँ की राज्य-शासन में हस्तक्षेप करने की नीति ने साम्राज्य की नींव को गृह-कलह के कंप में डगमगा दिया। बेगम की शक्तिप्रियता ने उच्च

अधिकारियों को स्वामिभक्तिपूर्ण सेवाओं के प्रति उदासीन बना दिया। वह अपनी नीति से मतभेद रखने वाले योग्य और स्वामिभक्त सरदारों के प्रति संदेह रखने लगी। जिसके परिणामस्वरूप बेगम और कर्मठ पुरुषों के बीच असहयोग की खाई गहरी हो चली। महाबत खाँ को, जिसने अपने पराक्रमपूर्ण कार्यों के बल पर अमीर-उल-उमरा की प्रतिष्ठा प्राप्त की थी, विद्रोह का झंडा खड़ा कर सम्राट को बंदी बना लेने के लिए विवश होना पड़ा क्योंकि उसे प्रत्यक्ष जान पड़ा कि यदि बेगम को मनमानी करने दी जाएगी तो उसे सकुटुंब मरना पड़ेगा। स्त्रियोचित मदसंपन्न तथा अपनी राजकीय प्रभुता के नाटकीय प्रदर्शन की अभिलाषिणी नूरजहाँ के कारण दरबार और साम्राज्य में अहितकर कार्य भी हुए। जनसाधारण को बहुमूल्य भेंट देकर प्रसन्न करने का सरल मार्ग उसने अपनाया जिससे घूस और दुरभिचार फैल गए। अनेक गुण से सम्पन्न होने पर भी वह स्त्री ही थी और स्वयं राज्य के सभी मामलों की देखभाल भी न कर सकती थी। व्यक्ति-संपर्क से दूर रहने के कारण राज्य-संचालन में अकुशलता, द्वंद्व तथा अनैतिकता का समावेश हो गया।

मेवांड़ का युद्ध तथा शांति-संधि

अकबर ने अपनी पूरी शक्ति का प्रयोग मेवाड़ पर कर दिया था। फिर भी उसे अपने अधिकार में न कर सका था। 1597 ई. में अपनी मृत्यु के पूर्व ही राणाप्रताप ने अपने खोये हुए राज्य का अधिकांश भाग फिर से हथिया लिया था। उसके पुत्र अमरसिंह में यद्यपि उसकी अजेय और दुर्दम आत्मनिष्ठा एवं स्वाधीनता के प्रति अजर प्रेम न था तथापि वह एक वीर सैनिक अवश्य था जिसने मुगल आक्रमण विरोधी अपने पूर्व-पुरुषों की नीति को जीवित रखा। अकबर ने अपने राज्यकाल के अन्तिम दिनों में मेवाड़ विजय के लिए कई अनुष्ठान व्यवस्थित किए, परंतु उसके सेनापतियों की अकर्मण्यता तथा सिसौदिया वंशजों के शक्तिशाली विरोध के कारण उसकी मनोकामना सफल न हो सकी।

अपने पिता अकबर की नीति का अनुसरण करने वाला प्रतिभाशाली सम्राट जहाँगीर सम्पूर्ण राष्ट्र पर एकाधिकार राज्य करने की आकांक्षा से अपने द्वितीय पुत्र परवेज को 1605 ई. में 20,000 अश्वरोहियों की अध्यक्षता में राणा अमरसिंह को पराजित करने के लिए भेजा। आसफ खाँ जफरबेग जो कि पाँचहजारी मनसबदार तथा मंत्री था उसे शाहजादे का परामर्शदाता बनाकर भेजा गया। दूसरे गणमान्य राज्याधिकारी भी सहायता के लिए नियुक्त किए गए। राणा अमरसिंह का चाचा सागर भी, जिसने अपने भतीजे का पक्ष छोड़कर मुगल दरबार में वेतनभोगी होकर

रहना आरंभ कर दिया था, शाहजादे के साथ भेजा गया। अमरसिंह ने बड़ी वीरतापूर्वक अपने प्रदेश की रक्षा की। देवार के दर्रे पर घमासान युद्ध हुआ जो अनिर्णीत रहा। दोनों पक्षों ने अपने-अपने को विजयी घोषित किया। सम्राट के अनुयायियों ने निर्दय भाव से देवार के पार्श्ववर्ती इलाके का विध्वंस किया परंतु खुसरो के विद्रोह के फलस्वरूप वे आगे न बढ़ सके। रणस्थल छोड़ने के पूर्व मुगलों ने सागर को चित्तौड़ का राजा नियुक्त कर दिया जिससे राजपूतों में पक्ष-भेद हो जाए।

राणा अमरसिंह के चाचा सागर को चित्तौड़ का राजा नियुक्त करने के लगभग दो वर्ष बाद जहाँगीर ने महाबत खाँ के कमान में 12,000 अश्वारोही, 500 अहदी, 2,000 बंदकूची, 60 हाथी तथा छोटी तोपें राणा को परास्त करने के लिए भेजीं। महाबत खाँ ने बड़ा पराक्रम दिखाया तथा राणा के देश पर आतंक फैलाकर उसे पर्वतमालाओं में आश्रय लेने के लिए विवश कर दिया परंतु वनमालाच्छादित मेवाड़ की श्रेणियों और उपत्यकाओं ने उसके अतिक्रमण को रोका। 1609 ई. में वह वापस बुला लिया गया और अब्दुल्ला खाँ को इस आक्रमण का अध्यक्ष बनाकर भेजा गया। अब्दुल्ला खाँ ने मेवाड़ की पहाड़ियों पर आक्रमण किए लेकिन राणा वहां से बच निकला। एक मुठभेड़ में उसने राजकुमार कर्ण को परास्त कर दिया परंतु स्वयं उसने भी मुठभेड़ की उत्तरतम-महत्त्वस्थली रणघुरा में राजपूतों के हाथ बुरी तरह मुँह की खाई। तदनंतर राजा बसु को उस स्थान पर नियुक्त किया गया परंतु वह भी राणा पर प्रभुत्व न जमा सका। उसके बाद मिर्जा अजीज कोका को सेना का अध्यक्ष बनाया गया। 1613 ई. में जहाँगीर रणस्थल के पास रहकर शत्रु पर दबाव डालने के उद्देश्य से अजमेर पहुँचा। शाहजादा खुर्रम को मेवाड़-आक्रमण की बागडोर सौंपी गई। 1614 ई. के आरंभ में पूर्ण उत्साह के साथ आक्रमण प्रारंभ हुआ परंतु शीघ्र ही शाहजादा खुर्रम और अजीज कोका में मतभेद उत्पन्न हो गया। एतदर्थ, अजीज कोका वापस बुला लिया गया। अब आक्रमण का पूर्ण उत्तरदायित्व केवल खुर्रम पर था। उसने सैन्य-संचालन में अपूर्व योग्यता, रौद्र शक्ति तथा असाधारण सौभाग्य का परिचय दिया। राणा के प्रदेश में उसने आतंक फैला दिया। उसने गाँव, नगर और उपवन जलाकर नष्ट कर डाले तथा मंदिर तुड़वा दिए। पर्वतों में छिपे सिसौदिया-वंशजों को भूखा मारकर विवश करने के लिए उसने खाद्य-सामग्री का आयात-निर्यात बंद कर दिया। इन भीषण संकटों से आक्रांत होने पर भी राजपूतों ने अदम्य साहस का परिचय देते हुए शत्रु-सेना पर बार-बार हमले किए। इस युद्ध को लगातार जारी रहने से दोनों गुणों का काफी नुकसान हुआ लेकिन बीमारी व अकाल से मुगलों की अपेक्षा राजपूतों की हानि अधिक हुई। राणा के साथी क्रमशः उसे छोड़-छोड़कर जाने लगे। सरदारों

ने उसे शांति-स्थापना का परामर्श दिया। यही मत राजकुमार कर्ण का भी था। अनन्त समृद्धि और साधनसम्पन्न मुगल-साम्राज्य से टक्कर लेते रहना इस छोटे से साधारण-क्षीण मेवाड़ के लिए नितांत दुष्कर था। निदानस्वरूप राणा अमरसिंह ने खुर्रम के साथ संधिवार्ता आरंभ की। खुर्रम ने भी राणा के राजदूत शुभकरण और हरिदास का सौहार्दपूर्ण सत्कार किया तथा अपना भृत्य सम्राट जहाँगीर के दरबार में अजमेर भेजा। जहाँगीर ने प्रसन्नतापूर्वक राणा की संधि-शर्तें स्वीकार कर लीं तथा अपनी मुद्रा से अंकित एक फरमान द्वारा शाहजादा खुर्रम को संधि स्थापित करने का अधिकार दे दिया।

राणा अमरसिंह शाहजादा खुर्रम से मिले और उसे एक अत्यधिक मूल्य की शाल, सात हाथी, नौ घोड़े व अन्य वस्तुएं भेंट स्वरूप प्रदान किया। खुर्रम बड़ी सहृदयता से उससे मिला तथा आलिंगन कर अपने साथ बैठाकर बहुमूल्य उपहारों द्वारा उसका सत्कार किया। राणा के जाने के पश्चात राजकुमार कर्ण खुर्रम के समक्ष आया और उसका भी उसी प्रकार स्वागत और सत्कार किया गया। इस प्रकार राणा और सम्राट के मध्य 1615 ई. में समझौता हो गया है। इस समझौते की शर्तें निम्नवत थी—

(1) चित्तौड़ के दुर्ग को सुरक्षित करना अथवा मरम्मत कराना निषिद्ध घोषित किया गया।

(2) राणा को सम्राट के दरबार में उपस्थित होने के लिए बाध्य नहीं किया गया। यह निश्चित हुआ कि राणा का युवराज अपनी सेना के साथ मुगल सम्राट की सेवा में उपस्थित हो।

(3) अन्य राजपूत सरदारों की भाँति राणा को मुगल परिवारों से वैवाहिक संबंध स्थापित करने के लिए बाध्य होना आवश्यक न था।

(4) राणा ने सम्राट जहाँगीर की अध्यक्षता स्वीकार की।

(5) सम्राट ने राणा को चित्तौड़ समेत वह सारा प्रांत लौटा दिया जो अकबर के समय से मुगलों के आधिपत्य में आ गया था।

दिल्ली एवं मेवाड़ की राज सत्ताओं के इतिहास में इस समझौते व सन्धि का एक महत्वपूर्ण स्थान है। इसके पूर्व किसी सिसौदिया-वंशज ने किसी भी मुगल शासक की प्रत्यक्ष रूप से अधीनता स्वीकार न की थी। दो राज्यसत्ताओं के बीच की एक चिरस्थायी विद्वेष-भावना का इस संधि ने अंत कर दिया। जहाँगीर तथा उसके लड़के खुर्रम को इस बात का श्रेय प्राप्त है कि उन्होंने अत्यंत उदार शर्तों के साथ एक ऐसे युद्ध को समाप्त कर दिया जो लगभग 75 वर्षों तक अकबर के पूर्वजों तथा

सिसौदिया वंश के बीच होता रहा। सम्राट ने मेवाड़ के प्रति उदार नीति अपनाकर और उसके आंतरिक मामलों में हस्तक्षेप न करके एक कुशल राजनीतिज्ञ होने का परिचय दिया जिसका परिणाम दोनों दलों के लिए लाभदायक हुआ। मेवाड़ के राणा तब तक मुगल-साम्राज्य के प्रति राज्यभक्त बने रहे जब तक कि औरंगजेब की अविवेकपूर्ण नीति ने राणा राजसिंह को स्पष्ट विद्रोह के लिए विवश न कर दिया।

कुछ इतिहासकारों ने राणा अमरसिंह को अपने वंशगत प्रतिद्वंद्विता के समक्ष आत्मसर्मण करने का दोषी बताते हैं। परंतु यह आरोप सर्वथा निराधार है। मेवाड़ जैसी एक छोटी-सी रिसायत का विशाल, अनेक साधन-समीकरण संपन्न और शक्तिशाली मुगल-साम्राज्य के विरोध में एक समान युद्ध को अनियमित रूप से बनाए रखना कदापि संभव न था। उसे कभी न कभी झुकना ही पड़ता। मेवाड़ की परिस्थिति में शांति अपेक्षित थी और 1615 ई. की संधि में उसे वह शांति सम्मान और गौरव सहित मिली। उसकी अंतर्देशीय स्वतंत्रता में कोई अंतर न आया तथा विजयी सत्ता ने उसकी राज्य-परिवार-संबंधी सभी भावनाओं का सत्कार भी किया। राजा ने केवल नाममात्र के लिए मुगल सत्ता स्वीकार की थी। इस प्रकार संकटग्रस्त देश के लिए इतनी अपेक्षित शांति-संग्रह के इस सुवर्ण अवसर को राणा अमरसिंह यदि उपयोग में न लाते तो यह अविवेकपूर्ण कार्य होता।

दक्षिण का युद्ध

अपने पिता की साम्राज्यवादी नीति के अनुगामी जहाँगीर ने सम्पूर्ण देश पर एकाधिकार स्थापित करने की नीति का अनुसरण किया। इस प्रकार जहाँगीर की दक्षिण की नीति अकबर की नीति का बढ़ावा मात्र थी। अकबर ने भारत के उत्तरी और दक्षिणी प्रदेशों को एक अविभाज्य सांस्कृतिक सत्ता का भाग मानने तथा उन्हें शांतिपूर्ण अथवा आवश्यकता पड़ने पर यौद्धिक उपचारों द्वारा अपने आधिपत्य में लाने का आदर्श प्राचीन हिंदू सम्राटों के उदाहरण से सीखा था। उसकी मृत्यु के समय 1605 ई. में मुगलों के साम्राज्य में पूरा खानदेश तथा अहमदनगर के कुछ भाग सम्मिलित थे। जहाँगीर के लिए अहमदनगर के शेष भाग जीतने तथा दो स्वतंत्र रियासतों—बीजापुर एवं गोलकुंडा—को परास्त करने का काम शेष था। 1608 ई. में उसने सर्वश्रेष्ठ 12,000 अश्वारोहियों का नेतृत्व करते हुए खानखाना को दक्षिण विजय के लिए रवाना किया। अत्यंत पराक्रम के पश्चात भी खानखाना विशेष सफलता न प्राप्त कर सका। उसका विरोध अबीसीनिया में उत्पन्न हुए अहमदनगर के प्रधानमंत्री एवं सैन्य तथा युद्धकला के प्रकांड पंडित मलिक अंबर ने किया। इस

योग्य व्यक्ति ने अहमदनगर राज्य को विवेकपूर्ण शासन तथा उदार राजस्व नीति द्वारा सुसंगठित बनाकर प्रजा-प्रिय राजसत्ता की नींव डाली थी। उसने निजामशाही सेना में प्रचुर मात्रा में मराठों को भरती करने में बुद्धिमत्ता दिखाई। इन मराठों को उसने गुरिल्ला नीति से युद्ध-प्रणाली में सिद्धहस्त बनने के लिए उत्साहित भी किया। इस प्रणाली में ये लोग सहज प्रवीण थे तथा यह प्रणाली उन लोगों की प्रकृति तथा देशस्थिति के अनुकूल भी थी। इस प्रकार की व्यवस्था द्वारा निजामशाही राज्य ने मुगलों को लोहे का चना चबवा दिये। अतएव, सेना में एकरसता तथा शक्ति बनाए रखने के लिए जहाँगीर ने शाहजादा परवेज को सेना का (नाममात्र के लिए) अधिष्ठाता बनाया तथा आसफ खाँ के संरक्षण में उसे दक्षिण के लिए भेज दिया। शाहजादा को खानदेश और बरार का प्रदेशाधिपति बनाकर 1610 ई. के प्रारंभ में ही भेज दिया गया था परंतु वह भी खानखाना से किसी भी प्रकार अधिक सफलता प्राप्त न कर सका यद्यपि वह दक्षिण में कई साल रहा। एक के बाद दूसरे योग्य मुगल सरदार तथा खानजहाँ लोदी, अब्दुल्ला खाँ आदि भेजे गए परंतु विजय-सुंदरी ने किसी के गले में भी जयमाला न डाली। मलिक अंबर के मराठे लड़ाके कभी सामने जमकर न लड़ते थे। वे मुगल सेना के इर्द-गिर्द लगे रहते तथा पथ-भ्रम कराकर आक्रमण के अवसरों पर ले जाते, उसकी सामग्री की व्यवस्था अस्तव्यस्त कर देते तथा अवसर पाकर टूट पड़ते। इस प्रकार की रणनीति के मुगल लोग अभ्यस्त न थे। वे ऊब गए तथा उनका नैतिक ह्रास होने लगा। सेनापति एक-दूसरे के विरुद्ध दोषारोपण करने लगे तथा अपने अध्यक्ष की व्यवस्था को विफल बनाने लगे।

मुगल सैनिकों ने अहमदनगर पर 1611 ई. में घेरा डालने की भरपूर कोशिश की। अब्दुल्ला खाँ ने गुजरात की ओर से तथा खानजहाँ लोदी, मानसिंह और अमीर-उल-उमरा ने बरार और खानदेश की ओर से एक ही समय आक्रमण करने की व्यवस्था की। परंतु यह योजना असफल रही क्योंकि बिना अपने संगियों की प्रतीक्षा किए हुए अब्दुल्ला खाँ अपने गंतव्य की ओर बहुत शीघ्रता से आगे बढ़ गया। मलिक अंबर के गुरिल्ला सैनिक उसके ऊपर टूट पड़े तथा उसे गुजरात की ओर धकेल दिया जिसके फलस्वरूप मुगल-पक्ष को भारी क्षति उठानी पड़ी। जहाँगीर इस पर क्रुद्ध हुआ। उसने अब्दुल्ला खाँ को भला-बुरा कहा तथा खानखाना को दक्षिण सैन्य-व्यवस्था का अध्यक्ष बनाकर भेजा। खानखाना ने आक्रमण जारी रखा तथा 1612 ई. में दक्षिणियों को परास्त किया परंतु मुगल सेना में पूर्ववत फूट पड़ी रही जिससे उन लोगों को कोई विशेष सफलता न मिल सकी।

मुगलों को मलिक अंबर से पराजित होने का एक बहुत बड़ा कलंक लगा। इस कलंक को मिटाने के लिए नूरजहाँ के सुझाव के आधार पर जहाँगीर ने परवेज

को प्रयाग बुलाकर शाहजादा खुर्रम को दक्षिण का अध्यक्ष बनाकर भेजने की ठानी। 1616 ई. के प्रारंभ में उसे शाह सुल्तान का पद देकर अहमदनगर के लिए रवाना किया। सम्राट स्वयं रणस्थली के पास रहकर अपना प्रभाव डालने के लिए अपने पूरे दरबार के साथ माँडू नामक स्थान पर आ गया। शाहजादा खुर्रम मार्च 1617 ई. में बुरहानपुर पहुँच गया तथा तत्काल मलिक अंबर से लिखा-पढ़ी आरंभ कर दी। इस शक्ति से भयग्रस्त हो मलिक अंबर ने सारी शर्तें स्वीकार कर लीं और बालाघाट का पूरा प्रांत जो उसने कुछ काल पूर्व ही मुगलों से छीन लिया था, लौटा दिया। अहमदनगर का किला भी मुगलों की अध्यक्षता में दे दिया गया। सोलह लाख रुपए के मूल्य की संपत्ति का उपहार लिए हुए बादशाह आदिलशाह एवं शाहजादा खुर्रम की अभ्यर्थना में उपस्थित हुआ। जहाँगीर ने सन्धि की सभी शर्ते मान ली परिणामस्वरूप यह सन्धि 1617 ई. में सम्पन्न हो गयी। मुगल दरबार में इस शांति-स्थापना एवं शाहजादा खुर्रम की सफलता पर उसके प्रति असीम सम्मान प्रदर्शित किया गया। नूरजहाँ ने इस अवसर पर बड़े साज और वैभव के साथ उत्सव मनाए, मानो शाहजादे ने एक महान विजय प्राप्त की हो। जहाँगीर की प्रसन्नता की कोई सीमा न रही। उसने शाहजादा खुर्रम को परम गौरवशाली 'शाहजहाँ' नामक उपाधि से पुरस्कृत किया। वास्तव में सत्य यह था कि शाहजादा खुर्रम ने अब्दुल्ला खाँ की आंशिक विजय का पूरा-पूरा लाभ उठाकर अपनी उससे अधिक शक्ति पर केवल शत्रु के मन पर आतंक जमा दिया और यह अस्थायी संधि स्थापित कर ली। मलिक अंबर की वास्तव में कोई पराजय नहीं हुई थी और वह दो साल के भीतर ही पुनः अपना सिर उठाने लगा।

मलिक अंबर ने 1617 में हुए समझौते की आलोचना 1620 ई. में तब की जब उसने बीजापुर एवं गोलकुंडा के साथ एक दल का निर्माण कर खानखाना पर आक्रमण कर उसे अहमदनगर के दुर्ग में घेर लिया। शाही दल वालों की सेना आमने-सामने के युद्ध में कुशल रहते हुए भी गुरिल्ला युद्ध-व्यवस्था के समक्ष नितांत असहाय पडती थी। निदानस्वरूप उन्हें भागकर बुरहानपुर में शरण लेनी पड़ी। दक्षिणी सैनिकों ने माँडू तक आक्रमण किए। खानखाना की बार-बार प्रार्थनाओं के फलस्वरूप सम्राट ने शाहजहाँ को दक्षिण जाकर उद्दंड मलिक अंबर को दंडित करने के लिए भेजा परंतु पंजाब में काँगड़ा युद्ध में व्यस्त होने के कारण शाहजहाँ कुछ समय तक दक्षिण की ओर न जा सका। इस निवेदन के स्वीकृत हो जाने पर वह अपने पिता से लाहौर में विदा लेकर दक्षिण की ओर बढ़ा। उज्जैन पहुँचकर उसने 5,000 अश्वारोहियों की एक टुकड़ी अब्दुलहुसैन तथा दूसरी टुकड़ी बैरामबेग के अधीन माँडू

के समीप से मराठों को खदेड़ देने के लिए भेजी। बड़ी आसानी से यह काम हो गया तथा मराठे अहमदनगर राज्य की नई राजधानी खिड़की तक खदेड़ दिए गए। शाहजहाँ अब अहमदनगर की ओर अग्रसर हुआ जहाँ मुगल सेना अब भी घिरी हुई थी। जब मुगल पाटन पहुँचे तो मलिक अंबर ने अधीनता स्वीकार कर ली। इसी समय दक्षिणी सैनिकों ने अहमदनगर का घेरा भी उठा लिया। शाहजहाँ दक्षिणी आक्रमण का शीघ्रातिशीघ्र अंत करना चाहता था, उधर नूरजहाँ का रुख भी बदलता जा रहा था। फलस्वरूप 1621 ई. में उसने शांति स्थापित की। दक्षिणियों ने मुगलों के आधिपत्य से छीने हुए सारे प्रांत लौटा दिए तथा उनके पार्श्ववर्ती लगभग 14 लाख की राजस्व की आमदनी के क्षेत्र भी मुगल-साम्राज्य को दे दिए। अहमदनगर, बीजापुर और गोलकुंडा की रियासतों ने सम्राट को क्रमशः बारह, अठारह और बीस लाख रुपए भेंट किए।

यह घटना जो घटित हुई उससे शाहजहाँ का मान-सम्मान एवं गौरव और अधिक बढ़ गया। अगस्त 1621 ई. में उसने अपने पिता की अस्वस्थता का समाचार सुना। इसके थोड़े ही दिनों पश्चात् उसने अपने भाई शाहजादा खुसरो का गला घोंटकर अंत कर देने के लिए रजा नामक व्यक्ति को नियुक्त किया तथा स्वयं संदेह से बचने के लिए मृगया खेलने चला गया। कुछ दिनों बाद उसने अपने पिता जहाँगीर को समाचार भिजवाया कि खुसरो की मृत्यु उदरशूल के कारण हो गई। समाचार से जहाँगीर को बहुत दुःख हुआ और पूरे देश ने इस सुहृदय और मेधावी तथा लोकप्रिय शाहजादे की असामयिक मृत्यु पर शोक मनाया; परंतु सम्राट ने अपराधी को दंडित करने के लिए कोई व्यवस्था न की।

कंधार की असफलता (1622 ई.)

उन दिनों कंधार का दुर्ग भारत और फारस सरीखे प्रतिस्पर्द्धी देशों के बीच कलह का कारण बना हुआ था, यद्यपि दोनों राज्यों का परस्पर शांतिपूर्ण व्यवहार था, परंतु एक-दूसरे के संदेह को बचाते हुए वे अपना उद्देश्य पूरा करने की घात में बने रहते थे। फारस के शाह की नीति जहाँगीर से चिकनी-चुपड़ी और प्रशंसापूर्ण बात करते हुए उसकी तनिक-सी असावधानी से पूरा लाभ उठाकर कंधार पर अधिकार जमा लेने की थी। 1605 ई. में फारसी लोगों ने कंधार को हथिया लेने का यत्न किया था परंतु वे सफल नहीं हुए। यह सत्य पूर्णरूपेण ध्यान में रखते हुए कि केवल बल-प्रयोग से कार्य नहीं चल सकता, शाह अब्बास ने 1611 ई. के आरंभ में आगरा के लिए मूल्यवान भेंट सहित एक दूत अकबर की मृत्यु पर संवेदना तथा जहाँगीर

के राज्यारोहण के उपलक्ष में बधाई प्रकट करने हेतु भेजा। इसके बाद दूसरे दूत भी भेजे गए जिनका उद्देश्य भी जहाँगीर को असावधान तथा निश्चिन्त बनाए रखना तथा फारस की सेना को सुअवसर प्रदान करना मात्र था। दूसरा दूत 1615 ई. में, तीसरा 1616 ई. में तथा चौथा 1620 ई. में आया। 1621 ई. के अंत में शाह ने जिसे नूरजहाँ दल के पतन और नूरजहाँ और शाहजहाँ के बीच बढ़ते हुए मन मुटाव का पर्दाफास हो गया था। इस मनमुटाव का फायदा उठाने कंधार को अपने अधिकार में करने के लिए एक विशाल सेना दल भेजा गया। कंधार का घेरा 1622 ई. के आरंभ में प्रारंभ हो गया और साथ ही एक अफवाह भी फैल गया कि फारस की दूसरी सेना थट्टा पर आक्रमण करने के लिए आ रही है। जहाँगीर इस समय अपनी बीमारी के उपरांत कश्मीर में स्वास्थ्य-लाभ कर रहा था। उसने शाहजहाँ को, जो इस समय दक्षिण में था, कंधार की रक्षा करने के लिए आदेश दिया, परंतु शाहजादा पहले से ही अपने पिता के विरुद्ध विद्रोह करने की सोच रहा था, अतः उसने राजाज्ञा की अवहेलना की। 45 दिन घिरे रहने के उपरांत दुर्ग फारसी सत्ता के हाथ लगा। शाह अब्बास ने एक पत्र देकर एक दूत जहाँगीर के पास भेजा जिसमें कंधार को फारस देश का प्रांत बताते हुए इस आक्रमण को न्यायसंगत बताया गया। इस पत्र में दोनों साम्राज्यों के मध्य मैत्री-संबंध बनाए रखने की आशा भी प्रकट की गई थी। जहाँगीर ने शाह पर विश्वासघात तथा कमीनेपन का आरोप लगाया तथा शाहजादा परवेज को दुर्ग को पुनः प्राप्त करने का आदेश दिया परंतु शाहजहाँ के विद्रोह के कारण इसमें सफलता न मिल सकी।

शाहजहाँ का विद्रोह

1621 ई. के अन्तिम दौर में नूरजहाँ द्वारा गठित किये गये दल का लगभग पतन हो रहा था। मद्यपान तथा अफीम के प्रति व्यसन एवं शरीर के दुर्व्यवहार के फलस्वरूप जहाँगीर ने अपना शरीर जीर्ण बना लिया था। उसका स्वास्थ्य दिन-प्रतिदिन गिरने लगा। इससे नूरजहाँ को भय हुआ। उसका समस्त जीवन महत्त्वाकांक्षा की सिद्धि तथा प्रभुत्व के वातावरण में बीता था। अब उसे लगने लगा कि उसके पति की मृत्यु के पश्चात न केवल उसकी शासन-सत्ता वरन् प्रमुख मामलों में उसका हाथ भी न रह सकेगा। वह शाहजहाँ की योग्यता, शक्ति, महत्त्वाकांक्षा तथा गर्व से भलीभाँति परिचित थी, जिनके कारण राजसत्ता में अपने गौरवशाली पद पर बने रहने के विषय में भूलकर भी सोचना उसके लिए व्यर्थ था। यह पूर्णरूपेण समझकर कि साम्राज्य में दो स्वेच्छाचारी व्यक्ति अर्थात् वह स्वयं और शाहजहाँ एक साथ नहीं रहने

पाएँगे, उसने जहाँगीर के कनिष्ठतम जीवित पुत्र शहरयार को, जो उसके हाथ की कठपुतली बन सकता था, अपनाना प्रारंभ किया। राजनीतिक मतभेदों की विषमता इन शक्तिशाली व्यक्तियों के धार्मिक मतांतरों के कारण और भी भीषण हो गई। नूरजहाँ उदार शिया संप्रदाय की थी तथा दूसरे धर्मों के प्रति सहिष्णु रहना जानती थी। परंतु शाहजादा उत्तरोत्तर सुन्नी पंथ का अनुयायी होता जा रहा था! उसे फारसी निवासियों का प्रभुत्व तथा शिया धर्म का दरबार में बोलबाला अच्छा न लगता था। शहरयार को राज्यारूढ़ करने की योजना सफल बनाने के लिए नूरजहाँ ने शेर अफग़न द्वारा उससे उत्पन्न कन्या लाड़ली बेगम की मँगनी शहरयार के साथ दिसंबर, 1620 ई. में कर दी तथा विवाह अप्रैल, 1621 ई. में आगरे संपन्न हुआ। शहरयार 8,000 जात और 4,000 सवार के पद पर प्रतिष्ठित किया गया।

दुर्भाग्यवश 1621 ई. में नूरजहाँ की मां का देहान्त हो गया और इसी एक वर्ष बाद यानी 1622 ई. में उनके पिता इतमादुद्दौला का की स्वर्गवास हो गया। इन दोनों की मृत्यु से नूरजहाँ-गुट भंग हो गया और नूरजहाँ और शाहजहाँ के मध्य भेदभाव भी बढ़ गए।

1622 ई. में नूरजहाँ के पिता इतमादुद्दौला के देहान्त के पश्चात कंधार दुर्ग पर फारसी सेना ने आक्रमण किया था। इसके त्राण करने के लिए शाहजहाँ को आज्ञा मिली थी। परंतु शाहजादा नूरजहाँ के आचरण से इतना शंकित था कि उसने अपनी प्रतिष्ठित गद्दी दक्षिण को छोड़कर जाना उचित न समझा। उसे भय था कि उत्तरोत्तर क्षीण-स्वास्थ्य सम्राट की मृत्यु के पश्चात कहीं नूरजहाँ उसके सहज अधिकार को कुचलकर शहरयार को सम्राट न बना दे। उसने सम्राट से प्रार्थना की कि उसे सेना के ऊपर सर्वतंत्र स्वतंत्र शासन का अधिकार एवं पंजाब का प्रदेशाधिपत्य तथा उसके कुटुंब के निवास के लिए रणथंभौर का दुर्ग प्रदान कर दिया जाए। यदि ये शर्तें स्वीकार की गईं तो वर्षाकाल के उपरांत वह कंधार विजय के लिए प्रस्थान करेगा। नूरजहाँ ने, जिसने जहाँगीर को एक प्रकार के बौद्धिक दासत्व में जकड़ रखा था, उसे विश्वास दिलाकर यह समझा दिया कि शाहजहाँ के ये विचार विद्रोह की भावना से अनुप्राणित हैं। इस पर सम्राट ने क्रोधित होकर शाहजहाँ को आदेश भेजा कि यदि वह वर्षाकाल के उपरांत कंधार विजय के लिए जाना चाहता है तो अपने अधीनस्थ समस्त शाही अधिकारीजनों तथा सेना को फौरन दिल्ली वापस भेज दे। इसी समय एक असौख्यकर घटना हो गई जिसने दोनों दलों के भेदभाव को और भी बढ़ा दिया। शाहजहाँ ने कुछ काल पूर्व धौलपुर के परगने को जागीर-रूप में मिलने के लिए प्रार्थना की थी। सम्राट से इस स्वीकृति की आशा में उसने अपने के पूर्व ही दरिया खाँ को

उसकी बागडोर सँभालने के लिए भेज दिया। नूरजहाँ ने धौलपुर के उस परगने को शहरयार के लिए जागीर के रूप में पहले ही माँग लिया था एवं एक फौजदार की नियुक्ति कर दी थी। अतएव उस परगने पर अधिकार जमाने में दरिया खाँ और शहरयार के फौजदार शरीफ-उल-मलिक में मुठभेड़ हो गई। शरीफ-उल-मलिक की आँख में चोट आई तथा युद्ध में बहुत-से सैनिक तहस-नहस हो गये और नूरजहाँ ने इस युद्ध का सम्पूर्ण रूप से फायदा उठाया। जहाँगीर ने शाहजहाँ को डाँटा-फटकारा तथा उसे दक्षिण की पूरी सेना को दरबार में तुरंत भेजने का आदेश भेजा।

इस तरह दोनों के बीच फर्क पड़ने के बाद जहाँगीर ने शहरयार की पदवृद्धि करके उसे 12,000 जात और 8,000 सवार के पद पर प्रतिष्ठित कर दिया और कंधार आक्रमण का उसे मुख्य सेनाध्यक्ष नियुक्त किया। इससे कुछ समय उपरांत ही पंजाब में स्थित शाहजहाँ की कुछ जागीरें शहरयार के नाम में परिवर्तित कर दी गईं। अंततोगत्वा शाहजहाँ द्वारा अपनी स्थिति स्पष्ट करने और क्षमायाचना पर भी उत्तर में स्थित उसकी शेष जागीरें, जिसमें हिसार सम्मिलित था और जो राज्य उत्तराधिकारी की निर्दिष्ट संपत्ति समझा जाता था, शहरयार को सौंप दिए गए। नूरजहाँ अपने भाई आसफ खाँ से इसलिए शंकित रहती थी क्योंकि उसे संदेह था कि वह (आसफ खाँ) अपने दामाद शाहजहाँ का पक्ष लेता है। बेगम ने महाबत खाँ को काबुल से बुलाया, जो अपने समय का सर्वश्रेष्ठ सैनिक था और जिसकी दरबार ने अब तक अवेहलना की थी और उसको 6,000 जात और 5,000 सवार के उच्च पद पर आसीन कर दिया। महाबत खाँ के प्रतिद्वन्द्वी आसफ खाँ को राजकोष लाने के लिए आगरा भेज दिए गया।

अभी कठिनता से इस दिशा में प्रयास प्रारम्भ हुए थे कि उसी दौरान एक अशुभ समाचार मिला कि कंधार पर प्रतिद्वंद्वियों ने अपना अधिकार जमा लिया। जहाँगीर ने फारस के शाह के ऊपर विश्वासघात का दोषारोपण किया और उस महत्त्वपूर्ण दुर्ग को वापस लेने के लिए युद्ध की तैयारी करने की आज्ञा दी। इसी समय शाहजहाँ का खुलेआम विद्रोह करने का समाचार सुना गया और भी समाचार मिला कि वह आगरे पर अचानक छापा मारना चाहता है। शाहजहाँ को विश्वास था कि कि उसका पिता नूरजहाँ का गुलाम बन गया है, अतः उसे अपने पिता से न्याय की कोई आशा नहीं रही थी। पर नूरजहाँ के गुप्तचर बड़ी संलग्नता से अपने कार्य में लगे हुए थे। उसने विद्रोही की योजनाओं को नष्ट करने तथा उसे मात देने के लिए कोई कसर न उठा रखी। शाहजादा परवेज को अपनी संपूर्ण सेना सहित बिहार से वापस बुला लिया गया और आमेर, मेवाड़, कोटा, बूँदी, ओरछा तथा अन्य राज्यों के राजभक्त

अधिपतियों को सम्राट को सहायता देने के लिए आमंत्रित किया गया। मिर्ज़ा अज़ीज कोका से समझौता कर लिया गया और महाबत खाँ को राज्य सेना का सेनानायक बना दिया गया। सम्राट और साम्राज्ञी ने फरवरी, 1623 ई. में दिल्ली होते हुए माँडू के लिए प्रस्थान किया जिससे वे रणस्थली के निकट बचाव के प्रबंध का ठीक-ठीक निरीक्षण कर सकें। एक चतुर राजदूत को विद्रोही राजकुमार के हृदय की थाह लेने के लिए भेजा गया जिसका उद्देश्य यह भी था कि सम्राट को युद्ध संबंधी प्रबंध के लिए और अधिक समय मिल जाए। सम्राट मई, 1623 ई. में अजमेर पहुँच गया।

दक्षिणी सेना के कुछ विश्वासी सैनिकों के साथ शाहजहाँ ने माँडू से फतेहपुर सीकरी की ओर प्रस्थान किया। नगरस्वामी द्वारा बुद्धिमत्तापूर्वक द्वार बंद कर दिए जाने से नगर पर प्रभुत्व पाने की योजना में असफल होकर राजकुमार ने आगरे पर धावा बोला पर अप्रैल, 1623 ई. में बिल्लोचपुरा में शाही सैनिकों से मुठभेड़ होने के फलस्वरूप उसकी हार हुई। यहाँ उसे अपने अति विश्वासपात्र सेनानायक सुंदर की मृत्यु के कारण, जो रायरायान विक्रमाजीत की उपाधि से अलंकृत था और देश के सर्वश्रेष्ठ सेनानायकों में से था, बड़ी क्षति पहुँची। शाही सैनिकों ने एक मास से अधिक विश्राम करके परवेज की नाममात्र की अध्यक्षता में प्रस्थान किया। परवेज बिहार से वापस आ गया था और 40,000 जात और 30,000 सवार के अद्वितीय पद पर सुशोभित कर दिया गया था, जिससे वह शाहजहाँ से अधिक शक्तिशाली समझा जाए। परवेज ने विद्राहियों का पीछा किया, जो इस समय तक भाग कर माँडू पहुँच चुके थे और वहाँ के अभेद्य दुर्ग में सुरक्षित हो गए थे। महाबत खाँ के आगमन पर जो राज्य सेना का वास्तविक सेनापति था, शाहजहाँ के अनेक साथी उसे छोड़कर महाबत खाँ से आ मिले और शाहजहाँ को असीरगढ़ को त्यागने पर मजबूर होना पड़ा। वह बैरामबेग को सेना की एक टुकड़ी का उत्तरदायित्व दे गया जिससे वह महाबत खाँ को नर्मदा पार करके दक्षिण की ओर अग्रसर न होने दे। उसके पीछे हटने के परिणामस्वरूप उच्चपदस्थ शाही सैनिक कर्मचारियों और गुजरात की सेना में जिसका वह शासक था, असंतोष फैल गया और गुजरात प्रांत उसके हाथ से निकल गया। शाहजहाँ अपने कुटुंब को असीरगढ़ में सुरक्षित छोड़कर बुरहानपुर पहुँचा, जो दक्षिण में मुगल साम्राज्य की राजधानी थी। उसने अपने पुराने शत्रु मलिक अंबर से सहायता के लिए मार्मिक प्रार्थना की, पर मलिक अंबर ने इस ओर कोई ध्यान नहीं दिया क्योंकि वह एक अनाश्रित राजकुमार के कारण शक्तिशाली मुगल सम्राट के कोप का भाजन नहीं बनना चाहता था। इसी प्रकार की प्रर्थना उसने बीजापुर के राजा से भी की परन्तु कोई सफलता नहीं मिली और वह निराश हो गया। विवश हो उससे

महाबत खाँ से संधि-वार्ता प्रारंभ की, पर किसी प्रकार का लाभ नहीं हुआ। उसका राजदूत अब्दुर्रहीम खानखाना, जिसको राजकुमार ने आत्मविनय और कुरान की शपथ के द्वारा अपनी ओर रहने के लिए वचनबद्ध कर रखा था, महाबत खाँ से जा मिला, जिसने भगोड़े शाहजहाँ को बंदी करने के लिए नर्मदा पार की। सम्राट ने महाबत खाँ के पास यह आदेश भेजा कि या तो वह राजकुमार को बंदी करके दरबार में प्रस्तुत करे अथवा उसको देश से निर्वासित कर दे। अब शाहजहाँ को ताप्ती पार करके अपने पुराने शत्रु गोलकुंडा के सुल्तान के प्रदेश में जाने के अतिरिक्त और अन्य मार्ग न दिखाई दिया। वह अक्टूबर में वहाँ पहुँच गया और शाही सैनिक शेष वर्षाऋतु बिताने के लिए बुरहानपुर आ गए। जहाँगीर ने अजमेर से डेरा उखाड़कर नवंबर, 1623 ई. में कश्मीर के लिए कूच किया।

शाहजहाँ तेलंगाना होते हुए मछलीपट्टम गया और कुछ दिन वहां उसने अपना समय व्यतीत किया। इसके बाद नवम्बर में वह उड़ीसा पहुंचा। यह उस समय मुगलों का एक छोटा राज्य था। उस प्रांत का अकुशल और कायर शासक अहमद बेग खाँ प्रांत की रक्षा हेतु कोई समुचित प्रबंध न कर सका और भागकर पहले कटक पहुँचा, तत्पश्चात बर्दवान और अंत में ढाका। बर्दवान के उत्कट फौजदार सलीह ने शाहजहाँ का विरोध करने का दृढ़ संकल्प किया, पर सामने घुटने टेकने पड़े। बर्दवान का अधिपति होकर शाहजहाँ ने राजमहल की ओर पग उठाया, जो उस समय अकबर नगर के नाम से विख्यात था। उसने राजमहल पर घेरा डाल दिया और घमासान युद्ध के उपरांत, जिसमें बंगाल का शासक इब्राहीम खाँ मृत्युपर्यंत वीरतापूर्वक युद्ध करता हुआ स्वर्गधाम को सिधारा, उसको पराजित कर सका। उड़ीसा का शासक, अहमदबेग खाँ, ढाका में उसके अधीन हो गया। इस प्रकार उड़ीसा और बंगाल के प्रांत शाहजहाँ की मुट्ठी में आ गए।

उड़ीसा और बंगाल पर सफलता प्राप्त करने के पश्चात् शाहजहाँ ने अवध, आगरा और बिहार को भी अपने अधिकार में करने की तैयारी शुरू कर दी जिससे वह अपने क्रुद्ध पिता से उपकारक शर्तें स्वीकार करवाने की स्थिति में आ जाए। उसके युद्ध-कुशल सेनाधिप, मेवाड़ के राजकुमार भीम ने पटना पहुँचकर रक्तहीन विजय प्राप्त की। वहाँ का कायर शासक मुखलिस खाँ राजपूत शूरवीर के आगमन का समाचार पाते ही अपनी प्राण-रक्षा हेतु नगर का भार परित्यक्त करके भाग गया। समस्त बिहार, जिसमें रोहतास का अविनश्वर दुर्ग सम्मिलित था, शाहजहाँ के हाथ में आ गया। एतद्रूपेण उसे जौनपुर भी मिल गया और शाहजहाँ ने बनारस के समीप गंगा को पार करके कंतीत में अपना डेरा डाला। उसने प्रयाग को आवृत करने की

आज्ञा दी। सम्राट प्रयाग और अवध दोनों से हाथ धो बैठता यदि मार्च, 1624 ई. में परवेज और महाबत खाँ बुरहानपुर से घिरी हुई दुर्गरक्षक फौज के उद्धार के लिए समय पर शीघ्र ही न पहुँच जाते। उनके आगमन के फलस्वरूप अब्दुल्ला खाँ को वहाँ का घेरा उठाकर झूसी जाना पड़ा। महाबत खाँ ने बलपूर्वक नौकाएँ एकत्रित करके गंगा को प्रयाग से उत्तर-पश्चिम में लगभग चालीस कोस की दूरी पर पार किया। उसने विद्रोही राजकुमार की खाद्य तथा अन्य सामग्रियों को अवरोधित कर दिया। अब शाहजहाँ के सामने खुल्लमखुल्ला युद्ध करने या दक्षिण में भाग जाने के अतिरिक्त कोई अन्य चारा नहीं था, अतः उसे बिना तैयारी के ही युद्ध करना पड़ा। मेवाड़ के राजकुमार भीम का प्रमत्त धावा राज्य-सेना के श्रेष्ठतम् सैनिकों के विरुद्ध सफल न हो सका और अंतिम श्वास तक वह युद्धस्थल में संघर्ष करता हुआ इस संसार से विदा ले गया। शाहजहाँ पूर्णतः परास्त हुआ पर भाग्यवश उसके प्राणों की रक्षा हुई और वह वहाँ से भाग गया। वह भागकर रोहतास पहुँचा और मुमताजमहल की संतानोत्पत्ति के कारण यात्रा में असमर्थ पाकर वही छोड़कर उसने बंगाल में शरण ली।

शाहजहाँ बंगाल में कुछ दिन रहने के पश्चात् वहां से प्रस्थान किया और उड़ीसा तैलंगाना तथा गोलकुण्डा की यात्रा करते हुए अहमदनगर पहुँचा। उसके अनुपस्थिति में अहमदनगर के सर्वशक्तिसंपन्न मंत्री मलिक अंबर और बीजापुर के सुल्तान के मध्य बैर-भावना का प्रादुर्भाव हो चुका था। अक्टूबर, 1623 ई. में बीजापुर तथा अहमदनगर ने महाबत खाँ से सहायता माँगी, पर उस चतुर सेनापति ने मना कर दिया और यह निश्चय किया कि वह शाहजहाँ के विद्रोह को दबाने के लिए बीजापुर को सहायता देगा। तब शाहजहाँ 1623 ई. के अंत में दक्षिण से भागकर उड़ीसा पहुँचा। ज्योंही महाबत खाँ ने शाहजहाँ को देश-निर्वासन देने के अभिप्राय से उत्तर दिशा को प्रयाण किया, मलिक अंबर ने संतोष की साँस ली और गोलकुंडा से संधि-वार्ता करके बीजापुर के सैनिकों को बीदर में बहुत बुरी तरह से हराया। यहां काफी लूट-पाट करने के बाद आदिलशाह पर घेरा डाल दिया। विपदग्रस्त सुल्तान ने मुगल सेना में प्रस्तुत अपनी सेना की टुकड़ी को वापस बुला लिया और जिन मुगल साम्राज्यवादियों के कंधों पर दक्षिण का भार था उनसे शीघ्रातिशीघ्र सहायता देने की अनुनय की। दो शत्रु-दलों के मध्य में घिर जाने की शंका से भयभीत मलिक अंबर ने अपनी सेना का एक भाग बीजापुर दुर्ग की दीवारों को घेरे रहने के निमित्त छोड़कर अग्रमार्ग ग्रहण किया और भटीवी में मुल्ला मुहम्मद और लश्कर खाँ की अध्यक्षता में घेरा डाले पड़ी हुई सहायक सेना पर छापा मारा, जहाँ उसने मुल्ला मुहम्मद का वध कर डाला और लश्कर खाँ को भगा दिया। तदुपरांत उसने मुगलों की दक्षिण प्रांत की राजधानी अहमदनगर का घेरा डाला और साथ ही बीजापुर के घेरे को यथावत रखा।

इसी घटनाक्रम के अवसर पर शाहजहाँ, जो उत्तर में पराजित हो चुका था, दक्षिणी क्षेत्र की तरफ रवाना हुआ और मलिक अंबर के यहां पहुँचा। मलिक अंबर ने बड़ी नम्रता से आदर भाव किया और उसने शाहज़हाँ को अपने पिता जहाँगीर के विरोधी संघ में अपने साथ सम्मिलित होने के लिए तैयार कर दिया। अंबर की विनय पर शाहजहाँ ने बुरहानपुर दुर्ग पर घेरा डाला परन्तु पर उस पर विजय प्राप्त करने में सफलीभूत न हुआ। इसी मध्य में परवेज और महाबत खाँ का शाहजहाँ का पीछा करने के लिए दक्षिण में पुनः आगमन हुआ। शाहजहाँ ने बाध्य होकर बुरहानपुर के घेरे का अंत कर दिया और बालाघाट में रोहनगढ़ के स्थान में जाकर अपनी प्राणरक्षा की। यहाँ राजकुमार रोग-पीड़ित हो गया और अब्दुल्ला खाँ ने जो इस समय उसका अकेला स्वामिभक्त स्मरणीय भृत्य था, संन्यास ले लिया। अब अपने पिता की चरण-रज को शिरोधार्य करने के अतिरिक्त शाहजहाँ के लिए अन्य कोई मार्ग न था।

जब शाहजहाँ रोग से पीड़ित हो गया तब उसके तमाम सहयोगियों ने उसका साथ छोड़ दिया। ऐसे समय में वह काफी असहाय हो गया और मौत उसकी प्रतीक्षा कर रही थी। इस परिस्थिति ने उसे अपने भावी जीवन का पथ-निर्णय करने के लिए प्रेरित किया। उसकी तर्कशक्ति ने उसके इस विचार का समर्थन किया कि वह बिना कोई शर्त रखे अधीनता स्वीकार करे और उसने सम्राट से क्षमा याचना करें। इस समय नूरजहाँ महाबत खाँ के व्यवहार और उसकी संयुक्त शक्ति और सम्मान के कारण बहुत शंकित थी। अतएव वह शाहजहाँ के संधि-प्रस्ताव को ठुकराना न चाहती थी। मार्च, 1626 ई. में उसने शाहजहाँ के पास यह आदेश प्रेषित किया कि वह रोहतासगढ़ और असीरगढ़ से दुर्गों पर से अपना आधिपत्य तुरंत हटा ले और अपने पुत्रों, दारा और औरंगजेब को, जो उस समय क्रमशः दस और आठ वर्ष की आयु प्राप्त कर चुके थे, राजदरबार में भेज दे। शाहजहाँ ने द्विविधारहित हो आज्ञा को शिरोधार्य किया। उसे क्षमा प्रदान की गई और वह बालाघाट का शासक नियुक्त कर दिया गया।

तीन वर्ष तक चले इस संघर्ष से जन-धन की काफी हानि हुई। साम्राज्य को एक गृहयुद्ध के कारण संक्षुब्ध कर दिया और जो असंख्य मनुष्यों और अतुलित धन के नाश का कारण बना, अंत्येष्टि-क्रिया अप्रैल, 1626 ई. में हुई।

महाबत खाँ का राज्य-शासन में नियम-विरुद्ध विप्लव (मार्च 1626 ई.)

शाहज़हाँ से संधि-स्थापना के दौरान ही उद्धत बेगम ने महाबत खाँ को जो

साम्राज्य का सर्वोच्च सैनिक और राजनीतिज्ञ था, आज्ञानुकूलता में लाने का प्रण किया। शाहजहाँ के विद्रोहावसर पर महाबत खाँ की मान-मर्यादा में समुचित वृद्धि हो गई थी, क्योंकि विप्लव के दमन में उसकी उपस्थिति आवश्यक थी, साम्राज्ञी ने उसके साथ उस समय निबटारा करना व्यक्ति का कर्त्तव्य नहीं समझा था। नूरजहाँ की सहिष्णुता से यह परे की बात थी कि वह महाबत खाँ जैसे दुर्जेय व्यक्ति का अस्तित्व स्थिर रहने दे। महाबत खाँ अपनी कुशलता तथा कार्य धैर्यता के कारण किसी के अधीन रहना पसन्द नहीं कर सकता था। वह स्वयं महत्त्वाकांक्षी था और अपने पोषक तथा सम्राट जहाँगीर के अतिरिक्त अन्य किसी से आदेश नहीं प्राप्त करना चाहता था। नूरजहाँ द्वारा राज्य की बागडोर अपने हाथ में लेने के परिणामस्वरूप वह ईर्ष्यालु हो गया। इसका प्रमुख कारण यह था कि सम्राट से विवाह होने के पूर्व वह एक सामान्य रमणी थी और तदुपरांत वह सफलतापूर्वक दरबार को अपनी मुट्ठी में रखने की योजनाएँ बनाती रहती थी और कभी भी साम्राज्य के राजभक्त और विश्वासपात्र कुलीन पुरुषों की ओर ध्यान नहीं दिया था। शहरयार जिसको वह राजसिंहासन पर आसीन करने के इच्छुक थी, एक नितांत निकम्मा पुरुष था और केवल इसलिए राजपद के उपयुक्त समझा गया था क्योंकि वह उत्कट आकांक्षी नूरजहाँ के हाथ की कठपुतली हो सकता था। इसके विपरीत, महाबत खाँ ने राजसिंहासन पर परवेज के अधिकार का समर्थन किया, जो शहरयार से प्रत्येक दशा में सुयोग्य था और नूरजहाँ का स्वामित्व स्वीकार करने को तत्पर न था। महाबत खाँ की कुशलता और कार्य-पटुता से बेगम नूरजहाँ अनभिज्ञ नहीं थी और उसे यह भी मालूम था कि महाबत खाँ राज्यवंश का अनन्य भक्त है और उससे घृणा करता है। इन कारणों के फलस्वरूप दोनों शक्तिमान व्यक्तियों को शांतिपूर्वक जीवन व्यतीत करना असंभव हो गया और नूरजहाँ ने शीघ्र ही उस महान सेनापति के विध्वंस का संकल्प कर लिया। ज्योंही शाहजहाँ शर्तरहित आधिपत्य स्वीकार करने के लिए प्रस्तुत हो गया, उसने महाबत खाँ को स्थान-परिवर्तन की अनुमति देकर बंगाल भेज दिया और उसके स्थान पर खानजहाँ लोदी को राजकुमार परवेज का परामर्शदाता नियुक्त कर दिया। राजकुमार संकोच में पड़कर खानजहाँ को अपना परामर्शदाता स्वीकार किया और राजाज्ञानुसार बुरहानपुर में निवास करने लगा। महाबत खाँ ने भी बंगाल से प्रस्थान करने का निश्चय किया।

अपने अग्रज आसफ खाँ के संधि-सहयोग से उत्साहित, (जो महाबत खाँ से समान स्पर्द्धा रखता था,) बेगम ने महाबत खाँ पर राजद्रोह और अवज्ञा के अपराध आरोपित किए। उसके नाम एक शाही फरमान जारी किया गया जिसमें उसको

दरबार में उन हाथियों को भेजने का आदेश दिया गया जो उसने शाहजहाँ के विद्रोहावसर पर बिहार और बंगाल में प्राप्त किए थे, और उसको यह भी निर्देश दिया गया कि वह उस धन का भी ठीक-ठीक हिसाब दे जो उसने दोनों प्रांतों के स्वत्वहरण हुए जागीरदारों से प्राप्त किया है। साथ ही यह भी आदेश दिया कि यदि महाबत खाँ आदेश-पालन में असफल होता है तो उसे तुरंत ही दरबार में उपस्थित किया जाए। नूरजहाँ की नीति को महाबत खां ने इनकार दिया क्योंकि उसने यह एहसास किया कि नूरजहाँ उसे अपमानित करने के लिये यह नीति अपनायी है। अतएव उसने सम्राट के तत्कालीन निवास-स्थान पंजाब जाकर स्वयं अपने मामले का सम्राट को समक्ष प्रतिनिधित्व करने का निर्णय किया। साथ ही उसने निश्चय किया कि यदि उसको न्याय न मिला तो वह राज्य-शासन में नियम-विरुद्ध विप्लव करके सम्राट को अपने वश में कर लेगा और इस प्रकार राज्य में नूरजहाँ को शक्ति से वंचित कर देगा। मार्च, 1626 ई. में वह अपने चार या पाँच हजार संघर्षशील राजपूतों सहित झेलम के समीप शाही डेरे के सन्निकट पहुँच गया। जहाँगीर कश्मीर से लौटकर काबुल को जा रहा था। दूसरे दिन प्रातः वह झेलम नदी पार करने वाला था कि तभी एक बलशाली राजपूत चतुरंगिनी सेना समेत महाबत खाँ का आगमन-संवाद सुनकर शाही डेरे में भय का साम्राज्य छा गया। सेना के भंगीकरण का निर्देश देने के बजाए सम्राट ने महाबत खाँ को यथास्थिति में रहने की आज्ञा प्रेषित की। बेगम ने भी महाबत खाँ को और अधिक तिरस्कृत करने के अभिप्राय से उससे राज्यादेश के बिना अपनी पुत्री का विवाह एक कुलीन सरदार के पुत्र बरखुरदार से कर देने का कारण पूछा। बरखुरदार को राजदरबार में उपस्थित होने का आदेश दिया गया, जनता के समक्ष उसे अपमानित किया गया, उसके हाथ उसकी गर्दन से बाँध दिए गए और उसे बंदी बना दिया गया। महाबत खाँ द्वारा उसे दिया गया स्त्री-धन उससे छीन लिया गया। ऐसे कृत्य से उन्मादयुक्त हो महाबत खाँ ने सम्राट को बंदी कर लेने का निश्चय किया और साम्राज्ञी की शक्ति को मूलजड़ से उखाड़ फेकने की कसम खायी।

महाबत खाँ इसी के अगले दिन भोर में ही अपने कमान में वीर राजपूतों को लेकर एकाएक शाही शिविर के समीप आते हुए दिखाई पड़ा, परन्तु इससे पूर्व वह लगभग 20,000 अश्वारोहियों को झेलम के पुल पर इस निमित्त भेज चुका था कि वे किसी प्राणी को नदी न पार करने दें। शाही सेना का अधिकांश भाग नदी के पार पहुँच चुका था पर सम्राट और साम्राज्ञी मुट्ठी-भर योद्धाओं सहित अभी नदी के इसी ओर थे और उसे पार करने की प्रतीक्षा कर रहे थे। जब महाबत खाँ शाही डेरे के

राजद्वार पर पहुँचा तो राजसेना इतनी आतंकित हो गई कि उसने महाबत खाँ का मार्ग निषेध करने की किंचित मात्र भी चेष्टा न की। महाबत खाँ ने शाही डेरे की ओर बढ़ना प्रारम्भ किया। महाबत खाँ के इस निर्भीक कृत्य का संवाद सुन जहाँगीर बाहर आया और शिविका में बैठ गया। महाबत खाँ आगे बढ़कर सम्राट के सम्मुख नतमस्तक हुआ और बोला कि वह सम्राट की छत्रछाया में शरण लेने और जिस रूप में वह चाहें दंडित होने के लिए उपस्थित हुआ है। उसने कहा कि वह अपने शत्रु आसफ खाँ के हाथों मौत के घाट नहीं उतरना चाहता जो उसको ध्वंस करने का उपाय सोचने में लीन था। जब उसने सम्राट को इस प्रकार वार्तालाप-निमग्न कर रखा था, उसके राजपूतों ने राज-शिविर को घेर लिया। जहाँगीर ने क्रोधावेश में महाबत खाँ का वध करने की इच्छा से अपना हाथ अनेक बार अपनी खड्ग-मूठ पर रखा पर उसे ऐसा करने के लिए प्रोत्साहन न प्राप्त हुआ। महाबत खाँ से शिविर में जाकर वस्त्र-परिवर्तन की आज्ञा प्राप्त न होने पर सम्राट अश्वारूढ़ के साथ चलने को उद्यत हो गया। तदुपरान्त सम्राट को हाथी पर आसीन करके महाबत खाँ ने उसे अपने शिविर में बन्द कर दिया और अपने बेटों के कमान में उसे सौंप दिया।

महाबत खाँ ने नियम-विरुद्ध विप्लव प्राकृतिक मनोवृत्ति से प्रेरित हो संपादित किया था और उसने यह बात विस्मृत कर दी कि उसे साम्राज्ञी को भी अपने शासानाधिकार में लाना है, जो राजसिंहासन के पीछे वास्तविक शक्ति थी। अपनी इस त्रुटि का अनुभव करते ही वह राज-शिविर को वापस आया पर उसने अपनी आखों से यह दुःखमय दृश्य देखा कि साम्राज्ञी झेलम नदी के उसपार जा चुकी थी। उसने नूरजहाँ और आसफ खाँ को दूसरे दिन अपनी सत्ता के अधीन करने का निश्चय किया।

उल्लेखनीय है कि बेगम महाबत खाँ के इस नियम-विरुद्ध कृत्य से अनभिज्ञ थी और उसे इस बात का ज्ञान तभी हुआ जब वह झेलम को पार कर चुकी। उसने एक युद्ध-सलाहकारिणी समिति की बैठक की, अपने भ्राता आसफ खाँ को उसकी अवहेलना के लिए डाँटा और सम्राट को मुक्त करने का प्रबंध किया। जब जहाँगीर ने उसकी साधन-सामग्री का समाचार सुना तो उसने यह संवाद भेजकर उसको सचेत कर दिया कि वह कोई ऐसा कार्य न करे जिससे उसकी स्वतंत्रता के अतिरिक्त साम्राज्यवाद को किसी प्रकार की ठेस पहुँचे। उसने अपनी मुद्रिका यह प्रमाणित करने के लिए रानी के पास भेजी जिससे वह समझ जाए कि यह चेतावनी उसने महाबत खाँ के दबाव के कारण न देकर स्वतंत्र रूप से स्वयं दी थी। पर हठी बेगम को विश्वांस न आया और वह अपने निर्णय पर जमी रही। एक भारी सेना सहित उसने महाबत

खाँ पर आक्रमण करने के लिए नदी पार करने का प्रयत्न किया परंतु उचित नेतृत्व की अनुपस्थिति में उसका सैन्य-दल अनेक भागों में विभक्त हो गया और एक छोटी-सी टुकड़ी ही नदी के उस पार पहुँची। महाबत खाँ के राजपूत वीर बेगम की सेना का सामना करने को तैयार थे। उनमें अधिकांश तो काल के ग्रास हुए, कुछ चोटिल हुए और अनेक वापस भागने का यत्न करते समय नदी के जल में सदा के लिए निमग्न हो गए। नूरजहाँ जो स्वयं हाथी पर सवार सैन्य-संचालन कर रही थी, वापस आने के लिए बाध्य हुई। शाही सेना को अनेक आघात पहुँचे और हस्तस्वामिनी के क्रोड़ में हस्तों से सुरक्षित होते हुए भी शहरयार की सुकुमार बालिका के अंग को भी तीर ने ब्रणित कर दिया। इस समस्त युद्धकाल में आसफ खाँ ने भीरुता का परिचय दिया और वह स्वप्राण-त्राण के लिए अटक के दुर्ग को भाग गया। एक छोटी-सी राजभक्त सेना की टुकड़ी ने फिदाई खाँ के सेनापतित्व में शौर्य और पराक्रम प्रदर्शित किया और महाबत खाँ की सैनिक बलों पर पूरी शक्ति के साथ आक्रमण कर दी, परन्तु उसे कोई सफलता हाथ नहीं लगी और उसे युद्ध का मैदान छोड़कर भागना पड़ा।

इस विफलता में विजय द्वार का रास्ता हमेशा के लिए बन्द हो गया। यह समझकर नूरजहाँ ने महाबत खाँ के सन्मुख आत्मसमर्पण कर दिया और उसे जहाँगीर से मिलने की अनुमति मिल गई। अब महाबत खाँ का स्थान सर्वोपरि था। उसने शासन-सत्ता की बागडोर अपने हाथ में ली, अपने विश्वसनीय अधिकारियों को महत्त्वपूर्ण स्थान पर नियुक्त कर दिया और बेगम के सपक्षियों का मर्दन करने के लिए प्रयत्नशील हुआ। उसने आसफ खाँ के विरुद्ध एक सेना अटक भेजी और आसफ खाँ ने उसकी दासता स्वीकार की। पंजाब में दो मास निवास करने के उपरांत सम्राट ने बाह्य रूप से महाबत खाँ की सत्ता से संतोष प्रकट करते हुए काबुल की ओर पदार्पण किया। चूंकि सेनापति की सत्ता शक्ति आधारित थी अतएव राजसेवकों में मन-मुटाव हो गया। इसके अतिरिक्त महाबत खाँ विशेषतः एक सैनिक और चतुर मनुष्य था, न कि एक राजनीतिज्ञ और प्रबंधकर्त्ता। उसके कृपापात्रों ने कार्य को सुव्यवस्थित विधि से न किया और उसकी नीति से जनता में असंतोष की लहर दौड़ गई। काबुल में उसकी राजपूत सेना और अहदी नामक शाही सेना के एक भाग में पारस्परिक संघर्ष हो गया। कुछ राजपूतों ने अपने अश्वों को राज-आखेट के स्थान पर चरने के लिए छोड़ दिया, जिसका अहदियों और रक्षकों ने विरोध किया। इस द्वन्द्व में एक अह्दी मर गया। महाबत खाँ के इस वचन से कि वह मामले की खोजबीन

करेगा और अपराधियों को दंडित करेगा, अहदियों को सांत्वना न हुई और वे राजपूतों पर धावा बोल दिये जिसमें लगभग 900 राजपूतों को वेदर्दी से कुचल दिया गया। महाबत खाँ ने अपनी लोकप्रियता खो दी। मुसलमान जनता, जो राजूपत-सत्ता के प्रति घृणित भावना रखती थी, विद्रोह करने के लिए तुल गई। यद्यपि महाबत खाँ ने सहज ही इन विद्रोहियों को दबा दिया पर इससे उसकी मान-मर्यादा को गहरा आघात पहुँचा। राजसेवकों का वैमनस्य इतने वेग से बढ़ा कि उसकी सशस्त्र शक्ति का ह्रास होने लगा। इस सुयोग से कार्यकुशल नूरजहाँ ने सेनापति के विपक्ष में षड्यंत्र करने का पूरा-पूरा लाभ उठाया। जहाँगीर की सिद्धनीति-कुशलता ने महाबत खाँ को इस बात का पूर्ण आश्वासन दिला दिया कि वह उसकी सत्ता में परम सुखी था और इसलिए वह सम्राट की ओर से कुछ निश्चिंत-सा हो गया। काबुल से लौटते समय नूरजहाँ ने सम्राट की स्वतंत्रता की व्यवस्था की। यह प्रबंध किया गया कि जब राज-शिविर रोहतास के समीप हो, तो जहाँगीर शाही सेना का निरीक्षण करे। उसने महाबत खाँ के पास यह संदेश भिजवा दिया कि वह अपनी सेना को शाही सेना से कुछ दूर रखे जिससे दोनों सेनाओं में संघर्ष की संभावना न हो। सेनानायक ने जो सत्ता को अपने हाथों से निकलते हुए देख रहा था, आदेश का अक्षरशः पालन किया। सेना-निरीक्षण के बहाने जहाँगीर ने शाही सेना के स्वामित्व का पद अपने हाथ में ले लिया और महाबत खाँ ने अपने शासन का पतन मानकर लाहौर की ओर चल पड़ा। इस प्रकार उसका 'किंचित कालीन शासन' समाप्त हो गया।

लाहौर वापसी में महाबत खाँ आसफ खाँ, एक या दो श्रेष्ठ कुलीन सरदारों और राजकुमार दानियाल के पुत्रों को शरीर-बंधकों के रूप में अपने साथ लेता गया, पर उसे उन्हें वापस भेजने के लिए बाध्य किया गया। नूरजहाँ ने, जिसने अपनी अपहरण की हुई सत्ता पर पुनः अधिकार प्राप्त कर लिया था, महाबत खाँ की शक्ति को पूर्णतया विनष्ट करने का निश्चय किया और राज्य को जो सेनाधिपति की अकुशलता के कारण ह्रास-पथ पर जा रहा था, पुनः संगठित करने की योजना तैयार की। सम्राट की मुक्ति के कुछ ही दिन के बाद रोहतास में एक सभा का आयोजन किया गया जिसमें राज्य के उच्च पदों को बांटा गया। महाबत खाँ के पास आदेश भेजा गया कि वह दानियाल के पुत्रों, आसफ खाँ और अन्य कुलीन सरदारों को मुक्त कर दे। महाबत खाँ ने ऐसा ही किया क्योंकि अब उसमें अभिमानिनी रानी का विरोध करने का बल न था। उसने सम्राट की यह आज्ञा भी नतमस्तक हो स्वीकार की कि वह थट्टा जाकर शाहजहाँ को परास्त करे क्योंकि शाहजहाँ महाबत खाँ के नियम-विरुद्ध विप्लव का समाचार सुनकर दक्षिण से अपना डेरा कूच कर दिया था।

दक्षिण के युद्ध का अंत

नूरजहाँ ने महाबत खाँ को जब 1626 में दक्षिण से वापस बुलवाया था उसी समय महाबत खाँ का पद खानजहाँ लोदी को सौंप दिया गया था। निर्भयता और शौर्य के गुणों से विभूषित होने पर भी उसमें दूरदर्शिता और राजनीतिक चातुर्य की इतनी कमी थी कि वह अहमदनगर के नृप-निर्माता मलिक अंबर से प्रतिद्वंद्विता करने में करने में सफलीभूत न हो सका था। वह अबीसीनियावासी मंत्री के विरोध में सिद्धि-संपन्न न हो सका और दक्षिण भारत में मुगल-सम्मान के ह्रास का कारण बना; पर सौभाग्य से मई 1626 ई. में मलिक अंबर की मृत्यु हो गई और तत्पश्चात रण-वाद्य पुनः बज उठे। मलिक अंबर के स्थान पर हमीद खाँ प्रतिष्ठित हुआ। वह भी एक सुयोग्य सेनाधिपति और राजनीतिज्ञ था। चरित्र-भ्रष्ट खानजहाँ ने हमीद खाँ से अतुलित संपत्ति उत्कोच रूप में लेकर उससे शांति करके बालाघाट के अतिरिक्त अहमदनगर तक का प्रदेश उसके प्रभुत्व में रहने दिया। उसकी दक्षिणी-नीति उसकी अव्यवस्था, भ्रष्टाचार और मुगल कर्मचारियों के पारस्परिक मतभेद के फलस्वरूप सार्थक न हुई।

महाबत खाँ जैसी बला से जहाँगीर ने छुटकारा तो पा लिया था, परन्तु उसका स्वास्थ्य दिनोंदिन गिरता ही जा रहा था और प्रायः अस्वस्थ होने के कारण मार्च, 1627 ई. में शक्ति और स्वास्थ्य-लाभ के विचार से वह कश्मीर को रवाना हुआ। पर कश्मीर भी उसे स्वास्थ्य-दान न दे सका। हतोत्साहित सम्राट लाहौर को लौटा पर अभी उसकी लाहौर-यात्रा की समाप्ति भी नहीं हुई थी कि वह पुनः रोगग्रसित हो गया और 7 नवंबर, 1627 ई. को प्रातःकाल भीमवार के निकट उसकी मृत्यु हो गई। उस समय उसकी आयु 58 वर्ष की थी। लाहौर के समीप शाहदरे के एक रमणीय उपवन में उसकी समाधि बनावाकर उसे चिरनिद्रा की अवस्था में छोड़ दिया गया। उसकी विधवा रानी ने कुछ समय उपरांत उसके चैत्य-स्थान पर एक मनोहर स्मारक का निर्माण करवा दिया।

जहाँगीर का व्यक्तित्व एवं चरित्र

इस मुगल सम्राट के व्यक्तित्व और चरित्र के संबंध में दो विरोधी सम्मतियाँ हैं। कुछ अर्वाचीन यूरोपीय लेखकों के मतानुसार जहाँगीर चंचल प्रकृति का प्रजापीड़क शासक था, जिसकी सुरा, सुंदरी एवं सौंदर्य में अनुरक्तता थी और जो मानव और नृप के रूप में सर्वथा असफल था। इसके विपरीत कुछ आधुनिक भारतीय विद्वानों के

मतानुसार जहाँगीर एक न्यायप्रिय और कुलीन शासक था जो न्याय और निवपक्ष शासन करने का सतत् प्रयास करता था। मानव-रूप में जहाँगीर सौजन्यता और सुशीलता की प्रतिमूर्ति था। अपनी मां ओर परिवार के सभी छोटे-बड़े सदस्यों के साथ उसका व्यवहार काफी सराहनीय था। यद्यपि उसने अपने पिता के विरुद्ध विद्रोह का झंडा उठाया और वर्षों उस पताका को फहराता रहा, पर उसने यह कार्य कुप्रवृत्तियों में फँसकर और कुछ स्वार्थी परामर्शदाताओं की मंत्रणा पर किया था। अंत में उसने अपनी मूर्खता को समझा और राजसिंहासन पर आसीन होने के पश्चात उसने इसे सुधारा। वह अपने पिता की पुण्यस्मृति के प्रति श्रद्धांजलि अर्पित करता रहा और विचार एवं वर्णन से इसके प्रति आदर का भाव प्रकट करता था। सिकंदरे में निर्मित अकबर के स्मारक को वह पैदल जाता और समाधि-रज को शिरोधार्य करके अपने को प्रतिष्ठित करता। वह प्रेमपरायण पति था और बहुपत्नीक होते हुए भी पत्नी-प्रणय का मूल्यांकन कर सकता था। उसने अपनी पहली बीबी जो जयपुर की राजकुमारी थी की मृत्यु होने पर चार दिन तक अन्न व जल का पान तक नहीं किया था। नूरजहाँ के प्रति उसका स्नेह पूर्णता और अधीनस्थता पर आधारित था। यह बात उसके प्रज्ञा-परिधि से परे थी कि वह कोई महत्त्वपूर्व कार्य बिना उसके परामर्श के संपादित करे। वह अनुरागी सखा था और राजपद प्राप्त होने के उपरांत उसने उन सबको स्मृति-प्रकोष्ठ में स्थान दिया और आदरणीय पदों पर प्रतिष्ठित किया, जिन्होंने उसके राजकुमार-काल में उसकी सेवाएँ की थीं। वह अपनी प्रजा के कल्याण के लिए सदैव चिंतित रहता था और उसकी आर्थिक एवं नैतिक अभिवृद्धि के लिए सदा संलग्न रहता था।

उसका फारसी और तुर्की भाषाओं पर असामान्य अधिकार था और हिंदी, अरबी तथा कुछ अन्य भाषाओं से भी वह परिचित था। उसकी फारसी भाषा का ज्ञान अति विस्तृत था और उसकी फारसी लेखन-शैली सादा और सुंदर थी। उसका प्रधान लेख 'तुजुके जहाँगीरी' उसकी रचना का सर्वोत्कृष्ट उदाहरण है। साहित्य, कविता, भवन-निर्माण-कला, संगीत, चित्रकला और अन्य ललित-कलाओं में विशेष अभिरुचि रखते हुए भी उसके चरित्र की विलक्षणता यह थी कि उसे वनस्पति-विज्ञान, जन्तु-विज्ञान और औषधियों जैसे गंभीर विषयों में भी वास्तविक और असाधारण अनुराग था। उसका आत्मचरित्र उपरोक्त विषयों के असामान्य ज्ञान, उसकी ज्ञानपिपासा और असीम विलक्षणता का जीवित प्रतीक है। वह प्रकृति-सौंदर्य, पुष्पों, पत्र-आच्छादित स्तवकों, निर्झरों, सरिताओं, पर्वत-पथों और पर्वतमालाओं का अनन्य उपासक था। देश में विशेषतः कश्मीर में, भ्रमण करते समय जिन पुष्पों और फलों

के चित्र उसके नेत्रों द्वारा मानसपटल पर छप जाता था उनका वह बड़ी सुन्दरता से उल्लेख किया है। उसका पक्षियों और पशुओं के सजीव चित्रण में उतनी ही रुचि थी जितना कि एक जीव-विज्ञान के विशेषज्ञ में। उसके आश्रय में मुगल-चित्रकला अपनी चरम सीमा पर पहुँच गई। जहाँगीर को चित्रकला का समलोचक होने का गर्व था और वह यह बात अति अभिमानपूर्वक कहता था कि वह विभिन्न चित्रों के निर्माताओं को सहज ही बता सकता है और यदि एक छविपट पर अनेक चितेरों की तूलिकाएँ प्रयोग हुई हैं तो वह बता सकता है कि कौन-सा भाग किस चितेरे की तूलिका से चित्रित हुआ है। जहाँगीर ने स्वयं अपनी आत्मकथा में उल्लेख किया है कि "अपने विषय में मैं कह सकता हूँ कि चित्रकला में मेरी आसक्ति और विवेचना इस सीमा तक पहुँच चुकी है कि जब कोई चित्र मेरे समक्ष प्रस्तुत किया जाता है, चाहे मृत चित्रकार का हो अथवा जीवित का, मैं देखकर तुरंत बता सकता हूँ कि वह किसकी तूलिका का फल है और यदि एक चित्रपट पर अनेक व्यक्तियों की छवियाँ हैं, जो विभिन्न चित्रकारों द्वारा अंकित की गई हैं, तो मैं बता सकता हूँ कि इसे अमुक चितेरे ने बनाया है। यदि एक मुख के नेत्र और भृकुटियाँ किसी अन्य ने रँगी हैं तो मैं यह बता सकता हूँ कि मुख, नेत्र और भृकुटियों के निर्माता कौन हैं।" उसके राजदरबार के चित्रकारों ने मानव-छवि अंकित करने में और मौलिक की अनुरूपता चित्रित करने में उच्च योग्यता प्राप्त की थी। सर टॉमस रो ने एक अंग्रेज युवती का चित्र सम्राट को भेंट किया और जब सम्राट की आज्ञानुसार राजदरबार के चित्रकार ने उसकी अनुरूपता सम्राट के सम्मुख उपस्थित की, तो टॉमस रो नकल और असल में भेद न जान सका। इसके विपरीत, जहाँगीर को मौलिक और अमौलिक चित्रों में अन्तर समझने में कभी भी किसी प्रकार की समस्या नदीं हुई।

जहाँगीर को यदि सृजनात्मक दृष्टिकोण से देखा जाए तो उसमें भी उनका लगन काफी था। भवन-निर्माण-कला में भी उसकी अभिरुचि थी, यद्यपि यह निस्संकोच स्वीकार करना पड़ेगा कि कला के क्षेत्र में उसका योगदान चित्रकारी से कहीं न्यूनतम था। जहाँगीर द्वारा निर्मित स्मरणीय भवनों में अकबर का सिकंदरे का स्मारक सर्वश्रेष्ठ है। उसने इसके चित्र में परिवर्तन करके इसके आंशिक खंड का पुनः निर्माण करवाया था। आगरे के पार्श्ववर्ती स्थान में इतमाउद्दौला का मकबरा नूरजहाँ की अध्यक्षता में बनाया गया जो देश में अपने ढंग की सर्वोत्कृष्ट इमारतों में से है। इसका बाह्य भाग पच्चीकारी के काम से और आंतरिक भाग चित्रकारी से अलंकृत है। नूरजहाँ की देखभाल में एक मस्जिद की रचना लाहौर में की गई जो दिल्ली में शाहजहाँ द्वारा निर्मित मस्जिद के समान है।

जहाँगीर को चित्रकारी के अलावा सुन्दर-सुन्दर उपवनों को सृजित करने में अत्यधिक आनन्द मिलता था। कश्मीर और लाहौर के कुछ उपवन उसकी योजना के अनुसार ही लगवाए गए। उसने देश के प्रचलित सिक्कों को सुंदर लेखों से सुसज्जित कराकर एक आकर्षक रूप दिया। उसने अपने चित्र से अंकित रम्य सिक्के, मुद्राएँ एवं तमगे बनवाए।

वेश-भूषा और आहार संबंधी विवेचक-विवेक जहाँगीर के चरित्र का प्रधान लक्षण था। उसने अपने शारीरिक सौंदर्य की वृद्धि के लिए नवीन प्रकार की वेश-भूषा और वस्त्रों की व्यवस्था की और अन्य जनों को उनके प्रयोग से वंचित कर दिया। फलों के सुस्वाद पर वह मुग्ध था। आम का वह सबसे अधिक प्रशंसक था और काबुल की स्वादिष्ट चेरियाँ (शाहदान) उसे बहुत पसंद थीं।

जहाँगीर एक चरित्रहीन राजकुमार था वह अपना काफी समय रंगलियों मनाने व्यतीत कर दिया करता था। उसके चरित्र के प्रमुख दोष थे– भोग-विलास और मद्यपान का अत्यधिक अभ्यस्त होना। किसी का अधिकृत हो जाना उसका सहज सरल स्वभाव था। उसके पूर्व-चापल्य ने आयुवृद्धि के साथ उसे निरुपयोग बना दिया और वह अपना अधिकतम कार्य दूसरों के ऊपर छोड़ने लगा। राजकौमार्यावस्था में वह अपने उदार सहचरों से प्रभावित रहा और सम्राट काल में वह प्रथम तो नूरजहाँ मंडली और तत्पश्चात स्वयं आकांक्षी रानी से प्रभावित रहा। अपनी आत्मकथा में उसने यह निस्संकोच स्वीकार किया है कि 18 वर्ष की आयु से वह मद्यपान के दुर्व्यसन में फँस गया और क्रमशः नौ वर्ष के अंदर उसने मद्यपान की मात्रा बढ़ाकर ऐसे बीस प्यालों की कर दी जिसमें द्विगुणित शक्ति की खिंची हुई हाला होती थी। इनमें से चौदह प्यालों का तो वह दिन में ही पान कर लेता था और शेष का रात्रि में। मद्यपान का वह इतना अभ्यस्त हो गया कि मद्य की मादकता का उस पर कोई प्रभाव न पड़ता और उसने उसको तीव्र मदिरा का स्थान दिया। पर वह बृहस्पतिवार की सायं समय मद्यपान न करता था और न बृहस्पतिवार और रविवार को माँसाहार करता था क्योंकि बृहस्पतिवार उसके सिंहासनारूढ़ होने का दिन था और रविवार उसके पिता का जन्म दिवस।

जहाँगीर का धर्म में अटूट विश्वास या जिसका उल्लेख करना एक कठिन कार्य है। सर टॉमस ने उस पर नास्तिकता का दोषारोपण किया है। कुछ तत्कालीन लेखकों ने उसे सब धर्मों के उत्तमोत्तम सिद्धांतों का ग्रहण करने वाला, कुछ ने उसे कट्टर मुसलमान और कुछ ने उसे ईसाई भी बताया है। वास्तविकता यह थी कि वह पूर्णतया किसी धर्म को मानने वाला न था। वह एक उदार मुसलमान था और उसका धार्मिक

विश्वास एवं क्रियाएँ सामान्यतः दूसरे धार्मिक सिद्धांतों के प्रति सहिष्णुता की आधारशिला पर अवलंबित थीं। तत्कालीन लेखों और उसकी आत्मकथा का अध्ययन करने पर यह स्पष्ट हो जाता है कि जहाँगीर ईश्वर में विश्वास करता था, हिंदू और मुसलमान संन्यासियों का आदर करता था और उनकी संगति में एक विशेष उल्लास का अनुभव करता था। अपने विचारों में उदारता का पुट होने का कारण उसे धर्मोन्मत्त मुसलमानों के प्रति सहानुभूति न थी और न ही आधुनिक हिंदू धर्म का सपक्षी था क्योंकि इसमें मूर्तिपूजा और अवतारों का दोष सम्मिश्रित था। ऐसा प्रतीत होता है कि ईसा की उत्पत्ति और सूली पर चढ़ने में उसे विश्वास न था। वइ इस्लाम धर्मानुकूल दिन में पाँच नमाजों और रमजान-उपवासों में भी अधिक विश्वास न करता था। यद्यपि वह अपने पिता के समान मनुष्य और परमात्मा के संबंध तथा मृत्यु के पश्चात जीवन का गंभीर समस्याओं में लीन न रहता था, पर वह ईश्वर की एकता में विश्वास अवश्य करता था।

अपने पिता के शासन काल में सैन्य-सम्पादन, युद्ध-कौशल तथा सैनिक गतिविधियों में उपलब्धि हासिल करने के बाद वह युवावस्था में प्रवेश करते समय ही एक सुयोग्य सैनिक हो गया था। उसे मृगया से रुचि थी और वह बंदूक, तीर और धनुष से अचूक लक्ष्य भेदन में सिद्धहस्त था। उसको रण-विद्या और राजनीतिज्ञता का व्यावाहारिक ज्ञान प्राप्त करवा दिया गया था और उसने दोनों में विलक्षण अनुभव प्राप्त किया था, पर उसने सैन्य-संचालक के अदम्य उत्साह और लगन कभी न दिखाए। सत्य तो यह है कि व्यक्तिगत पराक्रम और अस्त्र-शस्त्रों के प्रयोग में निपुणता के अतिरिक्त उसमें एक सेनानायक और सेनाधिपति की महत्त्ववाकांक्षा और विवेक की भारी कमी थी। जहाँगीर कभी भी स्वयं को एक प्रभावशाली सम्राट साबित करने में सफल नहीं हुआ क्योंकि उसने युद्ध में कभी महत्त्वपूर्ण विजय नहीं प्राप्त की। मेवाड़ और काँगड़ा का दमन करके उसने गर्व से मस्तक उठाया क्योंकि इन स्थानों को अकबर विजित न कर सका था। पर इन सफलताओं का कारण जहाँगीर का सेना-नेतृत्व इतना न था जितना कि उस समय का वातावरण, बैरियों की निर्बलता और शाहजहाँ एवं अन्य सेनापतियों की रण-कुशलता। तत्कालीन इतिहासकारों के लेखों में हमें इस बात का कोई संकेत नहीं मिलता है कि सम्राट ने मुगल सेना को शिक्षा, संगठन, अनुशासन और रण-सामग्री द्वारा समुन्नत करने का कोई प्रयत्न किया हो। न कभी जहाँगीर ने अपनी सेना की नैतिक उच्चता की ओर ही ध्यान दिया और न उसने कभी अपने सैनिकों के समक्ष सेवा और देश-प्रेम

का उत्कृष्ट आदर्श ही रखा। वास्तव में उसके पिता के राज्यकाल की अपेक्षा उसके समय में सैनिक पद्धति और प्रबंध की विधियाँ बहुत कुछ ढीली पड़ गई थीं।

वास्तविक तौर पर कुछ ही अर्थों में जहाँगीर को प्रबंधक एवं योग्य शासक कह सकते हैं। उसमें अपने युग की आवश्यकताओं और दशाओं को समझने तथा उनमें गुण व दोषें में अन्तर करने की अपूर्व क्षमता थी और उसकी मेधा-शक्ति ने उसे अपने पिता की राज्य-संचालन और देश-प्रबंध की नीतियों का अनुसरण करने के लिए उचित मंत्रणा दी; पर वह एक महान रचनात्मक राजनीतिज्ञ न था, जो महान राज्य-सुधार की योजनाएँ प्रस्तुत कर सकता और भावी संतान के लिए उत्तमोत्तम कानून बना सकता। उसमें अकबर का उच्च आदर्श और विवेक भी न था। अपने पिता की राज्य-संचालन नीति में उसने तनिक भी हेर-फेर न किया। सम्राट के बाद राज्य में सर्वोच्च पद वकील या वकील-ए-मुतलक का ही रहा और मंत्री भी ज्यों के त्यों रहे। उसमें और उसके पिता के राज्य-प्रबंध में स्मरणीय अंतर यह था कि उसका पिता मानव-चरित्र और योग्यताओं का बड़ा सुंदर पारखी था और सामान्यतः उचित व्यक्तियों को ही उचित पदों पर नियुक्त करता था, पर जहाँगीर कार्यक्षमता, न्याय और जनहित की भावनाओं की अवहेलना करके अन्य विचारों से प्रभावित हो कभी-कभी नियुक्तियाँ कर देता था।

धार्मिक नीति

उस समय के कट्टरपंथी मुसलमानों में जहाँगीर के सम्राट बनने पर यह आशा जागी कि इस्लाम का साम्राज्य में राजधर्म के स्थान पर पुनर्संस्थापन हो जाएगा और अकबर द्वारा हटाए जाने के पूर्व उनका जो गौरव था, उसे वे फिर प्राप्त कर लेंगे। उन्होंने नये सम्राट को अपनी विचारधारा में परिवर्तित करने का प्रयास किया जिससे वह साम्राज्य को लौकिकता का वह रूप प्रदान करे, जो उसका पिता लगभग पूर्णतया प्रदान कर चुका था। कट्टर मुसलमानों की इस नीति को कुछ प्रारंभिक सफलता अवश्य मिलीं, पर राज्याभिषेक के कुछ वर्ष उपरांत ही जहाँगीर ने जिसका लालन-पालन जातीय पक्षपातरहित, वातावरण में हुआ था, अपने आपको उलेमाओं के हाथ की कठपुतली होने की मूर्खता का प्रत्यक्ष परिणाम देखा। जहाँगीर जैसे उदार मस्तिष्क सम्राट के लिए अपने पिता द्वारा प्रदर्शित सहिष्णुता के पथ का अवलंबन करना असंभव था। फिर भी, उसने इस्लाम के भाग्य-निर्माण में अपने पिता की अपेक्षा अधिक हिस्सा लिया और कभी-कभी उसने इस धर्म की मर्यादा को प्रतिष्ठित रखने की भी चेष्टा की। अपने राज्यकाल के पंद्रह वर्ष उसने राजौरी के हिंदुओं को दंडित

करने का आदेश दिया क्योंकि वे मुसलमान कन्याओं से पाणिग्रहण संस्कार कर उन्हें हिंदू धर्म की अनुयायिनी बना लेते थे। यदा-कदा हिन्दू राजाओं से युद्ध करते समय उसने मन्दिरों को विनष्ट करने का आदेश दिया। जैसा कि उसने मेवाड़ और काँगड़ा में किया। पुर्तगालियों से युद्ध करते समय उसने साम्राज्य के समस्त गिरजाघरों के द्वार बंद करवा दिए। कभी-कभी ऐसे अवसर उँगलियों पर गिने जा सकते हैं, जब वह देवत्व का अपहारी हुआ। अजमेर में उसने बाराह मंदिर में बारह-अवतार को नष्ट करने का आदेश दिया और मूर्तियों को एक तालाब में फिकवा दिया। उसने ये कार्य क्षणिक मनोवृत्ति के वशीभूत हो संपादित किए थे। सामान्य रूप से जहाँगीर ने प्रत्येक धर्म के प्रति सहिष्णुता की नीति का अनुसरण किया। जो मुसलमान नहीं थे उन्हें पूजा-गृह निर्माण करवाने की राजाज्ञा थी और उसने हिंदुओं को बिना कोई प्रतिबंध लगाए तीर्थस्थानों की यात्रा करने की अनुमति बिना तीर्थयात्रा कर कह दी दे दी। गिरजाघरों में राज्य की ओर से उपासना की जाती थी और ईसाई पादरियों को भत्ता राजकोष से दिया जाता था। उसने हिंदुओं को अपने त्यौहार सार्वजनिक रूप में मनाने के लिए प्रतिबंधमुक्त कर दिया था और स्वयं बसंत, रक्षाबंधन, विजयादशमी आदि त्यौहारों में सम्मिलित होकर पूर्ण योग देता था। शिवरात्रि की रात को सुप्रसिद्ध योगियों से साक्षात्कार करता था। ईसाई लोग ईस्टर, बड़ा दिन तथा अपने अन्य त्यौहारों को सार्वजनिक रूप में मना सकते थे।

जहाँगीर में सभी सम्प्रदायों के साथ समान रूप से उदार होने के अलावा भी उसने कभी-कभी मुस्लिम नास्तिकों के प्रति क्रूरतापूर्ण व्यवहार करता था। लाहौर का शेख रहीम, जो एक धार्मिक संप्रदाय का नेता था, चुनार के दुर्ग में बंदी कर दिया गया। काजी नूरुल्ला को केवल इस हेतु प्राणदंड दिया गया कि वह एक नामलब्ध शिया लेखक था। शेख अहमद सरहिंदी को ग्वालियर के कोट में बंदी कर दिया गया पर कुछ काल उपरांत उसे बंधनमुक्त कर कुछ उपहारों सहित सरहिंद को वापस भेज दिया था।

जहाँगीर तथा सरदारों (सिक्खों) का सम्बन्ध सन्तोषजनक नहीं था। सिक्ख गुरु अर्जुनसिंह से उसका मनमुटाव इसलिए हो गया था क्योंकि वह जनसाधारण को सिख-धर्मानुयायी बनने के लिए प्रोत्साहित करता था और इसलिए उसने विद्रोही राजकुमार खुसरो को अपना मनोवांछित फल पाने का शुभाशीष दिया था। अतएव, जहाँगीर ने गुरु को बुलावाकर प्राणदंड की आज्ञा दी। पर कुछ सम्मानित और प्रभावशाली हिंदुओं के अनुरोध पर प्राणदंड क्षमा करके एक लाख रुपए अर्थदंड कर दिया गया किंतु गुरु अर्जुन देव द्वारा अर्थदंड देना मना करने पर उसे बंदीगृह में डाल

दिया गया। बंदीगृह में ही वह मृत्यु को प्राप्त हुआ और लाहौर के दीवान चंदूलाल जो अर्थदंड के जमानती थे, उनको मृत्यु के घाट उतार दिया गया। तदुपरांत सम्राट ने सिक्खों के धर्म में कोई हस्तक्षेप नहीं किया। गुरु अर्जुन के प्राण लेने में धार्मिक और राजनीतिक कारणों की संयुक्तता थी। जहाँगीर ने अपनी डायरी में गुरु अर्जुन का उल्लेख करते हुए लिखा है कि वह मुसलमानों को अपने धर्म में परिवर्तित कर रहा था और इसलिए वह सिक्ख-गुरु की 'दुकान बढ़ाने' के लिए चिंताग्रस्त था। गुरु के स्वर्गवास के पश्चात उसने उसके शिष्यों के कार्य में बाधा न डालने का मतिपूर्ण कार्य किया।

जहाँगीर का जैनियों से नाता सिक्खों की भांति ही था। मानसिंह नामक जैनियों के एक मार्गदर्शक ने खुसरो के राजविद्रोह के समय यह भविष्यवाणी की थी कि दो वर्ष के अंदर जहाँगीर के शासन का अंत हो जाएगा। इस पर उसे सम्राट के प्रकोप का भागी होना स्वाभाविक था क्योंकि वह बीकानेर नरेश की छत्रछाया में रहता था। यही कारण था कि सम्राट उसका बाल भी बाँका न कर सका। जब अपने राज्यकाल के बारहवें वर्ष में वह गुजरात गया तो उसने जैनियों पर मंदिर निर्माण करने और उन्हें उपद्रव-स्थान बनाने का अभियोग लगाया। अतएव उसने उन्हें साम्राज्य से निर्वासित करने की घोषणा करवा दी। फलस्वरूप अधिकांश जैनियों को गुजरात का परित्याग करना पड़ा। डॉक्टर बेनीप्रसाद का कथन है कि कुछ काल उपरांत यह आज्ञा वापस ले ली गई। पर ऐसे कथन की पुष्टि के लिए हमें कोई तत्कालीन प्रमाण नहीं मिलता। जैनियों को पीड़ित करने का कारण आंशिक रूप में धार्मिक और राजनीतिक था।

जहाँगीर को अपने पिता की भांति दूसरे धर्म-समर्थकों के साथ आध्यात्मिक वाद-विवाद करना अत्यधिक भाता था। वह हिंदुओं के प्रकांड पंडितों, ईसाई पादरियों और कभी-कभी मुसलमान उलेमाओं को आमंत्रित करके उनके संभाषण सुना करता था। वह वैष्णव धर्म-प्रवर्तक जदरूप की संगति का सदैव अभिलषित रहता था और उसने उज्जैन और मथुरा में अनेक वाद-विवादों में भाग लिया जिनके परिणामस्वरूप उसे यह विश्वास हो गया कि हिंदू वेदांत और मुस्लिम सूफी एक ही धर्म के दो पार्श्व हैं। उसने लाहौर के मुसलमान योगी मियाँ मीर से भी वार्तालाप किया। कभी-कभी वह अपने पिता के सिद्धांतों का अनुकरण करके चेले भी बनाता था। पर धार्मिक विषयों में उसकी तल्लीनता इतनी न थी जितनी कि अकबर की।

जहाँगीर ने हिंदुओं को राज्य के उच्च पदों पर नियुक्त करने की नीति को अधोमुखी न किया। जहाँ तक राज्य-पदों का प्रश्न था वह नियुक्ति करते समय जाति

और धर्म से पक्षपातरहित हो कार्य करता था। उसके शासनकाल में तीन हिंदू प्रांतीय शासक थे, उदाहणार्थ; मानसिंह, टोडरमल का पुत्र कल्यानसिंह और विक्रमादित्य। अन्य उच्च पदों पर भी हिंदू सुशोभित थे। हिंदू और मुसलमान समान रूप से साम्राज्य के नागरिक थे।

परिणामस्वरूप हम कह सकते हैं कि जहाँगीर एक योग्य व प्रभावशाली शासक था तथा उसके शासन काल में जनता बड़ी खुश थी और आर्थिक दृष्टि बड़ी सबल अथवा उच्च स्तर पर थी। कृषि, उद्योग और व्यापार की दशा उन्नत थी और सर्वसाधारण जनता क्षुधापीड़ित न थी। यद्यपि उसने अकबर के समान अपनी प्रजा के आर्थिक और नैतिक उत्थान के लिए बृहत् योजनाएँ नहीं बनायीं, किंतु उसने कुछ सामाजिक दोषों को समूल नष्ट करने का यत्न अवश्य किया और मनुष्य-मात्र की सेवा के लिए अनेक कार्य किए। अपने शासन-काल के प्रथम खंड में उसने भाँग, अन्य मादक वस्तुओं और तीव्र मदिरा के प्रयोग और विक्रय पर वैधानिक नियंत्रण लगा दिए। उसने द्यूतक्रीड़ा पर प्रतिबंध लगा दिया। उसने कृषकों के हित का समुचित ध्यान रखा और युद्ध को जाते समय यदि उसकी चतुरंगिनी सेना से खेतों को क्षति पहुँचती थी तो वह उसका हरजाना देता था। उसने यह भी घोषित कर दिया था कि कोई व्यक्ति हिंदू विधवा को बिना राजाज्ञा प्राप्त किए सती होने के लिए बाध्य न करे, और उसने बालिका-वध पर सम्पूर्ण रूप से रोक लगा दी। जहाँगीर पुण्य कार्यों से अत्यधिक खुश एवं भाव विभोर हो जाता था। उसने निर्धनों के लिए लंगर स्थापित करवाए जहाँ उन्हें मुफ्त भोजन मिलता था। वह फकीरों को धन देता था। उसकी नीति का मुख्य ध्येय था विभिन्न समुदायों को महत्त्वशाली सामाजिक प्रथाओं में बाधा डाले बिना जनसाधारण का सामाजिक-स्तर ऊँचा करना। वह अपनी प्रजा का सच्चा हितैषी था और उस राजा की कहानी को बड़ी तिरस्कृत भाषा में वर्णन करता था, जिसने अपने राज्य के उपवनों से राजस्व लेना प्रारंभ कर दिया था, जिसके फलस्वरूप राज्य के फलों की संख्या और गुणों में अवनति हो गई थी। उसे यह गर्व था कि जहाँ तक उसके राज्य में फल के उपवनों का प्रश्न था वह इस प्रकार की धन-लोलुपता से मुक्त था। यह इस बात का प्रत्यक्ष प्रमाण है कि उसे अपनी प्रजा के कल्याण का कितना ध्यान रहता था।

सामान्य रूप से जहाँगीर न्यायप्रिय राजा था। वह किसी व्यक्ति के प्रति पक्षपात न्याय नहीं करता था। वह कहा करता था कि ईश्वर न करे कि न्याय करते समय उसे कुलीनों और राजकुमारों का ध्यान रखना पड़े। यह केवल दर्पयुक्त बात न थी। उसकी आत्मकथा और तत्कालीन इतिहासकारों के लेख इस बात के साक्षी

हैं कि सम्राट न्यायोचित निर्णय ही देता था। प्राणदंड केवल सम्राट दे सकता था और वह भी किसी विशेष परिस्थिति में। प्राणदंड की आज्ञा को कार्यान्वित करने वालों को यह कठोर आदेश था कि वे सूर्यास्त से पूर्व उसकी आज्ञा का पालन न करें। उसके न्याय में दया का पुट था।

यह निर्विवाद सत्य है कि वह एक सफल और उदार शासक था, जिसे अपनी प्रजा के कल्याण का सदैव ध्यान रहता था। अन्य सभी शासकों के समान उसमें भी गुण और दोष थे। सर रिचार्ड बंर्स द्वारा किया गया उसका संतुलित और न्यायपूर्ण चरित्र-चित्रण अवश्य उल्लेखनीय है। वे लिखते हैं, ''भारतीय नृपतियों की नामावली में वह एक उदार भावनापूर्ण, मृगया, ललित कला और सुव्यवस्थित जीवन का प्रेमी तथा जनहित चाहने वाले के रूप में हमारे सामने आता है, जो अपने उत्कृष्ट मानसिक गुणों की अनुपस्थिति में श्रेष्ठतम शासकों के गौरव को न प्राप्त कर सका।''

6

शाहजहाँ (1627-1658)

शाहजहाँ का बचपन का नाम खुर्रम था। इनका जन्म लाहौर में 5 जनवरी 1592 ई. को एक हिन्दू माता के गर्भ से हुआ था। उसकी माता मशहूर राजपूत रमणी रजत गोसाई मोटा राजा उदयसिंह की पुत्री थी। खुर्रम अपने पितामह अकबर का सर्वप्रिय प्रपौत्र हो गया। अकबर ने उसकी शिक्षा-दीक्षा स्वयं अपनी देखरेख में कराना आरम्भ किया और उसे मुगल शासक-वर्ग का सुयोग्य शासक बनाने में कोई कसर बाकी न रखी। खुर्रम को प्रारंभ से ही फारसी साहित्य में विशेष अभिरुचि थी, किंतु तुर्की भाषा तथा साहित्य उसके चाव का विषय न था। उसने व्यावहारिक हिंदी का भी यथेष्ट ज्ञान प्राप्त किया होगा। फारसी भाषा और साहित्य पर उसका अच्छा अधिकार था। इसके अलावा उसने इतिहास, राजनीति, भूगोल, धर्मशास्त्र आदि का भी अध्ययन किया। सैनिक-शिक्षा उसकी शिक्षा का आवश्यक अंग थी। अतः थोड़े ही समय में खुर्रम एक सुयोग्य सैनिक बन गया, जो आक्रमणात्मक तथा रचनात्मक शस्त्रों के प्रयोग में सिद्धहस्त हो गया। युद्ध-कला तथा सैन्य-संचालन में खुर्रम ने अपनी प्रतिभा का परिचय दिया। युवावस्था में पूर्णरूप से पर्दापण करने से पहले ही खुर्रम समस्त साम्राज्य का श्रेष्ठ सेनानायक माना जाने लगा। ऐसी अभूतपूर्व थी उसकी प्रतिभा।

खुर्रम को अपने पिता जहाँगीर के शासनावधि में आरंभ में ही उत्तराधिकारी माना जाने लगा, क्योंकि उसका बड़ा भाई खुसरो पिता के प्रति अपने दुर्व्यवहार के

कारण जहाँगीर की दृष्टि में बराबर गिरता जा रहा था। 1607 ई. में जहाँगीर ने इसे 8,000 जात और 5,000 सवार का मनसबदार बना दिया। 1608 ई. में हिसार फिरोज़ा की जागीर जो प्रायः मुगल युवराज को दी जाती थी, खुर्रम को दे दी गई। 1610 ई. में उसका विवाह मुजफ्फर हुसैन सफव्वी की पुत्री से संपन्न कर दिया गया और अगले ही वर्ष उसे 10,000 जात और 5,000 सवार का मनसबदार बना दिया गया। 1612 ई. में जब वह बीस वर्ष का हुआ, उसका विवाह आसफ खाँ की पुत्री अरजुमंद बानो बेगम के साथ संपन्न हुआ। नूरजहाँ के बड़े भाई आसफ खाँ के वंश से स्थापित इस विवाह संबंध में खुर्रम, नूरजहाँ, एतमादुद्दौला और आसफ खाँ के बीच घनिष्ठ संबंधों का सूत्रपात हुआ। 'नूरजहाँ गुट' ने दस वर्ष तक राज्य किया। इस अवधि में खुर्रम को भावी सम्राट समझा जाने लगा और उसका मनसब बढ़ाकर 30,000 जात और 20,000 सवार कर दिया गया।

खुर्रम को अपने पिता के शासनावधि में कई महत्त्वपूर्ण युद्धों का नेतृत्व करना पड़ा था। उसका शासनकाल खुर्रम की ही विजय-कीर्ति का इतिहास है। मेवाड़ विजय उसकी पहली विजय थी। 1614 ई. में एक सुसज्जित सेना सहित वह राणा के विरुद्ध मोर्चा लेने भेजा गया। युद्ध में इसकी विजय पहले से सुनिश्चित थी। राणा अमरसिंह ने आत्मसमर्पण कर दिया। खुर्रम ने भी उसके साथ सम्मानपूर्वक बरताव किया। मेवाड़ विजय ने खुर्रम की कीर्ति को चार चाँद लगा दिए और वह साम्राज्य का प्रमुख स्तंभ माना जाने लगा। इसके बाद उसे दक्षिण का गवर्नर नियुक्त कर 'शाह' की उपाधि से विभूषित किया गया। राजकुमार ने अपनी कूटनीति तथा अथक परिश्रम से मलिक अंबर को बालाघाट लौटाने तथा अमहदनगर और दूसरे दुर्गों को समर्पित करने के लिए सहमत कर लिया। इससे मुगल दरबार में राजकुमार की कूटनीति का सिक्का बैठ गया। जहाँगीर की प्रसन्नता का पारावार न रहा। उसने मुक्तहस्त से खुर्रम पर सम्मान की वर्षा की और गुजरात राज्य को उसकी देख-रेख में छोड़ दिया।

जहाँगीर के बेटे खुर्रम को नूरजहाँ दल में शामिल हुए लगभग दशवां या ग्यारवां वर्ष ही चल रहा था तभी उसका भाग्यसितारा अचानक झिलमिलाने लगा। नूरजहाँ अपने दामाद शहरयार को उत्तराधिकारी घोषित करना चाहती थी, अतः खुर्रम की कीर्ति में उसे अपने लक्ष्य की असफलता का आभास होने लगा, इसलिए वह उससे द्वेष करने लगी। अतः वह नित्यप्रति उसको आघात पहुँचाने का प्रयत्न करने लगी जिससे तंग आकर खुर्रम ने विद्रोह कर दिया। शिकार की भाँति उसका जोरों से पीछा किया गया और उसे घोर कष्टों का सामना करना पड़ा। 1626 ई. में वह अपने पिता

की शरण लेने को बाध्य हुआ। उसे क्षमा कर दिया गया और फिर वही सम्मान प्राप्त हुआ जो पहले था।

राज्यारोहण (1628 ई.)

जहाँगीर की जीवनलीला समाप्त होने के बाद उनकी बेगम नूरजहाँ ने अपने बल को बनाए रखने का अंतिम प्रयास किया। उसने अपने भाई आसफ खाँ को जो कि खुर्रम का श्वसुर और उसका पूर्ण समर्थक था, कैद करने का प्रयत्न किया। उसने अपने दामाद शहरयार को एक पत्र लिखा कि वह अपनी पार्टी को सुदृढ़ बनाने तथा अपनी सैनिक-शक्ति को बढ़ाने का पूर्ण प्रयत्न करे, ताकि उत्तराधिकार-संघर्ष में विजय प्राप्त की जा सके। परंतु आसफ खाँ एक राजनीतिज्ञ था। वह एक क्षण में अपनी बहन के इरादों को भाँप गया। इसलिए उसने साम्राज्ञी से मिलने से इनकार कर दिया। प्रत्युत उसने साम्राज्य के प्रमुख व्यक्तियों और सभासदों को खुर्रम की ओर कर एक खुसरो के पुत्र दावरबख्श को सम्राट घोषित कर दिया, ताकि गद्दी खाली न रहे। साथ ही उसने दक्षिण में शाहजहाँ को सूचना दी कि वह शीघ्रातिशीघ्र दिल्ली पहुँचे। इसी दौरान शाहजहाँ अर्थात खुर्रम का शत्रु शहरयार स्वयं राजा बन बैठा और लाहौर खजाने पर अपना कब्जा जमा लिया तथा वहां के अमीरों की सम्पत्ति बलपूर्वक ले ली। खुले हाथों खजाना लुटाकर उसने शीघ्र ही एक विशाल सेना एकत्रित कर ली। आसफ खाँ जो शाहजहाँ की ओर से युद्ध की तैयारी कर रहा था, लाहौर के पास शहरयार से जा भिड़ा। शहरयार परास्त हुआ। उसे बंदी बना लिया गया तथा उसकी आँखें निकलवा ली गईं। इसी बीच शाहजहाँ भी तेजी से दिल्ली के लिए रवाना हुआ। मार्ग के प्रमुख सरदारों, विशेषतया मेवाड़ के राणा कर्ण ने उसका भव्य स्वागत किया। रास्ते में से ही उसने अपने श्वसुर को गुप्त सूचना भेजी कि दावरबख्श सहित समस्त राजकुमारों को मौत के घाट उतार दिया जाए। शाहजहाँ के हृदयहीन श्वसुर ने इस आदेश का अक्षरशः पालन किया। 1628 ई. की फरवरी के आरंभिक सप्ताह में वह आगरा के निकट आ पहुँचा और एक अत्यंत शुभ घड़ी में शहर में प्रवेश किया तथा अत्यंत हर्ष व उल्लास के साथ गद्दी पर बैठा। उसके नाम खुतबा पढ़ा गया। आसफ खाँ को 8,000 ज़ात और 8,000 सवारों का मनसब प्रदान कर साम्राज्य का वजीर नियुक्त किया गया। महाबत खाँ का मनसब बढ़ाकर 7,000 ज़ात और 7,000 सवार कर दिया गया और उसको 'खानखाना' की उपाधि से विभूषित किया गया। नूरजहाँ को एक उचित पेंशन दे दी गई और उसने लाहौर के निकट शांतिपूर्वक जीवन व्यतीत करने का निश्चय किया। यहीं उसने अपने मृत पति की यादगार में एक मकबरा

बनवाया और दान-दक्षिणा के अनेक कार्य करने के उपरांत 1645 ई. में मृत्यु को प्राप्त हुई।

खानजहाँ लोदी का विद्रोह (1628-1631 ई.)

शाहजहाँ अर्थात खुर्रम के सत्ताकाल में विद्रोहों की भरमार थी। इन विद्रोहों में खानजहाँ लोदी का पहला विद्रोह था। खानजहाँ एक योग्य परंतु उपद्रवी अफसर था। उसे दक्षिण में शाहजादा परवेज का सलाहकार नियुक्त करके भेजा गया था। वह हिंदुओं से घृणा करने वाला भावुक तथा उग्र सैनिक था। अपने पदकाल में निजामशाह से घूस ले उसने बालाघाट का प्रदेश उसे समर्पित कर दिया। शाहजहाँ के पिता जहाँगीर के देहान्त के बाद उसने इसका साथ छोड़कर शहरयार का साथ दिया। अपने निवास-स्थान बुरहानुपर में थोड़े-से दुर्ग रक्षकों को छोड़कर शेष सेना सहित वह माँडू के दुर्ग पर अधिकार करने के उद्देश्य से उत्तर की ओर बढ़ा, लेकिन उसका प्रयत्न असफल रहा। विजयोन्मुख शाहजहाँ पहले ही अजमेर पहुँच चुका था और यह विश्वास हो चला था कि वही सम्राट होगा, अतः खानजहाँ लोदी की बहुत-सी सैनिक टुकड़ियाँ विशेषकर उसकी हिंदू सेना ने उसका साथ छोड़ दिया। फलस्वरूप खानजहाँ आत्मसमर्पण करने को बाध्य हुआ। शाहजहाँ ने उसे क्षमा कर दिया तथा दक्षिण की सूबेदारी भी उसे पूर्ववत् प्रदान कर दी और उसे वापस बुरहानपुर जाने का आदेश मिला। वह दक्षिण पहुँचा ही था कि शाहजहाँ ने उसे बालाघाट पुनः जीतने का आदेश भेजा, लेकिन वह उसे जीतने में असमर्थ रहा, अतः उसे वापस बुला लिया गया और उसके स्थान पर महाबत खाँ को दक्षिण का सूबेदार नियुक्त किया गया। परंतु आगरा लौटने से खानज़हाँ खुश नहीं था और वह वहां के माहौल को पसन्द नहीं करता था। कुछ कालोपरांत उसने राजसभा में प्रतिदिन जाना भी छोड़ दिया। यद्यपि उसे पुनः क्षमा कर दिया गया, किंतु वह संतुष्ट न हो सका और दक्षिण को भाग जाने की तैयारी करने लगा। उसका पीछा किया गया। चंबल नदी के पास शाही सेना और खानजहाँ की सेना में घोर युद्ध हुआ। इसी बीच खानजहाँ अपने पुत्र तथा कुछ साथियों सहित चंबल को पार कर दक्षिण की ओर भाग गया, परंतु वह अपनी स्त्रियों और खजाने को साथ न ले जा सका। शाही सेना ने उन पर अधिकार कर लिया। बुंदेलखंड और गोंडवाना को पार कर खानजहाँ अहमदनगर पहुँचा। निजामशाही सुल्तान ने उसका स्वागत किया और उसे वीर सैनिक तथा कुछ भू-भाग, जो उस समय मुग़लों के अधिकार में था, इस आदेश के साथ जागीर के रूप में दे दिया कि वह उसे मुग़लों से वापस ले ले। खानजहाँ लोदी ने शाही सेना पर आक्रमण कर इस भाग को छीन

लिया परिस्थिति ने इतना विकट रूप धारण किया कि दिसंबर 1629 ई. में शाहजहाँ को स्वयं दक्षिण की ओर जाना पड़ा। शाहजहाँ दक्षिण पहुँच कर आतताइयों को दण्डित करने के उद्देश्य में एक प्रबल योजना तैयार किया। चूँकि शाहजहाँ को दक्षिण की राजनीति का पूर्ण ज्ञान था इसलिए उसे यह जानने में देर न लगी कि अहमदनगर, बीजापुर और गोलकुंडा के राज्य पारस्परिक ईर्ष्या के कारण मुग़लों के विरुद्ध संगठित मोर्चा न कर सकेंगे। वह यह भी जानता था कि मरहठे इस भाग में उत्पात मचाकर विचित्र संकट उत्पन्न कर सकते हैं, इसलिए उदार वेतन द्वारा उन्हें अपनी ओर आकर्षित कर शाहजहाँ ने उनसे लाभ उठाना श्रेयस्कर समझा।

इस प्रकार परिस्थिति को अनुकूल कर उसने विद्रोही खानजहाँ पर आक्रमण करने के लिए तीन ओर से सेना भेजने की योजना बनाई। उनमें से एक अबुल हसन के नेतृत्व में धुलिया की ओर गुजरात की ओर से आने वाले रसद-मार्ग पर अधिकार करने तथा अहमदनगर को उत्तर-पश्चिम से आंतकित करने के लिए भेजी गई। दूसरी सेना शत्रु पर उत्तर-पूरब दिशा से आक्रमण करने के लिए बरार के दक्षिण में देवलगाँव में स्थित की गई और तीसरी सेना तैलंगाना की ओर भेजी ताकि खानजहाँ पर उस ओर से आक्रमण किया जा सके। योजना को प्रभावशाली ढंग से अन्जाम देने के लिए युवा मराठों को पर्याप्त संख्या में सेना दल को भर्ती कर लिया गया। दक्षिण तथा गुजरात आदि निकटवर्ती प्रांतों में अनावृष्टि से उत्पन्न खाद्य-संकट के होते हुए भी एक भयंकर युद्ध हुआ। खानजहाँ हार गया और दौलताबाद में शरण लेने के लिए बीजापुर भाग गया, परंतु उसे आश्रय न मिल सका। शाही सेनाओं ने उसका पीछा किया। इतिहास-प्रसिद्ध शिवाजी के पिता शाहजी भोंसले ने, जो अहमदनगर की नौकरी छोड़कर शाहजहाँ की सेना में भर्ती हो चुके थे, मुग़लों की बड़ी सहायता की। खानजहाँ लोदी के साथियों ने यत्र-तत्र शाही इलाके पर आक्रमण किए। जहाँ-तहाँ उनसे मुठभेड़ होती रही। इसी बीच अहमदनगर के सुल्तान ने, जो खानजहाँ लोदी का बड़ा सहायक था, शाहजहाँ से अपने इस कार्य पर बड़ा पश्चाताप प्रकट किया और उसने विद्रोहियों को अपने राज्य से निकाल दिया। अब खानजहाँ गालबा को पार कर उत्तर की ओर भागा। उसे आशा थी कि पंजाब पहुँचने पर उत्तरी-पश्चिमी सीमा के अफ़ग़ान उसका साथ देंगे। शाहजहाँ ने अपनी सेना का एक अंग खानजहाँ को पकड़ने के लिए भेजा। बुंदेलखंड के राजा जूझरसिंह का सुपुत्र विक्रमाजीत, जिसने विद्रोह के आरंभ में खानजहाँ को बुंदेलखंड में होकर निकल जाने की सुविधा प्रदान क़ी थी, इस बार विद्रोही पर टूट पड़ा और 1631 ई. के जनवरी मास में दरिया खाँ तथा उसके कई समर्थकों को मौत के मुँह में सुला दिया तथा खानजहाँ लोदी किसी

तरह अपने प्राणी की रक्षा करते यहां से भाग गया लेकिन वह सफल नहीं हुआ क्योंकि वर्तमान उत्तर प्रदेश के बाँदा जिले के 'सिहोंदा' नामक स्थान पर पकड़ा गया और मारा गया।

बुंदेलखंड का विद्रोह (1628-1629 ई.)

शाहजहाँ के समय में दूसरा विद्रोह वीरसिंह देव बुंदेला के पुत्र जूझरसिंह का था। वीरसिंह बुंदेला ने अकबर के विद्रोही पुत्र भूतपूर्व सम्राट जहाँगीर के इशारे से अबुल फजल को कत्ल कर दिया था। अपनी जाति की वीरता, अपने देश की भौगोलिक स्थिति तथा अपने पिता पर भूतपूर्व सम्राट द्वारा की गई कृपाओं के कारण जूझरसिंह को मुग़ल सरदारों में उच्च पद पर तथा प्रतिष्ठा प्राप्त थी। शाहजहाँ के राज्याभिषेक के उपरांत अपने लड़के विक्रमाजीतसिंह पर शासन का भार सौंप वह सम्राट की सेवा के लिए आगरा चला गया। उसकी अनुपस्थिति में विक्रमाजीतसिंह ने अपने निर्दयतापूर्ण व्यवहार तथा अत्यधिक मालगुजारी करके अपनी प्रजा की सहानुभूति खो दी। इसी बीच नए सम्राट शाहजहाँ ने जूझरसिंह द्वारा एकत्रित करों की जाँच-पड़ताल की आज्ञा दे दी। जूझरसिंह इस निर्देश से काफी डर गया और वहां का सब कार्यभार एक-एक त्याग कर ओरछा भाग गया। वहाँ पहुँच वह अपनी स्वतंत्र सत्ता स्थापित करने का प्रयत्न करने लगा। कुछ समय तक शाहजहाँ राजा के विरुद्ध कोई कार्यवाही न कर सका, क्योंकि उसका ध्यान ट्रांस-ऑक्सियाना के प्रमुख जामिद द्वारा सीमांत प्रांत काबुल पर किए गए आक्रमण की ओर आकर्षित था। लेकिन ज्योंही सीमांत संकट समाप्त हुआ उसने महाबत खाँ को बुंदेलखंड के विद्रोह को शांत करने का आदेश दिया। महाबत खाँ की सहायता करने के लिए दो और सेनाएँ—एक अब्दुल्ला खाँ के नेतृत्व में पूरब से तथा दूसरी खानजहाँ के नेतृत्व में दक्षिण से—भेजी गईं। जूझरसिंह का एक संबंधी भरतसिंह जिसकी लालायित आँखें सदैव बुंदेलखंड की ओर लगी रहती थी, जूझरसिंह के विरुद्ध शाही सेना की मदद देने के लिए तोड़ लिया गया। शाहजहाँ, जिसे बुंदेला-शौर्य का पूर्ण ज्ञान था, बुंदेलों को अपनी उपस्थिति से भयभीत करने के उद्देश्य से स्वयं बुंदेलखंड के पड़ोसी राज्य ग्वालियर में जनवरी, 1629 ई. में जा पहुँचा। अब्दुल्ला खाँ ने आक्रमण करके ओरछा पर, जो कि अब झाँसी जिले में है, अधिकार कर लिया और खानजहाँ ने दक्षिण की ओर से बुंदेलखंड को तहस-नहस करना आरंभ कर दिया। इस प्रकार जूझरसिंह चारों ओर से घिर गया। अपनी प्रजा के कई प्रमुख व्यक्तियों के विरोध से तंग आकर तथा सुदृढ़ शाही सेनाओं का सामना कर सकने में अपनी असमर्थता का अनुभव कर उसने आत्मसमर्पण कर

दिया और अपनी जागीर के एक भाग को शाहजहाँ को अर्पित कर दक्षिण में जाकर सम्राट की सेवा करने को सहमत हो गया। अतः फरवरी, 1629 ई. में उसे क्षमा प्रदान कर दी गई।

राजा के सामने आत्मसमर्पण करने के बाद भी जूझरसिंह शान्त नहीं बैठा। उसने पुनः 1635-36 में विद्रोह करके बुन्देलखण्ड की शान्ती भंग कर दिया। उसने दक्षिण में पाँच वर्ष पूर्ण स्वामिभक्ति से सेवाएँ कीं। दौलताबाद पर अधिकार करने वालों में वह प्रमुख व्यक्ति था। 1634 ई. में जब वह ओरछा लौटा तो उसने गोंडवाना विजय की एक महत्त्वपूर्ण योजना बनाई। यद्यपि बुंदेलखंड के दक्षिण में स्थित गोंडवाना मुग़लों के अधीन था, परंतु उस समय उसका शासन उसके हाथ में नहीं था। आक्रमण का उद्देश्य 1629 ई. में हुई क्षति को पूर्ण करना था। 1635 ई. में उसने चौरागढ़ का घेरा डाल दिया और शाहजहाँ की चेतावनी की परवाह न करते हुए वहाँ के राजा प्रेमनारायण को मरवा डाला। मृतक के पुत्र ने शाहजहाँ से जूझरसिंह के विरुद्ध अपील की, परंतु शाहजहाँ ने गोंडवाना उचित उत्तराधिकारी को लौटाने के बदले जूझरसिंह को आज्ञा दी कि वह या तो गोंडवाना सम्राट को दे दे अथवा उसके बदले अपनी स्वयं की जागीर छोड़ दे और पाँच लाख रुपए जुर्माने के रूप में इसलिए दे कि बिना राजाज्ञा वह गोंडवाना पर क्यों जा धमका। जूझरसिंह ने आज्ञा की अवेहलना ही नहीं वरन् अपने पुत्र जगराज को दक्षिण में कहला भेजा कि वह शाही सेना से संबंध-विच्छेद कर अपनी सेना सहित वापस चला आए। शाहजहाँ इस प्रकार की खबर सुनकर उससे रहा नहीं गया। उसने तुरन्त औरंगजेब को बुलवाकर उन्हें आदेश दिया कि जाकर इस विद्रोह को कुचल डालो। औरंगजेब आदेश पाते ही चल दिया और ओरछा पर धावा बोल दिया और स्वयं धमोनी की और बढ़ा जहाँ जूझरसिंह ने शरण ले रखी थी। इस पर यह बुंदेला सरदार चौरागढ़ में जा छिपा। धमोनी की विजय के उपरांत औरंगजेब चौरागढ़ की ओर बढ़ा। इस पर जूझरसिंह वहाँ के 6,000 सैनिक, 60 हाथी और अपने परिवार व खजाने सहित दक्षिण की ओर भाग निकला। मुग़लों ने उसका पीछा किया। कोई उपाय न पा जूझरसिंह अपनी कुछ स्त्रियों को मार डालने के पश्चात मुग़लों पर टूट पड़ा, लेकिन हार गया। बुंदेले तितर-बितर हो गए। जूझरसिंह तथा उसका पुत्र विक्रमाजीतसिंह दोनों को गोंडों ने मार डाला। उनके सिर काटकर दिसंबर 1635 ई. में शाहजहाँ के पास भेज दिए गए। उसकी प्रसन्नता की कोई सीमा न रही जब उसे ज्ञात हुआ कि इस आक्रमण से पचास लाख रुपए लूट में प्राप्त हुए हैं। बुंदेला स्त्रियों को जौहर करने का समय न मिल सका और यद्यपि वीरसिंह देव की विधवा पत्नी रानी पार्वती तथा कुछ और स्त्रियों को उनके

पुरुषों ने स्वयं कत्ल कर दिया था, फिर भी कई स्त्रियाँ बंदी बना ली गईं। उनको शाही महल में प्रविष्ट कर लिया गया, जहाँ वे दुख के आँसू बहाती रहीं। जूझरसिंह के दो लड़कों को मुसलमान बना लिया गया और तीसरे को इसलिए तलवार से मौत के घाट उतार दिया गया कि उसने मुसलमान बनना अस्वीकार कर दिया था। ओरछा के भव्य भवन मस्जिदों में बदल दिए गए। वहाँ के सुंदर मंदिर तथा अन्य पवित्र स्थानों को अपवित्र कर पूर्णतया नष्ट-भ्रष्ट कर दिया गया। ओरछा जूझरसिंह के संबंधी देशद्रोही देवीसिंह को दे दिया गया, क्योंकि उसने जूझरसिंह के विरुद्ध मुग़लों की सहायता की थी, लेकिन बुंदेलों ने उसे अपना राजा मानने से इंकार कर दिया। महोबा के चम्पतराय ने देवीसिंह के इस नीच आचरण के कारण उसकी अधीनता स्वीकार करने से इनकार कर दिया। उसके प्रसिद्ध लड़के छत्रसाल ने कई वर्षों तक शाहजहाँ की धर्मांधता तथा बुंदेल परिवार के साथ किए गए असभ्य व्यवहार के प्रति विरोधस्वरूप अपनी स्वतंत्रता का युद्ध जारी रखा।

दक्षिण की पहली समस्या

समस्त उत्तर भारत पर मुगलों का अधिकार हो गया था। अतः शाहजहाँ ने अपना ध्यान दक्षिण की ओर लगाया। खानजहाँ के विद्रोह के पश्चात उसने दक्षिणी सूबे का कार्य-भार सँभालने के लिए आज़म ख़ाँ को नियुक्त किया। आजम ख़ाँ ने अहमदनगर के विरुद्ध मोर्चा खोल दिया और धारुर के दुर्ग पर अधिकार करके परेण्डा के दुर्ग का घेरा डाल दिया। परंतु दक्षिण की विशेष कठिनाइयों के कारण वह युद्ध में अधिक प्रगति न कर सका। अहमदनगर और बीजापुर के सुल्तानों में पूर्ववत् मनोमालिन्य बना रहा। अतः वह दोनों मुगलों के विरुद्ध एक न हो सके। बीजापुर के पदाधिकारों में मुग़लों के प्रति अपनायी जाने वाली नीति के विषय में पर्याप्त मतभेद था। एक दल उनसे मैत्रीपूर्ण संबंध स्थापित करना चाहता था, तो दूसरा उन्हें शत्रु समझ उनसे घोर युद्ध करने के पक्ष में था। अनावृष्टि के कारण खाद्य-सामग्री उपलब्ध होने में बड़ी कठिनाई थी, यहाँ तक कि 50 मील के वृत्त में घोड़ों के लिए घास तक प्राप्त नहीं हो सकती थी। फिर भी शाहजहाँ स्वयं घटनास्थल पर आया तो मुग़ल कंधार में छोटे किले पर, जो बालाघाट में पूरबी पक्ष पर स्थित था, अधिकार करने में सफल हुए और उन्होंने बरार, नासिक तथा संगमनेर को नष्ट कर दिया।

इसी दौरान शाहजहाँ की अत्यधिक प्रिय मुमताज बेगम की (17 जनवरी 1631 ई.) मृत्यु हो गयी। बेगम की मृत्यु से शाहजहाँ को अपार दुःख हुआ जिसका उल्लेख यहाँ नहीं कर सकते। उसको बुरहानपुर के पास ही एक बाग में दफना दिया गया।

बाद में उसका शव आगरा मँगा लिया गया, जहाँ उसको एक बाग में दफनाकर उसकी कब्र पर एक महल का निर्माण करवाया गया, जो आज सम्पूर्ण विश्व में ताजमहल के नाम से मशहूर है।

मुमताज का जीवन

मुमताज के बचपन का नाम अरजुमंद बानो बेगम था। यह एतमादुद्दौला के लड़के नूरजहाँ के भाई आसफ खाँ की पुत्री थी। उसका जन्म, 1594 ई. में हुआ। खुर्रम 16 वर्ष का ही था कि उसके साथ उसकी मँगनी निश्चित हो गई और अप्रैल, 1612 ई. में विवाह संपन्न हुआ। यह विवाह अत्यंत सफल विवाह सिद्ध हुआ। अरजुमंद बानो बेगम ने शाहजहाँ को पूर्णतया अपने प्रेमपाश में बाँध लिया। इनका प्रेम नूरजहाँ तथा जहाँगीर के प्रेम से भी आगे बढ़ गया। मुमताज ने शाहजहाँ के जीवन में सुख और दुख दोनों में पूर्णरूप से एक पतिव्रता पत्नी की भाँति भाग लिया और उस समय जबकि खुर्रम अपने पिता के विरुद्ध विद्रोह करता हुआ दक्षिण से उड़ीसा, बंगाल तथा बिहार में भागा फिर रहा था, तब मुमताज परछाईं की भाँति उसके साथ रही। मुमताज अपने जीवन काल में 14 बच्चों की माँ बनी और अपने अन्तिम जीवन लीला तक अपने पति की दुलारी बनी रही। वह शाहजहाँ की मुख्य पत्नी थी और उसको 'मलिक-ए-जमानी' की उपाधि प्राप्त थी। शाही मुहर उसके ही अधिकार में रहती थी। 1631 ई. में प्रसवपीड़ा के समय बुरहानपुर में जबकि शाहजहाँ दक्षिण विजय में व्यस्त था, उसकी मृत्यु हुई।

मुमताज पतिव्रता के साथ-साथ सुशिक्षित तथा कुशाग्र बुद्धि की थी। उसका अतुल प्राकृतिक सौंदर्य बाह्य उपादनों से अत्यंत मनोहर हो उठता था। वह अत्यंत प्रतिभासंपन्न और सुहृदया थी। दान-दक्षिणा देना, गरीब, विधवा, अपाहिज और अनाथों की सहायता करना इसके चरित्र की विशेषता थी। उसकी दासी सतीउन्निसा खानम उसकी विशेष सलाहकार तथा मानवी कार्यों में उसकी परामर्शदात्री थी। मुमताजमहल पवित्र जीवन, पूजा-पाठ और उपवास आदि की निष्ठा में विश्वास रखने वाली इस्लाम धर्म की उपासिका थी। लेकिन उसकी धार्मिकता अंधविश्वास और रूढ़ि के रंग में रँगी हुई थी। ईसाई और हिंदू धर्मों के प्रति शाहजहाँ की वक्रदृष्टि का बहुत बड़ा कारण मुमताजमहल की धर्मान्धता थी। भारतीय इतिहास में शायद ही किसी दूसरी मुग़ल साम्राज्ञी को इतना पति-प्रेम प्राप्त हुआ हो जितना मुमताज को प्राप्त था। आगरा का ताजमहल इस दाम्पत्य-प्रेम का अद्वितीय स्मारक है।

दक्षिण की दूसरी समस्या

दक्षिणी राज्य सत्ता की हालत दिन-प्रतिदिन अच्छी नहीं हो रही थी, बल्कि खराब ही हो रही थी। अहमदनगर में मलिक अंबर का पुत्र फतह खाँ नृप-निर्माता बना हुआ था। उसने अहमदनगर के सुल्तान को कैद कर लिया और उसके स्थान पर हुसैन नामक एक शाही वंशज को सुल्तान बना दिया था। हुसैन केवल 10 वर्ष का बच्चा था। फतह खाँ ने मुग़लों के आदेशानुसार कार्य करना भी बंद कर दिया। लेकिन जब शाहजहाँ ने रुस्तम खाँ के नेतृत्व में दौलताबाद पर अधिकार करने के लिए एक सुदृढ़ सेना भेजी तो फतह खाँ भयभीत हो गया और उसने आत्मसमर्पण कर दिया। बीजापुर ने कुछ समय तक शाही सेना का सामना किया और शाहजहाँ को विवश होकर आसफ खाँ को बीजापुर पर आक्रमण करने का आदेश देना पड़ा। मुग़लों ने गुलबर्गा पर अधिकार कर लिया और बीजापुर का घेरा डाल दिया। लेकिन अकाल से उत्पन्न खाद्य-संकट के कारण आसफ खाँ को लाचार होकर घेरा हटाना पड़ा और वह मिराज लौट आया। इस पर शाहजहाँ उससे बहुत अप्रसन्न हुआ। उसने आसफ खाँ को राजदरबार में वापस बुला लिया महाबत खाँ को दक्षिण का सेनानायक नियुक्त कर बीजापुर विजय का आदेश दिया।

1630-31 में दक्षिण और गुजरात में विशाल आकाल पड़ गया। अकाल खानदेश तक फैल गया। हजारों व्यक्ति भूख से मर गये। उस अकाल की दुर्दशा का वर्णन तत्कालीन इतिहासकार मिराज अमीन काज़नीवी ने इस प्रकार किया है, "भूख के कारण हजारों व्यक्ति अपने बच्चों को खा गए। हड्डी का चूर्ण आटे में मिलाकर प्रयोग किया गया। कुत्तों का गोश्त खाद्य-सामग्री बन गया। अकाल के तुरंत बाद महामारी के प्रचंड प्रकोप ने अनेक ग्राम व नगरों को उजाड़ कर दिया। नगरों की नालियाँ मुर्दों से ठंस गईं। अनेक व्यक्ति उत्तरी भारत की ओर भाग गए। शाहजहाँ ने इस दारुण दुख को कम करने का प्रयत्न किया। उसने बुरहानपुर, अहमदनगर, सूरत तथा अन्य स्थानों पर भूखों को खाना खिलाने के लिए भोजनालय खोले, रुपया भी वितरण किया और 70 लाख रुपयों की मालगुजारी माफ कर दी। जागीरदारों ने भी अपने जागीर में मालगुजारी की छूट दे दी और जनता के कष्ट-निवारण के लिए आवश्यक कार्यवाही की।

पुर्तगालियों से युद्ध

बंगाल में पुर्तगाली कारखाने स्थापित होने के कारण हुगली नगर की विशेषता

सौ वर्ष व्यतीत हो चुके थे। इस बीच में उन्होंने अपनी शक्ति को काफी दृढ़ बना लिया था और हुगली को आधार बना उन्होंने भारत, चीन, मलक्का तथा मनीला के अनेक स्थानों से व्यापार करना प्रारंभ कर दिया था। पुर्तगाली प्रायः हिन्दू और मुसलमानों के अनाथ बच्चों को पकड़कर बलपूर्वक इसाई बना देते थे। उनका यह कार्य सर्वथा अनुचित था। अपनी बस्तियों में वह स्वतंत्र राज्य का-सा आचरण करते थे। उनमें से कुछ समुद्री डाकू बन गए थे तथा कुछ ने बंगाल के समृद्ध पूरबी भू-भागों में लूटमार प्रारंभ कर दी। वे पुर्तगाली मुस्लिम सीमा में रहने वाली शांतिप्रिय प्रजा के दैनिक जीवन में भी हस्तक्षेप करते रहते थे। लेकिन फिर भी जहाँगीर के समय इन्हें अपने हाथों अपने कृत्यों का कोई दंड न मिला। शाहजहाँ के काल के आरंभ में बंगाल के गवर्नर कासिम खाँ ने सूचना भेजी कि पुर्तगालियों ने अपनी बस्तियों की सुरक्षा का दृढ़ प्रबंध कर लिया है, जहाजों पर कर लगा दिया है और सतगाँव को नष्टप्रायः कर दिया है तथा वे गुलामों को बेचते और लूटमार करते रहते हैं। शाहजहाँ तो पुर्तगालियों से पहले ही अप्रसन्न था, क्योंकि जब शाहजहाँ ने अपने पिता के विरुद्ध विद्रोह किया था, तो उन्होंने उसका साथ नहीं दिया था और न उसके बादशाह बनने के बाद उसे यथोचित भेंट ही भेजी थी। लेकिन उनका सबसे बड़ा अपराध बेगम मुमताज महल के लिए लायी गई दो दासी कन्याओं की नावों को ले भागना था। इन सब कारणों से अप्रसन्न होकर शाहजहाँ ने कासिम खाँ को इन विदेशी आतताइयों को दंड देने की आज्ञा दी। पुर्तगालियों के विरुद्ध लड़ाई छेड़ने का तत्कालीन कारण भी मिल गया, जबकि एलफोन्सों नामक एक पुर्तगाली व्यापारी ने हुगली में स्थित किसी जमीन को लौटाने की अपील बंगाल के गवर्नर से की। कासिम खाँ ने एक बड़ी सेना इकट्ठी कर ली और अनेक नावें एकत्रित कर हुगली पर आक्रमण कर दिया। यह आक्रमण जल और थल दोनों ओर से था। आक्रमण को बीच में रोक कर दोनों पक्षों में समझौता होना शुरू हुआ। पुर्तगाली उन दोनों दासी बालिकाओं को वापस करने की शर्त मान ली, परंतु उन्हें हस्तांतरित करते समय उन्होंने कठिनाइयाँ उत्पन्न कीं। इन पर मुग़लों को दूसरा आक्रमण करना पड़ा। इस बार वे पुर्तगाली बस्ती में प्रवेश पाने में सफल हुए। बस्ती का घेरा पाँच सप्ताह तक जारी रहा। उस पर गोलाबारी करने के लिए बहुत-सी तोपें मँगवाई गईं। पुर्तगालियों ने विवश होकर पुनः संधि की बातचीत प्रारंभ कर दी और वे मुग़लों को दो लाख रुपए देने को तैयार हो गए। लेकिन संधि न हो सकी। इसी बीच पुर्तगालियों ने अपनी स्थिति को संकटमय देख नावों में बैठकर शहर को खाली कर देना उचित समझा। नावों में सवार होने से पहले मुग़लों ने उन पर हमला कर दिया। उनके भागते-भागते एक भीषण

युद्ध हुआ। लगभग 3,000 पुर्तगाल बच भागे और चार सौ के करीब गिरफ्तार करके आगरा लाए गए। इनसे इस्लाम धर्म स्वीकार करने को कहा गया और मना करने पर उन्हें कैद कर लिया गया। शाहजहाँ की पुर्तगाली नीति का समर्थन राजनीतिक दृष्टिकोण से अवश्य किया जा सकता है, क्योंकि पुर्तगालियों ने शाहजहाँ को अप्रसन्न करने के काफी कारण उत्पन्न कर दिए थे। लेकिन कैदियों को इस्लाम धर्म स्वीकार कराने के उसके कृत्य की हम सराहना नहीं कर सकते। सच में शाहजहाँ द्वारा किया गया कर्म काफी घृणा करने योग्य है।

दक्षिण की तीसरी समस्या

इसी दौरान दक्षिणी युद्ध कुछ मन्द गति से चल रहा था। शाहजी जो शिवाजी के पिता थे वे मुगलों के अधीनस्थ हो गये, और उसके बदले उसे कुछ भूमि जो पहले अहमदनगर के निवासी मलिक अंबर के पुत्र फतह खाँ के पास थी, जागीर के रूप में दे दी गई। कुछ समय बाद ज़ब आसफ खाँ के संकेत और आदेश के अनुसार फतह खाँ ने अपने स्वामी निजामशाह सुल्तान को मार डाला तब उसे यह जमीन फिर प्रदान कर दी गई। यह शाहजी को बहुत बुरा लगा। क्रोधोन्मत्त हो उसने बीजापुर के सुल्तान की नौकरी कर ली और प्रण किया कि वह फतह खाँ से दौलताबाद छीनकर रहेगा। फतह खाँ यह सुनकर बहुत भयभीत हुआ और उसने यह किला मुग़ल सेनानायक महाबत खाँ को देने का वचन दिया और स्वयं मुग़ल सेना में भरती हो गया। महाबत खाँ ने इस प्रस्ताव का स्वागत किया और फतह खाँ की सहायता से बीजापुर की सेना को हटा दिया। लेकिन बीजापुर सेना के सेनापति रनदौला खाँ ने—यद्यपि वह हार गया—एक भारी उत्कोच देकर फतह खाँ को अपनी ओर मिला लिया और मुग़लों का साथ छुड़ा दिया। इस पर महाबत खाँ ने दौलताबाद का घेरा डाल दिया और उसने इसको 1633 ई. में साढ़े तीन माह के घेरे के उपरांत समस्त युद्ध-सामग्री सहित हस्तगत कर लिया। महाबत खाँ ने निजामशाही स्त्रियों को गढ़ छोड़ने की सुविधा दे दी। फतह खाँ और अहमदनगर का शाह निजाम जो कि अभी केवल एक बालक था, दोनों शाही दरबार में भेज दिए गए। सुल्तान को आजन्म कारावास का दंड दे ग्वालियर के किले में रखा गया और फतह खाँ को पेंशन देकर लाहौर में रहने की आज्ञा दे दी गई। परंतु दौलताबाद के पतन के पश्चात भी अहमदनगर राज्य समाप्त नहीं हुआ। इस राज्य के कुछ भाग—जैसे कि बालाघाट का प्रदेश—अब भी अहमदनगर के अफसरों के हाथों में बना रहा और ये अफसर उस सुल्तान के प्रति, जिसको कि मरहठा सरदार शाहजी ने हुसैन निजामशाह के स्थान

पर गद्दी पर बैठाया था, सदैव स्वामिभक्त बने रहे। वर्तमान पूना जिले का उत्तरी भाग और समस्त कोंकण प्रदेश मराठा सरदारों के अधिकार में रहा। शाहजी की सत्ता के दौरान मराठों द्वारा मुगलों पर हमेशा अत्याचार किया जा रहा था। अब महाबत खाँ ने परेण्डा पर अधिकार करने की तैयारी कर दी और एक दूसरी सेना शाहजी को जुन्नार तक पीछे हटा देने के लिए भेजी। परंतु भरसक प्रयत्न करने के उपरांत भी वह परेण्डा पर अधिकार न कर सका और राजकुमार शुजा के साथ, जो कि दक्षिण का नाममात्र का सेनानायक था, बुरहानपुर लौट आया। शाहजहाँ ने महाबत खाँ को उसकी असफलता के लिए बहुत बुरा-भला कहा। इससे दुखी होकर अक्तूबर, 1634 ई. में उसका देहांत हो गया।

मुग़ल सेनाओं को दक्षिण से वापस बुलाने का यह परिणाम हुआ कि उस प्रदेश में फिर गड़बड़ होने लगी। मराठों की लूटमार के अतिरिक्त बीजापुर राजदरबार षड्यंत्रों का केंद्र बना रहा। इसलिए शाहजहाँ 1636 ई. के प्रारंभ में ही बीजापुर तथा गोलकुंडा को सदैव के लिए शांत करने के उद्देश्य से दक्षिण की ओर रवाना हुआ। दौलताबाद पहुँचकर उसने बीजापुर के सुल्तान के पास पत्र भेजे। उस पत्र में यह स्पष्ट रूप से लिखा गया था कि वह अधीनतास्वरूप प्रति वर्ष कुछ भेंट बादशाह को दे तथा बीजापुर से मराठों तथा अहमदनगर के अन्य सहायकों को निकाल दे। चूँकि सुल्तान ने इन शर्तों को स्वीकार नहीं किया इसलिए शाहजहाँ ने बीजापुर पर आक्रमण करने का निश्चय किया। इससे सुल्तान बहुत भयभीत हुआ और उससे पुनः सुलह की बातचीत प्रारंभ की तथा एक नयी संधि, जिसकी शर्तें शाहजहाँ ने स्वयं निश्चित कीं, स्वीकार करने को सहमत हो गया। बीजापुर ने मुग़लों की अधीनता स्वीकार कर ली और प्रतिवर्ष 20 लाख रुपए देना स्वीकार किया। उसने यह भी वचन दिया कि वह गोलकुंडा नरेश के साथ भी मैत्री-संबंध बनाए रखेगा तथा गोलकुंडा से संबंधित अपने सब झगड़े सम्राट की मध्यस्थता से सुलझाएगा। इस संधि के आधार पर अहमदनगर की सीमा निश्चित कर दी गई तथा परेण्डा, कोंकण और बीजापुर के अधिकार में सौंप दिए गए। बीजापुर नरेश ने वचन दिया कि यदि शाहजी ने जुन्नार तथा त्रिम्बक का निकटवर्ती प्रदेश मुग़लों को न सौंपा तो वह शाहजी के विरुद्ध मुग़लों की सहायता करेगा। वह संधि मई, 1636 ई. में हुई और नवंबर, 1656 ई. तक बनी रही।

शाहजहाँ का ध्यान अब गोलकुंडा की तरफ गया। गोलकुंडा के साथ शर्तें तय करना अधिक कठिन न था, क्योंकि वहाँ का सुल्तान अहमदनगर तथा बीजापुर की अपेक्षा अधिक नम्र था। इसके अतिरिक्त जब शाहजहाँ ने अपने पिता के विरुद्ध

विद्रोह किया था, तो गोलकुंडा ने शाहजहाँ की सहायता की थी। गोलकुंडा के नए सुल्तान अब्दुल्ला कुतुबशाह ने भी 1631 ई. के प्रारंभ में शाहजहाँ को जब वह खानजहाँ लोदी के विद्रोह को दबाने के लिए दक्षिण आया था, एक अमूल्य भेंट भी भेजी थी। गोलकुंडा ने उस समय भी जबकि महाबत खाँ ने बीजापुर पर हमला किया था, बीजापुर सुल्तान की सहायता करने से मना कर दिया था। परंतु इन कारणों के होते हुए भी दोनों की वास्तविक मित्रता होने में एक कठिनाई थी। शाहजहाँ कट्टर सून्नी था, जबकि गोलकुंडा का सुल्तान पक्का शिया था और वह फारस के बादशाह को अपना मुखिया मानता था। इसलिए शाहजहाँ ने यह माँग पेश की कि गोलकुंडा में शिया रीति-रिवाजों का पालन न किया जाए तथा खुतबे में से फारस के बादशाह का नाम हटा दिया जाए। गोलकुंडा का सुल्तान थोड़ी आनाकानी करने के बाद बहुत जल्द ही यह प्रस्ताव स्वीकार कर लिया। खुतबे में शाहजहाँ का नाम रख दिया गया। गोलकुंडा की सीमा पर से मुगल सेनाएँ हटा ली गईं और दोनों के बीच एक नई संधि पर हस्ताक्षर हो गए।

संधि की शर्तें थीं कि खुतबे में से शिया-धर्मद्योतक शब्द हटा लिए जाएँगे। सिक्कों पर शाहजहाँ का नाम रहेगा तथा खुतबा शाहजहाँ के नाम से पढ़ा जाएगा। सुल्तान ने दो लाख 'हुन' जो 6 लाख रुपए के लगभग होते हैं, वार्षिक कर देना स्वीकार किया। उसने पिछला बकाया कर भी भुगतान करना स्वीकार किया तथा यह वचन दिया कि यदि बीजापुर ने मुग़लों पर आक्रमण किया, तो गोलकुंडा बीजापुर के विरुद्ध मुग़लों की सहायता करेगा। यह संधि मई, 1636 ई. में हुई।

दक्षिण की तीसरी चुनौती उन मराठों को कुचलना था जिन लोगों ने शाहजी के कमान में बड़ी सैन्य शक्ति कायम कर ली थी। शाहजहाँ ने दक्षिण में आते ही खानजमा के नेतृत्व में शाहजी की मातृभूमि पर अधिकार करने तथा कोंकण प्रांत से मराठों को निकालने के लिए एक सेना भेजी। शाहजी की मातृभूमि अहमदनगर के दक्षिण और दक्षिण-पूरब में स्थित थी। इसके अतिरिक्त सेना का एक भाग शाइस्त खाँ के नेतृत्व में इस इलाके पर अधिकार करने के लिए अहमदनगर के उत्तर-पश्चिम से भेजा गया। शाइस्ता खाँ की विजय हुई, परन्तु खानजमा जिसे शाहजी के खिलाफ भेजा गया था वह पराजित हो गया। शाहजी बीजापुर की सेना में सम्मिलित होने के लिए तैयार था और नदी को पार करना चाहता था, ताकि वह खानजमा से एक और मोर्चा ले सके। लेकिन इसी बची खानजमा को शाहजी का पीछा न करने का आदेश मिला। अब तक मुग़लों और बीजापुर के बीच संधि हो गई थी। उसके अनुसार खानजमा को शाहजी से जुन्नार छीन लेने भेजा गया। बीजापुर ने शाहजी को जुन्नार मुग़लों के सुपुर्द करने के लिए

बहकाना-फुसलाना चाहा लेकिन मरहठा सरदार किसी प्रकार राजी न हुआ। विवश हो मुग़लों को जुन्नार पर हमला करना पड़ा और शाहजी ने युद्ध के उपरांत इस किले को उस लड़के सहित जिसे उसने अहमदनगर का सुल्तान घोषित किया था, मुग़लों के सुपुर्द कर दिया। इस अल्पआयु बादशाह को ग्वालियर के किले में कैद कर दिया गया। शाहजी ने बीजापुर की नौकरी कर ली। इस प्रकार कुछ समय के लिए शाहजहाँ दक्षिण की समस्या को सुलझाने में सफल हुआ।

शाहजहाँ की कंधार प्राप्ति (1638 ई.)

लगभग एक शताब्दी से भी अधिक समयों से मुगल राजाओं और फारस के शाह के बीच कन्धार और भारत युद्ध का जड़ बना रहा। जहाँगीर के शासन के अंतिम काल में यह दुर्ग मुग़लों के हाथ से निकल गया। शाहजहाँ स्वाभाविक रूप से इसे वापस लेने के लिए व्याकुल था। शाहजहाँ ने फारस के दूतों का भव्य स्वागत कर तथा उन्हें बड़ी-बड़ी भेंटे देकर फारस के शाह को अपने गुणों से प्रभावित करना चाहा। इसके अतिरिक्त उसने अपनी दक्षिण-विजय तथा विद्रोहियों को दबाने के अतिशयोक्तिपूर्ण वर्णन द्वारा शाह को अपनी सैनिक-शक्ति से भी प्रभावित करने का प्रयत्न किया। फारस का बादशाह शाह अब्बास शाहजहाँ के गद्दी पर बैठने के केवल एक साल बाद मर गया था। उसके बाद फारस की गद्दी पर एक अल्पवयस्क बादशाह बैठा जिसका ध्यान तुर्कों के साथ युद्ध करने में लगा रहा। कंधार का गवर्नर अली मरदान खाँ फारस के बादशाह से नाराज था, क्योंकि फारस के मंत्री सारूतकी ने इस गवर्नर से उसकी आय-व्यय का विवरण माँगा था। अपनी आज्ञा का पालन कराने के लिए उसने सेना की एक टुकड़ी भी कंधार भेज दी थी। इससे बचने के लिए अली मरदान खाँ ने मुग़ल आलाधिकारियों के साथ मिलकर एक योजना बनायी और शाहजहाँ को कंधार देने के लिए राजी हो गया। 1638 ई. के प्रारंभ में ही उसने अपनी सेनाएँ मुग़ल बादशाह को सौंप दीं और कंधार दुर्ग में भारतीय सेनाओं को रख लिया। शाहजहाँ का नाम भी खुतबे में पढ़ा जाने लगा तथा सिक्के भी उसके नाम से प्रचलित हो गए। इस प्रकार कंधार का सूबा बिना किसी कठिनाई के मुग़लों ने हस्तगत कर लिया। अली मरदान खाँ को उचित पुरस्कार दिया गया और बाद में उसे कश्मीर का गवर्नर नियुक्त किया गया।

अन्य छोटी-छोटी विजय

मुगलों की निगाह लगभग सौ वर्ष से तिब्बत के सूखे प्रदेश पर था। इस प्रदेश पर अधिकार करने के लिए मुगलों ने कई बार प्रयास किया, परन्तु हर प्रयास विफल

ही रहा। जहाँगीर ने भी इस प्रदेश में सेनाएँ भेजी थीं, परंतु सफल न हो सका। शाहजहाँ ने भी अपने पूर्वजों के पदचिह्नों पर चलकर एक बार फिर तिब्बत विजय का प्रयास किया। 1634 ई. में बल्किस्ताना अथवा लघु तिब्बत के शासक अब्दल के विरुद्ध उसने सेनाएँ भेजीं। आक्रमण का तात्कालिक कारण यह था कि अब्दल ने कश्मीर के चक्क लोगों को अपने यहाँ शरण दी थी। अब्दल ने आत्मसमर्पण कर दिया, परंतु कुछ कालोपरांत ही उसने बादशाह के प्रति अपनी वफादारी त्याग दी। इसलिए उसके विरुद्ध एक दूसरी सेना भेजी गई। अब्दल को युद्ध का खर्चा देना पड़ा तथा चक्कों के नायक को मुग़लों के हाथ सौंपना पड़ा। एक साल बाद शाहजहाँ को सूचना मिली कि समस्त तिब्बत ने विद्रोह कर दिया है, इसलिए दूसरी सेना भेजनी पड़ी। तिब्बतवासी हार गए। इस प्रकार भारत की उत्तरी सीमा पर शांति स्थापित हुई।

इसी दौरान कुछ छोटे-छोटे क्षेत्रों को भी उसने अपने अधिकार में ले लिया। 1637 ई. के अंत में बगलाना का इलाका, जो आजकल नासिक जिले में है, जीत लिया गया। डामन तथा ड्यू में पुर्तगालियों का घेरा डाला गया और उन्हें मजबूर होकर आत्मसमर्पण करना पड़ा। पंजाब में काँगड़ा में विद्रोह हुआ। जगतसिंह ने, जो कि वहाँ का गवर्नर था, मुग़लों की अधीनता मानना अस्वीकार कर दिया था, लेकिन उसे भी विवश होकर 1642 ई. के प्रारंभ में ही आत्मसमर्पण कर देना पड़ा। बुंदेलखंड के नए शासक चंपतराय ने बुंदेलखंड में विद्रोह कर दिया। उसके दमन का कार्य अब्दुल्ला खाँ को सौंपा गया। ओरछा और झाँसी के बीच मुग़लों की सेना में अचानक बुंदेलों के सरदार को घेर लिया। यद्यपि चंपतराय बच निकला परंतु उसका गोद लिया हुआ लड़का पृथ्वीराज कैद कर दिया गया और ग्वालियर के किले में कैद करके रखा गया। मई 1642 ई. में चंपतराय अपने आप को अधीनस्थ होने के लिए राजी हुआ और उसे युगलों की सेवा में शामिल कर लिया।

गंगा के दक्षिणी तथा बुंदेलखंड के पूर्वी इलाके पर भी अधिकार कर लिया गया। बुंदेलखंड के सरदार लछमनसिंह ने आत्मसमर्पण कर दिया। बिहार की एक आदिम-जाति चेराओं ने भी पालामऊ (बिहार) में रहती थी, मुग़लों की अधीनता स्वीकार कर ली। अप्रैल, 1643 ई. में गोंड और मालवा के भील, जो कि विद्रोही बन बैठे थे, दबा दिए गए।

शाहजहाँ की मध्य एशिया संबंधी नीति

मध्य एशिया में ट्रांस-ऑक्सियाना जो मुगलों की मातृभूमि कही जाती थी। इस पर अधिकार जमाने के लिए मुगलों की निगाह काफी दिनों से टिकी थी। बाबर ने

अपने पूर्वज तैमूर की प्राचीन राजधानी समरकंद पर अधिकार करने के अनेक प्रयत्न किए थे, परंतु विफल रहा। हुमायूँ भी इस प्रयत्न में असफल रहा था। अकबर और जहाँगीर की भी यह इच्छा पूर्ण न हो सकी और वे परिस्थितिवश इसके लिए प्रयत्न भी न कर सके। शाहजहाँ ने समरकंद पर अधिकार करने का प्रयत्न किया। उस समय समरकंद अस्तरा खाँ के जानिदों के अधिकार में था। वहाँ की गद्दी पर इमाम कुली राज्य करता था। यह एक महत्त्वकांक्षी राजा था, जिसकी ललचाई दृष्टि सदैव काबुल पर लगी रहती थी। शाहजहाँ के राज्याभिषेक के समय फैली हुई अव्यवस्था से लाभ उठाकर इमाम कुली के भाई नजर मुहम्मद के नेतृत्व में उज़बेगों ने काबुल पर हमला किया था परंतु इसमें उन्हें पूर्ण सफलता न मिली और ग्रीष्मऋतु में नजर को लौट जाना पड़ा, क्योंकि उसकी सेना इस तीक्ष्ण ऋतु में आगे बढ़ने के लिए तैयार न थी। अगले वर्ष 1629 ई. में नजर मुहम्मद ने काबुल पर फिर हमला किया और वामियान पर कब्जा कर लिया। उसमें उसे अधिक सफलता न मिल सकी ओर उसे लौट जाना पड़ा। इन हमलों से हिंदुस्तान में मुग़लों में काफी क्षोभ फैल गया। लेकिन नजर मुहम्मद ने क्षमायाचना कर ली और दोनों पड़ोसी रिसायतों के संबंध फिर से अच्छे हो गए।

शाहजहाँ ने 1639 में बदला लेने के लिए फिर से मन बनाने लगा और उसने उज़बेगों पर आक्रमण करने की योजना बनाई। उसके मन में अपने पूर्वजों के स्वप्न की पूर्ति का उत्साह तथा हृदय में ट्रांस-ऑक्सियाना पर राज्य करने की महत्त्वाकांक्षी थी। ट्रांस-ऑक्सियाना के आंतरिक कलह ने शाहजहाँ को स्वर्ण-अवसर प्रदान किया। नज़र मुहम्मद ने अपने भाई इमाम कुली को, जो अब लगभग अंधा हो चुका था, गद्दी से उतार दिया था, लेकिन नज़र मुहम्मद सर्वप्रिय नहीं था, क्योंकि उसने बहुत शीघ्र ही धार्मिक आचार्यों को अप्रसन्न करके अपना विरोधी बना लिया था। इस समय स्थिति अच्छी नहीं जब खीवा में विद्रोह उत्पन्न हो गया और नजर मुहम्मद ने उसे दबाने के लिए अपने लड़के अब्दुल अजीज को भेजा। यह घटना 1645 ई. में हुई। अब्दुल अजीज ने अपने पिता के विरुद्ध विद्रोह कर दिया और अपने आपको बुखारा का शासक घोषित कर दिया। नजर मुहम्मद को परेशान होकर बलख में जाकर शरण लेनी पड़ी। इन सब आंतरिक झगड़ों ने शाहजहाँ को बदला लेने तथा अपने पूर्वजों की अभिलाषा को पूर्ण करने के लिए प्रोत्साहित किया। काबुल के गवर्नर को उज़बेगों की कठिनाई से लाभ उठाने को कहा गया। उसने एक सेना भेजी और काहमर्द के किले को जीत लिया, लेकिन शरद् ऋतु के आरंभ में ही यह किला हाथ से निकल गया। मुग़लों के इस भय से नजर मुहम्मद ने अपने लड़के से समझौता कर लिया

और तय हुआ कि नजर मुहम्मद तो बलख को अपने अधिकार में रखे और बुखारा अब्दुल अजीज के पास रहे। नजर मुहम्मद ने शाहजहाँ से भी मदद लेने के लिए गुहार लगाई थी और शाहजहाँ ने अनिश्चित शब्दों में वायदा भी कर लिया था, परंतु शाहजहाँ ने इस सुअवसर का स्वागत किया, क्योंकि इस प्रकार वह आसानी से समरकंद, बलख तथा बुखारा को अपने अधिकार में ले सकता था। वह काबुल गया और एक बड़ी सेना तथा धन एकत्रित किया और उज़बेगों के विरुद्ध आक्रमण की एक विस्तृत योजना बनाई। मुराद को इस हमले का भार सौंपा गया। सेना जून के मध्य तक रवाना नहीं हुई। जून में राजकुमार ने तारिन तथा कुंदुज पर आक्रमण कर दिया और सफलता भी हासिल कर ली। बादशाह की यह नीति थी कि पहले वह बुखारा और समरकंद को लेने में नजर मुहम्मद की सहायता करे और फिर उन्हें उसके हाथों से छीन ले। नजर मुहम्मद शाहजहाँ की इस चाल को ताड़ गया और मुग़ल सेना की प्रगति को रोकने की कोशिश करने लगा। दिखाने के लिए उसने ओर यहाँ तक बहाना किया कि वह अपना राज्य मुगलों को सौंपकर मक्का जाने की तैयारी कर रहा था। इसकी घोषणा उसने चारों ओर करवा दी। मुराद भी इन चालों को समझ गया और जुलाई 1646 ई. में उसने बलख के विरुद्ध धावा बोल दिया। उसके आने पर नजर मुहम्मद भाग खड़ा हुआ और मुग़लों ने बलख को अपने अधिकार में कर लिया और वहां से काफी धन भी लूट लिये। बलख पर सफलता हासिल करने के बाद तत्पश्चात् मुराद ने तिरमिज पर अधिकार कर लिया। इसके बाद मुग़ल सेना ने नजर मुहम्मद को शिवारघन पर हराया। नजर मुहम्मद भागकर फारस चला गया। इस सफलता से शाहजहाँ को अत्यंत प्रसन्नता हुई और उसने इस खुशी में बलख में सिक्के चालू करवाकर उत्सव मनाया। लेकिन उसकी यह प्रसन्नता स्थाई सिद्ध न हुई, क्योंकि मुराद जो हिन्दुस्तान में ऐशो-आराम में पला था, शीघ्र ही यहाँ की खुश्क जलवायु तथा बंजर प्रदेश में ऊब उठा और उसने यहाँ ठहरना पसंद न किया तथा अपने पिता से प्रार्थना की कि उसे वापस बुला लिया जाए। शाहजहाँ को यह देखकर निराशा हुई, लेकिन उसने कूटनीति से काम लेना चाहा। उसने नजर मुहम्मद को एक पत्र अपना आशय व्यक्त करते हुए लिखा। उसने यह प्रकट किया कि उसका उद्देश्य तो केवल बलख से दुष्ट व्यक्तियों को भगाना तथा उसके बाद बलख नजर मुहम्मद के सुपुर्द करना था; राजकुमार मुराद ने अपनी अनुभवहीनता तथा आयु के जोश में आकर आज्ञा से अधिक काम कर डाला है। फारस के बादशाह शाह अब्बास द्वितीय को उसके राज्याभिषेक के लिए बधाई देते हुए उसने मुगलों के बलख पर हमले के समय भारत को तटस्थ रहने की प्रार्थना की, परन्तु शाही कूटनीति सफल

नहीं हो सकी। फारस का बादशाह तटस्थ न रहा और न नजर मुहम्मद बादशाह के शब्द जाल में फँस पाया। मुराद वापस बुला लिया गया और उसकी जगह औरंगजेब को बलख भेज दिया। लेकिन फिर भी कबाइलियों ने मुग़ल सेना के मार्ग में रोड़े अटकाए। अब्दुल अजीज एक बड़ी सेना एकत्रित करके युद्ध के लिए ऑक्सस नदी के पास आ जमा। ज्योंही औरंगजेब बलख के नजदीक आया अब्दुल अजीज लड़ने को प्रस्तुत हो गया। एक दूसरी उज़बेग सेना बलख पर दूसरी दिशा से आक्रमण करने को रवाना हुई। औरंगजेब को घोर युद्ध करना पड़ा जिसमें अब्दुल अजीज की हार हुई। परंतु औरंगजेब के धैर्य तथा साहस से उज़बेगों पर बहुत प्रभाव पड़ा। राजकुमार औरंगजेब सूर्यास्त के समय लड़ाई के मैदान में ही घोड़े के पीठ पर से उतर पड़ा तथा नमाज पढ़ने लगा। तदनुसार अब्दुल अजीज से संधि करने का विचार करने लगा और बुखारा को अपने भाई को सौंपने को राजी हो गया। नजर मुहम्मद ने फारस के शाह को एक पत्र लिखा। उस पत्र में सिंहासन त्यागने की इच्छा जाहिर की गयी थीं, परन्तु मुग़लों की यह सफलता स्थायी सिद्ध न होकर केवल क्षणिक रही। औरंगजेब ऑक्सस से आगे न बढ़ सका। उसके अफसर उस प्रतिकूल जलवायु में रहकर लड़ना नहीं चाहते थे। उन्हें ट्रांस-ऑक्सियाना का यह प्रदेश बिल्कुल नीरस प्रतीत होता था। औरंगजेब भी भारत लौट आना चाहता था, क्योंकि वह अपने पिता के बाद दिल्ली की गद्दी पर बैठना चाहता था। उज़बेग लोग जो शायद मुग़लों के सेनापति तथा अफसरों की मनोवृत्ति को ताड़ गए थे, बराबर अपने अत्याचार करते रहे। नजर मुहम्मद फारस से लौट आया और उसने अफगानिस्तान स्थित मुग़ल चौकियों पर हमले करने शुरू कर दिए। फारस शाह के द्वारा नजर मुहम्मद को निरन्तर सहायता मुहैया होती रही, क्योंकि फारस का शाह मुग़लों से कंधार छीनना चाहता था। औरंगजेब को विवश होकर ट्रांस-ऑक्सियाना से लौट आना पड़ा और अफगानिस्तान की तरफ उज़बेगों के हमले का मुकाबला करने के लिए रवाना हुआ। शाहजहाँ ने औरंगजेब को सलाह दी कि यदि नजर मुहम्मद क्षमा-याचना करे, तो वह उसे स्वीकार कर ले। नजर मुहम्मद ने अपने पोते के द्वारा माफी माँगनी चाही, इस पर चौकियों में पड़ी हुई मुग़ल सेना कुछ ढीली तथा गाफिल-सी हो गई, क्योंकि उसे भ्रम हो गया कि शायद नजर मुहम्मद को उसका देश वापस मिल जाए। औरंगजेब को काबुल से लौटना पड़ा और रास्ते में उसे उज़बेगों ने बहुत परेशान किया।

फारस के शाह अब्बास ने अब स्वतंत्र रूप उजबेगों की मदद करना प्रारंभ कर दिया था। 1648 ई. में उसने शाहजहाँ से यह माँग की कि वह कंधार उसे लौटा दे। उसने यह भी चाहा कि शाहजहाँ नजर मुहम्मद को बलख लौटा दे। शाह अपनी

कूटनीति को बलपूर्वक सफल बनाने के लिए खुरासान की ओर रवाना हुआ और खुरासान का घेरा डाल दिया। परंतु मुग़ल पहले ही बचे हुए बलख के हिस्से को खाली कर चुके थे।

कंधार का हाथ से निकलना

शाहजहाँ की मध्य एशिया से पराजित होने पर शाह अब्बास द्वितीय काफी प्रभावित हुआ था, क्योंकि इससे सीमांत प्रदेश में मुग़लों की शक्ति कमजोर पड़ गई और अब कंधार पर कब्जा कर लेना पहले की अपेक्षा कहीं अधिक सरल हो गया। 1648 ई. में फारस के शाह ने, जो अब बालिग हो चला था, शासन की बागडोर अपने हाथ में ले ली और कंधार पर चढ़ाई करने की तैयारी प्रारंभ कर दी। खुरासान से रवाना होकर वह कंधार के निकट आ गया और बिस्त के किले पर आक्रमण कर दिया। शाहजहाँ ने तुरंत एक भारी सेना एकत्रित करके औरंगजेब के नेतृत्व में नगर तथा दुर्ग की रक्षार्थ भेजी। इस बीच में फारस की सेना बिस्त पर अधिकार कर चुकी थी और कंधार पर धावा बोल दिया था। दौलत खाँ के नेतृत्व में कंधार दुर्ग में जो सेना थी, वह शीघ्र ही हताश हो गई, क्योंकि उनके विचार में इतनी जल्दी दिल्ली से सहायता मिलना असंभव था। इस सेना की कुछ टुकड़ियों ने अपने परिवार तथा बच्चों को बचाने के उद्देश्य से चुपचाप आक्रमणकारियों से संधि वार्ता प्रारंभ कर दी। दौलत खाँ इस षड्यंत्र को दबा न सका। अंततोगत्वा वह स्वयं इस षड्यंत्र में सम्मिलित हो गया और फरवरी, 1649 ई. में फारस के सम्मुख आत्मसमर्पण कर दिया। औरंगजेब इस समर्पण के एक मास बाद कंधार पहुँचा। शाहजहाँ यह जानकर अत्यंत क्षुब्ध हुआ और उसने औरंगजेब को तुरंत किसी भी प्रकार सरहद की इस महत्त्वपूर्ण चौकी को वापस लेने की आज्ञा दी। सम्राट स्वयं सेना की हिम्मत बँधाने के लिए काबुल के समीप एक निर्जन स्थान पर अपना शिविर डाल दिया।

वजीर सादुल्ला खाँ के साथ औरंगजेब 50,000 सैनिकों को साथ लेकर गजनी होते हुए अपना पग आगे बढ़ाया और मई 1649 ई. में कंधार आ पहुँचा। तुरंत किले को घेर लिया गया। पूरे ग्रीष्मकाल लड़ाई चलती रही, लेकिन घिरी हुई सेनाओं पर कुछ असर नहीं हुआ, क्योंकि वे पहले से ही फारस से काफी मदद पा चुके थे। मुग़ल सेना को काफी नुकसान उठाना पड़ा, क्योंकि उसके पास न तो ठीक प्रकार रसद ही आ पाती थी और न युद्ध-सामग्री ही। उनके पास बमबारी करने वाली बड़ी तोपें भी नहीं थीं। तेजी से शरद्ऋतु आ रही थी और युद्ध जारी रखना संभव न था। इसलिए सम्राट ने लड़ाई बंद करने का आदेश दे दिया। औरंगजेब ने घेरा उठा लिया और वह सितंबर, 1649 ई. में लाहौर के लिए रवाना हो गया।

औरंगजेब के नेतृत्व में शाहजहाँ ने कंधार पर पुनः अधिकार जमाने का प्रयास किया। औरंगजेब 1649 ई. की असफलता के कलंक को धो डालना चाहता था। इस बार औरंगजेब एक सुव्यवस्थित सेना तथा बड़ी-बड़ी गोले बरसाने वाली तोपों तथा हाथी और ऊँटों को लेकर रवाना हुआ। लड़ाई में खर्चे के लिए दो करोड़ रुपए उसे मिले। इस प्रकार पूर्ण सजधज और तैयारी के साथ इस बार औरंगजेब ने हमला बोला। कंधार का यह दूसरा युद्ध 22 मई, 1652 ई. को प्रारंभ हुआ और दो माह दस दिन तक चला। फारस की तोपों के सामने मुग़लों की वीरता फीकी पड़ गई। उधर उज़्बेगों ने गजनी में संकट उत्पन्न कर दिया। गजनी कंधार और काबुल के रास्ते में स्थित थी। इस भय से कहीं फारस वाले और उज़्बेग दोनों न मिल जाएँ, शाहजहाँ ने औरंगजेब से घेरा उठा लेने को कहा तथा उसके वापस लौट आने पर जोर दिया। राजकुमार की युद्ध करने की आज्ञा रद्द कर दी गई और उसको वापस बुलाकर दक्षिण का सूबेदार नियुक्त कर दिया गया।

शाहजहाँ ने कंधार को फिर से अपने अधिकार में करने का प्रयास किया और इसका भार दारा के कमान में दिया गया। दारा औरंगजेब की असफलताओं से अत्यंत प्रसन्न था और उसे घमंड था कि वह केवल सात दिन में ही कंधार पर अपना अधिकार जमा लेगा। गद्दी का उत्तराधिकारी यह राजकुमार एक करोड़ रुपए तथा बड़ी सेना तथा भारी-भारी तोपें लेकर फरवरी, 1653 ई. में कंधार के लिए रवाना हुआ। उसने सबसे पहले आसपास का इलाका जीता, ताकि कंधार की फौज को फारस से कोई मदद न मिल सके। उसने बिस्त और गिरीषक—जो कंधार के पश्चिम में स्थित थे—जीत लिए। उसने आसपास का इलाका उजाड़ डाला और कंधार पर गोलाबारी करने की आज्ञा दी। इस गोलाबारी से जहाँ-तहाँ कंधार दुर्ग की दीवारें हिल उठी, लेकिन फारस की जोरदार तोपों के कारण मुग़ल गढ़ में प्रवेश करने का साहस न कर सके। फिर भी दारा को औरंगजेब से कहीं अधिक सफलता मिली और इससे फारस की सेना भयभीत हो उठी। परंतु दुर्भाग्यवश शरद्‌ऋतु के आगमन के साथ शत्रु का पलड़ा भारी हो गया और फारसी लोगों की स्थिति अधिक दृढ़ हो गई। इधर मुग़लों का गोला-बारूद भी समाप्त हो चला था, इसलिए अक्टूबर, 1653 ई. के आरंभ में सेना को वापस बुला लेना निश्चित किया गया।

मुगलों ने कंधार पर तीन बार आक्रमण किया जिसमें पहला आक्रमण 1649 में दूसरा 1652 में और तीसरा आक्रमण 1653 में किया गया था। कंधार पर तीन बार चढ़ाई करने में मुगल साम्राज्य की आर्थिक दशा काफी दयनीय हो गयी थी। इनमें लगभग 12 करोड़ रुपए व्यय हुए और कोई विशेष लाभ न हो सका। एक इंच भर

भूमि भी मुग़ल-साम्राज्य को न मिल सकी। मुग़ल-साम्राज्य के हाथ से केवल कंधार का अगम दुर्ग ही न छिना अपितु आसपास का बहुत-सा प्रदेश भी उनके हाथ से निकल गया। बहुत-से आदमी तथा बोझा ढोने वाले जानवर मारे गए। बादशाह के राजनीतिक तथा सैनिक सम्मान को भी काफी धक्का पहुँचा, क्योंकि इससे बादशाह की सेना का खोखलापन स्पष्ट हो गया। इससे फारस के शाह की हिम्मत बहुत बढ़ गई और वह अब हिंदुस्तान के उपजाऊ मैदान पर भी हमला करने के स्वप्न देखने लगा। इससे मुग़लों को सदैव फारस से सतर्क रहना आवश्यक हो गया। शाहजहाँ के जीवनकाल के बचे हुए दिनों में भारत और फारस के संबंध सदैव तने रहे।

बीजापुर तथा गोलकुंडा के साथ युद्ध—औरंगजेब का द्वितीय वायसराय काल

औरंगजेब 1641 से 1644 तक दक्षिण का वायसराय रह चुका था। अतः 1652 में वह इस क्षेत्र का सूबेदार बना। इसलिए यह उसका दूसरा अवसर था, जबकि उसे इस इलाके की सूबेदारी सौंपी गई। औरंगजेब ने बड़ी लगन के साथ इस इलाके की आर्थिक दशा सुधारनी चाही। अपने दीवान मुर्शिदकुली खाँ की मदद से जो एक कुशल शासक और अर्थवेत्ता था, उसने सर्वप्रथम मालगुजारी का बंदोबस्त संपूर्ण किया। मुर्शिदकुली खाँ ने टोडरमल के द्वारा प्रचलित मालगुजारी का तरीका अपनाया। उसने जमीन को नपवाकर उपज के आधार पर राज्य-कर निर्धारित किया। वह शीघ्र ही यह जान गया कि समस्त देश में एकसा कर निर्धारित नहीं किया जा सकता। इसलिए उसने स्थानीय रीति-रिवाजों और प्रथाओं का काफी ध्यान रखा। इसके साथ-साथ 'जब्ती', 'बटाई' और 'नस्ख' भी जारी रहे। 'बटाई' इलाके में राज्य का हिस्सा आधा तथा जिन जगहों पर नाप-जोख न हो सकी वहाँ एक चौथाई था। इन उपायों से किसानों की दशा काफी उन्नत हो गई। राजकुमार ने अपने पिता की आज्ञा से पदाधिकारियों में जमीन का वितरण नए ढंग से कर दिया। आर्थिक दशा में उचित सुधार करने के बाद अब वह राजनीतिक मामलों की ओर ध्यान देने के लिए अधिक स्वतंत्र हो गया।

औरंगजेब अपने पूर्वजों की नीति को अपनाते हुए उसने गोलकुंडा तथा बीजापुर के प्रदेशों को नष्ट-भ्रष्ट करने का प्रयत्न किया। समस्त दक्षिणी भारतवर्ष में अपना साम्राज्य फैलाने की लालसा से व्याकुल एक मुग़ल नीतिज्ञ के लिए बीजापुर और गोलकुंडा की 'शिया' धर्मावलंबी रिसायतों पर धावा बोलने का बहाना ढूँढ़ निकालना कोई कठिन कार्य न था। गोलकुंडा एक धनसंपन्न रियासत थी। कुछ ही

समय पहले उसने कर्नाटक का प्रदेश जीता था। शिया धर्म से चिढ़ने वाले शाहजहाँ तथा औरंगजेब गोलकुंडा के इस कार्य से प्रसन्न न हुए और शाहजहाँ ने इस अपराध के दंडस्वरूप गोलकुंडा से एक भारी रकम माँगी। इसके अतिरिक्त गोलकुंडा ने 1636 ई. की संधि के अनुसार निश्चित वार्षिक भेंट भी पिछले कुछ दिनों से शाहजहाँ को नहीं भेजी थी। लेकिन युद्ध का तात्कालिक कारण यह था कि गोलकुंडा के सुल्तान ने मीर जुमला के लड़के मुहम्मद अमीन को कैद कर लिया था। मुहम्मद अमीन ने औरंगजेब से मदद की प्रार्थना की। मीर जुमला का असली नाम मीर मुहम्मद सैय्यद था। वह आर्दिस्तान का रहने वाला था। वह गोलकुंडा में एक जौहरी का नौकर बनकर आया था। अपने मालिक की मृत्यु के उपरांत वह धनवान बन बैठा। उसके धन और ऐश्वर्य के कारण गोलकुंडा के शाह (कुतुबशाह) का ध्यान उसकी ओर खिंच गया और उसने उसे प्रधानमंत्री बनाकर 'मीर जुमला' की उपाधि से विभूषित किया।

मीर जुमला प्रभावशाली एवं महत्त्वाकांक्षी राजनीतिज्ञ था। अपने प्रधान मंत्रित्वकाल में उसने हिंदू मंदिरों को लूटा और हीरे की खानों की खुदाई कराकर अपना धन बढ़ा लिया। उसने बहुत शीघ्र 5,000 घुड़सवार, 20,000 पैदल सेना तथा अनेक युद्ध के हाथी और गोला-बारूद आदि लड़ाई का सामान एकत्रित कर लिया। उसने बिना किसी की सहायता के कर्नाटक जीत लिया और चंद्रगिरि के राजा को हरा दिया। इस प्रकार उसने एक राज्य बना लिया और स्वयं उसका एकाधिपति बन बैठा। मीर जुमला की महत्त्वाकांक्षा, धन और उद्दंड उत्साह को देखकर गोलकुंडा का सुल्तान भयभीत हो गया और उसने उसे कैद करके अंधा बना डालना चाहा। मीर जुमला के कानों में गोलकुंडा के षड्यंत्र की भनक पड़ गई और उसने बुलाए जाने पर दरबार में उपस्थित होने से मना कर दिया। उसने बीजापुर, फारस तथा दक्षिण के सूबेदार औरंगजेब के साथ बातचीत प्रारंभ कर दी। ठीक इसी समय इसके लड़के मुहम्मद अमीन ने अपने अशिष्ट व्यवहार से भरे दरबार में सुल्तान को अप्रसन्न कर दिया, जिसके जुर्म में सुल्तान नें मुहम्मद अमीन व पूरे परिवार को बन्दी बनवा लिया और उसकी सम्पूर्ण सम्पत्ति पर अपना अधिकार जमा लिया। यह घटना 1 दिसंबर, 1655 ई. को हुई। औरंगजेब ने इस घटना से लाभ उठाया और अपने पिता से गोलकुंडा पर धावा बोलने की आज्ञा प्राप्त करने के उपरांत कुतुबशाह से मुहम्मद अमीन और उसके लड़के को छोड़ देने की माँग की और यह धमकी दी कि यदि उसकी माँग पूरी नहीं की गई तो वह तुरंत आक्रमण कर देगा। उत्तर की प्रतीक्षा किए बिना ही औरंगजेब ने युद्ध की घोषणा कर दी और अपने लड़के राजकुमार मुहम्मद को जनवरी, 1656 ई. में एक बड़ी सेना सहित गोलकुंडा प्रवेश की आज्ञा दी। ज्योंही औरंगजेब

की सेना सुल्तान की सीमा के अंदर घुसी त्योंही सुल्तान ने आज्ञापालन करने की घोषणा कर दी और मीर जुमला के लड़के तथा माँ को कैद से मुक्त कर दिया। औरंगजेब ने अब मीर जुमला की संपत्ति को वापस लौटाने की माँग की तथा स्वयं हैदराबाद की ओर रवाना हुआ। सुल्तान भयभीत हो गया और उसने अपना खजाना गोलकुंडा के दृढ़ दुर्ग में भेज दिया। गोलकुंडा हैदराबाद से कुछ ही मील दूरी पर थी। उसने राजकुमार मुहम्मद को उत्कोच दे तथा अपनी सेना को दृढ़ कर उस क्षेत्र की रक्षा करनी चाही। परंतु राजकुमार ने गोलकुंडा की सेना को हरा दिया और हैदराबाद का घेरा डाल दिया। उसने सुल्तान के उन दूतों को, जो उसके पास हीरे-जवाहरातों के रूप में रिश्वत लाए थे, उनकी हत्या कर दी और कुछ ही दिनों में हैदराबाद को अपने अधीन कर लिया। बेचारे सुल्तान को लाचार होकर सुलह की बातचीत करनी पड़ी। मीर जुमला की संपत्ति लौटा दी गई और बहुत-से हीरे-जवाहरात देकर राजकुमार को प्रसन्न करने का प्रयत्न किया, लेकिन साथ ही साथ गोलकुंडा दुर्ग को आक्रमणकारियों से बचाने के लिए वह बीजापुर से मदद की प्रार्थना भी करता रहा।

इसी दौरान फरवरी 1656 ई. में औरंगजेब ने गोलकुंडा दुर्ग पर चारो तरफ से घेरा डाल दिया। कुछ समय तक घेरा चलता रहा। इससे सुल्तान अब्दुल्ला कुतुबशाह बहुत डर गया तथा यह प्रार्थना की कि वह अपने अपराध की क्षमायाचना के लिए अपनी माता को भेजना चाहता है। सुल्तान अब्दुल्ला कुतुबशाह की बूढ़ी माँ ने अपने बेटे की ओर से क्षमा माँगी। औरंगजेब ने यह वायदा किया कि सुल्तान अब्दुल्ला अपनी लड़की की शादी राजकुमार मुहम्मद से कर देगा और युद्ध-क्षति के रूप में एक करोड़ रुपए तथा पिछला शेष कर अदा कर दे तो उसे गोलकुंडा का राज्य वापस मिल जाएगा। जब दक्षिण में औरंगजेब की यह संधि-वार्ता चल रही थी। उस समय आगरा में सुल्तान के दूत द्वारा और जहानआरा के द्वारा शाहजहाँ तक अपनी प्रार्थनाएँ पहुँचा रहे थे। इसीलिए ठीक उस समय जबकि औरंगजेब घेरे को कड़ा करने वाला था, उसे शाहजहाँ का एक संदेश प्राप्त हुआ कि वह गोलकुंडा से अपना घेरा हटा दे और सुल्तान को क्षमादान देकर वापस आ जाए। औरंगजेब ने बादशाह की आज्ञा को गुप्त रखा और घेरा डाले रहा। उसने केवल उस समय घेरा उठाया जब सुल्तान ने मीर जुमला की संपत्ति लौटा दी और सारे बकाया 'कर' साफ करने तथा अपनी लड़की की शादी मुहम्मद से करने का वचन दे दिया। मीर जुमला ने राजकुमार औरंगजेब से भेंट की और राजकुमार ने उसका शानदार स्वागत किया। सुल्तान की लड़की की शादी मुहम्मद के साथ बड़ी धूमधाम से की गई और 10 लाख रुपए का दहेज दिया गया। गोलकुंडा के साथ एक नई संधि तय की गई। सुल्तान ने कुरान को साक्षी देकर

सौगंध खाई कि वह भविष्य में कभी भी मुग़ल सम्राट की आज्ञा का उल्लंघन नहीं करेगा। इस पर उसे क्षमा कर दिया गया। उसे 15 लाख रुपए दंडरूप में देने पड़ा। इस संधि के अनुसार सुल्तान ने मुग़लों की अधीनता स्वीकार कर ली। मीर जुमला को जिसके कारण उसके मालिक को इतना नीचा देखना पड़ा था, मुग़ल दरबार में एक अच्छे पद पर नियुक्त कर दिया गया और वजीर सादुल्ला खाँ की मृत्यु के उपरांत उसे साम्राज्य का राज्य भार सौंप दिया गया।

गोलकुंडा दुर्ग पर अधिकार जमाने के बाद औरंगजेब बीजापुर को अपने अधिकार में करने के लिए विचार करने लगा, जो कि पिछले बीस वर्ष से पूर्ण स्वतंत्रता का आनंद उठा रहा था। बीजापुर का सुल्तान मुहम्मद आदिलशाह एक योग्य शासक तथा भविष्यदृष्टा था और दिल्ली के सम्राट से मैत्रीपूर्ण संबंध स्थापित करना चाहता था। उसने समुद्र के एक किनारे से दूसरे किनारे तक अपना राज्य स्थापित कर लिया था तथा उसे सुदृढ़ बनाकर उसकी आमदनी काफी बढ़ा ली थी। उसकी सफलता देखकर शाहजहाँ ने उसे उसके दुस्साहस के लिए बुरा-भला कहा। सुल्तान बीजापुर के बादशाह से नहीं लड़ना चाहता था, इसलिए उसने बादशाह से क्षमायाचना कर ली तथा अपने ठाट-बाट में जिसके कारण शाहजहाँ उससे अप्रसन्न हो गया था, काफी सुधार कर डाला। आदिलशाह नवंबर, 1656 ई. में परलोक सिधार गया और उसके स्थान पर अली आदिलशाह द्वितीय को राजतिलक करके गद्दी पर बैठाया गया। इस समय इसकी अवस्था मात्र 18 वर्ष थी।

बीजापुर पर कब्जा करने के बाद उसमें नये सिरे से शासन-व्यवस्था की गयी जो सफल नहीं हुई, राजदरबार में कई पार्टियाँ हो गयी और रियासत के पूरबी इलाके में विद्रोह हो गया। औरंगजेब ने इन परिस्थितियों से लाभ उठाकर बीजापुर के कुछ असंतुष्ट सरदारों को अपनी ओर मिला लिया। औरंगजेब ने शाहजहाँ से यह बहाना करके कि अली आदिलशाह द्वितीय मृतक राजा का असली पुत्र न होकर संदिग्ध संतान है, बीजापुर पर हमला करने की आज्ञा प्राप्त कर ली। वास्तव में बीजापुर एक स्वतंत्र रिसायत थी और उसके आंतरिक मामलों में हस्तक्षेप करने का कोई अधिकार बादशाह को नहीं था और विशेष रूप से गद्दी के अधिकारी का निर्णय करना बीजापुर-निवासियों का स्वयं का कार्य था। इसलिए औरंगजेब का यह हस्तक्षेप केवल अन्यायपूर्ण अत्याचार था। उसका उद्देश्य केवल एक रियासत को मटियामेट कर देना था।

औरंगजेब ने मीर जुमला की सहायता से बीजापुर पर अधिकार जमाने के उद्देश्य आक्रमण कर दिया और बीदर के किले पर जो एक सुदृढ़ पहाड़ी पर स्थित था तथा जहाँ पर काफी गोला-बारूद भी था, अधिकार कर लिया। सिद्दी मरजान ने, जो दुर्ग का

प्रधान रक्षक था, वीरतापूर्वक उसका सामना किया, परंतु आक्रमणकारियों ने दुर्ग के चारों ओर खुदी हुई खाई को पाट दिया और गोलाबारी करके किले की दीवारों को काफी आघात पहुँचाया। औरंगजेब के सौभाग्य से दुर्ग में एक भयानक विस्फोट हुआ और उसमें सिद्दी मरजान घायल हो गया। मुग़लों ने तेजी से किले पर धावा बोला और अपने झंडे उस पर गाड़ दिए। मरते समय सिद्दी मरजान ने दुर्ग की कुंजी औरंगजेब के पास भेज दी। इस प्रकार 27 दिन के घेरे के बाद दुर्ग का पतन हो गया।

दुर्ग पर अपना अधिकार जमाने के बाद औरंगजेब ने गुलबर्गा में एकत्रित बीजापुर सेना का सामना करने के लिए महाबत खाँ को भेजा। महाबत खाँ के साथ 15,000 सुसज्जित घुड़सवारों की सेना थी। बीजापुर सेना परास्त हुई और तितर-बितर हो गई। अब औरंगजेब कल्याणी तक बढ़ने में समर्थ हुआ। कल्याणी बीदर से 40 मील पश्चिम में स्थित चालुक्यों की प्राचीन राजधानी थी। नगर का घेरा डाला गया। मुग़लों का कड़ा मुकाबला हुआ, यहाँ तक कि उनके संवाहन-मार्गों की सुरक्षा तक संकट में पड़ गई। परंतु अंत में औरंगजेब के योग्य सेनापतित्व तथा अधिक प्रयत्न के कारण अगस्त, 1657 ई. के एक आक्रमण में बीजापुर सेना बुरी तरह परास्त हुई। बीजापुर राज्य को पूर्णतया विनष्ट कर देने के लिए राजकुमार सैनिक तैयारियों में संलग्न ही था कि उसे सम्राट का एक आदेश प्राप्त हुआ। इसके द्वारा राजकुमार को इस सैनिक संघर्ष को समाप्त कर देने की आज्ञा दी गयी। शाहजहाँ की इस आज्ञा के कई कारण थे। इसमें दिल्ली स्थित बीजापुर प्रतिनिधियों का दृढ़ागृह, दारा का औरंगजेब से द्वेष तथा सम्राट का दिनोंदिन बिगड़ता स्वास्थ्य विशेष उल्लेखनीय है। राजकीय आदेशनुसार संधि की बातचीत शुरू हो गई। बहुत शीघ्र ही शर्तें तय हो गयी। इनके अनुसार सुल्तान युद्धक्षति के रूप में डेढ़ करोड़ रुपए नकद तथा बीदर, कल्याणी, परेण्डा, कोंकण और वेंगी के दुर्ग देने पर राजी हो गया। शाहजहाँ ने इन शर्तों को स्वीकृति प्रदान की और दयावश हरजाने में से आधा करोड़ रुपया छूट सुल्तान को दे दी। औरंगजेब बीदर लौट आया और निकट भविष्य में होने वाले उत्तराधिकार संघर्ष का सामना करने की तैयारी करने लगा। शाहजहाँ का दिन-प्रतिदिन गिरता स्वास्थ्य इस संघर्ष को अवश्यम्भावी बना रहा था। बीजापुर के सुल्तान ने बदली हुई राजनीतिक परिस्थिति का लाभ उठाया। उसने 1657 ई. की संधि की शर्तों का पालन करने से इनकार कर दिया।

जब औरंगजेब गोलकुंडा तथा बीजापुर के विद्रोह में व्यस्त था उसी दौरान मराठे अपनी ताकत बढ़ाने में जुटे थे। उनका युवक नेता शाहजी भोंसला का सुपुत्र शिवाजी भोंसला अपने स्वतंत्रता तथा गौरवपूर्ण जीवन में प्रवेश कर रहा था।। शाहजी बीजापुर

राज्य में फिर नौकरी करने लगा था। शिवाजी की आँखें बीजापुर राज्य के एक भाग पर लगी हुई थी। इसको जीत लेने की छूट प्रदान करने के बदले उसने मुग़लों को बीजापुर के विरुद्ध सैनिक सहायता का आश्वासन दिया था। मुग़लों ने शिवाजी की प्रत्याशित सहायता नहीं की, फलस्वरूप शिवाजी भी उनकी आवश्यकता के समय अलग ही रहा। इसके विपरीत, जिस समय औरंगजेब दोनों दक्षिणी राज्यों से जूझ रहा था, उसने जुन्नार पर अधिकार प्राप्त कर लिया और अहमदाबाद के पश्चिम में मुग़ल प्रदेश में घुस गया। अतः औरंगजेब अपने पश्चिमी पार्श्व में गड़बड़ मचाने वाले शिवाजी का प्रबंध करने को विवश हो गया। मुग़ल सेना के एक दस्ते ने शिवाजी को परास्त भी किया पर मुग़ल प्रदेश पर होने वाले उसके आक्रमण कम न हुए। किंतु जब औरंगजेब की बीजापुर से संधि हो गई और उसकी सेना भी युद्ध से निवृत्त होकर लौट गई, तो शिवाजी ने मुग़लों से संधि करना ही ठीक समझा और उनकी आधीनता स्वीकार कर ली।

उत्तराधिकारी हेतु संघर्ष

शाहजहाँ ने सितम्बर 1657 ई. में बीमारी के कारण चारपाई पकड़ लिया और इसके मरने की खबर पूरे क्षेत्र में आग की तरह फैल गयी, परन्तु मरने के पहले शाहजहाँ ने एक वसीयत लिखी जिसके आधार पर राज्य का भार अपने ज्येष्ठ पुत्र दारा को सौंपा। सम्राट की रुग्णता के समय में भी दारा को ही सम्राट के नाम से शासन करने को कहा गया, किंतु पिता की रुग्ण दशा की पूर्ण जानकारी प्राप्त कर शाहजहाँ के अन्य पुत्रों ने गद्दी के लिए संघर्ष करने की ठान ली। दारा के अतिरिक्त शाहजहाँ के तीन लड़के थे—शुजा, औरंगजेब तथा मुरादबख़्श। ये सभी युवा थे और प्रांतों के शासक थे। इसके अलावा सभी आर्थिक दृष्टि से एवं सैनिक दृष्टि से भी मजबूत थे। पिता की बीमारी के समय दारा दिल्ली और पंजाब का शासक था, पर वह प्रायः अपने पिता के साथ रहा करता था जो कि जलवायु परिवर्तन की दृष्टि से अक्टूबर, 1657 ई. में आगरे चला गया था। शुजा, औरंगजेब और मुराद क्रमशः बंगाल, दक्षिण तथा गुजरात के शासक थे। एक ही माता से जन्म लेने पर भी इनके आपसी संबंध सहृदयतापूर्ण नहीं थे। प्रत्येक दिल्ली के सिंहासन को हथियाना चाहता था। तीनों छोटे भाई बड़े ईर्ष्यालु थे। दारा से सब बहुत ईर्ष्या करते थे, क्योंकि ज्येष्ठ होने के नाते शाहजहाँ की इच्छानुसार वही साम्राज्य का उत्तराधिकारी समझा जाता था। सम्राट के पश्चात् सिंहासन पर उसका अधिकार सब भाँति निश्चित था। दारा के धार्मिक विचार बड़े उदार थे। हिन्दुओं तथा राजपूत सरदारों में उसकी काफी इज्जत

थी। शुजा का झुकाव शिया धर्म की ओर था, जबकि औरंगजेब कट्टर सुन्नी था और गैर-मुसलमानों से घृणा करता था। मुराद की अपनी स्वयं की विशेषताएँ थी, वह औरंगजेब के समान सुन्नी होने पर भी धार्मिक कट्टरता का पोषक नहीं था। धर्म की ओर वह उदासीन था।

पिता द्वारा दारा के नाम वसीयत किये जाने की सूचना पाकर औरंगजेब ने दारा के विरुद्ध विद्रोह करने की तैयारी शुरू कर दी। सर्वप्रथम मुराद ने अपने मंत्री अलीनकी को कत्ल कर गुजरात में अपने आपको सम्राट घोषित कर दिया और अपने नाम के सिक्के ढलवाये। शुजा ने भी जो काफी समय तक बंगाल का सफल शासन कर चुका था, एक बड़ी सेना लेकर दारा के विरुद्ध आगरे पर धावा बोल दिया। उसकी भी इच्छा सम्राट बनने की थी। अतः वह दारा को अपना पथ-कंटक समझता था। दोनों ने औरंगजेब से सहयोग के लिए पत्रव्यवहार किया। औरंगजेब ने चतुरतापूर्वक अपनी हार्दिक अभिलाषा को छुपाया और शुजा तथा मुराद पर यह प्रकट न होने दिया कि वह अन्य सभी भाइयों को मारकर अपना मार्ग साफ करने की चिंता में है। अपनी चतुराई से उसने उन दोनों का अपने हित के लिए उपयोग किया। अपने बहन रोशनआरा तथा अपने गुप्त दूतों के द्वारा वह शाही दरबार (आगरा) के सभी परिवर्तनों और तैयारियों का ज्ञान प्राप्त करता रहता था। नर्वदा की नावों पर पहरा बिठाकर उसने अपनी तैयारियों को गुप्त रखा। उसके कूच का समाचार भी उत्तरी भारत नहीं पहुँच सका। इन सब गतिविधियों में मीर जुमला औरंगजेब का एक प्रमुख अंग और खास आदमी था। इनका सारा ध्यान अफसरों और सैनिकों को अपनी ओर मिलाने तथा युद्ध सामग्री जुटाने में लगा हुआ था। वह शुजा और मुराद की तरह खुलेआम अपने बाप और भाई से बिगाड़ना भी नहीं चाहता था। उसने आगरा जाने का उद्देश्य रुग्ण पिता के दर्शनों की इच्छा ही प्रकट किया। अपनी स्थिति दृढ़ करने के लिए औरंगजेब ने बीजापुर और गोलकुंडा को भी संतुष्ट करने का प्रयत्न किया।

औरंगजेब ने पत्र के द्वारा अपने भाई मुराद को बड़ी सर्तकता से कार्य करने के लिए अवगत कराया और पत्र में यह भी लिखता रहा कि विद्रोह करने से कैसी मुसीबतें आ सकती हैं। उसने मुराद की गुजरात की कार्यवाही, सूरत का घेरा तथा सम्राट बनने की घोषणा सब दोषपूर्ण बताई। दोनों भाइयों में यह समझौता हुआ कि मिलकर सम्मिलित शक्ति से विधर्मी दारा को नष्ट किया जाए और साम्राज्य को आपस में इस प्रकार बाँट लिया जाए कि पंजाब, अफगानिस्तान, काश्मीर तथा सिंध मुराद को मिलें और शेष औरंगजेब के अधिकार में आ जाए। यह भी तय पाया कि लूट के माल में से मुराद को एक-तिहाई तथा औरंगजेब को दो-तिहाई भाग मिले।

दोनों भाइयों ने अपने-अपने राज्यों से चलकर सम्मिलित रूप से आगरे पर आक्रमण करने को ही श्रेयस्कर समझा और इसी के अनुरूप कार्यक्रम निर्धारित किया।

इस ओर औरंगजेब और मुराद सम्मिलित आक्रमण के कार्यक्रम बना रहे थे और दूसरी ओर बंगाल का शासक शुजा राजमहल में अपने राज्यारोहण की रस्म पूरी कर रहा था। यह रस्म पूरी करके वह आगरे की ओर बढ़ा और फरवरी, 1658 ई. के प्रारंभ में बनारस पहुँचा। दारा की योजना यह थी कि पहले मुराद और शुजा को दबाया जाए और तब औरंगजेब से डटकर टक्कर ली जाए। अतः उसने शुजा का सामना करने के लिए अपने पुत्र सुलेमान शिकोह और आमेर के राजा जयसिंह को भेजा। इस सेना की मुठभेड़ शुजा की सेना से 24 फरवरी, 1658 ई. को बनारस के 5 मील उत्तर-पूरब में स्थित बहादुरपुर नामक स्थान एक दूसरे के आमने-सामने आकर खड़ी हो गयी और दोनों दलों के मध्य घमासान युद्ध प्रारंभ हो गया और शुजा परजित हो गया, जिसमें इसके काफी सैनिक मारे गये। पराजित शुजा बंगाल की ओर भाग गया। राजा जयसिंह ने बंगाल की सीमा तक उसका पीछा किया और लौट आया।

इस बीच औरंगजेब अपना कार्यक्रम बना चुका था। उसने न केवल गोलकुंडा और बीजापुर को संतुष्ट कर लिया, वरन् दक्षिण में कुछ भूमि दान कर शिवाजी को भी मित्र बना लिया था। दारा का ध्यान बटाने के लिए उसने ईरान के शाह को प्रोत्साहित कर साम्राज्य के एक प्रदेश अफगानिस्तान पर आक्रमण करने का प्रोत्साहन दिया। फरवरी, 1658 ई. तक उसकी तैयारियाँ पूर्ण हो गईं, यहाँ तक कि अब सेना को यूरोपियन गोलंदाजों की भी सेवाएँ सुलभ हो गई थीं। उसने औरंगाबाद से कूच बोल दिया और एक मास बुराहनपुर में बिताकर नर्वदा को पार किया। दीपालपुर पहुँचकर वह मुराद की सेना के साथ आ मिला। यह सम्मिलित सेना औरंगजेब और मुराद की अधीनता में धरमट की ओर बढ़ी जो कि उज्जैन से 14 मील दक्षिण-पश्चिम में स्थित है।

गुजरात एवं दक्षिण की तरफ से विद्रोह होने का समाचार पाकर दारा ने महाराजा जसवतसिंह और कासिम खाँ को औरंगजेब व मुराद का सामना करने के लिए भेजा। इन सेनापतियों को यह भी आदेश दिया गया कि यदि संभव हो तो आक्रमणकारी राजकुमारों को समझाकर ही उनके प्रदेशों (गुजरात तथा दक्षिण) को लौटा दिया जाए। पर शाही सेना जिसका सेनापति संयुक्त और बुद्धिमत्तापूर्ण नहीं था, विद्रोही राजकुमारों पर यथेष्ट प्रभाव नहीं डाल सकी। औरंगजेब ने जसवंतसिंह को लौट जाने के लिए लिखा और यह प्रकट किया कि उसका आगमन केवल पिता के दर्शनार्थ है। जसवंतसिंह ने औरंगजेब की सेना की ओर बढ़ना जारी रखा। आगे

बढ़ने पर उसे ज्ञात हुआ कि औरंगजेब अकेला नहीं है, वरन् मुराद सदल भी उसके साथ है। यह समय संधि-चर्चा का नहीं था। संधि का समय हाथों से निकल चुका था। 25 अप्रैल, 1658 ई. को धरमट में दोनों सेनाओं के बीच युद्ध हुआ। राजपूतों ने बड़ी बहादुरी से आक्रमण किया। पर वे विद्रोही राजकुमारों की संयुक्त सेना पर विजय प्राप्त न कर सके। सुसंचालन और सुसंगठन के अभाव में राजपूत सेना के बहुत-से सरदार मारे गए। महाराजा जसवंतसिंह स्वयं भी बुरी तरह घायल हुए और हितैषी सरदारों ने बलपूर्वक उन्हें मैदान से हटाया।

कासिम खाँ की सेना को केवल एक उच्च अफसर की क्षति उठानी पड़ी और दूसरे दिन उसके कई अफसर औरंगजेब से जा मिले। जसवंतसिंह के जोधपुर लौटने पर एक अद्भुत घटना घटी। शूरवीर रानी ने उन्हें दुर्ग में प्रवेश नहीं करने दिया क्योंकि वे शत्रु को पीठ दिखाकर युद्धस्थल से भाग आए थे।

धरमट पर अधिकार जमाने से औरंगजेब काफी मजबूत हो गया। सर्वत्र उसका यश फैल गया। उसने इस विजय की स्मृति को चिरस्थायी करने के लिए धरमट के पास ही फतहाबाद नामक नगर बसाया। तदुपरांत आगरा पहुँचने के लिए वह ग्वालियर की ओर बढ़ा। उसने चंबल पार की और सामूगढ़ नाम के ग्राम में, जो आगरे से 8 मील पूरब में स्थित है, पहुँचा। धरमट की पराजय तथा इतनी शीघ्र आगरे के निकट औरंगजेब की उपस्थिति से युवराज दारा के होश उड़ गए। अधिक से अधिक संभव सेना एकत्र कर और पिता की आज्ञा लेकर दारा अपने भाग्य का निर्णय करने के लिए सामूगढ़ की ओर बढ़ा। इसकी सेना का आमुख भाग विश्वासपात्र राजपूत सरदारों की संरक्षता में तथा दक्षिण और वाम भाग क्रमशः खलीलुल्ला खाँ और सिपहर शिकोह की अधीनता में था। सिपहर शिकोह दारा का छोटा पुत्र था। एक ऊँचे हाथी पर सवार होकर दारा स्वयं सेना के बीच में उपस्थित था। सदा की भाँति संचालन में साम्य और सहयोग के अभाव से दारा की सेना अपनी पूर्ण शक्ति से कार्य न कर सकी। औरंगजेब द्वारा अपनायी गयी कूटनीति ने दारा की सैन्य शक्ति को निर्बल बना दिया था। उसने बहुत-से मुसलमान असफरों को अपनी ओर मोड़ लिया।

दारा की विफलता का एक और कारण प्रबल था, जो औरंगजेब की सेनाएँ निरंतर चलते रहकर सामूगढ़ पहुँची थी। फलतः वे थकावट से चकनाचूर थीं। एक ही प्रबल आक्रमण में वे नष्ट-भ्रष्ट हो जातीं, पर दारा ने एकदम आक्रमण न कर उन्हें एक दिन का अवकाश दे दिया। एक रात पूर्ण आराम कर औरंगजेब की सेना ने नया जीवन और नई शक्ति प्राप्त कर ली। 8 जून, 1658 ई. को युद्ध प्रारंभ हुआ। दारा ने तोपें छोड़ने की आज्ञा दी। मार से बाहर होने के कारण विरोधी सेनाओं को

दारा की तोपों से कोई क्षति नहीं पहुँची। इसके बाद शाह सेना के वाम भाग ने विरोधी सेना के दक्षिण भाग पर जोरदार आक्रमण किया, जिसको तोपों की बाढ़ से लौटा दिया गया, क्योंकि औरंगजेब की सेना की तोपें अभी तक चलाई नहीं गई थीं। दूसरा आक्रमण मध्य भाग पर किया गया, जिसको औरगंजेब की स्वयं की सुरक्षित सेना ने रोका। शाही सेना के वाम भाग की पराजय हुई। सेनापति रुस्तम खाँ मारा गया। दारा के दक्षिण भाग ने, जो शत्रु से मिला हुआ प्रतीत होता था, खलीलुल्ला खाँ की अधीनता में निरुत्साहपूर्वक मुराद पर आक्रमण किया। मध्य भाग के राजपूतों ने उसके साथ सहयोग किया। उन्होंने मुराद पर जोरदार आक्रमण किया। मुराद के चेहरे पर तीर के तीन घाव आए और उसका सारथी मरकर गिर पड़ा। अंत में मुराद को पीछे धकेल दिया गया और आगे बढ़कर राजपूतों ने औरंगजेब द्वारा संचालित एक दस्ते पर आक्रमण करना प्रारंभ कर दिया, परन्तु राजपूतों को सफलता हाथ न लगी। पर उनकी शूरता से औरंगजेब अत्यंत प्रभावित हुआ और अपने चंगुल में आए वीर शत्रुओं को भी नष्ट नहीं किया। इस प्रकार जब दारा का दायाँ भाग बुरी तरह कट-पिटकर मैदान से बाहर धकेला जा रहा था, वह सेनापतिविहीन वाम भाग को सहायता देने में व्यस्त था। रुस्तम खाँ वाम भाग का सेनापति था। मध्य से निकलकर वह दक्षिण भाग के आमुख भाग में आ डटा। उसकी उपस्थिति से सेना को अपनी तोपें बंद कर देनी पड़ीं। लड़ते-लड़ते वह मैदान के एक कोने में जा पहुँचा। फलतः शेष सेना से उसका संबंध छिन्न-भिन्न हो गया। अब औरंगजेब ने अपनी सुरक्षित तोपों को अग्निवर्षा का आदेश दिया। दारा ने विचित्र और खतरनाक परिस्थिति में अपने आपको पाया। एक ओर शत्रु की तोपें उसे घेरने के लिए आगे बढ़ रही थीं और दूसरी ओर भारी हथियारों से लदे उसके सैनिक कड़ी गरमी तथा कठोर परिश्रम से पसीने-पसीने हो रहे थे। वह स्वयं एक हाथी पर बैठा हुआ था जहां कि उसके प्रतिद्वंद्वी उसे तोपों का निशाना अना सकते थे। अपने अफसरों की सलाह से वह घोड़े पर सवार हो गया। हाथी के खाली होने से भाँति-भाँति के अनुमान लगाए जाने लगे। उसके सैनिकों में यह धारणा घर कर गई कि उसकी मृत्यु हो गई है। गरमी और युद्धभूमि के श्रम से थके सिपाहियों के दिल टूट गए और सुरक्षा के लिए व्याकुल वे व्यूह की स्थिति छोड़कर भागने लगे। दारा हताश हो युद्धभूमि से भाग गया। इस युद्ध में उसके 10,000 सैनिक मारे गए। इनके अतिरिक्त श्रम और उष्णता ने भी बहुतों के प्राण ले डाले। आगरा पहुँचकर शर्म के कारण दारा अपने पिता से भेंट के लिए भी नहीं गया। अपने कुटुंब और चुने हुए साथियों सहित वह दिल्ली के लिए

चल पड़ा। उसकी इच्छा थी कि यहाँ ठहरकर पुनः युद्ध की तैयारी करे और यदि संभव हो तो अपने भाइयों को पराजित करके साम्राज्य पर अपनी सत्ता स्थापित करे।

औरंगजेब ने इस सफलता का श्रेय मुराद को दिया। मुराद को लगी चोटों पर पट्टी- मरहम लगाया गया और उसे राजा बना दिया गया। उसका राज्य अविलंब प्रारंभ हो गया। अब दोनों भाई आगरा आए और नगर की दीवार के बाहर पड़ाव डाला। अधिकांश सरदार और दरबारी दारा का पक्ष छोड़कर विजयी राजकुमारों के पक्ष में जा सम्मिलित हुए। शाहजहाँ ने औरंगजेब को मिलने के लिए बुलाया। पहले तो वह मिलने को तैयार हो गया, किंतु अविश्वासी स्वभाव के कारण उसने समझा कि उसके प्राण लेने के लिए कोई जाल रचा गया है। इस कारण उसने अपने पिता से मिलने की अनिच्छा प्रकट की। उसने नगर पर अधिकार कर दुर्ग की ओर सैनिक चौकियाँ बैठा दीं। प्राणों को संकट में देखकर शाहजहाँ ने दुर्ग के फाटक बंद कर बचाव की तैयारी आरंभ कर दी। औरंगजेब ने दुर्ग को चारो चरफ से घेर लिया और तोपचियों को आदेश दिया कि वे दुर्ग की बनी दीवारों को नष्ट कर दें, परन्तु तोप की मार दुर्ग की प्राचीरों को कुछ भी क्षति न पहुँचा सकी और दुर्ग अजेय सिद्ध हुआ। ''खोने के लिए समय नहीं है'' यह समझकर औरंगजेब ने यमुना से दुर्ग की जल-प्राप्ति रोक दी। उसे आशा थी कि जल के अभाव से व्याकुल पिता शीघ्र आत्मसमर्पण कर देगा। दुर्ग के भीतर के कुओं का अस्वास्थ्यकारी जल शाही कुटुंब और सैनिकों को कष्ट उत्पन्न करता था। शाहजहाँ ने पुनः औरंगजेब के पितृ-प्रेम को उद्बुद्ध करना चाहा और आपसी झगड़े को शांतिपूर्ण ढंग से हल करने का महत्त्व समझाने की भी चेष्टा की। उत्तर में औरंगजेब ने स्वामिभक्ति का विश्वास दिलाया। इस पर शाहजहाँ ने दुर्ग के फाटक खोलकर दुर्ग को औरंगजेब के ज्येष्ठ पुत्र मुहम्मद के अधीन कर दिया। राजकुमार मुहम्मद ने दुर्ग से शाहजहाँ के अनुयायियों को हटा दिया। जहानआरा की मध्यस्थता से बाप और बेटे के मिलने का प्रबंध किया गया जिसमें शाहजहाँ ने साम्राज्य को चारों भाइयों में बाँट देने का प्रस्ताव रखा। औरंगजेब ने पिता से मिलने के लिए दुर्ग में प्रवेश किया, किंतु क्रुद्ध होकर मार्ग ही से लौट गया। बात यह हुई कि मार्ग में उसके कर्मचारियों ने शाहजहाँ का एक पत्र उसे दिखाया। पत्र दारा के नाम था और यह सिद्ध करता था कि बूढ़े शाहजहाँ का हृदय अब भी दारा के साथ और औरंगजेब के विरुद्ध था। इसके पश्चात पिता और पुत्र फिर नहीं मिले। औरंगजेब ने एक शानदार दरबार किया और मुहम्मद को कार्य भार सभालने के लिए वहीं छोड़ दिया। इसके बाद औरंगजेब ने दारा को पकड़ने के लिए अपने सैनिक बलों के साथ वहां से चल पड़ा।

दिल्ली जाते समय रास्ते में ही मुराद और औरंगजेब के संबंधों में कुछ शिथिलता आ गई। मुराद ने अनुभव किया कि औरंगजेब ही सब कुछ है। वही एकाधिकारी शासक के समान प्रत्येक कार्य करता है और मुराद की ओर से उदासीन-सा रहता है। इस प्रकार की स्वेछाचारिता नाममात्र के सम्राट मुराद को एक आँख न भायी और उसने नई भर्ती आरंभ कर दी। कुटिलता और निर्दयता में दक्ष औरंगजेब ने बड़ी चतुराई से दारा का पीछा करने में सहायता देने के लिए मुराद को कुछ रुपए देते हुए एक दावत में सम्मिलित होने का निमंत्रण दिया। कुछ दिन तक मुराद आने में हिचकिचाता रहा, पर औरंगजेब के क्रीतदास अपने एक अफसर के कहने से उसने आन्ना स्वीकार कर लिया। भोजन और मद्यपान के बाद औरंगजेब ने मुराद से एक डेरे में जाकर मृगया (शिकार) से उत्पन्न थकान को दूर करने की प्रार्थना की। मुराद के तंबू में एक नौकरानी पैरों की मालिश करने भेजी गई। गहरी नींद में सो जाने पर मुराद को निःशस्त्र कर दिया। औरंगजेब ने अवसर देख मुराद को बंदी बना लिया और दिल्ली के दुर्ग में डाल दिया तथा उसके सैनिकों को काफी रुपये पैसे बाटकर अपने सैन्य दल में शामिल कर लिया। यह घटना मथुरा के पास घटित हुई थी।

दारा इतने समय में भी अपनी सैन्य शक्ति बढ़ाने में असफल ही रहा और अन्त में राजधानी त्यागकर वह लाहौर पहुँच गया। वहाँ अपनी स्थिति को दृढ़ कर उसने औरंगजेब की प्रगति रोकने का विचार किया। सतलज की नावों की रक्षार्थ तथा शत्रुओं की गतिविधि से सजग और सचेत रहने के लिए दारा ने सतलज के किनारे अपनी कुछ सेना तैनात कर दी। उसका विचार था कि औरंगजेब की थकी-माँदी सेना उसे पकड़ने के लिए शीघ्रतापूर्वक लाहौर नहीं पहुँच सकती और इस प्रकार समय पाकर वह अपनी स्थिति को औरंगजेब का सामना करने के योग्य बना सकेगा। परंतु उसकी यह धारणा गलत सिद्ध हुई। मुराद से मुक्ति पाकर औरंगजेब ने दिल्ली पर धावा बोल दिया और सहज ही उस पर अधिकार पा लिया। यहाँ से उसने दो सेनाएँ भेजी—एक दारा को पकड़ने के लिए लाहौर की ओर और दूसरी दारा के बडे लड़के सुलेमान शिकोह तथा भाई शुजा को परास्त करने के लिए इलाहाबाद की ओर। दिल्ली में उसने अपना राजतिलक कराया और अपने आपको सम्राट घोषित किया। इस प्रकार से शाहजहाँ का शासन समाप्त हो गया और वह बादशाह से बंदी बना दिया गया। उसने अपना शेष जीवन आगरे के दुर्ग में व्यतीत किया। उसका स्वर्णजटित संगमरमर कक्ष उसका बंदीगृह बना। इस महल में रहते हुए वइ ताजमहल पर दृष्टिपात कर सकता था जो उस समय निर्मित हो रहा था।

इस तरह औरंगजेब ने उत्तराधिकारी संघर्ष में सफलता पायी। दारा लाहौर में भी औरंगजेब का सामना करने की शक्ति एकत्र नहीं कर सका, अतः वहाँ से भागकर वह गुजरात पहुँचा। गुजरात के शासक ने अहमदाबाद में उसका भव्य स्वागत किया और 10 लाख रुपए की भेंट दी। इस रुपए से एक बड़ी सेना तैयार कर उसने औरंगजेब के साथ अंतिम संघर्ष की तैयारी की। राजा जसवंतसिंह के बुलाने पर वह जोधपुर के लिए चल पड़ा। किंतु अजमेर पहुँचकर उसे यह जानकर बड़ी निराशा हुई कि आमेर नरेश जयसिंह ने जसवंतसिंह को औरंगजेब के पक्ष में कर लिया है। इसी बीच में औरंगजेब द्वारा भेजी गई सेना ने दारा को अजमेर के निकट देवराई के दर्रे में युद्ध करने को विवश कर दिया। दारा पुनः परास्त हुआ और उसने भागकर प्राण बचाए। अहमदनगर लौटने पर वहाँ के शासक ने इसपर तमाम प्रतिबन्ध लगा दिया। यहां तक कि वह नगर में कहीं भी आ और जा नहीं सकता। अफग़ानिस्तान की ओर भाग जाने के अतिरिक्त दारा के पास अब कोई चारा न था। मार्ग में उसने मलिक जीवन नामक एक बलूची सरदार के यहाँ, जिसकी उसने एक बार शाहजहाँ के क्रोध से रक्षा की थी, शरण ली। इसी मलिक जीवन के घर पर दादर नामक स्थान पर वह ठहरा। दारा अपनी बेगम नादिरा से अत्यधिक प्रेम करता था। वह सदा उसके सुख-दुःख की साथी रही थी। पराजय पर पराजय प्राप्त कर जब दारा भाग्य की ठोकरें खाता घूम रहा था तब भी रुग्ण बेगम छाया की भाँति सदा उसके साथ रही। घुमते-घुमते दारा अपनी बेगम के साथ दादर पहुँचा जहाँ पर उसकी बेगम की अन्तिम जीवनलीला समाप्त हो गयी। बेगम के दुखद वियोग की असह्य चोट खा दारा स्वयं भी रोग-शय्या पर पड़ गया। रोग ने भयानक रूप धारण कर लिया। इधर मलिक जीवन ने विश्वासघात कर उसे औरंगजेब के हाथ सौंप दिया। उसे अपने छोटे बेटे सिपहर शिकोह के साथ बंदी बनाकर दिल्ली भेज दिया गया, जहाँ 1 सितंबर, 1659 ई. को वह औरंगजेब के अधिकार में दे दिया गया। औरंगजेब को इससे बड़ी प्रसन्नता हुई। दारा का निरादार और अपमान करने के लिए मैले-कुचैले कपड़े पहनाकर और एक गंदे हाथी पर बिठाकर उसे नगर की सड़कों पर घुमवाया गया। तदनंतर दारा को बाँधकर एक तहखाने में डाल दिया और उसे क्या दंड दिया जाए इस पर विचार किया जाने लगा। परंतु उसके प्रति किए जाने वाले व्यवहार पर सब दरबारी सहमत न थे। दानिशमंद खाँ ने इस महान बंदी की प्राणरक्षा के लिए प्रार्थना की। परंतु उसकी बहन रोशनआरा तथा शाइस्ता खाँ ने मृत्युदंड को ही काफिर दारा के लिए उपयुक्त ठहराया। औरंगजेब ने एक विशेष न्याय समिति की नियुक्ति की। इसका अध्यक्ष एक उच्च धार्मिक विद्वान बनाया गया। इस न्याय-समिति को दारा पर लगाए गए

विधर्मी होने के अपराध की जाँच का कार्यभार सौंपा गया। न्याय-समिति ने दारा को अपराधी ठहरा दिया और उसे फांसी दे दी गयी। दारा का ज्येष्ठ पुत्र सुलेमान शिकोह गढ़वाल से बंदी बनाकर दिल्ली भेजा गया। उसे ग्वालियर के किले में रखा गया, जहाँ विष के प्रभाव से उसका जीवन-दीप बुझने लगा। औरंगजेब ने शुजा को भी चैन की साँस नहीं लेने दी। शुजा ने बहादुरपुर के युद्ध के पश्चात मुँगेर में शरण ली थी। उत्तर प्रदेश में स्थित फतहपुर जिले के खजुआ नामक स्थान पर औरंगजेब ने उसे परास्त कर दिया। इसके बाद उसने बंगाल का रास्ता लिया। आतंक के मारे जंगल में न ठहर वह आराकान जा पहुँचा जहाँ उसे मेघ जाति के लोगों ने मार डाला। अपने छोटे भाई मुराद को भी, जो दिल्ली दुर्ग में बंदी था, समाप्त कर औरंगजेब ने अपने आपको निरापद कर लिया। इस प्रकार उत्तराधिकार के संघर्ष के अपने सम्पूर्ण शत्रुओं को एक-एक करके मौत की नींद सुला दिया और सम्पूर्ण रूप से भारत का राजा बन गया।

व्यक्तित्व एवं चरित्र

विभिन्न इतिहासकारों को शाहजहाँ के चरित्र एवं सफलताओं के सन्दर्भ में एक जैसी विचारधाराएं नहीं मिलती हैं। प्रसिद्ध इतिहासकार स्वर्गीय वी.ए. स्मिथ का कहना है कि– शाहजहाँ मनुष्य और शासक दोनों ही रूप में असफल रहा। उनके अनुसार उसके शासनकाल को मध्यकालीन भारतीय इतिहास का स्वर्णयुग कहना भ्रमपूर्ण है। शाहजहाँ के दरबार की भव्यता तथा उसके द्वारा निर्मित प्रासादों का रुचिकर व मोहक शाहजहाँ के विषय में उक्त भावना का मूल कारण है। तत्कालीन भारतीय इतिहासकारों एवं यूरोपीय यात्रियों का मत है कि शासक के रूप में शाहजहाँ महान भी था पूर्णतया सफल भी। वह प्रजा के हृदयों पर शासन करता था तथा प्रजा का पुत्रसम पोषण करता था। उसके शासन में प्रजा शांति और संपन्नता का अनुभव कर प्रसन्न रहती थी। किन्तु उपर्युक्त दोनों मत आंशिक रूप से ही वास्तविक है।

शाहजहाँ के चरित्र एवं व्यक्तित्व के प्रमुख रूप से दो पक्ष हैं– वह आंशिक रूप में उदार एवं प्रगतिशील था। अतः अपने पिता एवं पितामह का योग्य उत्तराधिकारी था। इसके विपरीत कुछ बातों में वह अपने पुत्र औरंगजेब से साम्य रखता था और उसके द्वारा किए गए कार्यों के ही अनुरूप कार्य करने का विचार भी रखता था। इस विचार से वह निस्संदेह एक प्रतिक्रियावादी था। स्मिथ का यह कथन कि शाहजहाँ एक आज्ञाकारी पुत्र नहीं था, अक्षरशः सत्य है। उसने अपने पिता के विरुद्ध कई वर्षों तक विद्रोह का झंडा ऊँचा रखा था, परंतु इस दोष का विचार करते

समय इस तथ्य को भी दृष्टिगत रखना चाहिए कि अपनी सौतेली माँ के ईर्ष्यापूर्ण व्यवहार के कारण ही वह पिता के विरुद्ध विद्रोह करने को विवश हुआ था। जैसा कि हम देख चुके हैं, नूरजहाँ की हार्दिक इच्छा अपने जामाता शहरयार के लिए सिंहासन का मार्ग निरापद करने की थी। फिर पिता के विरुद्ध विद्रोह की परंपरा शाहजहाँ को अपने पूर्वजों से प्राप्त हुई थी, अतः इस कार्य के लिए शाहजहाँ को दोष देना अनुचित है।

वह एक शक्तिसंपन्न तथा महत्त्वाकांक्षी राजकुमार था। पिता के पश्चात साम्राज्य का अधिकारी होने की उसकी तीव्र लालसा थी। इसकी पूर्ति के लिए उसने अनैतिक साधनों को अपनाने में हिचकिचाहट नहीं की। इसी प्रकार स्मिथ का यह तर्क कि शाहजहाँ को मुमताज की मृत्यु के बाद भी अन्य पत्नियों के रखने के कारण आदर्श पति नहीं कहा जा सकता, उसने शाहजहाँ के चरित्र को कसौटी पर कसते समय मुग़ल राजकुमारों की इस सामान्य चारित्रिक विशेषता पर ध्यान नहीं दिया कि वे सभी बहुतपत्नीवादी थे और दांपत्य-प्रेम के प्रति भक्ति की भावना नहीं रखते थे। इसके अलावा शाहजहाँ के पक्ष में तो यह भी कहा जा सकता है कि उसने 20 वर्षों तक मुमताज के प्रति अपने प्रेम को अचल और पवित्र रखा। पिता के रूप में उसने अपने ज्येष्ठ पुत्र को अन्य पुत्रों से अधिक महत्त्व दिया, जिसके कारण अपने कुटुंब पर उसका नियंत्रण नहीं रह पाया। यद्यपि व्यक्तिगत जीवन में वह सुशील, दयालु और सज्जन था फिर भी उसमें मैत्री और दया के भाव इतनी मात्रा में नहीं पाये जाते जितनी मात्रा में ये बाबर, अकबर और जहाँगीर के चरित्र में दिखाई पड़ता है। शाहजहाँ के ऊपर की पीढ़ी (पूर्वज) किसी सगे सम्बन्धी की मृत्यु हो जाने पर कई दिनों तक शोक में ही डूबे रहते थे। हुमायूँ ने अपने साथ दगा करने वाले भाइयों को दंड देने में जो हिचकिचाहट दिखाई उसका अंश भी शाहजहाँ में नहीं मिलता। उसने अपने आपको निरापद करने के लिए अपने सभी पुरुष संबंधियों का व़ध करवा डाला था।

स्वार्थ-बुद्धि से प्रेरित इन कुछ कार्यों को यदि ध्यान में न लाया जाए, तो शाहजहाँ में हमें एक सुसंस्कृत सज्जन पुरुष के सभी गुण मिलते हैं। वह विद्वान और सुरुचिसंपन्न था। वह नम्र था और ध्यानपूर्वक दूसरों की बात सुनता था। उसके प्रकृति से मधुर स्वभाव और दयालु-दृष्टि प्राप्त हुई थी। शाहजहाँ को साहित्य और ललित-कलाओं से अत्यधिक प्रेम था। संगीत, चित्रकला तथा स्थापत्य कला के विद्वज्जन उससे आदर पाते और पुरस्कृत होते थे। दरबार में अथवा यात्रा में, वह सर्वदा इन कला प्रेमियों से घिरा रहता था। फारसी के साथ ही साथ हिंदी तथा संस्कृत

भी उसका संरक्षण पाकर फली-फूली। दरबारी इतिहासकार अब्दुल हमीद लाहौरी लिखता है कि 'गंगाधर' तथा 'गंगालहरी' के प्रसिद्ध लेखक जगन्नाथ पंडित शाहजहाँ के राजकवि थे। शाहजहाँ इन राजकवियों द्वारा लिखित कृतियों को बड़े श्रद्धा-भाव से सुनता था और पुरस्कृत भी करता था। संस्कृत और हिंदी के प्रकाण्ड विद्वान कवीन्द्र आचार्य सरस्वती (बनारसी) तथा उन्हीं की कोटि के अन्य संस्कृत विद्वान राजदरबार की शोभा बढ़ाते थे। यह कहना अत्युक्तिपूर्ण न होगा कि राज्याश्रय के कारण ही अनेक ग्रंथ-रत्नों की रचना इन विद्वानों द्वारा संभव हो सकी।

हिंदी-काव्य की ओर भी शाहजहाँ उदासीन न रहा। 'सुंदर-श्रृगार', 'सिंहासन बत्तीसी' और 'बारहमासा' के रचयिता प्रसिद्ध कवि सुंदरदास उपनाम महाकवि 'राय' के अतिरिक्त, जो सम्राट का मित्र तथा विशेष कृपापात्र था, हिंदी के सामयिक सर्वश्रेष्ठ कवि चिंतामणि पर भी शाहजहाँ की विशेष कृपा थी। शाहजहाँ फलित ज्योतिष में विश्वास रखता था, अतः अनेक ज्योतिषी राजवंशों की कुंडलियाँ तैयार करने, विवाह के लिए लग्न तथा सैनिक स्थान के लिए शुभ मुहूर्त निकालने में व्यस्त रहते थे। अपने पूर्वजों की भाँति शाहजहाँ ने बसंत तथा दशहरा आदि हिंदू त्यौहारों को मनाने और तुलादान करने की प्रथाएँ जारी रखी। तुलादान सोना, चाँदी तथा अन्य बहुमूल्य वस्तुओं से कराया जाता था। तुलादान के ये पदार्थ साधुओं, ब्राह्मणों तथा अन्य धार्मिक पुरुषों में वितरित कर दिए जाते थे। उसने हिंदुओं को उच्च पदों पर आसीन करने की प्रथा भी जारी रखी। इसमें शाहजहाँ ने अपने पिता जहाँगीर और पितामाह अकबर का पूरा अनुकरण किया था।

शाहजहाँ एक प्रभावशाली एवं कुशल सैनिक और सेनानायक था। शरीर तथा मस्तिष्क की अपूर्व प्रतिभा से विभूषित वह अपनी वृद्धावस्था तक स्वयं युद्ध की योजनाएँ बनाता तथा सैनिक संचालन करता रहा। उसने सेना का पुनः संगठन कर उसे सैनिक संघर्ष के उपयुक्त बनाया, परंतु इस सबके होते हुए भी वह फारस के बादशाह से कंधार वापस न ले सका और उसके तीनों प्रयास निराशा तथा जन, धन व मान-हानि में ही समाप्त हुए। उसके मध्य एशियन संघर्ष भी अधिक सफल न हुए। अतः हम यह कह सकते हैं कि उसमें सैनिक सुधारों तथा उच्च आकांक्षाओं के होते हुए भी उसके समय में मुग़ल सेना की दशा इतनी अच्छी न थी जितनी अकबर के समय में थी।

भारत के मध्यकालीन इतिहास में शाहजहाँ का शासनकाल स्वर्णयुग के नाम से प्रसिद्ध है। यह केवल कला और कला में भी वास्तुकला की दृष्टि से ही सत्य कहा जा सकता है। शाहजहाँ द्वारा निर्मित विशाल भवन तथा सुंदर इमारतें मुग़ल

वास्तुकला की पराकाष्ठा प्रकट करती हैं। दिल्ली का लाल किला तथा उसके संगमरमर के सुंदर भवन तथा जामा मस्जिद, आगरे के किले की मोती मस्जिद, दीवाने आम व दीवाने खास, सर्वश्रेष्ठ ताजमहल तथा अन्य अनेक स्थानों पर शाहजहाँ द्वारा निर्मित इमारतें हिंदू-मुस्लिम शैली का अद्‌भुत नमूना हैं। तख्ते-ए-ताउस नामक शाहजहाँ का रत्नजटित सिंहासन (जिसके निर्माण में 7 वर्ष लगे) तथा विश्वविख्यात कोहिनूर उसके दरबार को विशेष आभा प्रदान कर अवर्णनीय बनाते थे। शाहजहाँ की संरक्षता में संगीत ने विशेष प्रगति की। चित्रकला के क्षेत्र में विशेष रूप से कदम उठाया गया, लेकिन समालोचकों के अनुसार शाहजहाँ-काल की चित्रकला में मौलिकता का अभाव है। सत्य है कि उसके समय में फारसी तथा हिंदी साहित्य में विशेष उन्नति हुई, परंतु फारसी में अबुल फजल तथा हिंदी में सूरदास व तुलसीदास जैसी प्रतिभा का कोई कवि इस समय नहीं हुआ।

संस्कृत साहित्य भी उन्नति की ओर अग्रसर हुआ और शाहजहाँ ने उसे भी विशेष प्रोत्साहन दिया। इस प्रकार साहित्य और कला की सर्वतोमुखी उन्नति शाहजहाँ काल की विशेष देन है। परंतु स्मरण रहे कि यद्यपि शाहजहाँ भवन-निर्माण-कला में अन्य सम्राटों से कहीं आगे निकल गया, तथापि उसका राज्यकाल चित्रकला में जहाँगीर काल की तथा साहित्य, संगीत और मूर्तिकला में अकबर काल की समता न कर सका।

शाहजहाँ एक योग्य प्रबंधक होने के साथ-साथ एक आदर्श राजनीतिज्ञ भी कहलाया। उसकी प्रतिभा में मौलिकता का अभाव परंतु सौंदर्य का बाहुल्य था। उसने संपूर्ण राज्यप्रबंध, विशेषतया सैनिक-प्रबंध अर्थात् मनसबदारी प्रथा में विशेष संशोधन कर उसे दोषरहित बनाने का प्रयत्न किया। उसने मनसबदारों का वेतन भी कम करने का प्रयास किया तथा उन्हें अपने पदानुसार सेना की एक निश्चित संख्या रखने के लिए बाध्य किया। इसमें उसे पूर्ण सफलता मिली। अपने राज्यकाल के बीसवें वर्ष में उसने घोषणा की कि प्रत्येक मनसबदार को जिसे भारत में जागीर प्राप्त है अपने पद की एक-तिहाई तथा जिसे भारत के बाहर जागीर प्राप्त है उसे अपने पद की एक-चौथाई सेना रखना अनिवार्य होगा। कुछ समय पश्चात दूसरी दशा के मनसबदारों को अपने पद की सेना रखना अनिवार्य कर दिया गया। शाहजहाँ के समय में 9,000 ज़ात तथा 9,000 सवार का मनसब सर्वोच्च था, जो उसके इन-ला (श्वसुर) आसफ खाँ के पास था पर राजकुमारों का पद और भी आगे जा सकता था। उदाहरणस्वरूप दारा का मनसब 40,000 ज़ात तथा 20,000 सवार का था। उसने भूमिकर उपज के एक तिहाई भाग के बदले आधा भाग कर दिया, जिससे राज्य की आय बढ़कर

4 करोड़ रुपया प्रति वर्ष हो गई। उसने अकबर काल की 'जब्ती' की प्रथा को स्थगित कर दिया और अपने साम्राज्य का 7/10 भाग ठेके पर देकर खालसा भूमि, जिसका सरकार स्वयं प्रबंध करती थी, कम कर दी। कृषकों का भार अब अधिक हो गया। इसका कारण केवल यही नहीं था कि उनकी मालगुजारी उपज के एक तिहाई भाग के बदले आधा भाग कर दी गई थी, वरन् यह भी कि अब उन्हें अपने अधिकार की समस्त भूमि की मालगुजारी देनी पड़ती थी, न कि केवल उसकी जो उनकी जोत में हो। अतः कृषक-वर्ग, जो समस्त देश की जनसंख्या का 75 प्रतिशत थे, की दशा अकबर तथा जहाँगीर काल की दशा की अपेक्षा खराब हो गई।

शाहजहाँ ने भी अपने पूर्वजों की भाँति अंतिम न्यायाधीश का कार्य करना जारी रखा। वह दुष्ट मनुष्यों को कठोर दंड देने तथा निष्पक्ष न्याय करने के लिए प्रसिद्ध है। अपनी धर्मान्धता तथा कर-वृद्धि की नीति का अनुसरण करते हुए भी वह एक जनप्रिय शासक था। अत्यंत परिश्रमी, सहनशील, कर्त्तव्यनिष्ठ, शाहजहाँ ब्रह्म मुहूर्त में उठता तथा सूर्योदय के समय झरोखा-दर्शन देकर अपने पितामह अकबर की भाँति अपने दैनिक कार्य में लीन हो जाता था। प्रसिद्ध इतिहासकार सर जदुनाथ सरकार ने अपने प्रसिद्ध पुस्तक 'स्टडीज इन मुग़ल इंडिया' में शाहजहाँ के दिनचर्या पर जो प्रकाश डाला है, उससे स्पष्ट होता है कि शाहजहाँ ठाट-बाट का शौकीन तथा आमोदप्रिय शासक होते हुए भी अत्यंत परिश्रमी सम्राट था तो भी उसके राज्यकाल में मुग़ल-वंश की अवनति का बीजारोपण हुआ। उसकी धर्मांन्धता तथा अनादरता औरंगजेब के कट्टर शासन की अग्रदूत थी। विधर्मियों के प्रति उसकी असहिष्णुता ने प्रकट कर दिया कि शियाओं को उसके दरबार में उचित स्थान न था। उसकी धन-लोलुपता ने उसे जनता का कर-भार बढ़ाने के लिए बाध्य किया, जिससे जनता में कष्ट की विशेष वृद्धि हुई। उसकी भेंट तथा उपहार स्वीकार करने की प्रथा ने एक प्रकार से रिश्वत को प्रोत्साहन दिया और भेंट तथा उपहार देना राजकीय दरबार में ही नहीं, वरन् राजकीय परिवार तथा अमीरों व सामंतों में एक प्रथा का रूप धारण कर गई। इससे राज्य-प्रबंध दोष-युक्त या भ्रष्टाचार को बढ़ावा मिला और धीरे-धीरे यह अपना विकट रूप धारण करता गया। अपने बाह्य ठाट-बाट के कारण वह जनता से अनुचित रूप से धन एकत्रित करने के लिए बाध्य हुआ तथा उसकी विलासप्रियता ने जनता का नैतिक स्तर नीचा करने के लिए एक बहुत ही बुरा उदाहरण प्रस्तुत किया।

शाहजहाँ की मृत्यु (1666 ई.)

शाहजहाँ ने आगरा दुर्ग के शाहबुर्ज में कुल आठ वर्ष तक अपना जीवन एक

बन्दी के रूप में व्यतीत किया। यद्यपि उसको सर्वसुखदायक सामग्री सुलभ हो गई और उसकी प्रिय पुत्री जहानआरा सर्वदा उसकी सेवा में रहती थी तब भी सदा उस पर सशंक दृष्टि रखी जाती थी। उसे बाहरी संपर्क का अवसर नहीं दिया जाता था। कोई भी उससे पत्र-व्यवहार नहीं कर सकता था। उससे भेंट करने के लिए सरकारी आज्ञा प्राप्त करनी पड़ती थी। भेंट के समय औरंगजेब के दूत उपस्थित रहते थे। शाहजहाँ के अमूल्य हीरे-जवाहरात पर भी औरंगजेब की दृष्टि पड़ी, किंतु उन्हें वह देने के लिए तैयार नहीं हुआ। इसी बीच में पिता और पुत्र में एक अत्यंत कटुतापूर्ण पत्रव्यवहार हुआ। इसमें औरंगजेब ने पिता पर दारा के पक्षपात का दोष लगाया और अपने आपको ईश्वरीय प्रकोप के सम्मुख समर्पित करने के लिए कहा। भूतपूर्व सम्राट इन लांछनों की चोट से तिलमिला उठा और उत्तर में उसने औरंगजेब को लुटेरा परधनापहरी शब्दों से संबोधित किया और पाखंडी तक कहा। दारा और मुराद की निर्मम हत्या तथा शुजा के हृदय-विदारक दुर्भाग्य से बूढ़े पिता की वेदना और भी तीव्र हो उठी। उसने अपना सारा समय प्रार्थना में व्यतीत करना प्रारंभ कर दिया। 1666 ई. जनवरी माह में वह बीमार हो गया जिसकी बचने की कोई उम्मीद नहीं दिखाई दे रही थी और 31 जनवरी 1666 को उसकी मृत्यु हो गयी। मृत्यु के समय उसकी अवस्था 74 वर्ष थी। कहा जाता है कि अपने अंतिम क्षण तक वह ताजमहल की ओर अपलक नेत्रों से ताकता रहा। कठोर औरंगजेब मृत्योपरांत भी बैर को न भूला और उसने शाही ठाट से बादशाह का क्रियाकर्म करने की अनुमति नहीं दी। बादशाह की अर्थी साधारण नौकरों और हिजड़ों द्वारा ले जायी गई और ताजमहल में ही अपनी प्रियतमा मुमताजमहल के पार्श्व में कब्र खोदकर उसे दफना दिया गया।

7

औरंगजेब (1658-1707 ई.)

औरंगजेब का जन्म 3 नवम्बर 1618 ई. में उज्जैन के समीप दोहट नामक स्थान पर हुआ था। इनका पूरा नाम मुहीउद्दीन मुहम्मद औरंगजेब था और पिता शाहजहाँ तथा माता का नाम मुमताज बेगम था। उसका बाबा जहाँगीर दक्षिण से आगरा लौट रहा था। अपने पिता शाहजहाँ के विद्रोहकाल में औरंगजेब और उसके बड़े भाई दारा को अत्यधिक कष्ट सहने पड़े। इन दोनों को नूरजहाँ के पास बंधक के रूप में रखा गया और जब शाहजहाँ ने समर्पण कर दिया और उसे क्षमा कर दिया गया, तब इन दोनों को मुक्त किया गया। इन सब बातों के कारण उसकी शिक्षा 10 वर्ष की आयु में योग्य शिक्षकों के संरक्षण में प्रारंभ की गई।

औरंगजेब एक प्रतिभाशाली छात्र था। उसने अपनी अल्प अवस्था में ही कुरान, अरबी, फारसी तुर्की तथा हिन्दी का अच्छा ज्ञान प्राप्त कर लिया था। वह हदीस जैसी धार्मिक ग्रन्थों का पंडित हो गया था। उसे धार्मिक विषयों के अध्ययन में विशेष रुचि थी, परंतु चित्रकला, संगीत तथा अन्य ललित-कलाओं की ओर उसने कोई ध्यान नहीं दिया। इसके साथ-साथ उसे सैनिक शिक्षा का भी उचित ज्ञान कराया गया और वह शीघ्र ही कुशल सैनिक बन गया। 1634 ई. के अंत में उसे दस हजार जात और चार हजार सवार के पद पर मनसबदार नियुक्त किया गया। ओरछा के जूझरसिंह के विरुद्ध बुंदेल आक्रमण का भार उसे ही सौंपा गया। वहाँ पर उसने कूटनीति और

युद्ध का प्रथम अनुभव प्राप्त किया। इसके बाद उसे दक्षिण का राज्यपाल नियुक्त किया गया, जहाँ वह 1636 ई. से 1644 ई. तक रहा। यहाँ अपने कार्यों के कारण वह एक कुशल सैनिक, प्रबंधक तथा कूटनीतिक माना जाने लगा। 18 मई, 1637 ई. को फारस के राजघराने के शाहनवाज की पुत्री दिलरास बानो बेगम के साथ औरंगजेब का विवाह हो गया।

औरंगजेब 1644 ई. में अपने भाई दारा से विचार भेद हो जाने के कारण उसे दक्षिण के राज्यपाल की नौकरी से इस्तीफा देना पड़ा। परंतु फरवरी, 1645 ई. में उसे क्षमा कर दिया गया और गुजरात का राज्यपाल नियुक्त किया गया। वहाँ वह 1647 ई. तक रहा जहाँ से उसे बल्ख के आक्रमण का भार सँभालना पड़ा। कुशल सेनापति होते हुए भी औरंगजेब ट्रांस-ऑक्सियाना विजित न कर सका। सम्राट ने उसे वापस बुला लिया और मुल्तान का राज्यपाल नियुक्त किया, जिस पर वह 1648 ई. से 1652 ई. तक कार्य करता रहा। इसी बीच उसे 1649 ई. और 1652 ई. में दो बार कंधार को पुनर्विजित करने के लिए भेजा गया, परंतु इन दोनों आक्रमणों में वह असफल रहा। इन असफलताओं के कारण शाहजहाँ बहुत अप्रसन्न हुआ और 1652 ई. में उसे पुनः दक्षिण का राज्यपाल बनाकर भेज दिया। औरंगजेब इस बार दक्षिण भारत में 1652 ई. से 1658 ई. तक राज्यपाल रहा।

औरंगजेब ने अपने राज्यकाल अवधि में एक श्रेष्ठ प्रबंध-शक्ति तथा कर्त्तव्य परायणता का परिचय दिया। परंतु इसके साथ-साथ वह अपने दल का शक्तिशाली संगठन करके अपने पिता का सिंहासन प्राप्त करने की चेष्टा में भी लगा रहता था। कट्टर सुन्नी होने के कारण वह हिंदुओं और विशेषकर राजपूतों को नापसंद करता था। धार्मिक असहिष्णुता की नीति का पालन करके उसने खुल्लमखुल्ला राजपूतों को अपमानित भी किया। बीजापुर और गोलकुंडा के युद्ध में जब विजयश्री उसके चरण चूमने वाली थी तभी उसने अपने पिता शाहजहाँ की बीमारी और मृत्यु की अफवाहें सुनीं। यह सुनते ही उसने उत्तराधिकारी होने तथा सिंहासन प्राप्त करने का इच्छुक होने के नाते उत्तराधिकार युद्ध की तैयारियाँ प्रारंभ कर दीं। इस युद्ध में वह किस प्रकार सफल हुआ और उसने उत्तराधिकारी संघर्ष के अपने सभी प्रतिद्वन्द्वियों का नामोनिशान किस प्रकार मिटाया यह पूर्व के अध्याय में स्पष्ट किया जा चुका है।

राज्यारोहण

आगरा दुर्ग पर सफलता प्राप्त कर और अपने पिता को उसमें बंदी बनाकर मुराद बख्श के सिंहासन प्राप्त करने के दावों को समाप्त करने के बाद 31 जुलाई,

1658 ई. को हड़बड़ी में औरंगजेब का राज्याभिषेक हुआ। उसने अबुल मुजफ्फर मुहीउद्दीन मुजफ्फर औरंगजेब बहादुर आलमगीर बादशाह गाजी की उपाधि ग्रहण की। क्योंकि उसे दारा का पीछा करके शुजा के साथ युद्ध में फैसला करना बाकी था इसलिए उसने उत्सव तथा जश्न स्थगित कर दिए। खजुआ और अजमेर पर विजय प्राप्त करने के पश्चात 15 मई, 1659 ई. को सम्राट औरंगजेब ने दिल्ली में एक शानदार जुलूस के साथ प्रवेश किया। शाहजहाँ के भव्य महल में बहुत ठाट और धूमधाम के साथ उसका राज्याभिषेक-संस्कार संपन्न हुआ। 15 मई, 1659 ई. को ज्योतिषियों द्वारा बताए समय, सूर्योदय से 3 घंटे 15 मिनट उपरांत, उसने मयूर-सिंहासन पर विराजमान हो गया। राज्य में कई दिनों तक लोग खुशियां व उत्सव मनाते रहे। औरंगजेब चाहता था कि उसका राज्याभिषेक इतनी शान से मनाया जाए, जैसा कि किसी भी मुग़ल बादशाह के समय में न हुआ हो। इस कारण इस अवसर पर दिल खोलकर रुपया खर्च किया गया। बड़ी-बड़ी दावतें की गईं तथा वृहत पैमाने पर रोशनियाँ की गईं। अनेक सामंतों तथा सरदारों की पद-वृद्धि हुई तथा अनेक नए अफसर भी नियुक्त किए गए।

प्रारंभिक कार्य : धार्मिक असहिष्णुता

उत्तरी भारत में अपने सगे भाईयों से किये गये युद्ध से राज्य को जो क्षति पहुँची थी तथा उससे शासन-व्यवस्था में जो कमियां विद्यमान हो गयी थी, औरंगजेब ने उसे ठीक करके सुचारू रूप से चलाने के लिए आवश्यक कदम उठाये। सबसे पहले नए सम्राट ने देश में व्यवस्था स्थापित की और राज्यपालों तथा अन्य उच्च अफसरों को नियंत्रण में लाकर देश में शांति की स्थापना की। इसके अलावा कई अनुचित करों को हटाकर, जिनमें मुख्यतम आंतरिक परिवहन-कर (राहदारी) तथा ऑक्टरोई चुंगी (पानडारी) थे, जनता की सहायता की। ये कर खाने-पीने की उस सामग्री पर वसूल किए जाते थे, जो शहर में बिकने के लिए आती थी। केवल खालसा भूमि में ही इन करों के हटाने से सरकार को 25 लाख रुपयों की हानि हुई थी। तीसरे प्रकार के कर, जो निर्मूल किए गए थे, वे थे 'आबवाब' अथवा अन्य प्रकार के कर जो भूमिकर तथा चुंगी कर के अलावा वसूल किए जाते थे। यद्यपि इन करों की वसूली पूर्व-सम्राटों ने बार-बार बंद की थी, परंतु थोड़े समय बाद इनकी वसूली पुनः प्रारंभ कर दी जाती थी। जो कर 'आबवाब' कहलाते थे उसमें मुख्य थे स्थानीय वस्तुओं के प्रयोग पर चुंगी, भिन्न-भिन्न प्रकार के व्यापारों के लाइसेंस, अफसरों द्वारा भेंट तथा शुल्क की वसूली तथा वह शुल्क और कमीशन जो राज्य के लिए वसूल किए जाते थे। इनके अलावा

कुछ ऐसे भी कर थे जो केवल हिंदुओं से वसूल किए जाते थे, जैसे गंगा में मृत हिंदुओं के फूल विसर्जित करने का टैक्स, जो तीर्थयात्रा कर कहलाता था। और हिन्दू घरों में जो शिशु जनम लेते थे उसका भी कर वसूल किया जाता था, लेकिन औरंगजेब जब गद्दी पर बैठा तो इन सब करों को लागू न करके बल्कि मुक्त कर दिया। यद्यपि बड़े-बड़े शहरों में तो कर-निर्मूलन हो गया होगा, परंतु खाफी खाँ के कथानुसार, दूरस्थ प्रांतों में इनकी वसूली होती रही होगी।

औरंगजेब एक कट्टरपंथी सुन्नी मुसलमान था। उसने अपने शासनकाल में ऐसा कानून लागू किया जिससे मुसलमान लोग कुरान में बताए हुए मार्ग का कट्टरतापूर्वक अनुसरण करें। उसने सिक्कों पर कलमा का खुदवाया जाना और फारस के नववर्ष दिवस का मनाया जाना बंद करवा दिया, क्योंकि इस्लाम धर्म इसका निषेध करता है। उसने संपूर्ण साम्राज्य में भाँग के प्रयोग पर भी प्रतिबंध लगा दिया। सभी बड़े-बड़े शहरों में जनता के नैतिक आचरण का निरीक्षण करने के लिए सरकारी अफसर (मुहतसिब) नियुक्त किए गए जो जनता को कुरान के नियमों पर चलने का आदेश देते थे तथा मद्यपान, जुआ और वेश्यागमन को रोकते थे। मुहतसिबों का यह भी काम था कि वे देखें कि मुसलमान लोग दिन में पाँच बार नमाज पढ़ें और रोज़े रखें। धर्म-विरोधियों तथा इस्लाम की निंदा करने वालों को दंड देना भी 'मुहतसिब' का ही काम था। सम्राट ने सूफी लोगों को उदार धार्मिक विचार रखने तथा विश्वदेवतावाद को मानने के कारण ही दंड दिया था। दारा के साथी सरमद को इस्लाम की निंदा करने (तथा नास्तिक होने) के कारण मृत्युदंड दिया गया। इसी प्रकार कई शिया मुसलमानों के सर केवल इसलिए कलम कर दिए गए थे, क्योंकि उन्होंने प्रथम तीन खलीफाओं को कुछ अपशब्द कहे थे। इसी प्रकार मुसलमान धर्म में दीक्षित अनेक नए मुसलमानों का अपना पुराना धर्म पुनः अंगीकार कर लेने के संदेह मात्र पर अपने जीवन से हाथ धोना पड़ा था। औरंगजेब के हाथों रक्तरंजित यातनाएँ भोगने वाली मुसलमान जनता में गुजरात की इस्माइलिया अथवा बोहरा जाति प्रमुख थी।

औरंगजेब की सफलता व विजय

औरंगजेब ने सबसे पहले असम को अपना निशाना बनाया था और इस पर सफलता भी प्राप्त की, जहाँ मंगोल वंश का राजा राज्य करता था। उत्तराधिकार संघर्ष के समय बिहार और आसाम के शासकों ने मुग़लों के जिले कामरूप पर, जो उनके राज्यों के बीच में स्थित था, कब्जा कर लिया था। सम्राट ने मीर जुमला को बंगाल का राज्यपाल नियुक्त किया और मुग़ल इलाके को पुनः प्राप्त करने का आदेश दिया।

कुछ ही दिनों के पश्चात मीर जुमला ने बिहार की राजधानी विजित कर ली और उसे मुग़ल-साम्राज्य में मिला लिया। अब वह आसाम पर आक्रमण करने को बढ़ चला। वहाँ के शासक वर्ग शान-वंशज अहोम जाति के थे, जिन्होंने तेरहवीं शताब्दी में आसाम के पूरबी और मध्य भाग पर अपना अधिकार जमा लिया था। थोड़े-से संघर्ष के पश्चात अहोम सेनाएँ ब्रह्मपुत्र नदी के पास वापस लौट गईं। 13 मार्च, 1662 ई. को मीर जुमला ने उन्हें जलयुद्ध में परास्त किया और वहाँ की राजधानी गढ़गाँव पर कब्जा कर लिया। यहाँ उसे बहुत-सा धन हाथ लगा। उसने राजधानी में एक सेना भी रख दी, परंतु आसाम की विजय मुग़लों के लिए लाभदायक होने की अपेक्षा हानिकारक सिद्ध हुई। वर्षाऋतु में वहाँ बाढ़ आ गई और आने-जाने के सभी रास्ते अवरुद्ध हो गये तथा मुगलों द्वारा स्थापित चौकियां अलग-अलग हो गयी। सहस्त्रों मुग़ल सैनिक भूख से तड़प-तड़प कर मर गए परंतु आवागमन के रास्ते बंद होने के कारण उन तक भोजन-सामग्री नहीं पहुँच सकी। इसी बीच अहोम लोगों ने मुग़लों की कुछ सीमांत चौकियों पर कब्जा कर लिया और मुग़ल पैदल-सेना तथा जल-सेना के बीच आवागमन के सभी साधनों को नष्ट-भ्रष्ट कर दिया। उन लोगों ने मुग़लों पर आक्रमण भी किया परंतु परास्त हो गए। अंत में मुग़ल लगभग बिल्कुल अरक्षणीय हो चुके थे। अधिक परिश्रम तथा आसाम की विषम जलवायु के कारण 10 अप्रैल, 1663 ई. को मीर जुमला की मृत्यु हो गयी और शाहइस्ता खाँ को वहां का गवर्नर बना दिया गया। उसने 1663 ई. में चटगाँव को विजित करके पुर्तगालियों को ब्रह्मपुत्र के डेल्टे से निकाल बाहर किया। उसने अराकान के राजा को भी परास्त कर दिया। चार साल तक आसाम मुग़लों के अधीन रहा, परंतु अहोम राजा चक्रध्वज ने पुनः आसाम पर अधिकार प्राप्त कर लिया। उसने गौहाटी को भी जीत लिया। इस प्रकार मुग़ल साम्राज्य की सीमा मोनास नदी तक रह गई। यद्यपि 1679 ई. में मुग़लों ने गौहाटी पर पुनः अधिकार प्राप्त कर लिया, परंतु दो वर्ष बाद वे इसे फिर खो बैठे। इस प्रकार कामरूप मुग़ल-साम्राज्य का अंग नहीं रहा। अधिक संघर्ष के बाद अंत में बिहार नरेश ने मुग़लों की अधीनता स्वीकार कर ली।

दूसरा महत्त्वपूर्ण कार्य जो शाइस्ता खाँ करना चाहता था, वह था बंगाल के समुद्री डाकुओं (पुर्तगालियों) का दमन। ये लोग लगातार बंगाल को लूटते रहते थे और वहाँ के लोगों को ले जाकर दास के रूप में भारतीय बंदरगाहों में बेच देते थे। शाइस्ता खाँ ने 300 नौकाओं का एक समुद्री बेड़ा बनाया, संद्वीप नामक द्वीप को जीता तथा चटगाँव पर अधिकार प्राप्त करके वहाँ मुग़ल सेनानायक का प्रमुख केंद्र स्थापित कर दिया। उसने सहस्त्रों बंगाली किसानों को जो पुर्तगालियों के पास गुलाम थे, छुड़ाकर उन्हें स्वतंत्र किया।

औरंगजेब अपने शासन काल के प्रथम अर्धकाल तक कई छोटे-छोटे जिलों व प्रान्तों को अपने अधीनस्थ कर लिया। 1661 ई. में पटना के राज्यपाल दाऊद खाँ ने पालामाऊ को जीतकर उसे दक्षिण बिहार में सम्मिलित कर लिया। लघु तिब्बत अथवा लद्दाख के नरेश ने मुग़लों का आधिपत्य स्वीकार कर लिया, जहाँ पर लद्दाख के इतिहास में पहली बार एक मस्जिद बनवाई गई।

औरंगजेब के शासनावधिक के मध्य दौर में राज्य के कई क्षेत्रों में कुछ विद्रोह भी उत्पन्न हो गये, लेकिन उन्हें कुचल दिया गया। बुंदेलखंड के चंपतराय तथा उसके पूर्वजों के साथ ओरछा में अन्याय किए जाने के कारण उसने विद्रोह का झंडा खड़ा कर दिया। परंतु 1661 ई. में उसे आत्समर्पण करना पड़ा। काठियावाड़ में नावानगर के रायसिंह ने भी 1663 ई. में विद्रोह कर दिया, परंतु उसे भी आत्मसमर्पण करना पड़ा। बीकानेर नरेश करनसिंह ने खुल्लमखुल्ला औरंगजेब का विरोध किया, परंतु बाद में क्षमायाचना करने पर उसे क्षमा कर दिया गया। मथुरा तथा आगरे के जिलों में जाटों तथा पंजाब में सिक्खों ने भीषण विद्रोह खड़ा कर दिया जो काफी समय तक चला, परंतु इन विद्रोहों को छोड़कर औरंगजेब के शासन के प्रथम 25 वर्षों में उत्तरी भारत में अन्य कोई विद्रोह नहीं हुआ और आंतरिक शांति रही।

सीमांत जातियों से युद्ध

हालांकि औरंगजेब एक कट्टरपंथी मुसलमान व शासक था, परंतु फिर भी उसे उत्तर-पश्चिमी सीमांत प्रदेश की अपने समान धर्मान्ध मुसलमान जातियों से युद्ध में टक्कर लेनी पड़ी। सीमांत प्रदेश में रहने वाले अफगान लोग शुरू से ही दिन-दहाड़े लूटमार करके अपना जीविकोपार्जन करते आए हैं क्योंकि उनका प्रदेश पहाड़ी तथा बंजर है, इसलिए ये लोग मैदानों में जाकर लोगों को लूटते थे। इसके अलावा जो व्यापारी भारत आते या जाते समय उनके प्रदेश के दर्रे से होकर निकलते थे, ये लोग उनको भी लूटा करते थे। मुग़ल सम्राट इन अफग़ान लोगों को बलपूर्वक विजय और वश में न कर सके। इस कारण मुग़ल सम्राट इन लोगों को शांत रखने तथा सीमांत रास्तों को खुला और सुरक्षित रखने के लिए घूस दिया करते थे। औरंगजेब सीमांत प्रदेश की सीमा के सरदारों को इस हेतु घूस के रूप में 6 लाख रुपए वार्षिक देता था। परंतु सरदारों को इस प्रकार घूस देना सदा सफल नहीं होता था, क्योंकि उन लोगों में प्रायः नए सरदार उत्पन्न हो जाते थे और वे मुग़ल सीमा में लूटमार करते थे। पेशावर के उत्तर में स्वात तथा बाजौर जिलों के यूसुफजई गिरोह का सरदार भागू 1667 ई. में मुहम्मदशाह के झूठ नाम से गिरोह का नकली राजा बन बैठा। उसने

अटक के पास सिंधु नदी को पार किया और मुग़लों के हजारा जिले पर धावा बोल दिया। युसुफजई जाति के अन्य गिरोहों ने पेशावर तथा अटक के जिलों को लूटा और हारून के पास सिंधु नदी के घाट पर अधिकार करने की चेष्टा भी की ताकि मुग़ल सेना सीमांत प्रदेश में प्रवेश न कर सके। परंतु अप्रैल, 1667 ई. में अटक के सेनानायक कामिल खाँ ने उन्हें बहुत बुरी तरह से पराजित किया। सेनानायक शमशेर खाँ ने युसुफजईयों की सीमा में प्रवेश करके कबाइलियों को परास्त किया। सितंबर माह में सम्राट ने मुहम्मद अमीनखाँ को यूसुफजई लोगों को दंडित करने को भेजा और उसने उनका इस कठोरता से दमन किया कि कुछ वर्षों तक वे लोग बिल्कुल शांत रहे।

1672 ई. में सीमांत क्षेत्र में एक और विद्रोह पनप उठा। इस सीमान्त प्रदेश का अफरीदी नेता सरदार अकमल खाँ स्वयं शासक बन बैठा। उसने मुग़लों के विरुद्ध धार्मिक युद्ध की दुंदुभी बजा दी तथा समस्त पठानों से सहयोग देने की प्रार्थना की। इन विद्रोहियों ने अफ़ग़ानिस्तान के राज्यपाल मुहम्मद अमीन खाँ पर अली मस्जिद में हमला किया। मुग़ल सेना परास्त हो गई और मुहम्मद अमीन अपना कैंप, समस्त सामान, यहाँ तक कि अपनी स्त्रियों को छोड़कर भाग खड़ा हुआ, जिन्हें पठानों ने अपना गुलाम बना लिया। इस सफलता से विद्रोहियों को और भी अधिक प्रोत्साहन मिला और विद्रोह समस्त सीमांत प्रदेश में फैल गया। खट्टक जाति का कवि खुशाल खाँ भी विद्रोहियों से जा मिला। वह अपनी हृदयस्पर्शी कविताओं से विद्रोहियों में उत्साह का संचार करता था। औरंगजेब ने विद्रोही पठानों का दमन करने के लिए महाबत खाँ को अफ़ग़ानिस्तान का गवर्नर बनाकर भेजा, परंतु वह स्वयं गुप्त रूप से अफ़ग़ानों से जा मिला। फलस्वरूप खैबर दर्रे का रास्ता बंद रहा। इस पर सम्राट अप्रसन्न हुआ और उसने शुजात खाँ को विद्रोहियों को दंडित करने के लिए भेजा, परंतु वह परास्त हुआ और 3 मार्च, 1674 ई. को मार डाला गया।

इस समय की परिस्थिति काफी निर्बल हो गयी थी। स्वयं सम्राट को पेशावर के निकट हसन अब्दल को जाने के लिए विवश होना पड़ा। वह वहाँ डेढ़ साल से अधिक रहा। महाबत खाँ को राज्यपाल के पद से हटाकर पठानों से मोर्चा लेने के लिए एक नई सेना भेजी गई। इसके साथ-साथ सम्राट ने कूटनीति से भी काम लिया। औरंगजेब ने सीमांत प्रदेश के नेताओं को राजकीय नौकरियाँ प्रदान कीं तथा उन्हें घूस के रूप में रुपया भी दिया। फलस्वरूप कुछ जातियों ने शाही नौकरियाँ स्वीकार कर लीं और शांतिपूर्वक आत्मसमर्पण कर दिया। परंतु गौरी, गिलजई, शीरानी तथा यूसुफजई पठानों आदि ने शाही प्रस्ताव को ठुकरा दिया। इस पर मुग़ल सेना ने उन्हें

परास्त करके उनका दमन कर दिया। विद्रोही पठानों का दमन करने में मुग़ल सेनानायक युगीर खाँ का सक्रिय हाथ था और पठान जाति में उसकी वीरता की ऐसी धाक जम गई कि पठान स्त्रियाँ "अपने बच्चों को सुलाने के लिए युगीर खाँ के डरावने नाम का प्रयोग किया करती थीं।" दिसंबर 1675 ई. तक समस्त सीमांत प्रदेश में पुनः शांति स्थापित हो गई। इसीलिए औरंगजेब हसन अब्दल से दिल्ली के लिए रवाना हुआ। उसने अमीर खाँ को काबुल का राज्यपाल नियुक्त किया। अमीर खाँ ने युक्ति तथा कूटनीति से काम लिया। वह अफ़ग़ानों से मैत्री संबंध करके उनकी सहायता से आने-जाने का रास्ता खुला रखने में सफल हुआ। अधिकांश रूप में इस सफलता का श्रेय उसकी पत्नी साहिबजी का है, जो कि अलीमरदान खाँ की पुत्री थी। वह मृत्युपर्यंत 1698 ई. तक काबुल का राज्यपाल रहा।

अमीर खाँ सीमांत प्रदेश के सरदारों को आर्थिक सहायता पहुँचाकर उन्हें एक दूसरे से अलग करने में कामयाब हो गया, जिसके फलस्वरूप अकमल खाँ के नेतृत्व में अफ़ग़ानों की एकता भंग हो गई। अकमल खाँ की मृत्यु के बाद अफरीदियों ने आत्मसमर्पण कर दिया और सम्राट से संधि कर ली। परंतु खुशाल खाँ खटक कुछ वर्ष तक युद्ध करता रहा, किंतु उसके पुत्र ने उसके साथ विश्वासघात किया और उसे पकड़कर बंदी बना लिया गया। इस प्रकार सीमांत युद्ध का अंत हो गया। परंतु इस युद्ध में मुग़लों का बहुत धन व्यय हुआ। मुग़ल सम्राट जन तथा धन हानि के अतिरिक्त इस विद्रोह के कारण मराठों की ओर पूरा ध्यान न दे सका। मराठा नरेश शिवाजी ने इस अवसर का पूरा-पूरा लाभ उठाकर कर्नाटक पर विजय प्राप्त कर ली।

औरंगजेब का राजत्व आदर्श

औरंगजेब इस्लाम का कट्टर समर्थक होने के साथ-साथ वह इस्लाम की राजत्व तथा राजसत्ता संबंधी नीति को मानने वाला था। उसके शासन का आधार कुरान था। मुसलमान धर्म न मानने वाले व्यक्तियों को मुसलमान धर्म में लाना इसका मुख्य उद्देश्य था। उसका पक्का विश्वास था कि उससे पूर्व के भारत के सम्राटों ने कुरान के कानून को न मानकर तथा शासन-प्रबंध को बिना किसी जाति तथा धर्म-भेद चलाकर बहुत बड़ी भूल की थी। अकबर ने इस्लाम को राजधर्म के पद से हटा दिया था तथा इस्लाम की राजत्व संबंधी नीति को त्यागकर हिंदुओं की राजत्व नीति को अपनाया था। औरंगजेब की दृष्टि में यह एक महान त्रुटि थी। इस प्रकार औरंगजेब ने अपनी नीति के आधार पर अपने पूर्वजों द्वारा बनाये गये सभी नये नियमों को समाप्त कर दिया। उसने अपने शासन के प्रारंभिक काल में ही कट्टर सुन्नी धर्म की

उन्नति करने के लिए कदम उठाए। औरंगजेब ने इस्लाम को पुनः राजधर्म घोषित कर दिया और इस्लाम के प्रचार के लिए राज्य की ओर से प्रचारकों को सभी सुविधाएँ प्रदान कीं। उसने कुफ्र (बहुदेवतावाद) को समाप्त करके भारत में जिहाद (धार्मिक युद्ध) करके जो उसके विचार में काफिरों (दार-उल-हबी) का देश था, वहाँ के लोगों को इस्लाम धर्म में दीक्षित करना तथा राज्य का शासन प्रबंध कुरान के आदेश के अनुसार करना तथा भारत को इस्लाम देश (दार-उल-इस्लाम) में परिवर्तित करना अपने जीवन का मुख्य ध्येय बना लिया था। उसने निश्चय किया कि जब तक पूरे देश पर विजय प्राप्त करके उसकी समस्त प्रजा इस्लाम धर्म में दीक्षित नहीं हो जाएगी, तब तक वह उन गैर-मुसलमानों को राजनीतिक तथा आर्थिक अधिकारों से वंचित रखेगा ताकि प्रतिदिन उन्हें अपनी हीनता का ध्यान रहे और अंत में लाचार होकर वे अपने पूर्वजों का धर्म त्यागकर इस्लाम धर्म स्वीकार कर लें।

औरंगजेब ने सबसे पहले इस्लाम को दरबार और देश में उस अवस्था पर पहुँचाया जैसाकि अकबर से पूर्व प्रतिष्ठित था। इसके बाद मुस्लिम रीति-रिवाजों को छोड़कर अन्य सभी रीति पर रोक लगाकर उसने मुस्लिम कानून को पुनः लागू कर दिया। उसने सिक्कों पर कलमा का लिखा जाना, फारस के नववर्ष दिवस पर उत्सव का मनाना तथा भाँग की खेती करना बंद करा दिया। उसने देश के समस्त बड़े-बड़े नगरों में मुहतसिबों (धर्म-निरीक्षक) की नियुक्ति की, जो शहर में कुरान के कानूनों को लागू करते थे। उसने अपने दरबार में गाना-बजाना बंद करवा दिया तथा अपने जन्म-दिवस के अवसर पर सम्राट को चाँदी, सोना तथा हीरे-जवाहरातों से तोले जाने की (तुलादान) प्रथा को बंद करवा दिया। उसने झरोखा दर्शन देना भी बंद कर दिया। राज्य के हिंदू ज्योतिषियों को पदच्युत कर दिया गया, जबकि मुसलमान ज्योतिषी अपने पदों पर पूर्ववत आसीन रहे। समय-समय पर सम्राट उनसे काम भी लेता रहा। उसने प्राचीन मन्दिरों की सुन्दरीकरण व मरम्मत पर रोक लगा दी। इसके कुछ समय पश्चात अपने प्रांत के राज्यपालों को "काफिरों के मंदिरों तथा पाठशालाओं को, धार्मिक तथा पवित्र स्थानों को तोड़फोड़ डालने तथा उनके धार्मिक तथा विद्या के प्रचार को रोकने का कठोर आदेश दिया। मुहतसिब लोगों की अपनी सीमा के हर भाग में जाकर समस्त हिंदू मंदिरों तथा पुण्य स्थानों को नष्ट-भ्रष्ट करना पड़ा।" "मंदिर तोड़ने के लिए नियुक्त किए गए सरकारी कर्मचारियों की इतनी अधिक संख्या थी कि उनको आदेश देने तथा देखने-भालने के लिए एक दरोगा की नियुक्ति करनी पड़ी थी।" संसार प्रसिद्ध बनारस के विश्वनाथ, मथुरा केशवदेव तथा पाटन के सोमनाथ जैसे पवित्र मंदिरों को गिरा दिया गया; यहाँ तक कि मुग़लों के मित्र

हिंदू नरेशों के राज्यों—जयपुर आदि—के मंदिरों तक को नहीं छोड़ा गया। कभी-कभी तो मूर्तियों को तोड़ने के साथ-साथ अनियंत्रित भ्रष्टता का कार्य तक संपन्न हुआ, जैसे देवालय में गौओं का वध करना, मूर्तियों को जनता के पैरों द्वारा कुचला जाना।

औरंगजेब ने 12 अप्रैल 1679 में इस्लाम का प्रचार तथा क़ाफिरों को अपमानित करने के लिए हिन्दुओं पर फिर से जज़िया कर लगा दिया। यह एक विनिमय कर था जो मुआफी तथा जागीरों अथवा सरकारी प्रांत में रहने वाले हिंदुओं से मुसलमान धर्म अंगीकार न करने के कारण वसूल किया जाता था। चाहे वे सरकारी नौकरी में हों अथवा निजी खेती-बाड़ी करते हों, उन्हें यह कर अपने हाथ से नम्रतापूर्वक देना पड़ता था। जज़िया की जाँच तथा वसूली के लिए समस्त गैर-मुस्लिम जनता को तीन श्रेणियों में बाँटा गया था, जिसमें प्रथम श्रेणी वाले 48 दरहम, द्वितीय श्रेणी वाले 24 तथा तृतीय श्रेणी वाले 12 दरहम वार्षिक जज़िया के रूप में दिया करते थे। एक दरहम चार आने से कुछ अधिक मूल्य का होता था। स्त्री, बच्चे, भिखारी, गुलाम तथा अन्य कंगाल लोग जज़िया कर से मुक्त थे। वे पुजारी लोग भी जो धनी पूजागृहों में पूजा नहीं करते थे, इस कर से मुक्त थे। इस कर का हिंदुओं पर बुरा प्रभाव पड़ा। मनुची लिखता है कि अनेक हिंदू जो कर देने की अवस्था में नहीं होते थे, "वसूली करने वालों द्वारा अपमानित न होने" तथा कर मुक्त होने के लालच में मुसलमान हो जाते थे। इससे औरंगजेब काफी प्रभावित हुआ। वह हिंदुओं के विरोध की सदा उपेक्षा करता रहा तथा उसने तीर्थस्थानों पर नहाने का कर पुनः लगा दिया। प्रत्येक हिंदू को प्रयाग में गंगा-स्नान करने के लिए 6 रुपए 4 आने यात्रा कर के रूप में देने पड़ते थे। इसी प्रकार अन्य तीर्थस्थानों पर भी हिंदुओं को इसी प्रकार कर देना पड़ता था। सम्राट ने मुसलमान व्यापारियों से चुंगी की वसूली बंद कर दी, परंतु हिंदू व्यापारियों को उसी प्रकार 5 प्रतिशत चुंगी देनी पड़ती थी। यह सब हिंदुओं पर दबाव डालने के लिए किया गया था। उसने इस बात की घोषणा कर दी कि जो हिंदू मुसलमान धर्म अंगीकार कर लेंगे उन्हें वेतन तथा पुरस्कार मिलेंगे; यहाँ तक कि उसने धर्म-परिवर्तित हिंदुओं को सरकारी नौकरियाँ दीं तथा हिंदू कैदियों को मुसलमान हो जाने पर मुक्त कर देने का लालच भी दिया। पंजाब में कुछ मुसलमानों के पास अभी तक सरकारी नियुक्ति-पत्र सुरक्षित हैं, जिनमें उनके पूर्वजों को मुसलमान बन जाने पर पुरस्कार रूप में कानूनगो नियुक्त किए जाने का आदेश है। जब कभी दो गैर-मुस्लिम परिवार में सम्पत्ति के लिये झगड़ा हो जाता था, तो वह सम्पत्ति औरंगजेब उसी व्यक्ति को देता था ज़ो मुस्लिम धर्म कबूल कर लेता था। 1671 ई. में औरंगजेब ने प्रांतों में लगान की वसूली हेतु नियुक्त हिंदू अधिकारियों

को पदच्युत कर दिया। परंतु चूँकि योग्य मुसलमान पर्याप्त संख्या में प्राप्त नहीं थे, इसलिए कुछ प्रांतों में हिंदुओं को अपने स्थान पर काम करने दिया गया। 1688 ई. में उसने धार्मिक मेलों के लगने तथा त्यौहारों के मनाए जाने पर प्रतिबंध लगा दिया। उसी वर्ष उसने राजपूतों के अलावा अन्य हिंदुओं का पालकियों, हाथियों या अच्छे घोड़ों पर सवारी करना तथा अपने साथ कोई हथियार रखना अपराध घोषित कर दिया। इस प्रकार औरंगजेब ने हिंदुओं को हर प्रकार से क्लेश पहुँचाकर मुसलमान हो जाने के लिए बाध्य किया। कभी-कभी तो वह जबरदस्ती भी लोगों को मुसलमान बना लेता था। उसने इस कार्य में राजनीति बुद्धि-पेच का भी प्रयोग किया तथा इस्लाम के प्रचार को अपने शासन-प्रबंध का मुख्य ध्येय बना लिया। इस प्रकार उसके समय में मुग़ल-साम्राज्य एक धर्म-प्रचारक संस्था बन गई।

जाटों का विद्रोह (1668-1689)

भारत में औरंगजेब की गैर-मुस्लिमों को मुस्लिम बनाने के नीति का अनेक क्षेत्रों में विरोध किया गया, जैसे—मालवा, राजस्थान, बुंदेलखंड तथा खानदेश ने इस नीति का विशेष रूप से विरोध किया। इन क्षेत्रों में मंदिरों से परिणत अनेक मस्जिदों को तोड़-फोड़ डाला गया तथा मुसलमानों की नमाज की पुकार को भी बंद कर दिया गया। कुछ स्थानों पर तो जज़िया की वसूली करने वालों को पीटा गया तथा उनकी दाढ़ी नोंचकर उन्हें भगा दिया गया। परंतु औरंगजेब की उत्पीड़न-नीति के विरुद्ध संगठित प्रथम हिंदू विद्रोह मथुरा जिले में हुआ जहाँ पर वीर जाटों ने अपने नेता गोकुल की अध्यक्षता में 1669 ई. में स्थानीय प्रांतीय अधिकारी अब्दुल नबी को, जो सम्राट की आज्ञानुसार मंदिरों तथा मूर्तियों को नष्ट-भ्रष्ट कर रहा था, मार डाला। इस मुग़ल अधिकारी ने पवित्र मथुरा शहर के बीच में हिंदू मंदिरों को तोड़कर उनके स्थान पर एक मस्जिद खड़ी कर दी थी। दारा द्वारा केशवराय मंदिर को भेंट किए हुए पत्थर के जंगले को भी, जिसमें खोदकर चित्र बनाए गए थे, वह उठा ले गया था। वह हिंदू कन्याओं का बलपूर्वक अपहरण किया करता था। जाटों ने उसे मारकर सादाबाद के परगने को खूब लूटा। सम्राट द्वारा भेजी गई अनेक मुग़ल फौजी टुकड़ियों से मोर्चा लेने के बाद तिलपत के स्थान पर भयानक युद्ध में जाट लोग परास्त हुए। जाटों के सरदार गोकुल अपने परिवार सहित कैद करके लाया गया। यहाँ पर पुलिस चौकी के दालान में उसके अंगों के टुकड़े-टुकड़े कर डाले गए और उसके परिवार को जबरदस्ती मुसलमान बना लिया गया। परंतु फिर भी जाटों का विद्रोह चलता रहा और 1686 ई. में सिन्सनी के राजाराम तथा सोघर के रामचेरा ने सरदारों का पद

सँभाला। इन लोगों ने अपने जाति-भाइयों (गिरोह के आदमियों) सहित खुलेआम युद्ध किया। ये लोग जंगलों में अगम्य स्थानों पर मिट्टी के किले बनाते थे और आगरा शहर तक खूब लूटपाट किया करते थे।

1687 ई. में प्रसिद्ध मुग़ल सेनानायक युगीर खाँ को हराने और मार डालने तथा मुग़ल सामंत मीर इब्राहीम को लूट लेने के कारण राजाराम अब प्रसिद्ध हो चुका था। उसने सिकंदरे में अकबर के मकबरे तक को लूटा और इमारत को काफी हानि पहुँचाई। जैसा कि मनुची लिखता है, उसने महान सम्राट अकबर की हड्डियों को खोदकर उन्हें जला भी दिया। इस घटना से औरंगजेब काफी सतर्क हो गया, और उसने 1688 ई. में अपने पौत्र बीदरबख्त को उसके सहायक आमेर के राजा विशनसिंह के साथ, जो मथुरा जिले का अधिकारी था, जाटों का दमन करने के लिए भेजा। जुलाई, 1688 ई. में राजाराम परास्त हुआ और मारा गया। कठिन युद्ध के बाद, जिसमें मुग़लों के 900 तथा जाटों के 1,500 सैनिक काम आए, मुग़ल सेना ने सिन्सनी पर अधिकार कर लिया। राजाराम के बाद उसके भतीजे चूरामन ने जाटों का नेतृत्व सँभाला और औरंगजेब की मृत्यु तक विद्रोह जारी रखा। उसने शक्तिशाली सेना तैयार कर ली और वर्तमान भरतपुर के राजपरिवार की स्थापना की। अंत में जाटों का उत्थान मुग़ल-साम्राज्य के पतन का एक प्रमुख कारण हो गया।

सतनामियों का विद्रोह

औरंगजेब का दूसरा विद्रोह सतनामियों के साथ हुआ था। नारनौल तथा मेवात के जनपदों में इस विद्रोह ने विशेष रूप से जोर पकड़ लिया था। सतनामी लोग शांतिप्रिय धार्मिक लोग थे, जो एकेश्वरवाद में विश्वास रखते थे और खेती करते थे। वे अपना सिर, चेहरा तथा भौंहें तक मुंडवाते थे, इसलिए मुंडिया कहलाते थे। यह विद्रोह एक सतनामी किसान और लगान वसूल करने वाले एक स्थानीय मुग़ल अधिकारी के प्यादे में व्यक्तिगत झगड़े के कारण हुआ था। सैनिक के अनुचित व्यवहार से सतनामी लोगों को क्रोध आ गया और इस झगड़े ने बढ़कर मुग़लों के विरुद्ध धार्मिक युद्ध का रूप ले लिया। यह बात बहुत जल्दी ही फैल गई। उन लोगों में यह अफवाह फैल गई थी कि एक वृद्ध जादूगरनी (भविष्यवक्ता) ने सतनामियों को गोली के लिए अभेद्य बना दिया है। इस अफवाह से इस क्रिया को बहुत प्रेरणा मिली। स्थानीय सरदारों द्वारा मुग़ल सेना पर अनेक विजयें प्राप्त कर लेने के कारण उन लोगों का पक्का विश्वास हो गया कि वे गोलियों के लिए अभेद्य हो गए हैं। उन्होंने नारनौल शहर तथा जिले को खूब लूटा और उस पर अधिकार जमा लिया।

विवश होकर औरंगजेब को रदन्दाज खाँ के नेतृत्व में तोपखाने से सुसज्जित एक सेना भेजनी पड़ी। उसने कागजों पर जादू-टोने के मंत्रों को लिखकर सेना के झंडों में बाँध दिया, ताकि वे शत्रु के जादू-टोने से बच सकें। सतनामी बहुत ही धैर्यपूर्वक युद्ध में डटे रहे, पर वे सफल नहीं हुए, 2,000 सतनामी युद्धभूमि में काम आए और शेष ने आतंकित होकर आत्मसमर्पण कर दिया।

औरंगजेब और सिक्ख

औरंगजेब की धार्मिक उत्पीड़न-नीति को देखकर सिक्ख सम्प्रदाय उग्र हो उठा और विद्रोह की आग में धैर्ययतापूर्वक कूद पड़े और यही विद्रोह ही आगे चलकर मुग़ल-साम्राज्य के पतन का प्रमुख कारण बना। सिक्ख संप्रदाय 16वीं शताब्दी के आरंभ काल में गुरु नानक द्वारा प्रतिष्ठापित किया गया था। यह वास्तव में पवित्र धार्मिक भाईचारा था जिसके अनुयायी एकेश्वरवाद तथा ईश-प्रार्थना, आत्मसंयम और सुकर्मों द्वारा निर्वाण-प्राप्ति में विश्वास रखते थे। नानक ने मूर्तिपूजा का खंडन किया, जाति भेदभाव तथा ब्राह्मणों अथवा मुल्लाओं की श्रेष्ठता को खुलेआम धिक्कारा। उसके प्रथम तीन उत्तराधिकारी उसी के पदचिह्नों पर चले, परंतु चौथे गुरु रामदास ने सर्वप्रथम आत्मिक तथा साथ ही साथ सांसारिक प्रभुत्व प्राप्त करने को अपना लक्ष्य बनाया। 1581 ई. में गद्दी पर बैठे उसके उत्तराधिकारी गुरु अर्जुन ने गुरु ग्रंथ साहब का संपादन किया, अमृतसर का स्वर्ण मंदिर बनाया तथा सिक्खों को एक ठोस संप्रदाय के रूप में संगठित किया। इसके अलांवा गुरु ने मसंद नामक अफसरों को समस्त सिक्खों से दशांश कर तथा भेटें वसूल करने के लिए नियुक्त करके अपने लिए व्यवस्थित आय का प्रबंध कर लिया। उसने विद्रोही खुसरो को आशीर्वाद दिया था, इस कारण जहाँगीर ने उसे कैद कर लिया तथा 1606 ई. में यातना देकर मार डाला गया। गुरु अर्जुन के सुपुत्र हरगोविंद ने सैनिक शिक्षा प्राप्त की और कुशल योद्धा बन गया। शिकार के शाही स्थल को हथिया लेने तथा सम्राट द्वारा भेजी गई मुग़ल सेना को परास्त कर देने के कारण उसे शाहजहाँ से टक्कर लेनी पडी। शाहजहाँ ने अमृतसर में हरगोविंद के घर तथा जायदाद को छीन लेने की आज्ञा दी। इस कारण गुरु ने जाकर कीरतपुर में शरण ली और 1645 ई. में स्वर्ग सिधार गए। हरराय उसके उत्तराधिकारी बने, जिसकी मृत्यु के पश्चात हरकृष्ण गुरु बने। इसके बाद तेगबहादुर गुरु बने, जिसने अपना निवास-स्थान आनंदपुर बनाया। इसी दौरान औरंगजेब सत्ता का पद भार सभाला और धार्मिक उत्पीड़न नीतिं पर चलना शुरू कर दिया। सम्राट ने सिक्खों के गुरुद्वारों को नष्ट करने तथा मसंदों को शहर से बाहर निकाल देने की

आज्ञा दी। गुरु तेगबहादुर ने इस नीति का खुल्लमखुल्ला विरोध किया, इस कारण उसे कैद कर दिल्ली ले जाया गया। वहाँ पर उसे इस्लाम धर्म स्वीकार कर लेने को कहा गया, परंतु इनकार करने पर पाँच दिन तक घोर यातना देने के बाद मार डाला गया (दिसंबर, 1675 ई.)। औरंगजेब द्वारा अपनायी गयी धार्मिक उत्पीड़न नीति से सिक्खों व मुसलमानों दोनों के मध्य विश्वास भंग हो गया। इससे तंग आकर तेगबहादुर के सुपुत्र गोविंदसिंह को अपने पिता की मृत्यु का बदला लेने का दृढ़ निश्चय करने पर बाध्य होना पड़ा। उसने सिक्खों को सैनिक संप्रदाय में परिवर्तित करके उसका नाम 'खालसा' रख दिया। खालसा लोगों को साधारण जनता से भिन्न वस्त्र धारण करने पड़ते थे और अपने साथ 'क' से शुरू होने वाली पाँच चीजें– केश, कृपाण, कच्छ, कड़ा और कंघी–रखनी पड़ती थी। इसके अलावा उन्हें जाति-भेद तथा खान-पान के सभी भेद छोड़ने पड़ते थे। खालसा-दल में प्रविष्ट करने के लिए एक नई विधि निर्दिष्ट की गई और अनुगामियों को इस बात का विश्वास करा दिया गया कि वे योग्यतम तथा चुने हुए लोग हैं। इस प्रकार गुरु गोविंद का सिक्ख धर्म यथार्थ में औरंगजेब के इस्लाम धर्म के विरुद्ध विनाशकारक सिद्ध हुआ। गुरु गोविंदसिंह के नेतृत्व में खालसा लोगों ने धर्मांधता का जवाब धर्मांधता से देने की नीति का अनुसरण किया।

औरंगजेब ने जिन मुसलमान अफसरों और हिन्दू राजाओं तथा उनकी मदद करने के लिए जो शाही सेना भेजी था इन सभी से गुरु गोविन्द सिंह को लड़ना पड़ा। गुरुगोविन्द सिंह ने औरंगजेब को एक बार ही नहीं बल्कि कई युद्धों में परास्त लिया था। उसके अनुयायी दिन-प्रतिदिन बढ़ते गए। आनंदपुर में गुरु के घर का पाँच बार घेरा डाला जा चुका था, इस कारण उसने उस स्थान को छोड़कर मैदान में जाकर शरण ली। मुग़लों ने उसका पीछा किया। स्थान-स्थान पर उसकी खोज की गई और पीछा किया गया। अंत में वह बीकानेर होकर दक्षिण में जा पहुँचा। युद्ध में उसके पुत्र काम आए तथा शेष दो को सरहिंद के फौजदार ने मौत के घाट उतार दिया (1705 ई.)। औरंगजेब की मृत्यु का समाचार पाकर गुरु पुनः उत्तरी भारत में आ पहुँचा। उसने बहादुरशाह के साथ मिलकर उसके भाइयों के विरुद्ध मोर्चा लिया और उसी के साथ दक्षिण की ओर बढ़ चला। गोदावरी नदी के किनारे नादिर के स्थान पर जब ये लोग डेरा डाले हुए थे, तो एक अफ़ग़ान अनुयायी ने 1708 ई. में छुरा भोंककर उसकी हत्या कर दी थी।

गोविन्दसिंह सिक्ख सम्प्रदाय के दसवें और अन्तिम गुरु कहे जाते हैं। अपनी मृत्यु के कुछ समयपूर्व ही उसने गुरु की प्रथा को समाप्त कर दिया और अपने

अनुयायी सिक्ख-संप्रदाय का प्रजासत्तात्मक सैनिक रूप देने का आदेश दिया था। उनका कहना था कि ''जहाँ कहीं भी 5 सिक्ख होंगे मैं वहीं पर उपस्थित रहूँगा।'' गुरु गोविंदसिंह की मृत्यु के समय तक सिक्ख एक ऐसा विद्रोही संप्रदाय बन चुका था, जिसने मुग़लों के अत्याचार का अंत करने का व्रत लिया था।

राजपूत नीति

मुग़ल-साम्राज्य का प्रमुख हिंदू सामंत, जोधपुर नरेश महाराजा जसवंतसिंह, जो औरंगजेब से धरमत के मैदान पर लड़ा था और जिसने खजुआ में उसके डेरों को खूब लूटा था, 20 दिसंबर, 1678 ई. को जामरूद में ईश्वर की गोद में चला गया। सम्राट ने अफगानिस्तान में जामरूद में उसे मुग़ल चौकियों की रक्षा करने के लिए नियुक्त किया था। औरंगजेब राजपूतों से घृणा करता था, परंतु जब तक भारत में मिर्जा राजा जयसिंह तथा महाराजा जसवंतसिंह जैसे शक्तिशाली नरेश जीवित रहे, वह हिंदुओं को मुसलमान बनाने में स्वतंत्र रूप से प्रयोग न कर सका। इस कारण जोधपुर नरेश की मृत्यु पर सम्राट को प्रसन्नता हुई और उसने मारवाड़ को मुग़ल साम्राज्य में शामिल कर लेने की आज्ञा दी। इस भय से कि कहीं राठौर लोग राष्ट्रीय विद्रोह न खड़ा कर दें, उसने अजमेर के लिए प्रस्थान किया। मारवाड़ जैसे शक्तिशाली हिंदू राज्य का मुग़ल साम्राज्य में मिलाया जाना सम्राट की भारत को मुस्लिम साम्राज्य में परिवर्तित करने की नीति को सफल बनाने के लिए अत्यंत अनिवार्य था। संभव था कि स्वतंत्र मारवाड़ सम्राट की नीति का विरोध करके उसे असफल बना देता। अतः मारवाड़ पर आधिपत्य प्राप्त करके औरंगजेब 12 अप्रैल, 1679 ई. को दिल्ली लौट आया और उसने उसी दिन हिंदुओं पर 'जज़िया' पुनः लगा दिया, जिससे एक शताब्दी से कुछ समय पहले अकबर ने हिंदुओं को मुक्त कर दिया था।

इसी बीच महाराजा जसवंतसिंह का परिवार जब जामरूद से दिल्ली आ रहा था, तो लाहौर में उसकी दो रानियों के फरवरी, 1679 ई. में दो पुत्र उत्पन्न हुए। उनमें से एक तो जन्म के बाद ही मर गया और दूसरा बड़ा होकर महाराजा अजीतसिंह के नाम से प्रसिद्ध हुआ। जून, 1679 ई. में अजीतसिंह अपनी माता सहित दिल्ली जा पहुँचा। औरंगजेब ने उसे शाही हरम के सुपुर्द किए जाने की आज्ञा दी तथा उसे जोधपुर का राज्य पुनः देने के लिए एक शर्त रखी कि वह अपने धर्म को छोड़कर मुस्लिम धर्म को अपना ले। यही शर्त 1703 ई. में औरंगजेब ने मराठा राजा शाहू के सामने आगे चलकर रखी थी। राठौर लोगों के लिए यह बहुत बड़ा अपमान था। इस कारण राठौरों ने मिलकर अपने नन्हें राजा अजीतसिंह को कष्ट से बचाने का

उपाय सोच निकाला। उन्होंने अपने नेता दुर्गादास के साथ मिलकर रानी के स्थान पर नौकरानी और नन्हें राजा के स्थान पर नौकरानी के पुत्र को रख दिया और राठौर योद्धाओं का जत्था मुग़लों की उस फौज से जा भिड़ा, जो रानी और अजीतसिंह को पकड़ने के लिए भेजा गया था और जिसने इसी कारण जसवंतसिंह के निवास-स्थान को घेर लिया था। इधर तो राठौर योद्धाओं ने मुग़ल सेना को युद्ध में जुटाए रखा और उधर दुर्गादास कुछ राठौर योद्धाओं के साथ रानियों को पुरुषों जैसी वेशभूषा पहनाकर राठौरों के राज परिवार के अन्य सदस्यों सहित 9 मील का रास्ता तय कर चुका था। जब सम्राट को इस बात का पता लगा तो उसने दुर्गादास से युद्ध करके रानी और उसके नन्हें पुत्र अजीतसिंह को वापस लाने के लिए एक सेना भेजी। राठौर लोग मुग़ल सेना के साथ बहादुरी से लड़े और उन्हें तीन बार हराया और वापस भगा दिया। इस प्रकार अजीतसिंह मारवाड़ सुरक्षित पहुँच गया। इस उपाय में भी असफल होने पर औरंगजेब ने अजीतसिंह के स्थान पर एक ग्वाले के बच्चे को रख दिया। उसे इस्लाम धर्म में दीक्षित करके उसका नाम मुहम्मद रज़ा रखा और इस बात की घोषणा कर दी कि दुर्गादास का शरणागत राजा नकली नरेश है। सम्राट ने नागौर नरेश इंद्रसिंह को, जिसे मुग़लों का वफादार अनुयायी होने के कारण मारवाड़ का राज्य मिला था, गद्दी से उतार दिया और जोधपुर को जो उस समय मुग़ल सेनानायक के अधिकार में था, यथाविधि मुग़ल साम्राज्य में सम्मिलित कर लिया। सम्राट पुनः अजमेर को रवाना हुआ और वहाँ से अपने पुत्र अकबर को एक विशाल सेना सहित मारवाड़ को पुनर्विजित करने के लिए भेजा, क्योंकि वहाँ की जनता से मुग़ल आततायियों के विरुद्ध विद्रोह खड़ा कर दिया था। काफी समय तक लड़ने के बाद शाही सेना मारवाड़ पर विजय प्राप्त कर सकी। शाही सेना ने समस्त नगरों में लूटपाट की और मंदिरों को नष्ट-भ्रष्ट किया, परंतु राठौर लोग, जो पहाड़ियों में जा छिपे थे, उन लोगों को लगातार तंग करते रहे।

मारवाड़ पर विजय प्राप्त करने के पश्चात् औरंगजेब अब मेवाड़ पर अधिकार जमाने के लिए सैन्य बलों के साथ चल पड़ा। उसने महाराणा राजसिंह के समस्त राज्य पर जज़िया कर देने को कहा। परंतु अब तक राजसिंह समझ गया था कि औरंगजेब राजपूतों को जड़ से उखाड़ फेंकना चाहता है। अतएव महाराणा अजीतसिंह का पक्ष लेते हुए मुग़लों से जोरदार टक्कर लेने के लिए तैयार हो गया। औरंगजेब ने महाराणा का इरादा भाँप लिया और हसन अली खाँ के नेतृत्व में 7,000 चुने हुए सैनिकों को मेवाड़ पर आक्रमण करने के लिए भेजा। इस पर महाराणा अपनी राजधानी उदयपुर को छोड़कर पहाड़ियों पर भाग निकला। चित्तौड़ और मेवाड़ पर

अधिकार कर लेने के बाद हसन अली ख़ाँ ने वहाँ के मंदिर को तोड़ना शुरू कर दिया। राजसिंह का पीछा करके उसने उसे 1 फरवरी, 1680 ई. को हरा दिया। राजकुमार अकबर को चित्तौड़ का भार सौंपकर सम्राट अजमेर को वापस चला गया। अब राजसिंह ने मुग़ल चौकियों पर आक्रमण करके उनके आवागमन का रास्ता अवरूद्ध कर दिया। एक रात कुछ राजपूत सैनिक एकाएक चित्तौड़ के समीप अकबर के शिविर में प्रवेश किये और कई मुग़ल सैनिकों को मौत के घाट उतार दिया। इस प्रारंभिक सफलता के पश्चात राजसिंह बेदनौर की ओर बढ़ चला। वहाँ उसने अकबर को करारी हार दी और महान क्षति पहुँचाई। औरंगजेब ने अकबर को बदलकर उसके स्थान पर राजकुमार आजम की नियुक्ति चित्तौड़ में कर दी। मेवाड़ पर आक्रमण करने की योजना राजा ने पुनः तैयार की, जिसके आधार पर तीन तरफ से मेवाड़ पर धावा वोलना था। पूरब दिशा से आक्रमण करने वाली सेना आज़म की अध्यक्षता में थी जिसे देववाड़ी दर्रे से होकर उदयपुर पर आक्रमण करना था। मुअज्जम की अध्यक्षता में दूसरी सेना को उत्तर से राजसमुद्र झील के ओर से प्रवेश करना था। परंतु इनमें से प्रथम दो सेनापति मेवाड़ तक अपनी सेना सहित नहीं पहुँच पाएँ। अकबर नाडौल पहुँच गया और वहाँ दो माह ठहरकर देवसूरी दर्रे की ओर अग्रसर हुआ। परंतु वह भी इससे आगे नहीं बढ़ सका और राजसिंह को, जो इसके डेरे के दक्षिण में केवल आठ मील की दूरी पर कुंभलगढ़ में डेरा डाले था, वहाँ से भगाने में सफल न हो सका। अब तक राजकुमार निराश हो चुका था। अपने पिता की विरोधी नीति की तुच्छता (निस्सारता) समझ लेने के कारण उसने राजपूतों से संधि-वार्ता प्रारंभ कर दी। राठौरों और सिसौदिया लोगों के सहयोग से उसने अपने पिता के विरुद्ध विद्रोह का झंडा खड़ा कर दिया और 11 जनवरी, 1681 ई. को अपने आपको भारत का सम्राट घोषित कर दिया।

राजपूत नरेशों ने कुछ सप्ताह पूर्व अकबर के समक्ष एक शर्त रखी कि वह उन लोगों की सहायता से राज्य पर अधिकार करके स्वयं को सम्राट घोषित कर दे तो राठौर तथा सिसौदिया राजपूत इस कार्ग के लिए अपनी सेनाएँ उसकी सेवा में भेज देंगे। यह भी तय हुआ कि अकबर अपना राज्यारोहण विधिपूर्वक मनाकर औरंगजेब के विरुद्ध अग्रसर होगा। इन सब बातों तथा प्रस्तावों के कारण अकबर ने उक्त महत्त्वपूर्ण निर्णय किया था। अकबर यह भलीभाँति जानता था कि औरंगजेब की धर्मांधता की नीति न केवल देश के ही लिए वरन् मुग़ल सत्ता के लिए भी हानिकर थी। इस कारण अकबर दुर्गादास और महाराणा राजसिंह की इच्छानुसार काम करने को राजी हो गया था। परंतु 1 नवंबर, 1680 ई. को महाराणा की मृत्यु तथा उसके

पुत्र जयसिंह के राज्यारोहण के कारण औरंगजेब पर आक्रमण करने की योजना को कार्यरूप में परिणत करने में अधिक समय लग गया था। ज्योंही मेवाड़ का नया महाराणा अपनी सेना अकबर की सेवा में भेजने को तैयार हो गया, वैसे ही उसने चार मुसलमान उलेमाओं द्वारा हस्ताक्षरित एक 'फतवा' लिखवाया, जिसमें लिखा था कि औरंगजेब ने कुरान के नियमों का उल्लंघन किया है, इस कारण वह राजसिंहासन पर आसीन नहीं हो सका। इसके पश्चात् 11 जनवरी 1681 ई. के दिन अपना राजतिलक सम्पन्न किया। सिसौदिया और राठौरों की सेनाओं सहित उसने 12 जनवरी को अपने पिता के विरुद्ध, जो अजमेर में डेरा डाले हुए था, प्रस्थान किया। सम्राट के हृदय में अकबर के प्रति पिता का प्रेम था। इस कारण ऐसी चोट खाकर पहले तो वह भौंचक्का रह गया, परंतु शीघ्र ही सँभल गया और थोड़ी सेना होने के बावजूद उसने अजमेर से 8 मील दूर जाकर दौराहा के स्थान पर मोर्चा जमा लिया। छोटी सेना होने के कारण अकबर के साथियों को अपनी तरफ फोड़ लेने के लिए सम्राट ने चतुर कूटनीति से काम लिया। उसने अकबर के पक्के अनुयायी तहव्वर खाँ को उसके श्वसुर से इस आशय का पत्र लिखवाया कि यदि वह शाही नौकरी स्वीकार करेगा तो उसे क्षमादान दे दिया जायेगा यदि वह ऐसा नहीं करेगा तो उसके समस्त परिवार को मौत के घाट उतार दिया जायेगा। अपनी स्त्री और बाल-बच्चों की कुशलता के मोह में आकर एक रात तहव्वर खाँ बिना अकबर या किसी राजपूत सामंत को बताए हुए औरंगजेब के डेरे में जा पहुँचा, जहाँ पर उसे औरंगजेब के सेवकों ने मार डाला। इसके बाद सम्राट ने अकबर को इस आशय का एक पत्र लिखा कि तुमने अपनी और मेरी सेनाओं के बीच प्रमुख राजपूतों को लाने का जो प्रयत्न किया है, वह सराहनीय है। यह पत्र जानबूझकर राजपूत सरदारों के डेरे के पास डलवाया गया। जब दुर्गादास ने इस पत्र को पढ़ा तो वह भौंचक्का रह गया और सीधे अकबर के पास गया और इस षड्यंत्र के बारे में पूछताछ करनी चाही। अकबर के नपुंसक सेवकों ने दुर्गादास को बताया कि वह सो रहा है। अब दुर्गादास तहव्वर खाँ के खेमे में गया, तो उसे मालूम हुआ कि वह गुप्त रूप से औरंगजेब से जा मिला था। अब राजपूतों को पूरा विश्वास हो गया कि अकबर ने अपने पिता के साथ मिलकर उन लोगों को नष्ट कर देने के लिए यह षड्यंत्र रचा है। इस कारण उन्होंने अकबर के डेरे पर धावा बोल दिया, उसको लूटा और उसे छोड़कर मेवाड़ की ओर प्रस्थान किया। पथभ्रष्ट अकबर की सेना के बहुत-से सैनिक भी उसे छोड़कर औरंगजेब की सेना में जा मिले और जब अकबर जगा तो उसके साथ केवल 350 घुड़सवार बच रहे थे। राजपूतों के साथ रहने में ही अपनी भलाई समझकर वह अपनी स्त्रियों, बच्चों और

खजाने का कुछ भाग लेकर मेवाड़ की ओर लौट पड़ा। दूसरे दिन औरंगजेब ने अकबर के डेरे पर अधिकार प्राप्त कर लिया और उसके साथियों को तथा विशेषकर उन चार मुल्लाओं को जिन्होंने उसके विरुद्ध फतवा लिखा या जारी किया था, उन्हें दंडित किया।

इस बात पर दुर्गादास को शीघ्र ही मालूम हो गया कि अकबर और राजपूतों के मेल-मिलाप का असफल होना अकबर के विश्वासघात के कारण नहीं, वरन् औरंगजेब के छल के कारण हुआ था। अब उसने अकबर को अपने संरक्षण में रखा और राजपूताना तथा खानदेश की खतरनाक यात्रा करके उसे शिवाजी के पुत्र शम्भूजी के दरबार में पहुँचा दिया, क्योंकि शम्भूजी ही केवल ऐसा भारतीय नरेश था जो भगोड़े राजकुमार को अपने दरबार में शरण देने का साहस कर सकता था।

इससे पूर्व कि मराठों की मदद से अकबर राज्य में कोई विद्रोह खड़ा करें राजा ने उदयपुर के महाराजा से जाकर समझौता कर लिया। उसके बाद वह दक्षिण की ओर इस इरादे से अग्रसर हुआ कि वह भारत का सम्राट बनने के अकबर के सुनहरे स्वप्नों को भंग कर दे। महराणा जयसिंह को भी सदा शाही सेना के हमले का भय बना रहता था। अतएव वह भी सम्राट से संधि करने को उतना ही उत्सुक था। इस कारण 24 जून, 1681 ई. को उन दोनों में संधि हो गई थी। अपने राज्य पर लगाए जज़िया के एवज में महाराणा ने सम्राट को मादलपुर और बेदनौर के परगने दे दिये। सम्राट ने महाराणा को अपने राज्य में स्थायी बनाकर 'राणा' के पद से विभूषित किया तथा उसे 5,000 का मनसबदार नियुक्त किया। परंतु मारवाड़ ने सम्राट से संधि नहीं की और वह अगले 27 वर्ष तक मुग़ल सम्राट से लड़ता रहा। इस युद्ध के कारण वफादार सिसौदिया और राठौरों की मुग़ल सम्राट के प्रति सहानुभूति नहीं रही। हाड़ा और गौड़ राजपूतों ने भी उनकी नीति का अनुसरण किया और उत्तरी भारत में मुग़ल सत्ता की जड़ खोद डाली। औरंगजेब एक विशाल सेना सहित दक्षिण की ओर अग्रसर हुआ। नवंबर माह में वह बुरहानपुर पहुँचा और 1 अप्रैल, 1682 ई. को औरंगाबाद पहुँचा।

जिस समय तक औरंगजेब दक्षिण में व्यस्त रहा तब तक मारवाड़ में विद्रोह होता रहा। देशभक्त राठौर लोग जिन्होंने पहाड़ियों और मरुभूमि पर अधिकार जमा रखा था, अक्सर मैदान में आकर मुग़ल चौकियों पर हमला करते रहते थे और उनके आवागमन तथा रक्षा के मार्गों को बंद कर देते थे। इस प्रकार ये लोग जोधपुर के मुग़ल राज्यपाल को तंग करते रहे और उसे राज्य पर पूर्णरूप से अधिकार जमाने का समय तक नहीं दिया। राठौरों के स्वतंत्रता-संग्राम को तीन भागों में बाँटा जा सकता है :

(1) 1681 से 1687 ई. तक यह जन-संग्राम होता रहा, क्योंकि अजीतसिंह उस समय बच्चा था और प्रसिद्ध राठौर योद्धा दुर्गादास दक्षिण में था। राठौरों में कोई ऐसा केंद्रीय अधिकारी नहीं था, जो अकेला मुग़लों से टक्कर लेता, वरन् गुरिल्ला दस्ते अनेक स्थानों पर एक साथ मुग़लों पर आक्रमण कर देते थे। इस कारण मुग़ल राज्यपालों को नियमित शासन-प्रबंध स्थापित करने को न तो समय ही मिल पाता था और न ही कभी विश्राम।

(2) 1687 से 1701 ई. तक दुर्गादास ने, जो दक्षिण से लौट आया था, राठौरों का नेतृत्व किया। बूँदी के दुर्जनसाल हाड़ा के सहयोग से उसने मारवाड़ के मैदान साफ कर दिए और मेवात तथा दिल्ली तक मुग़ल सीमाओं पर आक्रमण किया। यद्यपि 1690 ई. में उसने अजमेर के राज्यपाल को हरा दिया, परंतु मारवाड़ के नए राज्यपाल शुजात खाँ ने, जो एक योग्य व्यक्ति था, स्थानीय राठौर सरदारों से गुप्त संधि कर ली थी, जिसके अनुसार वह उन्हें चौथ, अर्थात् चुंगी करों को सरकारी आय का चौथाई भाग देता था। इस कारण दुर्गादास मारवाड़ को पुनः प्राप्त न कर सका। परंतु बाद में दुर्गादास ने सम्राट से संधि कर ली, जिसके अनुसार उसे अकबर की पुत्री शफीयातुन्निसा (1694 ई.) तथा पुत्र बुलंदअख्तर (1698 ई.) को सम्राट के हाथ सौंपने को राजी कर लिया था। इसके बदले में सम्राट ने दुर्गादास को 3,000 का मनसबदार तथा गुजरात में पाटन का सेनानायक नियुक्त किया। अजीतसिंह को झालोर, संचोद और सीवाना के परगने जागीर के रूप में दे दिए गए तथा उसे शाही नौकरी में एक पद दे दिया गया। परंतु उसे अपने राज्य में बहाल नहीं किया गया।

(3) इस संग्राम का तीसरा दौर 1701 ई. से 1707 ई. तक रहा। इसके अंत समय में अजीतसिंह ने मारवाड़ पुनः प्राप्त करके अपने को स्वतंत्र शासक बना लिया। 1701 ई. में आजमशाह को जोधपुर का मुग़ल राज्यपाल नियुक्त किया गया। उसने वहाँ के राठौरों को नाराज कर दिया। सम्राट राठौर योद्धा दुर्गादास को कैद करना या मरवा डालना चाहता था। इस कारण वह मारवाड़ भाग गया। वहाँ अजीतसिंह ने उसकी सहायता की और दोनों ने मिश्रित रूप से विद्रोह करना प्रारंभ कर दिया। इस बार फिर औरंगजेब को मजबूर होकर अजीतसिंह के साथ संधि करनी पड़ी। सम्राट ने उसको मेरटा भी जागीर के रूप में दिया। दुर्गादास ने भी थोड़े ही समय बाद आत्मसमर्पण कर दिया। सम्राट ने उसे गुजरात में पुराने पद और नौकरी पर बहाल कर दिया। परंतु 1706 ई. में जब मराठों ने गुजरात पर आक्रमण किया, तो अजीतसिंह और दुर्गादास ने पुनः मुग़ल सम्राट के विरुद्ध विद्रोह का झंडा खड़ा कर दिया। दुर्गादास को कोली राज्य में भगा दिया गया, परंतु मुग़ल सम्राट के वफादार

अधीनस्थ नागौर नरेश मुहकमसिंह को हरा देने के कारण अजीतसिंह ने प्रसिद्धि प्राप्त कर ली। इसी बीच औरंगजेब की मृत्यु का समाचार राजस्थान पहुँचा, तो अजीतसिंह ने मुग़ल राज्यपाल पर आक्रमण किया और उसे मारवाड़ से निकाल भगाया। सोजात, पाली तथा मेरटा को भी मुग़लों से पुनः छीनकर 1707 ई. में उसने अपने आपको मारवाड़ का महाराजा घोषित कर दिया।

1681 ई. के बाद उत्तरी भारत के अन्य भागों की दशा

औरंगजेब का उत्तरी भारत में काफी दिनों तक न रहना, दक्षिण के असीम युद्धों में पैसे को पानी की तरह बहाने और उत्तर भारतीय प्रांतों को मध्य श्रेणी के सरदारों के हाथों में थोड़ी सेना के दस्तों सहित सौंप देने तथा आय के सीमित साधनों के कारण देश की शान्ति भंग होने लगी और व्यवस्था पर प्रतिकूल प्रभाव पड़ने लगा। इसके अतिरिक्त मारवाड़ में राठौरों के स्वतंत्रता-संग्राम और मेवाड़ तथा राजस्थान के कुछ अन्य भागों में शाही अधिकारियों को तुच्छ मानने के कारण कठिन मुकाबला होने के बावजूद मालवा, बिहार और बुंदेलखंड में हिंदुओं ने भयंकर विद्रोह का झंडा खड़ा कर दिया। बंगाल में 1686 ई. में अंग्रेज व्यापारियों ने विद्रोह कर दिया तथा गोंडवाना का जंगली प्रदेश सत्रहवीं शताब्दी के अंतिम 25 वर्षों में अत्यंत अशांत रहा। औरंगजेब की धार्मिक उत्पीड़न-नीति से तंग होकर तथा राज्य पाने के लालच में देवगढ़ तथा चंदा, जिन दो भागों में गोंडवाना बँटा हुआ था, के राजपरिवारों ने इस्लाम अंगीकार कर लिया। परन्तु धर्म परिवर्तन कर मुस्लिम धर्म स्वीकार कर लेने के बावजूद भी ये अपने राज्य को बचा न सकें। 17वीं शदी के अन्तिम वर्षों से ही मराठा लोग गुजरात तथा मालवा पर आक्रमण करके वहाँ के लोगों को तंग किया करते थे। मराठों ने मालवा पर प्रथम धावा कृष्णा सावंत के नेतृत्व में नवंबर, 1699 ई. में किया, और धामोनी के निकट लूटपाट की। इसके पश्चात भी मराठे बरार पर आक्रमण करते रहे तथा स्थानीय जमीदारों के सहयोग से उन्होंने खानदेश और मालवा को लूटा। मार्च, 1706 ई. में धनाजी जादव ने गुजरात में प्रवेश करके मुग़लों की सेना के दो दस्तों को हराकर दो सेनानायकों—सफदर खाँ बाबी और नजरअली खाँ—को कैद कर लिया। फिर उसने प्रांत के सहायक राज्यपाल अब्दुलहमीद खाँ को परास्त करके उसको तथा उसके प्रमुख अधिकारियों को कैद कर लिया और उनके समस्त डेरे को खूब लूटा। इस्माइलिया तथा दाऊदी बौहरों के धार्मिक नेताओं को, जो शिया थे, कैद करके औरंगजेब ने गुजरात की जनता को रुष्ट कर दिया था। उसकी इस निर्बुद्धि नीति से प्रांत में असंतोष फैल गया।

उत्तरी भारत में औरंगजेब का सबसे बड़ा शत्रु राजा (बुंदेलखंड स्थित ओरछा) चंपतराय का पुत्र छत्रसाल था। जब 1661 ई. में केवल शाही शक्ति के कारण चंपतराय को मजबूर होकर आत्मसमर्पण करना पड़ा, उस समय छत्रसाल ने मुग़ल सम्राट के यहाँ एक क्षुद्र कप्तान के रूप में नौकरी शुरू की थी। दक्षिण में उसने राजा जयसिंह के नेतृत्व में युद्ध भी किए। शिवाजी द्वारा मुग़लों के विरोध करने से उसे प्रेरणा मिली और उसने अपनी समस्त सेवाएँ मराठा योद्धा शिवाजी को मुग़ल-साम्राज्य की शक्ति को नष्ट करने के लिए अर्पित कर दीं। परंतु शिवाजी ने उसे अपने ही प्रांत बुंदेलखंड जाकर विद्रोह भड़काने के लिए सलाह दी, ताकि मुग़लों का ध्यान कई तरफ बँट जाए। छत्रसाल बुंदेलखंड लौट गया। औरंगजेब की धार्मिक असहिष्णुता की नीति से तंग आई हिंदू जनता ने उसका स्वागत किया। अधिक संख्या में लोग उसके साथ मिल गए और उन्होंने छत्रसाल को बुंदेलखंड का राजा निर्वाचित किया। उसने धामोनी तथा सिरौंज पर आक्रमण करके मुग़ल सेनाओं को परास्त किया। अब वह आसपास के मुग़ल-साम्राज्य के जिलों से 'चौथ' भी वसूल करने लगा। कुछ ही वर्षों में छत्रसाल ने कालिंजर और धामोनी पर अधिकार प्राप्त कर लिया और समस्त मालवा को ध्वंस कर दिया। उसने इतनी महान सफलता प्राप्त कर ली कि 1705 ई. में विवश होकर औरंगजेब को उसके साथ संधि करनी पड़ी। छत्रसाल को 4,000 का मनसबदार नियुक्त किया गया तथा दक्षिण की सेना में एक पद भी दिया गया। 1707 ई. में सम्राट की जब मृत्यु हो गयी उसी दौरान छात्रसाल स्वयं को स्थायी राजा बनने के लिए बुंदेलखंड आ पहुँचा।

औरंगजेब की दक्षिण नीति

औरंगजेब ने अपने प्रारंभिक अर्द्धकाल में दक्षिण राज्य का कार्यभार राज्यपालों के अधीन कर रखा था। इन्हें बीजापुर और गोलकुंडा के राज्यों के साथ व्यवहार करने में कोई कठिनाई प्रतीत नहीं हुई, क्योंकि ये दोनों राज्य उस समय ह्रास की हालत में थे। गोलकुंडा की अपेक्षा बीजापुर अधिक संघर्षकारी तथा शक्तिशाली था। इस कारण बीजापुर के विरुद्ध अनेक बार शाही सेनाओं को मोर्चा लेना पड़ा था। गोलकुंडा नरेश अब्दुल्ला कुतुबशाह (1626-72 ई.) अकर्मण्य तथा विलासप्रिय राजा था, जो अपना अधिकांश समय स्त्रियों के संसर्ग में व्यतीत करता था। उसने राज्य का शासन-प्रबंध अपने कृपापात्र अधिकारियों के हाथों में सौंप रखा था। उसका उत्तराधिकारी अबुलहसन भी उसी प्रकृति का राजा था। उसके राज्य का शासन-प्रबंध मदन और अकन नामक दो ब्राह्मण मंत्रियों के हाथ में था। उसने अपनी रक्षा के लिए

शिवाजी के साथ एक संधि कर ली जिसके अनुसार उसने शिवाजी को 5 लाख रुपए प्रतिवर्ष देने का वचन दिया।

जैसे ही औरंगजेब अपने सगे भाईयों के संघर्ष से स्वतंत्र हुआ, उसने 1665 ई. के प्रारंभ काल में जयपुर नरेश जयसिंह को बीजापुर नरेश को अगस्त, 1657 ई. की संधि की शर्तों के पूरा करने में टालमटोल करने के कारण दंड देने को भेजा। जयसिंह को भेजने का कारण शिवाजी का दमन करना भी था। सबसे पहले राजपूत सेनापति जयसिंह ने शिवाजी को एक लड़ाई में नीचा दिखाया जिसके फलस्वरूप जून, 1665 ई. में पुरंदर का पतन हुआ। अब जयसिंह ने शिवाजी के सहयोग से, जो अब मुग़लों का मित्र बन गया था, बीजापुर पर आक्रमण किया। प्रारंभिक लंबी लड़ाई में बीजापुरी सेनाओं ने मुग़लों को गुरिल्ला युद्ध में बहुत तंग किया तो भी जयसिंह आगे बढ़ता गया और बीजापुर के किले के 12 मील निकट पहुँच गया। बीजापुर के सुल्तान, ने अपनी राजधानी में सभी रक्षात्मक साधनों का प्रयोग करके अपना मोर्चा काफी मजबूत बना लिया था। उसने आसपास छह मील तक के प्रदेश का बिल्कुल सत्यानाश कर दिया था, ताकि बढ़ते हुए सैनिकों को खाने-पीने का कोई साधन प्राप्त न हो सके। जयसिंह की योजना बीजापुर के दुर्गम दुर्ग को अचानक आक्रमण करके विजय करने की थी, परंतु बीजापुरी सेना की सतर्कता के कारण यह संभव नहीं हुआ। अन्त में जयसिंह ने वापस आने का फैसला कर लिया, किन्तु बीजापुर के व्यक्तियों ने उस पर धावा बोल दिया और उसे दो लड़ाइयाँ लड़नी पड़ीं, जिनमें उसे बहुत हानि उठानी पड़ी। इसके साथ-साथ मुग़लों का मित्र शिवाजी भी पन्हाला के दुर्ग पर अधिकार प्राप्त करने में असफल हुआ। बड़ी भारी हानि उठाने के बाद जयसिंह औरंगाबाद लौट आया। इस विजय से बीजापुर की शक्ति बढ़ गई और गोलकुंडा ने भी उसके साथ मेल कर लिया। औरंगजेब ने जयसिंह पर इस पराजय का दोष लगाकर उसे दरबार में वापस बुला लिया। इससे दुःखी होकर जयसिंह लौटते समय राह में बुरहानपुर में 12 जुलाई, 1666 ई. को स्वर्ग सिधार गया।

मुगलों ने बीजापुर पर लगभग दस वर्ष तक कोई हमला नहीं किया। उस समय अली आदिलशाह द्वितीय बीजापुर का सुल्तान था। उसने अबुल मुहम्मद नामक एक योग्य मंत्री के हाथ प्रशासन का भार सौंप दिया, जिससे राज्य में सुख और शांति का राज्य छा गया। सुल्तान की मृत्यु पर दिसंबर, 1672 ई. में सिकंदर आदिलशाह नामक चार साल का बच्चा राजा बनाया गया। बीजापुर के सामंत दो दलों में विभक्त हो गए। एक दल तो अफगानों का था और दूसरे दल में दक्षिणी और अबीसीनिया

के लोग सम्मिलित थे। इस प्रकार सामंतों में गृहयुद्ध फैल गया। इस अवसर से लाभ उठाकर राज्यपाल बहादुर खाँ ने 1676 ई. में बीजापुर पर आक्रमण किया, परंतु परास्त हुआ। इस पर सम्राट अत्यंत अप्रसन्न हुआ। सम्राट ने बहादुर खाँ को वापस बुला लिया और उसके स्थान पर दिलेर खाँ को दक्षिण का राज्यपाल नियुक्त किया। दिलेर खाँ बीजापुर के मंत्री सिद्दी मसूद के साथ षड्यंत्र करके बीजापुर को मुग़ल-साम्राज्य की वास्तविक अधीनता में लाने में सफल हो गया। औरंगजेब के पुत्र राजकुमार आज़म के साथ शादी होने के लिए सुल्तान ने अपनी पुत्री को दिल्ली भेज दिया। परंतु शिवाजी के साथ गुप्त संधि करके मसूद ने शीघ्र ही दिलेर खाँ को रुष्ट कर दिया। मसूद तो लड़ने को भी तैयार था, परंतु मराठों की ओर से सैनिक सहायता न मिलने के कारण उसने दिलरे खाँ से पुनः संधि कर ली। दिलेर खाँ ने बीजापुर की सहायता के लिए तथा उसके सहयोग से भूपालगढ़ को मराठों से छीन लेने के लिए एक सेना भेजी। बीजापुर के सामंतों के गृहयुद्ध के कारण वहाँ अराजकता का साम्राज्य छा गया था। इस अवसर से लाभ उठाकर दिलेर खाँ ने अपने मनोनीत के पक्ष में मसूद को मंत्रीपद से अलग हो जाने को कहा। परंतु मसूद ने इसे मानने से इन्कार कर दिया, इस कारण सितंबर, 1679 ई. में दिलेर खाँ ने बीजापुर पर आक्रमण कर दिया। दक्षिण में नवनियुक्त राज्यपाल शाहआलम की शत्रुता तथा मराठों का मसूद को सहयोग प्राप्त होने के कारण वह बीजपुर विजय करने में सफल न हो सका। जब 1681 ई. में औरंगजेब स्वयं दक्षिण में पहुँचा, उस समय बीजापुर की ऐसी अव्यवस्थित दशा थी।

दक्षिण में शिवाजी के नेतृत्व में मराठा तीसरी शक्ति के रूप में उभर रहे थे। शिवाजी के पिता शाहजी भोंसले प्रारंभ में अहमदनगर के सुल्तान के एक छोटे-से जागीरदार थे, परंतु अंत में राज्य में वे सम्राट-निर्माता के पद तक जा पहुँचे। 1636 ई. में शाहजहाँ ने शाहजी को परास्त किया। इसके पश्चात शाहजी ने प्रमुख हिंदू सेनाध्यक्ष के रूप में बीजापुर के सुल्तान की नौकरी कर ली। शाहजी ने पूना की जागीर अपने पुत्र शिवाजी को दे दी, जबकि उसके दूसरे पुत्र व्यंकोजी को अर्काट जिले में शाहजी का राज्य (जागीर) वंशानुक्रम से प्राप्त हुआ। शिवाजी का उद्देश्य दक्षिणी हिंदुओं का नेता बनकर उनका उद्धारकर्त्ता बनना था। इसी कारण बीस वर्ष की आयु में ही शिवाजी ने विजयें प्राप्त करनी प्रारंभ कर दीं और बीजापुर से कई दुर्ग छीन लिए। जावली के राज्य को विजय करने से तो उसका राज्य अब दुगुना हो गया। 1656 ई. में पहली बार शिवाजी ने अहमदनगर और जुन्नार पर आक्रमण करके मुग़लों से टक्कर ली। परंतु उस समय दक्षिण का राज्यपाल औरंगजेब था। उसने भी

प्रत्युत्तर में मराठों के गाँवों को ध्वंस करना शुरू कर दिया। 1657 ई. में बीजापुर ने मुग़लों से संधि कर ली। शिवाजी ने भी उसी दौरान अपने आप उसके सामने हार मान ली। ऐसा करने से औरंगजेब ने उन्हें बाह्य रूप से माफ कर दिया, लेकिन वास्तविकता यह थी कि उत्तराधिकार के संघर्ष के समाप्त हो जाने के बाद औरंगजेब शिवाजी की शक्ति को पूर्णतया समाप्त कर देना चाहता था।

शिवाजी ने दक्षिण में औरंगजेब की अनुपस्थिति के दौरान कोंकण को अपने अधिकार में करने के लिये योजना तैयार कर ली। उसने कल्याण, भिवानी मंडी तथा माहुली पर अधिकार कर लिया। अंत में बीजापुर राज्य ने शिवाजी की शक्ति को परास्त करने के लिए भीषण तैयारी की और इस कार्य को पूरा करने के लिए अफजल खाँ को शिवाजी के विरुद्ध भेजा गया। परंतु शिवाजी ने पहले ही से भाँप लिया कि अफजल खाँ विश्वासघात करके उस पर आक्रमण करेगा। शिवाजी ने भेंट के समय उसकी 20 नवंबर, 1659 ई. को हत्या कर दी और उसकी सेना को मार भगाया और दक्षिण कोंकण तथा कोल्हापुर के जिलों पर अधिकार कर लिया। 1660 ई. में बीजापुर राज्य ने शिवाजी को समाप्त करने के लिए उस पर पुनः आक्रमण किया। बीजापुर के सेनापति सिद्दी जौहर ने उसे पन्हाला के दुर्ग में घेर लिया और दुर्ग खाली कर देने को विवश कर दिया। ठीक इसी समय दक्षिण के मुग़ल वायसराय शाइस्ता खाँ ने पूना और चकन के दुर्ग पर अधिकार कर लिया। शिवाजी ने शाइस्ता खाँ की सेना को उत्तरी कोंकण में पराजित किया और मुग़लों से दस वर्ष तक लड़ता रहा जिसमें उसने विविध सफलताएँ प्राप्त कीं।

शिवाजी ने शाइस्ता खाँ के शिविर पर 15 अप्रैल 1663 को लगभग आधी रात को आक्रमण कर दिया। इस आक्रमण में उसका बेटा एक सरदार 40 सेवक और छः महिलाओं की मृत्यु हो गयी परन्तु शाइस्ता खाँ बच गया इसे मात्र कुछ चोटे ही लगी। इनके अलावा उसके दो अन्य पुत्र तथा अनेक लोग घायल हुए। इस आक्रमण से शाइस्ता खाँ बहुत घबरा गया। औरंगजेब ने उसे दरबार में वापस बुला लिया। इस आक्रमण के पश्चात शिवाजी ने सूरत को घेर लिया। यहाँ उसे लूट का बहुमूल्य माल प्राप्त हुआ, जो अनुमानतः एक करोड़ रुपए के लगभग रहा होगा। अब औरंगजेब ने जयसिंह को आवश्यक निर्देशों सहित शिवाजी को काबू में लाने के लिए भेजा। जयसिंह, जो एक महान सेनानायक और कूटनीतिज्ञ था, इस कार्य को करने में सफल हुआ। चतुर कूटनीति से काम लेकर उसने अनेक प्रमुख दक्षिणी सामंतों को शिवाजी का विरोध करने के लिए प्रेरित किया और शिवाजी के चारों ओर अनेक शत्रुओं का जमघट पैदा कर दिया। इसके बाद राजा जयसिंह ने पुरंदर के दुर्ग पर घेरा डाल दिया

और इसके साथ-साथ उसने महाराष्ट्र के गाँवों को लूटने और जलाने के लिए भी एक सेना भेज दी। जब पुरंदर की पराजय होने वाली थी, शिवाजी ने दुर्ग को मुग़ल अधिकारियों के हाथ सौंप दिया और जयसिंह से वार्ता करके 22 जून, 1664 ई. को एक संधि कर ली, जिसके अनुसार शिवाजी ने अपने साम्राज्य तथा दुर्गों का तीन-चौथाई भाग मुग़लों को सौंपकर अपने पास केवल एक-चौथाई भाग ही रखा। उसने सम्राट की अधीश्वरता को स्वीकार कर लिया तथा मुग़ल सेना में नौकरी करने के लिए 5,000 घुड़सवारों की एक सेना भेजने का भी वायदा किया। उसने मुग़लों के बीजापुर के आक्रमण में वफादारी के साथ सहयोग भी दिया।

इस महान सफलता के पश्चात जयसिंह शिवाजी को बड़ी-बड़ी आशाएँ दिलाकर आगरा में सम्राट से मुलाकात करने हेतु सहमत व राजी करने में कामयाब हो गया। 22 मई, 1666 ई. को दीवाने-आम में शिवाजी का सम्राट से परिचय कराया गया और उसे लाइन में खड़ा करा दिया, जिसमें पाँचहजारी मनसबदार खड़े हुए थे। शिवाजी ने इस व्यवहार को अपना घोर अपमान समझा। उन्होंने खुले दरबार में इसके विरुद्ध जोरदार विरोध-प्रदर्शन किया और गश खाकर गिर पड़ा। इस कारण उसे आगरे के जयपुर भवन में कैद कर लिया गया और दरबार उसके लिए निषिद्ध घोषित कर दिया गया। परंतु तीन मास की कैद भुगतने के बाद वह अपने पुत्र शंभूजी के साथ मिठाई के बड़े-बड़े टोकरों में छिपकर भाग निकला और 25 दिन की कठिन यात्रा करके वह दोनों महाराष्ट्र जा पहुँचे। शिवाजी के भाग निकलने का समाचार पाकर औरंगजेब भौंचक्का रह गया। उसने शिवाजी को पकड़ने के लिए सभी संभव साधनों का प्रयोग किया, लेकिन सभी साधन असफल हो गया शिवाजी ने औरंगजेब से महाराष्ट्र में सन्धि कर लिया जिसके आधार पर राजा ने उसे स्वतंत्र शासक स्वीकार कर लिया। तीन वर्ष तक शिवाजी ने मुग़ल सीमा पर कोई आक्रमण नहीं किया। जनवरी, 1670 ई. में शिवाजी और मुग़लों में फिर लड़ाई हो गई, जिसके कारण शिवाजी ने अपने राज्य के समस्त भागों और दुर्गों पर पुनः अधिकार कर लिया, जो उसने पुरंदर की 1665 ई. की संधि के अनुसार मुग़लों को सौंप दिए थे। उसने 1670 ई. में सूरत में दूसरी बार लूटपाट की। इसके पश्चात शिवाजी ने औरंगाबाद तथा मुग़लों के खानदेश तथा बरार के प्रांतों पर आक्रमण किया और अनुभव-प्राप्त मुग़ल सेनानायकों की सेनाओं को भी अनेक बार परास्त किया। शिवाजी की इन साहसिक विजयों के कारण औरंगजेब अत्यंत चिंतित हुआ। उसने बहादुर खाँ को, जो बाद में खानेजहाँ के नाम से प्रसिद्ध हुआ, मराठों की बढ़ती हुई शक्ति को रोकने के लिए तथा शिवाजी का दमन करने के लिए दक्षिण का राज्यपाल नियुक्त किया। खानेजहाँ

पाँच वर्ष तक राज्यपाल रहा, परंतु यह कार्य करने में सफल न हो सका। उधर शिवाजी एक के बाद दूसरी विजयें प्राप्त कर रहा था। उसने दक्षिण में मुग़ल साम्राज्य के नगरों से 'चौथ' भी वसूल की और रामनगर तथा जौहर पर विजय भी प्राप्त कर ली।

शिवाजी ने 16 जून, 1674 ई. को रायगढ़ में स्वतंत्र छत्रपति राजा के रूप में अपना राज्याभिषेक करवाया। इसके पश्चात् उसने कर्नाटक और मैसूर के कतिपय क्षेत्रों पर विजय का पताका भी फहराया। 1678 ई. में बीजापुर के सुल्तान के स्थान पर शासन करने वाले सिद्दी मसूद ने शिवाजी से संधि कर ली। शिवाजी ने बीजापुर को मुग़ल प्रदेश पर आक्रमण करने के लिए संधि के अनुसार पूरा सहयोग दिया। परंतु शाइस्ता खाँ ने शिवाजी को लगभग अपने जाल में फँस लिया और वह अपना लूट का सारा माल तथा 4,000 मनुष्यों को खोकर भाग निकलने में सफल हो सका। इस आक्रमण में उसका स्वास्थ्य बहुत खराब हो गया। लौटते समय वह बीमार हो गया और 14 अप्रैल, 1680 ई. को स्वर्ग सिधार गया। उसका सबसे बड़ा जीवित पुत्र शंभूजी बिना किसी विरोध के उसका उत्तराधिकारी बना।

अपने पिता शिवाजी की भांति शंभूजी ने भी दक्षिण में मुग़ल प्रदेश पर आक्रमण करने की नीति का अनुसरण किया। उसने 1681 ई. के प्रारंभ काल में बुरहानपुर पर आक्रमण किया और वहाँ लूटपाट की। जून में उसे शाहजादा अकबर का दुर्गादास राठौर के साथ आगमन का समाचार प्राप्त हुआ। उसने अकबर को शरण दी और दिल्ली का राजसिंहासन प्राप्त करने के लिए उसे सैनिक सहायता देने का आश्वासन दिया। अकबर और शंभूजी की प्रस्तावित संधि के विस्तृत विवरणों को निश्चित करने के लिए बातचीत चल रही थी कि उसी समय औरंगजेब मेवाड़ नरेश जयसिंह से संधि कर लेने के बाद बुरहानपुर पहुँच गया। उसने अपने पुत्र आजम के नेतृत्व में एक शक्तिशाली सेना अकबर का पीछा करने के लिए भेजी और स्वयं जल्दी-जल्दी 23 नवंबर, 1681 ई. को बुरहानपुर जा पहुँचा। सम्राट ने शंभूजी पर जबरदस्त आक्रमण किया। उसने महाराष्ट्र पर आक्रमण करने के लिए चार सैनिक टुकड़ियों को एक साथ आक्रमण क़रने के लिए चारों तरफ से भेजा सैय्यद हुसैनअली खाँ को उत्तरी कोंकण, शहाबुद्दीन खाँ को नासिक तथा रुहउल्ला खाँ और शाहजादा शाहआलम को अहमदनगर के जिले में भेजा गया ताकि यदि मराठा लोग उस ओर कोई आक्रमण करें तो वे उन जिलों की रक्षा कर सकें। शाहजादा आजम को मराठा लोगों की रसद बंद करने और बीजापुर सुल्तान से मराठों को कोई भी सहायता देने को मना करने के लिए बीजापुर भेजा गया। परंतु 1682 ई. में सम्राट को इससे भी कोई विशेष लाभ न हुआ और अप्रैल, 1683 ई. में समस्त सेनाओं को वापस बुला लेना पड़ा।

सौभाग्यवश इसी समय शंभूजी ने पुर्तगाली प्रदेश पर आक्रमण किया और उसने मुग़लों से संधि कर ली। शाहजादा अकबर को शंभूजी की ओर से कोई विशेष सहयोग प्राप्त न होने के कारण निराशा हुई। उसने अपना निवास-स्थान पाली छोड़कर पुर्तगाली प्रदेशों में जाकर और वहाँ से जहाज में सवार होकर फारस के शाह की शरण लेने का निश्चय किया और फारस जाने के लिए एक जहाज खरीदा तथा फारस के लिए यात्रा करने ही वाला था। तभी दुर्गादास पर शंभूजी के प्रधानमंत्री कवि कलश ने उसको वैगुरला से वापस लौट आने के लिए राजी कर लिया। अकबर ने एक और वर्ष (1684 ई.) आलस्य में खो दिया, क्योंकि शंभूजी की ओर से पर्याप्त सहायता प्राप्त नहीं हो सकी। शंभूजी के दरबार के मराठा सरदार प्रधानमंत्री कवि कलश से बहुत स्पर्द्धा रखते थे। यह उत्तर भारत का कान्यकुब्ज ब्राह्मण था, अतः मराठे उसे विदेशी समझकर उससे घृणा करते थे। इस कारण शंभूजी अकबर की कोई सहायता न दे सका और अकबर अपने पिता पर कोई आक्रमण नहीं कर सका।

औरंगजेब ने रायगढ़ के दरबार में उत्पन्न हुए भेद-भाव का फायदा उठाकर सितंबर, 1683 ई. में पुनः आक्रमण करने की योजना बनाई। जंजीरा के सिद्दी को अकबर की क्रियाओं का पूर्ण ज्ञान रखने का निर्देश दिया गया। शाहआलम के नेतृत्व में एक शक्तिशाली सेना मराठा प्रदेश पर जोरदार आक्रमण करने के लिए दक्षिण कोंकण में भेजी गई। इसके साथ-साथ पूना, नासिक तथा अकालकोट में लोगों पर आतंक जमाने और उन्हें मराठा छत्रपति की सहायता न करने देने के लिए सेना के बड़े-बड़े दस्ते नियुक्त किए गए। सामंतवाणी में प्रवेश करके शाहआलम ने बिचोलिम पर अधिकार कर लिया और विश्वासघात द्वारा गोआ पर अधिकार प्राप्त करने की योजना बनाई। इससे पुर्तगाली लोग शाहजादा से रुष्ट हो गए और उन्होंने शाहजादे को अन्न देना बंद कर दिया। शाहआलम मराठा गाँवों को लूटते और उन्हें जलाते हुए उत्तर की तरफ बढ़ता गया, लेकिन भीषण अकाल पड़ जाने से उसे गोवा लौट आना पड़ा। शाहआलम को रामघाट दर्रे में लौट आना पड़ा जहाँ पर उसकी लगभग एक-तिहाई सेना और माल ढोने वाले पशु महामारी के कारण अधिक संख्या में नष्ट हो गए। विवश होकर शाहजादे को मराठों के विरुद्ध बिना कोई सफलता प्राप्त किए ही अहमदनगर लौट आना पड़ा। परंतु अन्य स्थानों पर मुग़ल सेनाओं को महान सफलताएँ प्राप्त हुईं।

मुग़लों ने मराठों को एक से अधिक बार परास्त किया और फरवरी 1686 ई. में शाहजादे अकबर को निराश होकर राजापुर छोड़कर फारस के लिए रवाना होना पड़ा। जनवरी, 1688 ई. में अकबर फारस के राजदरबार में जा पहुँचा। मुबारक खाँ

के नेतृत्व में दूसरी मुग़ल सेना ने रत्नागिरि से 22 मील दूर स्थित संगमेश्वर में जहाँ पर शंभूजी ने जाकर शरण ली थी तथा शराब पीने तथा आमोद-प्रमोद में मस्त था, शंभूजी के डेरे पर सहसा आक्रमण कर दिया। 11 फरवरी, 1689 ई. को शंभूजी अपने मंत्री कवि कलश तथा 25 अफसरों सहित कैद कर लिया गया। इन लोगों को नक्काल की तरह कपड़े पहनाकर एक लंबे जुलूस में बाजों के साथ बहादुरगढ़ में औरंगजेब के शिविर में लाया गया। औरंगजेब ने शंभूजी को इस शर्त पर कि वह अपने समस्त दुर्ग और पूरा खजाना सौंप दे, जीवनदान देने को कहा। लेकिन शम्भू जी इस शर्त को मानने से इन्कार कर दिया। उसने खुले दरबार में औरंगजेब और उसके पैगंबर को बुरा-भला कहा और उसकी पुत्री के साथ विवाह करने का प्रस्ताव रखा। इस कारण उसे घोर यातना दी गई। उसके अंगों को एक-एक करके 24 दिन तक लगातार काटा गया और अंत में 21 मार्च, 1689 ई. को उनकी मृत्यु हो गयी। इसी प्रकार कवि कलश को भी मौत के घाट उतार दिया गया।

बीजापुर साम्राज्य का पतन (1686 ई.)

मराठों के मध्य युद्ध कमान को संभालते हुए जब औरंगजेब निर्देशन दे रहे थे तभी उन्हें यह महसूस हुआ कि बीजापुर और गोलकुंडा के शिया राज्यों को पूर्णतया अधीन किए बिना मराठों को पराजित करना सर्वथा असंभव-सा है। बीजापुर और गोलकुंडा के राज्य मराठा नरेश शंभूजी को प्रत्यक्ष अथवा परोक्ष रूप से सहायता पहुँचाते रहते थे। अंत में कुछ काल तक शांत रहने के पश्चात सम्राट ने बीजापुर राज्य पर सुनिश्चित आक्रमण करने की योजना बनाई। शाहजहाँ खाँ के मंत्रीकाल में यह राजा अत्यंत निर्बल हो गया था। शाहजादा आजम के नेतृत्व में बीजापुर शहर पर अप्रैल, 1685 ई. में घेरा डाल दिया गया। दुर्ग की सेना पर मुग़ल सेना के 15 मास के घेरे का कोई विशेष प्रभाव नहीं पड़ा, क्योंकि दुर्ग पर पूरी तरह से घेरा नहीं पड़ा था तथा शंभूजी, गोलकुंडा का सुल्तान और बीजापुर का भूतपूर्व मंत्री मसूद दुर्ग में सैनिक सहायता और रसद भिजवाते रहा। मसूद अदौनी का स्वतंत्र शासक बन बैठा था। शाही सेनाओं को रसद की बहुत कमी थी, परंतु गाजीउद्दीन फिरोजजंग ने शीघ्र ही उन्हें रसद पहुँचाई। फिर भी वे दुर्ग को विजित न कर सके। इस कारण 13 जुलाई, 1686 ई. को स्वयं औरंगजेब ने बीजापुर की ओर प्रस्थान किया। उसके व्यक्तिगत निर्देश में इस बार घेरा और भी मजबूत कर दिया गया। सम्राट स्वयं सब कामों की देखभाल करता और मौके पर उपस्थित होकर अपनी सेना को प्रोत्साहन देता था। बीजापुरी सैनिकों ने रसद की कमी के कारण निराश होकर 22 सितंबर,

1686 ई. को समर्पण कर दिया। आदिलशाही-वंश का अंतिम नरेश सुल्तान सिकंदर औरंगजेब से मिला। सम्राट ने उसका पूरे हर्षोल्लास के साथ उसका स्वागत किया। परंतु उसका राज्य छीनकर उसे 'खान' का पद देकर मनसबदार बना दिया। उसे 1 लाख रुपए वार्षिक पेंशन भी दी गई। सम्राट औरंगजेब ने 29 दिसंबर को बीजापुर के खाली नगर में प्रवेश करके आदिलशाही महल की दीवारों पर लिखे सभी शिया लेखों और चित्रों को नष्ट कर दिया। सम्राट ने बीजापुर को मुग़ल-साम्राज्य में संयुक्त कर लिया और सुल्तान सिकंदर के सरदारों को अपनी सेवा में रख लिया।

गोलकुंडा का पतन (1687 ई.)

अब औरंगजेब ने बीजापुर पर अधिकार जमाने के लिए तैयारियां शुरू कर दी, जो लगभग 30 वर्ष तक स्वतंत्र रूप से स्थापित था। बीजापुर का सुल्तान नियमानुसार निश्चित 'कर' दे दिया करता था। कुतुबशाही-वंश के अंतिम शासक राजा अबुलहसन ने प्रशासन अपने ब्राह्मण मंत्री मदन्ना के हाथ सौंप दिया था और स्वयं अपना अधिकांश समय नाचने-गाने वाली नर्तकियों के साथ व्यतीत कर देता था। गोलकुंडा में हिंदुओं के प्रभाव का प्राबल्य तथा उस राज्य के मराठा नरेश शंभूजी के साथ मैत्री-संबंध औरंगजेब को विशेष अप्रिय लगे। युद्ध का तात्कालिक कारण सुल्तान का वह पत्र था, जो उसने शाही शिविर में रहने वाले अपने दूत को लिखा था। सुल्तान कुतुबशाह ने उस पत्र में औरंगजेब को "सिंकदर आदिलशाह जैसे अनाथ असहाय बच्चे पर आक्रमण करने पर नीच प्रवृत्ति के कायर मनुष्य" शब्दों से संबोधित किया था। उसने आगे चलकर बीजापुर की सहायता करने के लिए एक शक्तिशाली सेना भेजने का आवश्वासन भी दिया था। सम्राट इस पत्र का बुरा मान गया। उसने जुलाई, 1685 ई. में शाहआलम को हैदराबाद पर विजय हासिल करने के लिए भेजा, लेकिन गोलकुंडा की सेना ने मलदेव नामक स्थान पर शाहआलम का मार्ग अवरुद्ध कर दिया। शाहआलम को कोई सफलता नहीं मिली। परंतु मुग़लों ने गोलकुंडा की सेना के सेनापति मीर मुहम्मद इब्राहीम को घूस दे दी और मीर मुहम्मद सुल्तान को छोड़कर अक्टूबर में औरंगजेब से जा मिला। इस कारण सुल्तान को हैदराबाद छोड़कर गोलकुंडा के दुर्ग में जाकर शरण लेनी पड़ी। शाहआलम ने हैदराबाद पर अधिकार कर लिया। अपने को असहाय पाकर सुल्तान ने समर्पण कर दिया और कुछ प्रमुख शर्तों पर उसे क्षमा कर दिया गया—(अ) दो लाख हून वार्षिक कर के अलावा वह 1 करोड़ 20 लाख रुपए मुग़लों को दे, (ब) मदन्ना और अकन्ना को राज्य की नौकरी से निकाल दे, तथा (स) मलखेद और सेहराम मुग़लों को सौंप दे। सुल्तान अबुलहसन

कुछ समय तक मदन्ना को पदच्युत करने में हिचकिचाया। इस कारण मुसलमान सामंतों तथा दो विधवा रानियों ने मिलकर मदन्ना और अकन्ना को शहर की गलियों में मरवा डाला तथा उनके परिवारों और घरों को लूटकर नष्ट कर दिया। इसके पश्चात गोलकुंडा की समस्त हिंदू जनता पर आक्रमण किया गया। इससे संतुष्ट होकर मुग़लों ने गोलकुंडा प्रदेश को खाली कर दिया।

औरंगजेब की नीति के आधार पर गोलकुंड़ा का स्वतंत्र रहना एक पाप था। इस कारण बीजापुर को मुग़ल-साम्राज्य में संयुक्त करने के पश्चात उसने राजा अबुलहसन के विरुद्ध पुनः युद्ध प्रारंभ कर दिया। सम्राट स्वयं 7 फरवरी, 1687 ई. को गोलकुंडा की चहारदीवारी के निकट पहुँच गया। उसने सुल्तान की सेना को जो चहारदीवारी के बाहर व्यूह बनाकर खड़ी हुई थी, परास्त किया और दुर्ग का घेरा डाल दिया। शाहजादा शाहआलम ने सुल्तान द्वारा भेजे गए उपहार स्वीकार कर लिए और उसके अनुनय करने पर सम्राट द्वारा क्षमा कराने को तैयार हो गया। इस गुप्त विचार विनिमय का पर्दाफाश होने की वजह से शाहजादा शाहआलम व उसके समस्त परिवार को जहाँगीर ने बन्दी बना लिया और उसकी सम्पूर्ण सम्पत्ति पर अपना अधिकार जमा लिया। सम्राट के कुछ सामंत, विशेषकर शिया लोग, अन्य मुसलमान नरेशों के साथ युद्ध करने के विरोध में थे। विशाल तोपों और गोला-बारूद से सुसज्जित गोलकुंडा के दुर्ग की दीवारों से गोले-बारूद की निरंतर वर्षा होने के बावजूद सम्राट ने सामंतों की बातों पर ध्यान न देकर दुर्ग पर शक्तिशाली घेरा डाल दिया। परंतु निरंतर वर्षा होने और रसद की कमी के कारण शाही सेना के कार्य में बड़ी भारी बाधा आ पड़ी। दुर्ग की सेना ने मुग़लों की कठिनाइयों से लाभ उठाकर 15 जून की रात्रि को मुग़लों के तोपखाने के अग्रभाग पर सहसा आक्रमण कर दिया और शाही तोपखाने के प्रधान गैरत खाँ तथा 13 अन्य उच्च अधिकारियों को बंदी बना लिया। 29 जून को मुग़ल सेना ने अपने तोपखाने पर पुनः अधिकार कर लिया। औरंगजेब ने दुर्ग के कोने के बुर्जों के नीचे तीन सुरंगें खोदकर उनमें बारूद भर देने की आज्ञा दी। पहली सुरंग में 30 जून को आग लगाई गई, परंतु इसका रुख गलत हो जाने के कारण 1,100 शाही सैनिक मारे गए। इस बार दुर्ग की सेना ने बाहर निकलकर मुग़लों की खंदकों और चौकियों पर अधिकार कर लिया। परंतु बाद में उन्हें परास्त करके पुनः दुर्ग में खदेड़ दिया गया। दूसरी सुरंग में आग लगाने पर भी पहले जैसा भयानक परिणाम निकला। दुर्ग की सेना ने पुनः किले से निकलकर आक्रमण किया। इसके बाद दोनों दलों में घमासान युद्ध प्रारंभ हो गया जिसमें मुगलों को काफी नुकसान सहना पड़ा तथा पानी की बाढ़ आ जाने के कारण शाही सेना को लौटना पड़ा। इस प्रकार मुग़ल

सेना दुर्ग पर अधिकार न कर सकी और घेरा चलता रहा। बार-बार असफल होने और वर्षा तथा अकाल के कारण शाही सेना का नैतिक चरित्र अत्यंत नीचा हो गया। भुखमरी के कारण सहस्रों शाही सैनिक मर गए। उधर गोलकुंडा के सैनिक भी उन्हें चैन नहीं लेने देते थे। परंतु औरंगजेब भयानक दृढ़ निश्चय के साथ, जो उसके चरित्र का अंग था, दुर्ग का घेरा डाले रहा। उसने गोलकुंडा को मुगल-साम्राज्य में संयुक्त होने का एक घोषणा-पत्र प्रकाशित किया और वहाँ के लोगों से माँग की कि वे अपने भूतपूर्व नरेश को जो दुर्ग में घिरा हुआ था, किसी प्रकार की सहायता न दें।

जब औरंगजेब को इस युद्ध में सफलता नहीं मिली तो उसने सुल्तान के एक अफग़ान नौकर अब्दुल गनी को घूस देकर दुर्ग पर अधिकार कर लिया। अब्दुल गनी ने अपने मालिक के साथ विश्वासघात करके 2 अक्टूबर, 1687 ई. को सुबह लगभग तीन बजे दुर्ग का पीछे और आगे का दरबाजा खोल दिया, जिससे रुहउल्ला खाँ ने दुर्ग में प्रवेश किया। दुर्ग में प्रवेश करने वाली मुग़ल सेना का मुकाबला केवल गोलकुंडा के सरदार अब्दुल रज्जाक लारी ने किया, परंतु शीघ्र ही उसे दबाकर लगभग कुचल दिया गया। उसके शरीर पर 70 घाव लगे थे। रुहउल्ला ने सुल्तान अबुलहसन के महल में प्रवेश किया। सुल्तान शांतिपूर्वक अपने भाग्य का सामना करने के लिए तैयार हो गया। जलपान करके और अपने परिवार के सदस्यों को ढाढस बँधाकर उसने अपने महल से प्रस्थान किया। शाहजादा आजम ने सुल्तान का औरंगजेब से परिचय कराया। सम्राट ने सुल्तान को ब्राह्मणों को प्रोत्साहित करने तथा हब्शियों को निरुत्साहित करके उनके धर्म और जाति का अपमान करने का आरोप लगाकर दंड देना उचित ठहराया। उसे बंदी बनाकर गोलकुंडा के दुर्ग में भेज दिया गया और 50,000 रुपए प्रतिवर्ष पेंशन दी गई। सम्राट को गोलकुंडा से बहुमूल्य वस्तुएँ हीरे, जवाहरात, आभूषण, सोना, चाँदी, बर्तन तथा सोने-चाँदी के बने हुए फर्नीचर के अलावा 4 करोड़ रुपए नकद प्राप्त हुए। उसने बीजापुर और गोलकुंडा के संपूर्ण प्रदेश और दुर्गों पर अधिकार प्राप्त करने के लिए आवश्यक कदम उठाये और सागर, अदौनी, कारनूल, रायचूर, सेरा और बंगलौर, बाँकापुर, बेतगाँम, वांडीवाश तथा कांजीवरम् पर अधिकार कर लिया।

मराठों का स्वतंत्रता-युद्ध (1689-1707 ई.)

जैसाकि पूर्व में स्पष्ट किया जा चुका है कि गोलकुंडा तथा बीजापुर पर अधिकार न जमा पाने के पश्चात् औरंगजेब ने मराठा नरेश शंभूजी के विरुद्ध अपनी चेष्टाओं को द्विगुणित कर दिया और उसे बंदी बनाकर मार्च, 1689 ई. में मृत्युदंड

दिया। मराठों की राजधानी रायगढ़ भी शीघ्र ही पराजित हुई। नवीन मराठा नरेश राजाराम, जो स्वर्गीय शंभूजी का छोटा भाई था, साधु का वेश बनाकर 15 अप्रैल को बचकर भाग निकला और 11 नवंबर को जिंजी के दुर्ग में पहुँच गया। रायगढ़ 29 अक्टूबर को पराजित हुआ और शंभूजी के परिवार के सदस्य उसके सातवर्षीय पुत्र साहू सहित, बंदी बना लिए गए। अब (1689 ई. के अंत में) औरंगजेब दक्षिण भारत सहित समस्त भारत का सम्राट था, परंतु उसकी विजय अल्पजीवी थी। कुछ ही वर्षों बाद मराठों ने न केवल उसके प्रभुत्व को ललकारा वरन् उसके प्रदेश और शिविरों पर असंख्यों हमले करके उसकी स्थिति खतरनाक कर दी, जिंजी के दुर्ग में राजाराम को घेरने के लिए सम्राट ने एक सेना भेजी, परंतु 18 जनवरी, 1698 ई. से पहले उस दुर्ग पर मुग़लों का अधिकार नहीं हो सका। राजाराम को आक्रमण की चेतावनी समय पर मिल गई थी, इससे वह बचकर वैलोर भाग गया। शंभूजी की मृत्यु के बाद औरंगजेब ने मराठा शक्ति को विचार-विनियम का प्रमुख आधार बनाया। 1690 ई. और 1691 ई. में वह बीजापुर और गोलकुंडा राज्यों पर अधिकार प्राप्त करने में लगा रहा। परंतु शीघ्र ही जब उसे जन-विद्रोह का सामना करना पड़ा, तो स्थिति की वास्तविकता का ज्ञान हुआ। मराठा नरेश की मृत्यु के पश्चात रामचंद्र बावदेकर, शंकरजी मल्हार, परशुराम त्रिंबक और प्रह्लाद नीराजी जैसे मराठा नेताओं ने मुग़लों के विरुद्ध अनेक रणस्थानों पर योग्य और साहसी सेनानायकों के नेतृत्व में विस्तृत युद्ध करने की योजना बनाई। रामचंद्र बावेदकर महाराष्ट्र के सभी सरदारों सेनानायकों के ऊपर पूर्ण अधिकारों सहित तानाशाह बन बैठा। उसने मुग़लों के विरुद्ध युद्ध-संचालन के लिए धनाजी जादव और शांताजी घोरपरे नामक दो योग्य नायकों को नियुक्त किया। ये दोनों सेनानायक समस्त दक्षिणी प्रायद्वीप में एक रणस्थल से दूसरे रणस्थल को आते-जाते रहते थे और गुरिल्ला-युद्ध द्वारा इन लोगों ने शाही सेना को भारी हानि पहुँचाई और मुग़लों में अत्यंत घबराहट फैला दी।

इतिहासकार सर जदुनाथ का कथन है कि—''मराठों में नरेश तथा केंद्रीय सरकार के न रहने के कारण औरंगजेब की कठिनाइयाँ और भी बढ़ गयीं, क्योंकि अब प्रत्येक तुच्छ मराठा, कप्तान भी अपने-अपने क्षेत्र में मुग़ल प्रदेशों पर आक्रमण करके उन्हें लूटता था। मराठा लोग अब केवल लुटेरे या स्थानीय विद्रोहियों की जाति नहीं रह गए थे, बल्कि अब दक्षिणी राजनीति में उनका बड़ा भारी हाथ था। ये लोग संपूर्ण भारतीय प्रायद्वीप में प्रोत्साहित हवा की भाँति चलायमान और दिल्ली-साम्राज्य के शत्रुओं के मित्र थे। यह समस्त दक्षिण में तथा मालवा, गोंडवाना और बुंदेलखंड तक में जन शांति तथा प्रशासन को भंग करते रहते थे। चूँकि हर स्थान पर शाही

सेना अधिक संख्या में नहीं रखी जा सकती थी, इस कारण कुछ स्थानों पर मुग़लों को मुँह की भी खानी पड़ती थी। शंभूजी की मृत्यु, मुग़लों के मराठों की राजधानी पर घेरा डालने तथा नवीन मराठा नरेश राजाराम के जिंजी भाग जाने से मराठों का संगठन एक वर्ष के लिए अस्त-व्यस्त हो गया। परंतु सम्राट को पराजित किए हुए गोलकुंडा और बीजापुर राज्यों के प्रदेशों पर अधिकार करने में व्यस्त देखकर उन लोगों ने अपने को पुनः सँभाला। उन्होंने मुग़लों के विरुद्ध दो मोर्चे संगठित किए। खास महाराष्ट्र का मोर्चा रामचंद्र बावदेकर के नेतृत्व में था, जिसे एक तानाशाह के पूरे अधिकार दे दिए गए थे। दूसरा पूरबी मोर्चा कर्नाटक का था, जो प्रह्लाद नीराजी के नेतृत्व में था। इसे भी एक पूर्ण तानाशाह के अधिकार प्राप्त थे।

युद्ध संबंधी कार्य धनाजी जादव और शांताजी घोरपरे के हाथ में था, जो "प्रायः युद्ध के एक मोर्चे से दूसरे मोर्चे तक बराबर आते-जाते रहते थे और रास्ते के मुग़ल प्रदेशों को भारी हानि पहुँचाकर उनमें अव्यवस्था फैला देते थे।" मुसलमानों द्वारा पूर्वी कर्नाटक को सत्रहवीं सदी के मध्य काल में जीत लिया गया था। अब उसके दो भाग कर दिए गए, जो हैदराबादी और बीजापुरी प्रदेश कहलाते थे। 1677 ई. में शिवाजी ने भी जिंजी और उनके अड़ोस-पड़ोस के प्रदेशों पर विजय प्राप्त कर ली थी। इस प्रकार अब कर्नाटक तीन स्वतंत्र भागों में विभक्त हो गया। शिवाजी के दामाद हीराजी ने जो कर्नाटक के मराठा प्रदेश का अधिकारी था, पालर नदी के उत्तरी भाग के हैदराबादी कर्नाटक का अधिकतर भाग विजित कर लिया। सितंबर 1689 ई. में हीराजी के मृत्योपरांत राजाराम ने जिंजी प्रदेश पर अधिकार कर लिया।

परंतु 1690 ई. में सितंबर के मध्य में जुल्फिकार खाँ ने उसे वहाँ घेर लिया। जिंजी का दुर्ग लगभग अजेय माना जाता था, अतः दुर्ग का घेरा 18 जनवरी, 1698 ई. तक पड़ा रहा। इस दिन दुर्ग पर भीषण आक्रमण किया गया और राजाराम को भागकर विशालगढ़ जाना पड़ा। वास्तव में इस बीच में मुग़लों और मराठों दोनों को ही भारी हानि उठानी पड़ी थी इसमें मराठों की अपेक्षा मुग़लों को अधिक क्षति पहुँची थी। विवश होकर जुल्फिकार खाँ को एक से अधिक बार घेरा उठाना भी पड़ा था। अतः अंत में उसने राजाराम के साथ गुप्त संधि कर ली थी। जिंजी की पराजय के पश्चात अब युद्ध महाराष्ट्र के पश्चिमी खंड में होने लगा। महाराष्ट्र खास में युद्ध ढीला-ढाला चलता रहा। मराठों ने 4 जून, 1690 ई. को शरजा खाँ पर विजय प्राप्त की और उसे उसके पूरे परिवार और संपूर्ण शिविर सहित सतारा के निकट बंदी बना लिया। इस युद्ध में शरजा खाँ के 1,500 सैनिक काम आये। यह मराठों की पहली सफलता थी। मराठों ने शीघ्र ही प्रतापगढ़, रोहिरा, रायगढ़ और तोरन पर भी पुनः

अधिकार कर लिया। 1692 ई. में उन्होंने पन्हाला पर भी पुनः अधिकार कर लिया। शांताजी और धनाजी घबराई हुई मुग़ल सेना पर आक्रमण करके उन्हें तंग करते रहते थे। शांताजी तो शाही प्रदेश मलखेद से चौथ वसूल करने तक में सफल हो गया।

मुगल शासक औरंगजेब ने कासिम खाँ को शांताजी को आगे बढ़ने से रोकने के लिए भेजा परंतु शांताजी ने द्रुतगति से मुग़ल सेनाध्यक्ष कासिम खाँ पर सहसा आक्रमण करके उसे करारी हार दी और उसके शिविर को लूट लिया। कासिम खाँ ने आत्महत्या कर ली और उसकी बची हुई सेना ने शांताजी को अपनी मुक्ति के लिए 20 लाख रुपए देने का वायदा किया। जनवरी 1696 ई. में शांताजी ने हिम्मत खाँ नामक एक अन्य मुग़ल सेनाध्यक्ष को पराजित कर दिया और उसकी हत्या कर दी तथा उसका समान भी लूट लिया परंतु दुर्भाग्यवश शांताजी घोरपरे और धनाजी जादव दोनों योद्धा प्रधान सेनापति का पद प्राप्त करना चाहते थे। इस कारण इन दोनों में अब झगड़ा हो गया, जिसका अंत एक युद्ध के रूप में हुआ। इस युद्ध में शांताजी मारा गया। शांताजी असाधारण योग्यता और टक्कर का सेनाध्यक्ष होने के साथ-साथ तेज मिजाज और अनाज्ञापालक सरदार था। अतः राजाराम भी उससे बहुत अप्रसन्न था। मराठों के इस गृहयुद्ध के कारण मुग़लों को अस्थाई तौर पर लगभग एक वर्ष के लिए विश्राम मिल गया, परंतु 1697 तथा 1698 ई. में युद्ध पुनः चलता रहा और राजाराम, जो भागकर विशालगढ़ चला गया था, परेंदा के निकट बंदी होते-होते बच गया। 12 मार्च, 1700 ई. को सिंहगढ़ में राजाराम का देहावसान हो गया। राजसिंहासन प्राप्त करने के लिए शिवाजी तृतीय और शंभूजी द्वितीय में छोटी-सी लड़ाई हुई। अपनी माता ताराबाई की योग्यता और प्रभाव के कारण शिवाजी तृतीय को महाराष्ट्र का राजा बना दिया गया। मराठों में पद प्राप्त करने के इस कलह के बावजूद मुग़ल सेना महाराष्ट्र में कोई विशिष्ट सफलता प्राप्त करने सफल नहीं हुई और केवल उत्तरी कोंकण में कल्यान तथा अन्य कुछ स्थानों पर अधिकार कर सकी। अंत में औरंगजेब समझ गया कि मराठों की शक्ति को नष्ट करना असंभव है। इस कारण मई, 1695 ई. में उसने शाहजादे शाहआलम को पंजाब, सिंध और अफग़ानिस्तान का गवर्नर बनाकर भेजा और बाद में उसको उत्तरी भारत के कार्यों की देखभाल करने को कहा। मराठों के साथ युद्ध जारी रखने के लिए अब सम्राट ने स्वयं अपना शिविर महाराष्ट्र के मध्य में ब्रह्मपुरी में लगाया, परंतु उसे भी सफलता न मिल सकी। मराठों की गुरिल्ला युद्ध-प्रणाली के कारण विवश होकर उसे भी महाराष्ट्र और कनारा में अपनी रक्षा के लिए बराबर रक्षात्मक युद्ध ही करना पड़ा। शाही सरदार अब बहुत थके हुए थे और साथ ही भयभीत थे। उनमें से अनेक सरदारों

ने मराठों के साथ गुप्त संबंध स्थापित कर रखा था और मुग़ल प्रदेश में प्राप्त लूट के माल का उनके साथ बँटवारा करते थे।

इतिहासकार सर जदुनाथ सरकार के शब्दों में, ''मुग़ल प्रशासन का वास्तव में नाश हो चुका था, परंतु सम्राट की उपस्थिति के कारण भ्रमात्मक ढंग से प्रशासन की गाड़ी खिंच रही थी।'' इन परिस्थितियों में औरंगजेब ने स्वयं भी मराठा दुर्गों पर घेरा डालने की भ्रमात्मक (मायावाली) नीति को अपनाया लेकिन इसमें भी उसे कोई सफलता हाथ नहीं लगी, क्योंकि जब वह एक दुर्ग को विजय करता तो दूसरा उसके अधिकार से निकल जाता था। यह क्रम उसके जीवन भर चलता रहा। इतिहासकार सर जदुनाथ सरकार अपने स्पष्ट शब्दों में कहा कि ''उसका शेष जीवन उसी पीड़ित कहानी का दुहराव-मात्र है। अधिक पैसा, समय और काफी सैनिकों को खोकर सम्राट किसी पहाड़ी दुर्ग पर अपना अधिकार करता पर मराठे मुग़लों की दुर्बल सेना पर आक्रमण करके कुछ महीनों बाद उस पर पुनः अधिकार कर लेते थे। साल या दो साल बाद सम्राट उस दुर्ग पर पुनः घेरा डाल देता था। बाढ़ आई हुई नदियों, कीचड़ से भरी हुई सड़कों और टूटे-फूटे पहाड़ी रास्तों को पार करने में सम्राट के सैनिकों और शिविर के कर्मचारियों को अकथ कठिनाइयों का सामना करना पड़ा। मजदूर भाग गए तथा सामान ढोने वाले पशु अधिक परिश्रम और भूख के कारण मर गए। मुग़लों को अन्न की तो सदा ही कमी रही, इसके साथ-साथ उन्हें मराठा और बेरद 'चोर' (जैसा वह कहा करता था) से भी सदा भय बना रहता था। उसके सेनानायकों की आपस की जलन के कारण उसके उद्देश्य की पूर्ति न हो सकी। पाँच कम प्रसिद्ध दुर्गों तथा सतारा, पारली, पन्हाला, खेलना (विशालगढ़), कोंधना (सिंहगढ़), रायगढ़, तोरन और बाजिन्गेरा के आठ अन्य दुर्गों के युद्धों में सम्राट साढ़े पाँच साल (1699-1705 ई.) तक लगा रहा। इसके बाद 88 साल का बूढ़ा जर्जर-शरीर सम्राट सदा के लिए चैन की नींद सोने के लिए अवकाश-सा प्राप्त करने लगा।''

औरंगजेब का स्वास्थ्य लगातार कठिन परिश्रम करने से गिरता गया और जब उसने बाजिन्गेरा दुर्ग पर विजय प्राप्त किया तो उसके बाद वह सख्त बीमार पड़ गया। इससे उसकी सेना में बड़ी खलबली मच गई, क्योंकि वे सोचने लगे कि न जाने शत्रु के देश में उनके भाग्य का क्या निर्णय होगा; किंतु सम्राट स्वस्थ हो गया और उसने धीरे-धीरे अहमदनगर के लिए यात्रा आरंभ कर दी। 31 जनवरी, 1706 ई. को वह अहमदनगर पहुँच गया। उसने 25 वर्ष तक दक्षिण में लड़ाई जारी रखी थी जिससे दक्षिण भारत की दशा बहुत बुरी हो गई थी। उसने दक्षिण में जो नीति अपनाई वह बिल्कुल असफल रही और उसकी इस नीति से मराठे और भी निर्भीक

हो गए। जब औरंगजेब अहमदनगर की यात्रा कर रहा था तब मराठा सैनिकों ने उसका पीछा किया। उन्होंने उसकी खाद्य सामग्री एवं युद्ध सामग्री पर प्रतिबन्ध लगा दी। उन्होंने उसके संरक्षकों पर हमला करके उसके शिविर पर भी हमला करने की धमकी दी। "जब मुग़ल सेना ने उन पर हमला किया तब वे कुछ पीछे हटकर तितर-बितर हो गए किंतु हमलावर ज्योंही अपनी मुख्य सेना से जा मिले त्योंही मराठे एक जगह पुनः इस तरह संगठित हो गए जैसे पतवार से अलग किया हुआ पानी फिर मिल जाता है।" मराठे केवल लूट-पाट करने वाले घुड़सवार ही नहीं थे बल्कि युद्ध की सभी सामग्री से सुसज्जित थे। उनके पास तोपखाना और नियमित सेना की सभी सामग्री थी। सम्राट के अहमदनगर पहुँचने पर मराठों ने उसके जत्थे को घेरा डाल दिया। मराठों तथा सम्राट के बीच मई 1706 में घनघोर युद्ध हुआ उसके बाद उसे भगा दिया गया। इस समय तक वे आसपास के मुग़ल प्रांतों जैसे गुजरात, खानदेश और मालवा तक में घुसकर हमला करने लगे थे। धनाजी जादव ने बरार और खानदेश पर हमला किया और अन्य मराठों ने एक शाही रक्षक-सेना को रास्ते में लूट लिया जो औरंगाबाद से अहमदनगर जा रही थी। इन कठिनाइयों और विपत्तियों में फँसा हुआ औरंगजेब 3 मार्च, 1707 ई. को स्वर्ग सिधार गया। वह दौलताबाद से चार मील पश्चिम में शेखजैन उल-हक के मजार के पास दफना दिया गया।

औरंगजेब की दक्खिन की नीति बिल्कुल असफल रही। मराठों के कुचले जाने के बजाए इस नीति ने उन्हें एक राष्ट्र के रूप में संगठित होकर सम्राट पर हमला करने के लिए बाध्य कर दिया था। औरंगजेब के अंतिम वर्ष बहुत कष्ट प्रद थे। उसने इस अंतिम अवस्था में अपने वंश व साम्राज्य की चिंता करता था। यद्यपि औरंजेब अत्यंत इच्छुक था कि साम्राज्य के प्रश्न को लेकर उसके पुत्रों में कोई लड़ाई न हो किंतु शाहजादा आजम ने अपने भाई कामबख्श का खात्मा करके स्वयं राजगद्दी हथियाने के लिए एक षड्यंत्र रच लिया। औरंगजेब ने अपनी मृत्यु के कुछ दिन पहले ही उसे मालवा का राज्यपाल नियुक्त किया था। किंतु वह अपने पिता की मृत्यु का समाचार सुनकर मार्ग से ही लौट आया और अपने भाइयों के साथ युद्ध करने की तैयारी में लग गया। शाहआलम और कामबख्श स्वयं सिंहासन लेना चाहते थे। जिसका आदर्श स्वयं औरंगजेब उनके सामने रख चुका था।

शासन-व्यवस्था

औरंगजेब के समय में शासन व्यवस्था सही नहीं थी। शासन पर उसका नियंत्रण नहीं था। राज्य के सारे अधिकार सम्राट ने अपने हाथ में ले रखे थे और

वह फ्रांस के लुई चौदहवें के समान प्रधानमंत्री भी स्वयं ही था। अत्यंत कठिन परिश्रमी होने के कारण वह शासन-व्यवस्था के सूक्ष्म ब्यौरे को स्वयं देखता था और आए हुए प्रार्थनापत्रों को स्वयं पढ़कर या ते स्वयं हुक्म लिख देता था अथवा स्वयं बोलकर दूसरों से लिखा देता था। उसके अधिकारी और मंत्री उसके कठिन नियंत्रण में रहते थे। उनको शासन-व्यवस्था की नीति में दखल देने का कोई अधिकार नहीं था। औरंगजेब को यह असह्य था कि उसके राज्य की शासन-व्यवस्था में उसका कोई प्रतिद्वंद्वी हो। वह राजा के विशेष अधिकार रखने का अत्यंत इच्छुक था और चाहता था कि उसकी आज्ञाओं का पालन आक्षरशः किया जाए। उसे एक बार जब यह सूचना दी गई कि बंगाल का राज्यपाल इब्राहीम खाँ काजी के साथ स्वयं कोच पर बैठकर और दूसरे अफसरों को फर्श पर बिठाकर अपना दरबार लगाया करता है तो औरंगजेब ने अपने वजीर से इब्राहीम खाँ को लिखवाया कि "यदि वह किसी बीमारी के कारण जमीन पर बैठने में असमर्थ है तो स्वास्थ्य-लाभ प्राप्त करने तक उसे क्षमा किया जा सकता है। परंतु उसे चाहिए कि वह अपने डाक्टरों पर उसे शीघ्र निरोग करने का दबाव डाले।"

एक बार जब शाहजादा मुअज्जम ने कनात लगाकर उसके अंदर नमाज पढ़ी थी तब भी औरंगजेब ने उसे बहुत फटकारा था, क्योंकि इस प्रकार नमाज पढ़ना केवल राजा का ही विशेषाधिकार था। वह कहा करता था, "यदि एकतंत्र शासन की अवहेलना की जाएगी तो राज्य के सारे नियम भंग हो जाएँगे।"

प्रथम तो औरंगजेब ने शासन-व्यवस्था को अपने ही हाथों में केंद्रित कर रखा था और दूसरे कर्तव्य के संबंध में उसके बहुत संकीर्ण विचार थे, अतः उसके मंत्री केवल क्लर्क जैसे ही रह गए थे क्योंकि उसने किसी भी काम के लिए कदम उठाने अथवा उत्तरदायित्वपूर्ण कार्यों को निर्भीकतापूर्वक करने की शक्ति उनमें नहीं छोड़ी थी। ऐसा करने का परिणाम यह हुआ कि सारी शासन-व्यवस्था नष्ट-भ्रष्ट हो गई और उसकी दशा अत्यंत दयनीय हो गई। यह पहले ही बताया जा चुका है कि सम्राट इस्लामी राज्य के सिद्धांत में दृढ़तापूर्वक विश्वास रखता था। इसी कारण वह शरीयत की प्रत्येक बात को मानता था, चाहे वह राजनीतिक हो, शासन-व्यवस्था संबंधी हो, अथवा आर्थिक हो। वह शरीयत के नियमों पर चलकर भारत को मुसलमान देश बनाने का पूर्ण प्रयत्न करता था। पहले जो शासक हुए उनकी तरह ही औरंगजेब का भी शासन व्यवस्था थी लेकिन अंतर सिर्फ कार्यप्रणाली का था।

1707 ई. में औरंगजेब की मृत्यु के समय मुग़ल-साम्राज्य में इक्कीस प्रांत थे और उनमें से चौदह उत्तरी भारत में थे। एक प्रांत भारत के बाहर अफग़ानिस्तान का

था और शेष छह प्रांत दक्षिणी भारत में थे। इन प्रांतों के नाम इस प्रकार थे—आगरा, अजमेर, इलाहाबाद, अवध, बंगाल, बिहार, दिल्ली, गुजरात, कश्मीर, लाहौर, मालवा, मुल्तान, उड़ीसा, थट्टा (सिंध), काबुल, औरंगाबाद, बरार, बीदर (तेलंग), बीजापुर, हैदराबाद और खानदेश। साम्राज्य हिंदुकुश से लेकर तंजौर के उत्तर में कोकरूम नदी तक विस्तृत था। किंतु महाराष्ट्र, कनारा, मैसूर और पूरबी कर्नाटक में मुग़लों का अधिकार नहीं माना जाता था। अपने शासन काल में औरंगजेब ने शासन व्यवस्था को सुचारू रूप से चलाने के लिए विभिन्न लोगों की स्थापना की। अकबर के समय में प्रत्येक प्रांत में एक राज्यपाल, एक दीवान और अनेक दूसरे अफसर रहते थे जिनकी नियुक्ति सम्राट करता था और वे उसके प्रति उत्तरदायी रहते थे। औरंगजेब के कठोर और योग्य शासक होते हुए भी उसके समय में प्रांतीय शासन-व्यवस्था अत्यंत अस्त-व्यस्त हो गई क्योंकि वह पच्चीस वर्ष से अधिक उत्तर भारत में अनुपस्थित रहा और दक्षिण में निरंतर युद्ध करता रहा। अनेक प्रांतों के स्थानीय सरदार और जमींदार कानून और आज्ञाओं की अवहेलना करने लगे और इसका परिणाम यह हुआ कि केंद्रीय सरकार कमजोर पड़ गई। इस कमजोरी का कारण यह था कि औरंगजेब एक तो सदा युद्ध में लगा रहता था और दूसरे उसने मूर्खतापूर्ण असहिष्णु नीति को अपना रखा था।

इतिहासकार सर जदुनाथ सरकार के अनुमान के आधार पर साम्राज्य के लगान की आमदनी तैंतीस करोड़ पच्चीस लाख रुपए थी। भूमिकर के अतिरिक्त सरकार की आय के मुख्य साधन थे 'जकात' कर (जो केवल मुसलमानों से ही वसूल किया जाता था), 'जज़िया' कर (जो हिंदुओं पर लगाया जाता था), नमककर, चुंगी, टकसाल और युद्ध में लूटी गई संपत्ति। औरंगजेब इस्लामी राज्य के कर-सिद्धांत में अटूट विश्वास करता था। अतः उसने लगाये गये गैर-मुसलमानी करों को स्वतंत्र कर हिंदुओं पर यात्रा कर और जज़िया कर लगा दिए थे ताकि अनेक गैर-कानूनी कर और आबवाबों के उठा लेने से हुई आय की कमी पूरी हो जाए। कर निर्धारण और कर-संग्रह का जो तरीका अकबर ने टोडरमल के रैय्यतवाड़ी प्रथा के अनुसार चालू किया था, औरंगजेब ने उसे बंद कर दिया और उसकी जगह ठेकेदारी प्रथा जारी कर दी अर्थात् उसने ठेकेदारों को किसानों से भूमिकर वसूल करने की आज्ञा दे दी। इससे पहले सरकार की देख-रेख में सरकारी अफसर लगान वसूल किया करते थे। इस परिवर्तन के कारण लाखों किसानों की दशा अकबर और जहाँगीर के शासन की अपेक्षाकृत बिगड़ गई।

मुगलों के शासन काल में अन्तर्राष्ट्रीय व्यापार का कोई महत्त्वपूर्ण स्थान नहीं था। भारत से नील और सूती वस्तुएँ विदेश को जाती थीं। खेती के बाद सूती कपड़े

का उद्योग ही ऐसा था जो बहुत अधिक संख्या में लोगों को काम देता था। विदेशों से देश में जो वस्तुएँ आती थीं उनमें काँच के बर्तन, ताँबा, सीसा और ऊनी कपड़े थे। फारस से घोड़े आते थे और डच इंडीज से मसाले आते थे। शराब तथा अद्भूत वस्तुएँ यूरोप से आती थीं। दास अबीसीनिया से आते थे और अच्छी किस्म की तंबाकू अमरीका से आती थी किंतु व्यापार की मात्रा बहुत कम थी और सरकार को आयात-कर तीस लाख वार्षिक से अधिक नहीं मिलता था।

औरंगजेब ने अपने शासन काल के दौरान सैन्य शक्ति में अत्यधिक वृद्धि कर दी थी। वह सारे जीवन युद्ध में फँसा रहा। अतः यह स्वाभाविक था कि उसे अपने पूर्वाधिकारियों की अपेक्षा अधिक सेना की आवश्यकता रहती। सर जदुनाथ सरकार के अनुसार 1647 ई. में मुग़ल राज्य की सेना इस प्रकार थी--दो लाख घुड़सवार, आठ हजार मनसबदार, सात हजार अहदी और बरकंदाज और एक लाख पचासी हजार सैनिक शाहजादों, सरदारों और मनसबदार। इसके अतिरिक्त तोप और बंदूकों से सजे हुए चालीस हजार पैदल और थे। यह संख्या औरंगजेब के शासनकाल के अंतिम दिनों में दक्षिणी लड़ाइयों के कारण और भी बढ़ गई थी और उसका व्यय शाहजहाँ के शासनकाल से दूना हो गया था। यद्यपि सम्राट कड़ी निगरानी रखता था, वह एक योग्य सेनापति था और उसका संगठन एवं अनुशासन भी बड़ा कड़ा था तो भी मुग़ल सेना अब अकबर के शासनकाल की अपेक्षा बहुत अधिक निकम्मी थी। उसके चरित्र का भी पतन हो चुका था।

व्यक्तित्व एवं चरित्र

औरंगजेब के सन्दर्भ में इतिहासकारों में वैचारिक मतभेद है। लेखकों के एक पक्ष ने यह सिद्ध करने का प्रयत्न किया है कि औरंगजेब में धार्मिक कट्टरता नहीं थी, क्योंकि उसने कुछ हिंदू मंदिरों और मठाधीशों के नाम जागीरें लगा रखी थीं और यदि उसने हिंदू मंदिरों को गिराने की आज्ञा दी भी थी तो युद्धकाल में ही दी थी तथा उसने उन्हीं मंदिरों पर अधिकार किया था जिन्हें हिंदुओं ने मस्जिदों बलपूर्वक छीनकर उनके स्थान पर बना दिया था। वास्तविकता तो यह है कि औरंगजेब ने एक हिंदू मठाधीश को जागीर दी भी थी तो हजारों मंदिरों को ढहा दिया था और हजारों मठाधीशों की जीविका का अपहरण कर लिया था। यदि अंग्रेजों ने हमारे स्वातंत्र्य-संग्राम-काल में कुछ भारतीयों का संरक्षण कर उन पर कुछ कृपा की तो क्या इसका अर्थ यह निकलता है कि वे सत्य व सच्चाई के साथ राष्ट्र का कल्याण करना चाहते थे? इसके विपरीत क्या इसका ठीक अभिप्राय यह नहीं होगा कि उन्होंने अपनी साम्राज्यशाही

की जड़ों को मजबूत करने के लिए ऐसा करके उन्हें अपना साधन बनाया था। वास्तविक रूप से यदि सत्य है कि औरंगजेब उन्हीं देशों पर अपना अधिकार करना चाहते थे जो मुगल साम्राज्य से अलग थे किंतु उन सारे राजनीतिक प्रयत्नों का अभिप्राय देश को इस्लामी देश बनाना था। ऐसी कल्पना कि औरंगजेब भारत की एकता चाहता था, वे ही लोग कर सकते हैं जिनका दिमाग फिर गया है। औरंगजेब ने केवल युद्धकाल में ही मंदिर गिराए थे यह भी एक कपोल-कल्पना ही है क्योंकि समकालीन लेखकों ने ऐसा कहीं भी नहीं लिखा है। कोई भी व्यक्ति यह आसानी से समझ सकता है कि आधुनिक मुसलमान लेखकों का अपने आदर्श वीरों के चरित्र को बढ़ा-चढ़ाकर लिखने का प्रयत्न रहा है। जिन लोगों ने अपने धर्म के प्रचार के लिए बड़े-बड़े काम किए हैं उनके संबंध में उन्होंने यह विश्वास दिलाने का उद्योग किया है कि इस्लाम धर्म शांति का धर्म है और बलपूर्वक मुसलमान बनाने की आज्ञा नहीं देता और इसके नाम पर बहुत कम अत्याचार हुए हैं। उन कुछ आधुनिक हिंदू विद्वानों का प्रयत्न भी प्रशंसनीय है जिन्होंने अपने धर्म और संस्कृति पर हुए बड़े आघात को सहकर भारत में साम्प्रदायिक एकता और शांति बनाए रखने के लिए तथ्यों की ओर से आँखें मींच ली हैं। किंतु प्रश्न यह होता है कि क्या वे इतिहास को झूठा बनाकर भी अपने प्रशंसनीय उद्देश्य में सफल हो सके हैं? समकालीन लेख, जिनमें औरंगजेब के पत्र भी शामिल हैं, उपरोक्त लेखकों के विचारों की पुष्टि नहीं करते और उनके विचारों के विपरीत बात सिद्ध करते हैं

औरंगजेब के व्यक्तित्व और चरित्र का वास्तविक वर्णन सर जदुनाथ सरकार ने अपनी पुस्तक 'औरंगजेब का इतिहास' की पाँच जिल्दों में किया है, जो एक प्रामाणिक ग्रंथ है और जिसका खंडन करना असंभव है। यदि इस संबंध में कोई नई सामग्री प्राप्त भी हो जाए तो भी इस मुग़ल शासक के संबंध में उनका कथन प्रामाणिक ही रहेगा।

औरंगजेब बहुत अधिक मेहनती और संयमी था और अपने आचार-विचारों पर कठोर नियंत्रण रखता था। वह बिना थके हुए काम करता रहता था। उसका भोजन और वस्त्र बहुत सादे थे और उसने कुरान के नियमों के अनुसार चार स्त्रियों से अधिक स्त्रियाँ नहीं रखी थीं। वह दांपत्य प्रेम का आदर करता था और दूसरी स्त्रियों के प्रति उसको कोई आकर्षण नहीं था। वह न तो शराब पीता था और न ही किसी दूसरे व्यसन में फँसा था, जो कि स्वेच्छाचारी राजाओं में सामान्यतः पाए जाते हैं। वह जन्म से ही विद्याप्रेमी था, फारसी का अच्छा विद्वान था तथा तुर्की और हिंदी धारा-प्रवाह से बोल सकता था। वह पुस्तकों का प्रेमी था और ठोस विद्वान था। उसने

आत्मसंयम, आत्मज्ञान और आत्मसम्मान पूर्णरूप से प्राप्त कर रखे थे और वाणी तथा स्वभाव पर संयम रखता था। वह नम्र और विचारशील व्यक्ति था और अपने धर्म का दृढ़ता से पालन करने वाला था। वह प्रतिदिन पाँच बार नमाज पढ़ता था, रमजान में रोज़े रखता था और कुरान में जो भी धर्म के नियम बनाए गए थे उनका दृढ़ता से पालन करता था। यदि उसके व्यक्तिगत जीवन में कुछ दोष था तो यह कि वह महत्त्वाकांक्षी, जिद्दी और धार्मिक विचारों में बहुत संकीर्ण था। इन सब कारणों से वह दूसरों को गलत और अपने को ठीक समझता था। इस्लाम धर्म के अलावा वह किसी धर्म को सत्य नहीं कहता था।

औरंगजेब में इन सब गुणों के होते भी उसका सामजिक जीवन वैसा नहीं था जौसाकि एक अच्छे व्यक्ति का होता है। उनमें न तो पारिवारिक प्रेम था, न कृतज्ञता थी और न वह सुपुत्र ही था। उसने पिता को जेल में डाल दिया और उसकी विनम्र प्रार्थनाओं को ठुकरा दिया था। हमारे पास कोई ऐसा प्रमाण नहीं है, जिससे हम विश्वास कर लें कि वह अपनी माता की याद करता था। वह अच्छा भाई कहलाने योग्य भी नहीं था। उसने अपने भाइयों तथा अपने संबंधियों से युद्ध किया और उनसे विश्वासघात करके उन्हें मार डाला। वह शक्की पिता था। उसने अपने तीनों पुत्र को जेल में डाल दिया जिनमें से सबसे बड़ा पुत्र जेल में ही मर गया और दूसरा लगभग आठ वर्ष जेल में सड़ने के बाद छोड़ा गया। इसी प्रकार उसकी एक पुत्री जैबुन्निसा भी जेल में डाल दी गई थी जो जेल में ही मर गई थी। यद्यपि उसका वैवाहिक प्रेम सच्चा था तो भी उसने अपनी किसी भी बेगम को अपना हृदय नहीं दिया था। वह अपने मित्रों के साथ बड़ा उदास और संकोची रहता था। यह बात ठीक है कि वह अपने बड़ों से जब कोई मार्मिक बात जानना चाहता था तो बड़ी नम्रता का व्यवहार करता था, किंतु साधारणतया राजनीति में उदारता रखना उसके विचारों के विरुद्ध था। अतः यह कोई आश्यर्च की बात नहीं है कि वह अपने सभी निकटवर्तियों के संबंध में संदेह रखता था और नर अथवा नारी किसी के संबंध में भी विश्वास रखना उचित नहीं समझता था।

औरंगजेब सैनिक और सेनापति की दृष्टि से मुगल साम्राज्य के अन्य राजाओं श्रेष्ट था और इस रूप में बाबर और अकबर से उसकी तुलना की जा सकती है। उसमें शारीरिक बल, सहनशीलता और स्वभाव की सहिष्णुता बहुत अधिक थी और घनघोर युद्ध में भी अपने को जोखिम में डालने में नहीं हिचकिचाता था। उसने बल्ख के युद्ध में अत्यधिक प्रत्युत्पन्नमति और निर्भीकता दिखाई और युद्ध के समय में भी ज़ुहार की नमाज पढ़ने के लिए अपने घोड़े से उतर गया था। वह एक युद्ध-कुशल

सम्राट था और अपने प्रतिद्वंद्वियों द्वारा की गयी भूल कमजोरी प्रायः फायदा ले लेता था। षड्यंत्र और राजनीतिक चालाकी से अपने प्रतिद्वंद्वी को पराजित करना उसकी प्रकृति बन गयी थी। उसने इसी षड्यंत्र और चालाकी का प्रयोग सिसौदिया और राठौर राजपूतों के साथ किया था। उसने अपने पुत्र अकबर को एक जाली पत्र लिखकर उन्हें धोखा दिया, जो पत्र अकबर के मित्र राजपूतों के हाथ पड़ गया। वह षड्यंत्र और राजनीति में बहुत कुशल था और उसकी निश्चय करने की शक्ति असाधारण थी। वह अनुशासन का प्रेमी था और सरकारी कामों को तन-मन से करता था। प्रबंधक के रूप में वह अपनी सरकार के छोटे से छोटे काम को भी बड़े ध्यान से देखता था। एक राजा अपने शरीर से जितना भी काम कर सकता है औरंगजेब उससे भी अधिक करता था और कभी विश्राम नहीं करता था।

हालांकि औरंगजेब एक प्रतिभाशाली व प्रचार विवेक करता था तथा कर्त्तव्यपरायण भी था, तो भी वह एक सफल शासक नहीं बन पाया, क्योंकि उसमें राजा का उत्तम गुण नहीं था, अर्थात् वह अपनी सारी प्रजा के हित के लिए उत्सुक नहीं रहता था। कर्त्तव्य के संबंध में भी उसका विचार बड़ा संकीर्ण था। वह अपने को केवल सुन्नी मुसलमानों का बादशाह समझता था और देश के गैर-मुसलमानों को तब तक नीच और घृणित समझता था जब तक कि वे इस्लाम को नहीं अपना लेते थे। एक शब्द में हम कह सकते हैं कि औरंगजेब का विचार भारत को इस्लामी राज्य बनाने का था। कर्त्तव्य के इसी संकीर्ण विचार को लेकर उसने अपनी आकांक्षाओं को पूरा करने के लिए जीवन-भर प्रयास किया। इस उद्देश्य को लेकर वह विनाश करता था, निर्माण नहीं करता था, जिसके फलस्वरूप वह सदा असफल रहा। उसकी राज-कर संबंधी नीति और सामाजिक कानून पक्षपातपूर्ण थे और अपनी तीन-चौथाई से अधिक प्रजा को सदा कुचलने का विचार रखता था और इसीलिए उसने उन्हें लकड़हारों और कहारों जैसा बना दिया था। न्याय करते समय भी वह और सब बातों पर ध्यान न देकर केवल अपने धर्म का ही ध्यान रखता था। वादी और प्रतिवादियों में से राजा की आज्ञा को मानकर जो इस्लाम धर्म को स्वीकार कर लेता था, वही जागीर या राज्य का मालिक हो जाता था, चाहे वह उसका मालिक रहा हो अथवा न रहा हो। यदि कोई दोषी अपने-अपने धर्म को त्यागकर मुस्लिम धर्म कबूल कर लेता था तो उसे क्षमादान देता था। वह बिल्कुल स्वेच्छाचारी था और दूसरों का विश्वास नहीं करता था, अतः उसे शासन-व्यवस्था के सूक्ष्म से सूक्ष्म ब्यौरों को स्वयं देखना पड़ता था। इन सब कारणों से उसके बड़े-बड़े मंत्री और बड़े-बड़े अफसर केवल क्लर्क-मात्र रह गए थे और उसके लंबे शासनकाल में वे केवल निस्सहाय कठपुतली मात्र थे जो किसी

उत्तदायित्वपूर्ण कार्य का प्रारंभ नहीं कर सकते थे। इसका परिणाम यह हुआ कि सारी शासन-व्यवस्था अस्त-व्यस्त हो गई। उसने देश की संस्कृति और स्थापत्य-कला, संगीत और चित्रकला के विकास का कोई प्रयत्न नहीं किया। उसने शिक्षा सम्बन्धी कोई महत्त्वपूर्ण कदम नहीं उठाया वह अपने शासन के अंतिम 26 वर्षों में राज्य में शांति एवं सुरक्षा भी स्थापित नहीं कर सका, क्योंकि वह दक्षिण की लड़ाइयों में निरंतर लगा रहता था और उत्तरी भारत के अनेक भागों में विद्रोह उठ खड़े हुए थे। सर जदुनाथ सरकार इस विषय में ठीक ही कहते हैं, कि एक ऐसा शासक राजनीतिज्ञ नहीं कहा जा सकता। यदि हम राजा के संबंध में उसका विचार करें तो वह असफल ठहरेगा। वह तो राजा के सर्वप्रथम कर्त्तव्यों से भी अनभिज्ञ था। "अर्थात् वह नहीं जानता था कि समृद्ध जनता के बिना कोई राजा बड़ा नहीं हो सकता।" मुहम्मद अली जिन्ना को छोड़कर (1930 ई. और 1940 ई. में) औरंगजेब के समान कोई दूसरा ऐसा व्यक्ति नहीं हुआ जिसने इस देश की जनता की दो मुख्य जातियों में भेदभाव की खाई को इतना चौड़ा किया हो।

चाहे हम औरंगजेब के व्यक्तिगत जीवन को देखें अथवा उसके राज्य-कर्त्तव्यों पर ध्यान दें, हम उसके चरित्र में दो मुख्य बाते पाते हैं—एक तो भौतिक आकांक्षाएँ और दूसरे धार्मिक कट्टरता। यह कहना कठिन है कि यह कट्टर सम्राट भारत के साम्राज्य की अपेक्षा स्वर्ग के साम्राज्य को भी पसंद करता। शायद उसने भारत के साम्राज्य के लिए घोर प्रयत्न इसलिए किया था कि वह भारत में अपने विचार के अनुसार राज्य अथवा इस्लामी राज्य स्थापित कर सके। किंतु उसकी यह इच्छा पूरी न हो सकी।

औरंगजेब की असफलता के प्रमुख कारण

औरंगजेब की असफलता के निम्न-कारण थे—

(1) औरंगजेब की शासन प्रबंध आवश्यकता से अधिक सख्त था। उसने राज्य के सभी अधिकारों को अपने हाथ में ले रखा था। अतः उसकी सरकार की सफलता सम्राट की शक्ति और योग्यता पर ही अधिकतर निर्भर थी। औरंगजेब में जब तक शारीरिक योग्यता बनी रही, राज्य के ऊपरी सभी काम ठीक तरीके से चलते रहे। यद्यपि वह वृद्धावस्था में भी सार्वजनिक दरबारों में आने का प्रयत्न करके काम करने का उद्योग करता था किंतु दूरस्थ प्रांतों के राज्यपालों पर से उसका नियंत्रण हट गया था और जनता सर्वत्र यह अनुभव करने लगी थी कि अब शासन-व्यवस्था उसके हाथ से निकलती जा रही थी। ऐसा तो होना ही था क्योंकि एकतंत्र शासन में ऐसा ही होता है।

(2) औरंगजेब एक प्रतिभाशाली एवं प्रखर-विवेक वाला व्यक्ति था, परन्तु उसमें विभिन्न प्रकार के अवगुण भी विद्यमान थे, वह देश की समस्याओं को ठीक-ठीक समझकर समयानुसार उनको हल नहीं कर पाता था। जीवन के संबंध में उसका विचार अति संकीर्ण था और वह विषयों पर अच्छी तरह से विचार कर आवश्यकतानुसार नियम नहीं बना सकता था। उसकी राजनीतिक समस्याओं पर धार्मिक पक्षपात का रंग चढ़ा हुआ था जिसके परिणामस्वरूप उसके कार्य सदा दोषपूर्ण रहते थे।

(3) औरंगजेब के दृष्टिकोण में साधारण दोष के अतिरिक्त उसके कर्त्तव्य का आदर्श भी बड़ा संकीर्ण था; वह यह था कि वह अल्पसंख्यक सुन्नियों का राजा बनकर ही राज्य करना चाहता था। वह इस्लामी राज्य का शासक बनना चाहता था। इसी कारण उसे राज्य में कुरान के कानून लगाने पड़े और देश में गैर-मुसलमानों की संख्या कम करने के उद्देश्य से उन्हें दास बनाकर इस्लाम धर्म को अपनाने के लिए बाध्य करना पड़ा। विशुद्ध मुसलमान देश में यह नीति चाहे कितनी भी आवश्यक और अनिवार्य समझी जाती हो किंतु भारत में यह नीति नहीं अपनाई जा सकी जहाँ कि 80 प्रतिशत से अधिक जनता हिंदू थी और जो अपने पैतृक धर्म और संस्कृति को अक्षुण्ण रखने के लिए कटिबद्ध थी; क्योंकि ये दोनों इस्लाम धर्म की अपेक्षा अधिक पवित्र और प्राचीन थे। औरंगजेब ने इस पर थोड़ा सभी ध्यान नहीं दिया कि उसे इस नीति के आधार पर चलने से कितने बड़े विरोध का सामना करना पड़ेगा। उसने इस पर भी ध्यान नहीं दिया कि उसके पूर्वज अकबर द्वारा प्रचलित धार्मिक सहिष्णुता की नीति में परिवर्तन करने का क्या परिणाम होगा। औरंगजेब शिया सम्प्रदाय प्रमुख रूप से इस्लामी तथा दाऊदी बौहरों के साथ क्रूरता का व्यवहार करता था और उसने उनके उपदेशों और धार्मिक रीति-रिवाजों को नष्ट कर दिया था। फारस के शियाओं के साथ—जिनकी कुशाग्र-बुद्धि और योग्यता लगन और फौज विभाग में समान रूप से देखी जा चुकी थी और जिन्होंने अकबर और शाहजहाँ के राज्य को वैभव संपन्न बनाया था। शाही नौकरियों में पक्षपात किया जाने लगा।

(4) सम्राट अपने पुत्रों को शिक्षित बनाकर अपने विस्तृत राज्य की शासन-व्यवस्था का भार उनमें न बाँट सका। उसे भय था कि कहीं उसके पुत्र भी उसके साथ वैसा ही व्यवहार न करें जैसे उसने अपने पिता के साथ किया था। इस भय के कारण वह अपने पुत्रों को अपने से दूर रखता था और उन पर कड़ी निगरानी रखता था। औरंगजेब अपने सभी पुत्र एवं पुत्रियों के प्रति संदेह रखता था और उनके चारों ओर गुप्तचर लगाए रखता था जो उसे उनकी सब गतिविधियों से सदा परिचित कराते

रहते थे। इसका परिणाम यह हुआ कि वे अपने पिता को सहायता देने के बजाय और उत्तरदायित्वपूर्ण भार को सँभालने के बदले उसकी आज्ञा का विरोध करते थे और उसकी घोषित नीति की गयी नीति का पालन नहीं करते थे। वास्तव में सम्राट के संदेह के कारण वे उसके विरुद्ध षड्यंत्र रचने के इच्छुक रहते थे।

(5) अपनी निजी योग्यता और शासन-व्यवस्था के दीर्घकालीन अनुभव तथा महत्त्वाकांक्षा और जलन के कारण अपने मंत्रियों तथा दूसरे अफसरों का बिल्कुल विश्वास नहीं करता था, क्योंकि वे उसके विचार के अनुसार अपने कर्त्तव्य का सफलतापूर्वक पालन करने में उतने योग्य नहीं थे जितना उन्हें होना चाहिए था। इस कारण औरंगजेब राज्य के छोटे-से-छोटे काम का स्वयं ही निरीक्षण करने का प्रयत्न करता था और अपने मंत्रियों के ऊपर तो केवल दैनिक-कार्यों को ही छोड़ता था। अतः उसके मन्त्री केवल क्लर्क एवं कठपुतली-मात्र ही रह गए थे, जो न तो कोई नीति अपना सकते थे और न सामयिक आवश्यकता की पूर्ति कर सकते थे। शाही अफसर संकट के समय असहाय होकर सम्राट की आज्ञाओं एवं आदेशों का इन्तजार करते थे तथा शासन व्यवस्था में अच्छी प्रकार से योगदान नहीं दे पाते थे।

(6) औरंगजेब ने सबसे बड़ी गलती यह की थी कि उसने राजपूतों को शत्रु बनाकर उनकी सहानुभूति खो दी थी, जबकि साम्राज्य को उनकी सहायता की बड़ी आवश्यकता थी। अकबर ने मित्रता तथा सहिष्णुता की नीति को अपनाकर राजपूतों को अपने वंश तथा साम्राज्य का प्रबल समर्थक बना लिया था। राजपूतों ने साम्राज्य की विपत्ति और कठिनाई के समय केवल साथ ही नहीं दिया बल्कि उन्होंने मुग़लों के झंडे को भारत के सुदूर कोनों और विदेश तक फहराया था। उन्होंने मुग़ल-साम्राज्य की सीमा बढ़ाने के लिए अपने भाइयों तक से युद्ध किया था। औरंगजेब की मूर्खतापूर्ण नीति ने राजपूतों को शत्रु बनने के लिए बाध्य कर दिया। सिसौदिया, राठौर तथा दूसरे राजपूत सम्राट के जीवन पर्यन्त शत्रु बने रहे।

(7) उसने जाट, सिक्ख, बुंदेले और मराठे जैसी वीर जातियों के विद्रोह को भी बढ़ावा दिया, जिन्होंने संकट के समय साम्राज्य का खून बहाकर सम्राट का ध्यान विचलित कर दिया।

(8) औरंगजेब ने दक्षिण में मराठों के विनाश और उस प्रांत के शिया राज्यों को नष्ट करने की जो नीति अपनायी, वह भी बड़ी भारी गलती थी। वह 26 वर्ष की लंबी अवधि तक दक्षिण की लड़ाइयों में फँसा रहा, जिसके कारण केन्द्रीय सरकार अस्त व्यस्त हो गई और इसका परिणाम यह हुआ कि उत्तरी भारत के प्रभावहीन तत्त्वों ने अपना सिर उठाकर विद्रोह आरंभ कर दिया क्योंकि वे पूरी तरह नहीं कुचले जा सके थे।

(9) औरंगजेब ने भूल से यह कल्पना कर ली थी कि राजनीतिक, सैनिक और धार्मिक शासन-प्रबंध से ही राज्य सफल हो जाता है और इसी कारण उसने आर्थिक और सांस्कृतिक उन्नति को छोड़कर संगीत, चित्रकला और दूसरी ललित-कलाओं के विकास की ओर ध्यान नहीं दिया था। उसने क्रियात्मक रूप से स्थापत्य कला की तनिक भी उन्नति नहीं की। इसका परिणाम यह हुआ कि उसके लगभग 50 वर्ष के दीर्घकालीन शासन में भारतीय सभ्यता का पतन हो गया था।

(10) औरंगजेब ने अपने शासन के प्रारंभिक 24 वर्षों को छोड़कर शेष काल में शांति और सुरक्षा रखकर देश के लाखों कृषकों को जीवन और संपत्ति की सुरक्षा का विश्वास भी नहीं दिला सका। यद्यपि कि कहा जा सकता है कि वह अपने शिविरों एवं आदमियों को आये दिन मराठों द्वारा किये गये आक्रमणों से भी बचाने में विफल रहता था। इन सब मुसीबतों से ये लोग तभी छुटकारा पाये जब औरंगजेब 3 मार्च 1707 को मौत में मुंह में सो गया।

□□□